Kirsten Bruhns/Svendy Wittmann

„Ich meine, mit Gewalt kannst du dir Respekt verschaffen"

Mädchen und junge Frauen in gewaltbereiten Jugendgruppen

Leske + Budrich, Opladen 2002

Das Deutsche Jugendinstitut e.V. (DJI) ist ein zentrales sozialwissenschaftliches Forschungsinstitut auf Bundesebene mit den Abteilungen „Kinder und Kinderbetreuung", „Jugend und Jugendhilfe", „Familie und Familienpolitik", „Geschlechterforschung und Frauenpolitik" und „Social Monitoring", sowie den Forschungsschwerpunkten „Übergänge in Arbeit" und „Soziale Räume – Soziale Infrastruktur". Es führt sowohl eigene Forschungsvorhaben als auch Auftragsforschung durch. Die Finanzierung erfolgt überwiegend aus Mitteln des Bundesministeriums für Familie, Senioren, Frauen und Jugend und im Rahmen von Projektförderung aus Mitteln des Bundesministeriums für Bildung und Forschung. Weitere Zuwendungen erhält das DJI von den Bundesländern und Institutionen der Wissenschaftsförderung.

Das DJI-Projekt „Mädchen und Gewalt: Eine Untersuchung zum jugendgruppentypischen Umgang mit Gewalt" und die vorliegende Veröffentlichung wurden aus Mitteln des Bundesministeriums für Familie, Senioren, Frauen und Jugend gefördert.

Gedruckt auf alterungsbeständigem und säurefreiem Papier
Die Deutsche Bibliothek – CIP-Einheitsaufnahme
Ein Titeldatensatz für diese Publikation ist bei
Der Deutschen Bibliothek erhältlich.

ISBN 3-8100-3272-7

Einbandgestaltung: disegno, Wuppertal
Satz: Leske + Budrich, Opladen
Druck: DruckPartner Rübelmann, Hemsbach
Printed in Germany

Inhalt

Vorbemerkung

Die vorliegende Veröffentlichung stellt Ergebnisse dar, die im Rahmen des Forschungsprojektes „Mädchen und Gewalt: Eine Untersuchung zum jugendgruppentypischen Umgang mit Gewalt" am Deutschen Jugendinstitut erarbeitet wurden. Finanziert wurde das Projekt durch das Bundesministerium für Familie, Senioren, Frauen und Jugend.

Zur Projektgruppe gehörte neben den beiden Autorinnen Tina Kratz, die als studentische Mitarbeiterin kompetent Recherche- und Organisationsaufgaben übernommen hat, an der Aufbereitung des Datenmaterials mitgearbeitet sowie Strukturdaten der Untersuchungsregionen analysiert und textlich aufbereitet hat – unterstützt wurde sie dabei zeitweise durch die Praktikantinnen Petra Meier und Regina Müller. Für die Analyse der einschlägigen Fachliteratur im Rahmen eines Werkauftrages hat Elisabeth Donath wertvolle Arbeiten geleistet. Die Verschriftlichung der lebhaften Gruppendiskussionen war eine meist mühevolle Aufgabe, die von den Transkribiererinnen jedoch mit Sorgfalt und Interesse für das aktuelle Thema ausgeführt wurde. Ihnen allen gilt unser Dank für ihre Mitwirkung am Forschungsprozeß und an dieser Publikation.

Für wertvolle Hinweise und Anregungen danken wir Frau Prof. Dr. Hannelore Faulstich-Wieland von der Universität Hamburg, die ein Gutachten zur Publikationsvorlage erstellt hat, sowie allen ExpertInnen aus den Bereichen Jugendhilfe und Polizei, die an unserer Projektfachtagung mitgewirkt haben. Auch den Kolleginnen und Kollegen aus dem Deutschen Jugendinstitut, die unser Manuskript vor der Drucklegung kritisch gelesen und redaktionell überarbeitet haben, danken wir für ihre Unterstützung.

Unser besonderer Dank gilt den BetreuerInnen der Jugendgruppen, die uns nicht nur bereitwillig als InterviewpartnerInnen zur Verfügung standen, sondern auch den Zugang und den Kontakt zu den Jugendlichen herstellten und die teilweise auch oftmals mühsame Organisation der Gruppentreffen übernahmen, sowie den MitarbeiterInnen von Polizei und Jugendämtern, insbesondere aber den Jugendlichen, die uns mit großer Offenheit in häufig langen Gesprächen Auskunft auf unsere Fragen gaben.

München, Oktober 2001
Kirsten Bruhns, Svendy Wittmann

1 Einleitung

Die in den Medien konstatierte zunehmende Gewaltbereitschaft Jugendlicher erregt in der Öffentlichkeit seit einiger Zeit großes Aufsehen. In den Blick geraten sind in den letzten Jahren auch gewalttätige Mädchen und junge Frauen, denen in Zeitschriften und Zeitungen dramatisierende Schlagzeilen und Artikel gewidmet werden, wie z.B. „Jung, weiblich, brutal" (Recklinghäuser Zeitung, 23.10.2000) oder „Brutalität unter Jugendlichen ist nicht länger eine Domäne von Jungen – immer mehr Mädchen prügeln und foltern" (Der Spiegel 11/1998). Diese öffentliche Aufmerksamkeit geht einher mit einer Sensibilisierung der sozialwissenschaftlichen Forschung in der Bundesrepublik Deutschland für die Entwicklung gewalttätigen Verhaltens auch bei Mädchen. Wurde „Jugendgewalt" in früheren Jahren meist geschlechterunspezifisch untersucht, so liegt mittlerweile eine Vielzahl von – vor allem quantitativen – Studien vor, die nach Geschlecht differenzieren. Nur wenige haben ihre Fragestellungen jedoch aus einer Geschlechterperspektive heraus und vor dem Hintergrund von Geschlechtertheorien entwikkelt, und noch weniger nehmen speziell Mädchen und weibliche Jugendliche in den Blick. Auch in der Jugendgruppenforschung, der ein zentraler Stellenwert für die vertiefende Erforschung jugendlicher Gewaltorientierung und -anwendung zukommt, liegen kaum Ergebnisse zu gewaltbereiten bzw. gewalttätigen Mädchengruppen vor, und in Studien zu gewaltbereiten gemischtgeschlechtlichen Gruppen wurde Mädchen nur wenig Aufmerksamkeit gewidmet. Ein ähnliches Bild bietet auch die Jugendhilfepraxis, in der Projekte und Maßnahmen zur Gewaltprävention boomen, geschlechterbewußte bzw. geschlechterdifferenzierende Ansätze jedoch eine Seltenheit darstellen.

Das dieser Veröffentlichung zugrundeliegende Forschungsprojekt „Mädchen und Gewalt: Eine Untersuchung zum jugendgruppentypischen Umgang mit Gewalt", das im Zeitraum 1998 bis 2001 durchgeführt wurde, verfolgt das Ziel, den Erkenntnisstand zu Mädchen und jungen Frauen in gewaltbereiten bzw. gewalttätigen Jugendgruppen zu vertiefen, um hierauf aufbauend die Diskussion um eine geschlechterdifferenzierte Gewaltprävention anzuregen und fachlich zu fundieren. Im Mittelpunkt der Studie stehen dabei Formen physischer Gewalt, die sich gegen andere Personen richtet. Diese Fokussierung begründet sich daraus, daß im Zentrum des öffentlichen Interesses, der in den Medien sichtbar werdenden Empörung und der Besorgnis von LehrerInnen und SozialpädagogInnen derzeit weniger Formen der Autoaggression oder der verbalen und psychischen Gewalt stehen, sondern gewalttätige körperliche Angriffe von seiten der weiblichen Jugendlichen.

Die Fragestellungen und der Forschungsansatz des Projektes (vgl. Punkt 1.2) ergeben sich aus Daten und Erklärungsansätzen zur quantitativen Relation von weiblicher und männlicher Gewaltdelinquenz (Punkt 1.1.1), der Forschungslage zur Gewaltbereitschaft und Gewalttätigkeit von Mädchen (Punkt 1.1.2) und zu Mädchen in gewaltbereiten Jugendgruppen (Punkt 1.1.3) sowie vor dem Hintergrund ihrer Berücksichtigung in gewaltpräventiven Ansätzen der Jugendhilfe.

1.1 Mädchen und Gewalt – ein Forschungsüberblick

1.1.1 Gewalttätige weibliche Jugendliche – vernachlässigbar?

Im Berichtsjahr 2000 verzeichnet die Polizeiliche Kriminalstatistik (PKS) einen Anstieg bei Körperverletzungsdelikten um fast 7% bei jugendlichen Tatverdächtigen im Alter zwischen 14 und 18 Jahren und um ca. 9% bei tatverdächtigen Kindern unter 14 Jahren. Dabei zeigen geschlechtsspezifische Auswertungen von Kriminalstatistiken, daß insbesondere männliche Jugendliche aufgrund von Körperverletzungsdelikten tatverdächtig werden. In den Straftatengruppen gefährliche und schwere Körperverletzung sowie (vorsätzliche leichte) Körperverletzung liegt ihr Anteil deutlich höher als der Anteil der weiblichen Kinder und Jugendlichen: Bei den unter 14jährigen liegt die Relation bei 82 : 18%, bei den 14- bis unter 18jährigen bei 83 : 17%. Noch größer werden die Differenzen bei den Heranwachsenden (90 : 10%) und den 21- bis unter 25jährigen (91 : 9%) (Bundeskriminalamt 2001, eigene Berechnungen).

Die Anteile der Mädchen haben sich im Laufe der Jahre jedoch insbesondere bei den Gewaltdelikten schwere und gefährliche Körperverletzung seit Mitte der 80er Jahre erhöht (Pfeiffer/Wetzels 1997; Pfeiffer u.a. 1998, S. 16f.; Pfeiffer 1995, S. 54ff.; Bundeskriminalamt 1996, 1999).

Auch *empirische Untersuchungen* an Schulen bestätigen, daß gewalttätige Aktionen wie Körperverletzungen vor allem eine Domäne von Jungen und jungen Männern sind. Der Anteil von Mädchen und jungen Frauen, die angeben, Körperverletzungen begangen zu haben, ist deutlich niedriger als bei ihren Altersgenossen. Die quantitative Relation zwischen den Geschlechtern stellt sich folgendermaßen dar: Es sind in etwa halb so viele Mädchen wie Jungen, die von eigenen Gewalthandlungen gegen andere Personen berichten. In einer repräsentativen Untersuchung von Heitmeyer u.a. (1995) über Jugendliche zwischen 15 und 22 Jahren in Ost- und Westdeutschland berichten 15% der westdeutschen und 18% der ostdeutschen männlichen Jugendlichen, im vergangenen Jahr Körperverletzungen begangen zu haben, bei den weiblichen Jugendlichen sind es 9% und 7%. In einer Untersuchung in Nordrhein-Westfalen (Mansel/Hurrelmann 1998) gaben 43% der Schüler und 22% der befragten Schülerinnen an, im Jahr vor der Befragung andere körperlich verletzt zu haben. In einer Studie an hessischen Schulen gehören bei 11- bis 17jährigen 8% der Jungen und 4% der Mädchen zur „Kerngruppe“ von gewalttätig agierenden Jugendlichen (Tillmann u.a. 2000), 47% der Jungen und 15% der Mädchen waren an Prügeleien im vorausgehenden Jahr beteiligt (Popp 1997).

Der sich in der PKS abzeichnende Trend einer erhöhten Gewaltbereitschaft von Mädchen wird durch Ergebnisse zur selbstberichteten Delinquenz ebenfalls teilweise bestätigt, so konstatieren Heitmeyer u.a. einen „weiblichen Aufholprozeß“ hinsichtlich „geschlechtsspezifischer Entwicklungslinien zur Gewalt“ (Heitmeyer u.a. 1995, S. 417). Nach einem Vergleich der Anteile jugendlicher Gewalttäter in den Jahren 1986 und 1994 hat sich der Anteil der weiblichen Befragten, die Gewaltdelikte begangen haben, von 25% auf 42% erhöht, also von einem Viertel auf fast die Hälfte, bei männlichen Befragten von 47% auf 64%, also von nahezu der Hälfte auf zwei Drittel (Mansel 1995; vgl. auch Mansel/Hurrelmann 1998). Es liegen jedoch auch Untersuchungen an Schulen vor, die einen derartigen Trend sowie einen generellen Anstieg der Gewalt unter SchülerInnen verneinen (Greszik u.a. 1995; Rostampour 2000), und Auswertungen von Schweizer Daten über Tötungsdelikte (Eisner 1997) weisen auf langfristig weitgehend stabile Relationen weiblicher und männlicher Gewaltdelinquenz hin.

Festzuhalten bleibt, daß sich übereinstimmend in den Daten der Polizeilichen Kriminalstatistik und in Untersuchungen zur selbstberichteten Delinquenz zeigt, daß Jugendgewalt vor allem ein männliches Phänomen ist. Die Aussagekraft von Erhebungen zu einer zunehmenden Gewaltdelinquenz von Mädchen ist demgegenüber – auch aufgrund von Validitätsproblemen bei selbstberichteter Delinquenz und in der Tatverdächtigenstatistik (vgl. zusammenfassend Cornel 1997; Mischau 1997) – eingeschränkt.

Interpretationen für die Unterrepräsentanz von Mädchen unter jugendlichen GewalttäterInnen stehen in der Forschungstradition kriminologischer und sozialwissenschaftlicher Erklärungsansätze (vgl. Bruhns/Wittmann 1999; Mischau 1997). Hierzu gehören rollen- und sozialisationstheoretische Modelle, nach denen aufgrund geschlechtsspezifischer Anforderungen und der Internalisierung geschlechtstypischer Rollen- und Verhaltenserwartungen Jungen eher als Mädchen aggressives und gewalttätiges Verhalten entwickeln: „In allen mir bekannten Studien finden wir massive *Geschlechtsunterschiede* – für die Gewaltbeteiligung wie die Gewaltbilligung gilt: Sich mit körperlicher Kraft durchzusetzen, paßt zur männlichen Rolle – und steht offensichtlich im Widerspruch zur weiblichen (...)." (Tillmann 1997, S. 41; vgl. auch Hinsch u.a. 1998). Angeknüpft wird dabei an Ergebnisse der Sozialisationsforschung, die zeigen, daß sich das Verhalten von Mädchen an rollenstereotypen Erwartungen orientiert, die von ihnen Anpassung, Fürsorge für andere und Unterordnung in der Geschlechterhierarchie fordern. Aggressive Äußerungen werden bei Mädchen häufig unterdrückt und ihr aggressives Verhalten wird sanktioniert (Horstkemper 1989), bei Jungen gelten offene Aggressionen dagegen als „normal" (Enders-Dragässer 1996). Die Unterrepräsentanz von Mädchen und Frauen in der Kriminalitätsstatistik wird auf „erfolgreich" im Sozialisationsprozeß internalisierte weibliche Verhaltensnormen zurückgeführt, wie z.B. eine prosoziale Orientierung, sowie auf den Mangel an Gelegenheit zu delinquentem Verhalten, der sich aus ihrer stärkeren Beaufsichtigung bzw. ihrer Bezogenheit auf den Privatbereich ergibt (Flowers 1995; Krämer 1992). Derartige Erklärungsansätze gerieten unter machttheoretischen Perspektiven in die Kritik und führten zur Entwicklung feministisch-sozialstruktureller Interpretationsmodelle, die die Diskriminierung von Frauen in allen gesellschaftlichen Bereichen und Schichten in den Mittelpunkt stellen. Geschlechtsrollenstereotype Verhaltensanforderungen, mit denen Mädchen sich in ihrer Sozialisation konfrontiert sehen, werden hier als Mechanismen thematisiert, die die in gesellschaftlichen Normen und Werten geronnenen Geschlechterhierarchien aufrechterhalten und reproduzieren. Die geringere Delinquenz von Mädchen wird in diesem Kontext als Ausdruck einer spezifisch weiblichen Problemlösungsstrategie verstanden, die unter dem Druck von gesellschaftlichen Chancenstrukturen, männlichen Verfügungs- und Dominanzansprüchen, Verhaltenserwartungen und sozialer Kontrolle entstehen (vgl. Bruhns/Wittmann 1999; Mischau 1997). Ergänzt wurden derartige Erklärungsansätze durch die Jungen- und Männerforschung sowie feministische Erklärungsansätze. Herausgearbeitet wurde, daß Gewaltausübung gesellschaftlich als Ausweis von Männlichkeit akzeptiert wird und daß Jungen über delinquentes Verhalten ihre Männlichkeit demonstrieren (vgl. Heiliger/Engelfried 1995; Heiliger 2000; Böhnisch/Winter 1997; Steinert/Karazman-Morawetz 1994; Kersten 1993, 1997).

Rollen- und sozialisationstheoretische und schließlich feministisch-sozialstrukturelle haben frühere biologistische und ontologische Interpretationsmodelle abgelöst und dazu beigetragen, daß die Bedeutung von „Geschlecht“ als Strukturkategorie in ihrem Einfluß auf Gewaltdelinquenz in das Blickfeld von Forschung rückte. Mit der Konzentration auf die Fragestellung, warum Mädchen und junge Frauen seltener gewalttätig bzw. kriminell werden als Jungen und junge Männer, ging jedoch einher, daß sich Erklärungsansätze primär auf die Herausarbeitung „typisch“ weiblicher und männlicher Sozialisations- und Lebensbedingungen richteten und Differenzen innerhalb der Geschlechtergruppen vernachlässigt und Übereinstimmungen zwischen ihnen nicht mehr wahrgenommen wurden. Neuere konstruktivistische Ansätze gehen hingegen in ihrem Erkenntnisinteresse über Fragestellungen des bloßen Geschlechtervergleichs hinaus. Sie regen an, Delinquenz von Mädchen und Frauen unter der Perspektive von geschlechtsspezifischen Normalisierungs- und Krimininalisierungsprozessen zu analysieren und lenken den Blick auf die alltägliche Herstellung asymmetrischer Geschlechterhierarchien und deren Bedeutung für Kriminalität bei Frauen und Männern (vgl. hierzu die Beiträge in Althoff/Kappel 1995, insbesondere Mischau 1995).

Erklärungsansätze zur Zunahme der Delinquenz von Mädchen – und insbesondere der Gewaltdelinquenz – knüpfen häufig an die Veränderung traditioneller weiblicher Rollenleitbilder, die zunehmende Berufstätigkeit von Frauen und an Auflösungstendenzen der frauenbenachteiligenden Geschlechterhierarchie an, zu der sowohl die Frauenbewegung als auch rechtliche Instrumente zum Abbau der Ungleichheit beigetragen haben (vgl. Theurer 1996; Gipser 1975 sowie die Diskussionen bei Mischau 1997; Chesney-Lind/Shelden 1998). In der US-amerikanischen Forschung liegen derartigen Interpretationen vor allem Forschungsergebnisse aus quantitativen Erhebungen zugrunde, die anhand von Männlichkeits- und Weiblichkeitsskalen bei devianten Frauen eine Orientierung an „männlichen" Einstellungs- und Verhaltensmustern feststellen. Aufgrund von Reanalysen, insbesondere durch feministische Wissenschaftlerinnen in den USA, wurde diesen Argumentationen vielfach widersprochen, so daß Chesney-Lind und Shelden zu dem Schluß kommen:

> „In conclusion, serious research efforts to locate the ‚dark side of the women's movement' have almost without exception been unsuccessfull." (Chesney-Lind/Shelden 1998, S. 97)

Auch in der Bundesrepublik wird eine erhöhte Gewaltdelinquenz weiblicher Jugendlicher in der PKS und das Phänomen offen gewalttätig agierender Mädchen in einen Zusammenhang mit dem Wandel von Rollenmustern und der gesellschaftlichen Position von Frauen gestellt, wenn von einer „verqueren" oder „mißlichen" Emanzipation gesprochen wird (vgl. Punkt 1.1.2). Mischau (1997) weist in ihrer Diskussion der „Emanzipationsthese" auf widersprüchliche Ergebnisse zur Zunahme weiblicher Kriminalität und kontroverse Argumentationen hin. Sie stellt in Frage, daß weibliche Kriminalität tatsächlich zunehme und problematisiert, daß eine derartige Wahrnehmung durch die „Emanzipationsthese" mittlerweile Eingang in das Alltagswissen gefunden habe. Zu ergänzen ist, daß diesen Erklärungsansätzen ein verkürzter Emanzipationsbegriff zugrunde gelegt wird und dadurch Gleichberechtigungsbestrebungen negativ konnotiert werden.

1.1.2 Formen des Umgangs mit Aggression und Gewalt – „typisch weiblich"?

Es kann nicht davon ausgegangen werden, daß Mädchen seltener aggressive Gefühle entwickeln als Jungen. In einer Untersuchung zu den somatischen Kulturen 12- bis 16jähriger äußern Mädchen signifikant öfter Gefühle des Zorns bzw. Ärgers als Jungen, diese drücken sich aber seltener in direkten Gewalthandlungen aus (Mansel/Hurrelmann 1991; Kolip 1997). Mädchen verarbeiten ihre aggressiven Gefühle eher in *internalen Bewältigungsstrategien*, zu denen z.B. Depressivität und Medikamentenkonsum sowie psychosomatische Beschwerden gehören (Kolip 1997; Heyne 1996). Anhaltspunkte hierfür liefert auch die Suizidforschung, die zwar bei männlichen Jugendlichen eine höhere Rate der suizidalen Mortalität, jedoch häufigere Suizidversuche bei Mädchen – am höchsten ist die Rate in der Altersgruppe der 15- bis 19jährigen – belegt (Statistisches Bundesamt 1998; Schröer 1998). Auch Eßstörungen, die als internalisierendes Problemlösungsverhalten spezifisch adoleszenter Konflikte interpretiert werden können, finden sich überwiegend bei Mädchen (Reismann/Wallner 1996; vgl. auch Krämer 1992). In der praxisorientierten Literatur zur Mädchenarbeit in der Jugendhilfe werden derartige Bewältigungs- und Konfliktlösungsmuster von Mädchen als autoaggressive Verhaltensweisen bzw. als eine Form verdeckter, gegen sich selbst gerichteter Gewalt erörtert (vgl. Jugendamt Wolfsburg 1997; Jugend- und Drogenberatung KRABAT e.V./Städt. Gemeinschaftshauptschule Kronenberg o.J.).

Weit verbreitet ist die These, daß *psychische und verbale Gewaltformen* – hierzu gehören Verhaltensweisen wie Hänseleien, Etikettierungen, soziale Ausgrenzungen, Demütigungen, Beschimpfungen und Beleidigungen – „typisch weibliche“ Aggressionsäußerungen darstellen. So beschreiben Lehrer und Lehrerinnen „Gehässigkeiten“, verbale Attacken und Hinterhältigkeit („Petzen“) als mädchenspezifisches Verhalten (vgl. Würtz u.a. 1996, S. 91). Tatsächlich belegen empirische Untersuchungen, daß Mädchen gegen andere Personen vor allem psychische und verbale Formen der Gewalt einsetzen. Zurückgeführt wird dies auf sozialisatorisch erworbene Hemmungen von Mädchen, körperlich aggressiv zu agieren, da ein solches Verhalten mit Sanktionen verbunden ist (Stenke u.a. 1997). Zudem entspricht es geschlechtstypischen Erwartungen: „Daß Konflikte von Mädchen eher subtil und auf der Beziehungsebene ausgetragen werden und daß Auseinandersetzungen zwischen Jungen offen aggressiv und vor Publikum stattfinden, verweist auf soziale Erwartungen an Männlichkeit und Weiblichkeit. Sie werden von den Akteuren in der Realität und als Realität produziert“ (Tillmann u.a. 2000, S. 21). Doch auch bei Jungen zählen psychische oder verbale Gewaltformen zu den häufigsten Aggressionsäußerungen, und auch hier „überrunden“ sie die Mädchen, wenngleich die Unterschiede zwischen den Geschlechtern nicht so groß sind wie bei physischer Gewalt (vgl. Schwind u.a. 1995; Stenke u.a. 1998; Popp 1997; Olweus 1997; Lamnek 2000). Im Rückblick auf acht unter seiner Leitung durchgeführte Schülerstudien resümiert Melzer: „Es hat sich nicht bestätigt, daß Mädchen mit ‚anderen Waffen' kämpfen, auch bei den psychischen und verbalen Aggressionen zeigt sich der dargestellte Unterschied (wie bei physischer Gewalt, d. Verf.), hier sind die Jungen ebenfalls in der deutlichen Überzahl" (Melzer 2000, S. 13). Dieses Ergebnis wird aber mit Mißtrauen betrachtet, widerspricht es doch geschlechtstypischen Erwartungen. Olweus (1996) kommt im Hinblick auf die geringere Anzahl „mobbender" Mädchen in einer norwegischen Schülerstudie zu der Vermutung, daß ein solches Verhalten bei Mädchen schwerer aufzudecken sei, da sie „eher ‚hinterlistige' Schikanen" benutzen (Olweus 1996, S. 65).

Verdeckte Formen von Gewalt werden vor allem im Zusammenhang mit der unterstützenden Rolle weiblicher Angehöriger in rechtsextremistischen Jugendgruppen thematisiert. Festgestellt wird hier, daß Mädchen überwiegend nicht selbst gewalttätig werden, sondern Gewalt an die männlichen Gruppenmitglieder delegieren – „Sie ‚lassen durchgreifen', ‚lassen kämpfen' (...)" (Holzkamp/Rommelspacher 1991, S. 36; vgl. auch Bütow 1995) – und deren Gewalttätigkeit unterstützen, indem sie sich u.a. deren Aktionszielen, Regeln und Normen unterwerfen und die „Kämpfer" psychisch und physisch versorgen, sie anfeuern und als Kommunikationspartnerinnen innerhalb der Clique oder in Freundschaftsbeziehungen gewalttätige Aktionen fördern (vgl. Engel/Menke 1995; Vogel 1999).

Die Zurückhaltung von Mädchen bei gewalttätigen Auseinandersetzungen wird auch in Forschungsergebnissen thematisiert, die sich auf interaktive Aspekte zwischen den Geschlechtern beziehen. So charakterisiert Melzer die häufig festgestellte Zuschauerrolle von Mädchen bei gewalttätigen Auseinandersetzungen als ein „indirektes Involvement" (Melzer 2000, S. 13). In der Schulstudie von Tillmann u.a. (2000), die in ihrem qualitativen Teil u.a. der Frage nachgeht, ob Gewalt ein Interaktionsprodukt ist, wird Mädchen von den männlichen Befragten – Schülern wie Lehrern – ein immenser Einfluß auf das Gewaltverhalten von Jungen zugeschrieben. Die Interviewergebnisse deuten allerdings darauf hin, daß Mädchen bei Auseinandersetzungen zwischen Jungen weniger über direkte Aufforderungen und Ermutigungen gewaltfördernd wirken, sondern indirekt gewaltförmige Verhaltensweisen von Jungen verstärken, weil diese vor anwesenden Mädchen nicht als „Verlierer“ dastehen wollen. Melzer (2000) berichtet hingegen – auf Grundlage von quantitativen Erhebungen –, daß Jungen sich von zuschauenden Mädchen nicht sehr beeindrucken lassen.

Hinweise auf die *Gewaltintensität und Gewaltformen* von Mädchen und jungen Frauen bieten u.a. Untersuchungen im Rahmen der Rechtsextremismusforschung. So spricht Niebergall von „mädchenspezifische(n) Formen der Gewaltausübung, die im Vergleich zu den Jungen als ‚sanfter‘ bezeichnet werden können“: Haare ziehen, kratzen, beißen ... (Niebergall 1995, S. 104). Die von ihr befragten Mädchen zeigen darüber hinaus emotionale Anteilnahme mit den Gewaltopfern, so daß härtere Formen der Gewalt vermieden wurden. Damit stimmt überein, daß Mädchen sowohl von weiblichen als auch männlichen Jugendlichen in Interviews als weniger gewalttätig eingeschätzt werden als Jungen (Utzmann-Krombholz 1994b; Niebergall 1995). Im Gegensatz dazu wird in einer Studie des SINUS-Instituts zu ostdeutschen Jugendgruppen davon berichtet, daß Mädchen, die in ihren Cliquen die Rolle einer „Kämpferin“ einnehmen, die gleichen Kampftechniken anwenden wie Jungen (SINUS-Institut 1994, S. 32) und Karazman-Morawetz und Steinert (1993) beschreiben bei Mädchen, die sie dem Typus der „Gruppenkämpferinnen“ zuordnen, ein den Jungen ähnliches Ausmaß von Gewalt.

Das *Mitführen und auch der Einsatz von Waffen* wird sehr viel häufiger bei männlichen als bei weiblichen Jugendlichen beobachtet. Darauf deuten sowohl Daten der PKS zu unerlaubtem Waffenbesitz (Daten für Tatverdächtige unter 21 Jahren; PKS 1999, Tabelle 20) als auch Untersuchungen in Schulen hin (Popp 1997; Fuchs 1995; Stenke u.a. 1998; Langner/Sturzbecher 1997). Da das Mitführen von Waffen in der Schule – überwiegend Messer (vgl. Fuchs 1995) – vor allem aus einem Schutzbedürfnis und aus Gründen der Selbstdarstellung heraus legitimiert wird (Schwind u.a. 1995; Fuchs 1995), kann hieraus jedoch nicht direkt auf ihre Anwendung und die Gewaltbereitschaft der Jugendlichen geschlossen werden. Auf eine höhere Wahrscheinlichkeit des Waffen*einsatzes* bei männlichen Kindern und Jugendlichen läßt sich auf Grundlage der Daten zur gefährlichen und schweren Körperverletzung schließen, bei der auf Straßen, Wegen oder Plätzen häufig Schußwaffen eingesetzt werden (PKS 1999, Anmerkung zu T120). Hier liegt der Anteil der weiblichen Tatverdächtigen unter 21 Jahren bei 12%, der der männlichen bei 88% (PKS 1999, Tabelle 20, Bundeskriminalamt 2000). Auch in den Selbstberichten von Bochumer SchülerInnen der 7. bis 13. Jahrgangsstufe zeigen sich eklatante Geschlechtsunterschiede: 8% der Jungen und 0,4% der Mädchen gaben an, Waffen benutzt zu haben (Schwind u.a. 1995).

Wenden Mädchen Formen physischer Gewalt an, so richten sie sich vor allem *gegen andere Mädchen.* Daß sie sich nur selten mit Jungen prügeln wird damit begründet, daß sie deren körperliche Überlegenheit fürchten (Niebergall 1995; Hinsch u.a. 1998). In Kämpfen zwischen Jugendgruppen sind weibliche Gruppenmitglieder, die selbst aktiv in Kämpfe eingreifen, in der Regel für die weiblichen Mitglieder der gegnerischen Gruppen „zuständig" (SINUS-Institut 1994), wenngleich es auch Fälle gibt, in denen Mädchen gleichermaßen sowohl gegen weibliche als auch männliche Jugendliche vorgehen (Böttger 1998) – insbesondere Vergewaltigungserfahrungen können dazu führen, daß sich die Gewalt junger Frauen massiv gegen Männer richtet (ebd.).

Als *Anlässe für körperliche Übergriffe* von Mädchen werden Eifersucht, Neid und Konkurrenzen (Niebergall 1995; Tillmann u.a. 2000), die Abwehr körperlicher Attacken (SINUS-Institut 1994) sowie die „Andersartigkeit" fremder weiblicher Personen genannt (Niebergall 1995). Böttger berichtet, daß die befragten Mädchen und Frauen bei ihren Gewaltaktionen von affektiver Erregung geleitet werden und nicht, weil sie – wie die männlichen Befragten – dadurch den eigenen Status erhöhen oder sich sozial durchzusetzen bzw. Anerkennung erlangen wollen (Böttger 1998; vgl. ähnlich auch Stenke u.a. 1998). Demgegenüber kommt Niebergall zu dem Schluß, daß gewalttätige Mädchen versuchen, „mit Hilfe von Gewalt Statusgewinn und Anerkennung zu erlangen" (Niebergall 1995, S. 104).

Gründe für die Gewalttätigkeit von Jugendlichen werden in familialen, schulischen, milieuspezifischen, sozio-strukturellen und personalen Bedingungen gesucht. Hier ergibt sich ein vieldimensionales und teils heterogenes Bild, das in seinen einzelnen Aspekten in diesem Rahmen nicht nachgezeichnet werden kann. Festgehalten werden soll lediglich, daß insbesondere die Aussagen zum Zusammenhang zwischen familialen Einflüssen sowie dem Ausmaß des Selbstbewußtseins und gewalttätigem Verhalten nicht eindeutig sind – so stellen z.B. Funk und Passenberger (1997; vgl. auch Rojek 1995) sowie Popp u.a. (2001) nur geringe bzw. keine familialen Einflüsse fest, während z.B. Mansel und Hurrelmann (1998), Grundmann und Pfaff (2000) sowie Melzer (2000) einen Zusammenhang mit der familiären Sozialisation bzw. dem Erziehungsmilieu konstatieren (vgl. hierzu auch den Überblick in Wetzels u.a. 1999). Die meisten Studien stimmen aber darin überein, daß Gewalttätigkeit häufig mit dem Gefühl der Benachteiligung aufgrund einer unterprivilegierten sozialen Stellung, mit einem geringeren Bildungsniveau sowie mit Belastungen im Leistungsbereich (Schule) einhergeht (vgl. z.B. Heitmeyer u.a. 1995; Pfeiffer 1997; Tillmann 1997). In der überwiegenden Mehrzahl der Untersuchungen wird auch auf einen gewaltfördernden Einfluß von Gewalterleben im Elternhaus und der Mitgliedschaft in gewaltorientierten Jugendgruppen hingewiesen (vgl. z.B. Pfeiffer u.a. 1999; Heitmeyer 1996; Fuchs u.a. 1996).

Letztlich kann aus den Ergebnissen empirischer Untersuchungen gefolgert werden, daß Gewalttätigkeit bei weiblichen wie auch bei männlichen Jugendlichen nicht monokausal erklärt werden kann, sondern daß von einem komplexen Bedingungsgefüge bei der Entstehung gewaltaffiner Einstellungen und Verhaltensweisen ausgegangen werden muß (vgl. Wahl 2000; Wetzels u.a. 1999). Aus allen Studien geht jedoch gleichzeitig hervor, daß die Geschlechtszugehörigkeit ein zentraler Prädiktor für die Gewaltausübung von Jugendlichen ist, dennoch bleiben Geschlechterdifferenzierungen häufig unberücksichtigt. Dies wird vielfach mit der statistischen Unterrepräsentanz von weiblichen Jugendlichen bei Gewalttaten begründet (vgl. Hanssen u.a. 1998; Busch/Todt 1997; Helsper 1995; Heitmeyer u.a. 1995). Teilweise kann Unterschieden zwischen den Geschlechtern aber auch wegen zu geringer Fallzahlen nicht nachgegangen werden (vgl. Conrads/Möller 1995; Utzmann-Krombholz 1994a), oder Differenzierungen können nicht bearbeitet werden, weil in der Untersuchungsanlage geschlechtsspezifische Aspekte nicht hinlänglich berücksichtigt wurden (vgl. Stenke u.a. 1998). Selten werden so eindeutige Schlußfolgerungen wie von Popp u.a. (2001) auf der Grundlage einer quantitativen Erhebung und – ausgehend von einer qualitativen Studie – von Böttger (1998) gezogen. Sie kommen zu dem Ergebnis, daß sich im Zusammenhang mit Gewalttätigkeit keine eindeutigen geschlechtstypischen Zusammenhänge abzeichnen:

> „Es gibt bei allen gemessenen Gewalthandlungen und in den untersuchten schulischen und außerschulischen Lebenswelten keine geschlechtstypischen Unterschiede zwischen den männlichen und weiblichen Dauertätern. Die soziale Strukturkategorie ‚Geschlecht‘ scheint demnach bei hochaggressiven Schülergruppen ihre differenzierende Wirkung zu verlieren“. (Popp u.a. 2001, S. 184)

„Nahezu jede Lebensgeschichte besteht sowohl aus geschlechtstypischen als auch aus geschlechtsuntypischen Elementen.“ (Böttger 1998, S. 336)

Dennoch werden in beiden Untersuchungen – bei Popp u.a. aufgrund vertiefender statistischer Analysen, bei Böttger als „typische“ Unterschiede (s.o.) – Differenzen in den „bedeutsamen Einflüssen“ (Popp u.a. 2001, S. 184) auf die Gewaltneigung von Mädchen und Jungen herausgearbeitet und auch geschlechterdifferenzierend interpretiert. So wirken nationalistische Einstellungen und die Zugehörigkeit zu gewaltorientierten Peergroups bei Mädchen gewaltfördernd, eine positive Lehrer-Schüler-Beziehung gewaltmindernd (ebd.). Bei Böttger wird der Stellenwert affektiver Erregung als „typisch weiblicher“ Anlaß für Gewaltausübung beschrieben (Böttger 1998, S. 326).

Begründungssmodelle, die die physische Gewaltanwendung von Mädchen vor dem Hintergrund theoretischer Zusammenhänge der Frauen- und Geschlechterforschung reflektieren, sind aufgrund mangelnder Untersuchungen in diesem Themenfeld rar, auch wenn es vereinzelt Erklärungsmodelle gibt. Ausformuliertere Ursachenzusammenhänge liegen von Conrads und Möller (1995), in der Literatur zu rechtsextremistisch orientierten Mädchen und jungen Frauen sowie von Silkenbeumer (2000) vor.

Der Erklärungsansatz von *Conrads und Möller* (1995) bezieht sich auf die Herleitung von Jugendgewalt als Reaktion auf zunehmende Desintegrations- und Individualisierungsprozesse, die im Rahmen einer quantitativen Untersuchung der Bielefelder Forschungsgruppe um Heitmeyer entwickelt wurde (Heitmeyer u.a. 1995). Im Mittelpunkt steht die Annahme, daß Gewalttätigkeit einhergeht mit Gefühlen der Überforderung angesichts zunehmender Handlungsoptionen bei gleichzeitigem Verlust emotionaler Unterstützung und fehlenden Ressourcen zur Realisierung sozialer Chancen. Aus einer geschlechterdifferenzierten Sicht leiten sich Desintegrationserfahrungen und Verunsicherungsgefühle bei Mädchen und Frauen aus Beschränkungen bei der Realisierung von Lebenschancen her, denen Ungleichzeitigkeiten in den gesellschaftlichen Entwicklungen und geschlechtsspezifische Diskriminierungen im Produktions- wie Reproduktionsbereich zugrundeliegen. Conrads und Möller formulieren die Hypothese, daß derartige Desintegrationserfahrungen und Verunsicherungsgefühle eng mit gewalttätigem Verhalten sowie gewaltaffinen und gewaltbereiten Einstellungen verknüpft sind. Im Vergleich zwischen gewalttätigen und nicht gewalttätigen Frauen können sie diese Annahme jedoch nicht belegen, weil sich der Datensatz gewalttätiger Frauen für einen Nachweis signifikanter Unterschiede als zu klein erweist. Aus dem Vergleich ergibt sich lediglich, daß gewalttätige junge Frauen in der Familie weniger emotionale Unterstützung erhalten und ihr Selbstwertgefühl weniger ausgeprägt ist. Deutliche Unterschiede konstatieren die Forscherinnen zwischen ostdeutschen Frauen, die ein geringeres Gewaltpotential zeigen, und westdeutschen Frauen, die häufiger gewalttätig werden sowie eine stärkere Gewaltaffinität zeigen. Sie führen dies zurück auf die „Traditionalität" der ostdeutschen und „Modernität" der westdeutschen Gesellschaft. Modernität beinhaltet in diesem Zusammenhang, daß „weibliche Jugendliche aggressive Einstellungs- und Verhaltensmuster übernommen haben, die ehemals den männlichen Jugendlichen vorbehalten waren" (ebd., S. 278). Da junge Frauen trotz ihrer größeren Verunsicherung nicht häufiger als Jungen Gewalt (Körperverletzung) ausüben, schließen die Autorinnen darauf, daß weibliche Jugendliche auch andere, autoaggressive Formen der „gewaltförmigen Verarbeitung" belastender Verunsicherungen anwenden (ebd., S. 276f.).

Die Erklärungsansätze für ein offensiv gewalttätiges Verhalten von Mädchen, die im Rahmen der *Rechtsextremismusforschung* entstanden sind, wurden im wesentlichen aufgrund von Ergebnissen der Einstellungsforschung entwickelt, die belegen, daß auch bei Mädchen nationalisierende und rassistische Haltungen verbreitet sind (vgl. Bütow 1995; Birsl 1994, 1996; Utzmann-Krombholz 1994a). Ausgehend von der „Dominanzkulturthese" von Rommelspacher (1997), nach der Individuen in einer auf Expansion gerichteten Gesellschaft danach streben, Privilegien abzusichern und zu erweitern, werden gewalttätige Übergriffe von rechtsextremistischen Jugendlichen als Verteidigung und Absicherung der eigenen Stellung gegenüber Personen interpretiert, denen ein niedriger Status in der gesellschaftlichen Hierarchie zugeschrieben wird. Analog werden gewalttätige Übergriffe von Mädchen, die der „rechten Szene" angehören, als aggressive dominanzmotivierte Akte gegenüber (noch) Schwächeren interpretiert, denen sie sich einerseits überlegen fühlen, von denen sie sich andererseits in ihren Chancen (Arbeitsmarkt, soziale Unterstützung) und in ihrer Bewegungsfreiheit (sexuelle Belästigungen) bedroht sehen. Auf sie projizieren Mädchen und Frauen eigene Probleme aus Diskriminierungserfahrungen, die sich aus ihrer untergeordneten Stellung in der gesellschaftlichen Geschlechterhierarchie ergeben. Sie werden so

– ebenso wie Jungen und Männer – zu Trägern von „gesellschaftlichen Gewaltphantasien" (Rommelspacher 1993b, S. 210; Holzkamp/Rommelspacher 1991).

Teilweise fließen in Erklärungsansätze der Rechtsextremismusforschung auch Annahmen ein, die von Desintegrations- und Individualisierungsprozessen ausgehen. Hier werden gewalttätige Orientierungen auf Verunsicherungen zurückgeführt, die aus Widersprüchen zwischen einerseits erweiterten Handlungsoptionen und andererseits geschlechtshierarchisch eingeschränkten Chancen, diese wahrzunehmen, entstehen (vgl. Birsl 1996; Vogel 1999). Auf der Grundlage der Analyse von Zeitschriftenartikeln und Interviewaussagen von jungen rechtsextremistischen Frauen interpretiert Bitzan (1996) Äußerungen, in denen emanzipatorische und sexismuskritische Positionen geäußert werden – u.a. im Zusammenhang mit der Ausgrenzung weiblicher Jugendlicher aus Gruppenkämpfen – als Ausdruck nicht nur von Widerspruchserfahrungen und Problemen aufgrund der „doppelten Vergesellschaftung" von Frauen, sondern auch als Beleg für deren Partizipationsbedürfnisse und ihr Selbstbewußtsein. Sie stellt damit die Meinung in Frage, „daß die Frau in der rechten Ideologie ungebrochen in biologistischer Manier auf ihre traditionelle Rolle als demütige Hausfrau und Mutter festgelegt und dem Mann dienend untergeordnet" wird (ebd., S. 150).

Während dieser Erklärungsansatz auch der „verdeckten" Gewalt von Mädchen zugrundegelegt wird, werden in anderen Ansätzen deutliche Unterschiede zwischen indirekt vorgehenden und offen gewalttätigen Mädchen gemacht. Direkte körperliche Gewalt weiblicher Jugendlicher wird hier als Ausdruck von im weitesten Sinne „emanzipatorischen" Intentionen interpretiert, die aus der Auflehnung gegen geschlechterstereotype, mit Abwertungen und Diskriminierungen einhergehenden Erwartungen resultieren. So spricht Möller (1995) von einer „verqueren Emanzipation", die sich ausdrückt in einem an männlichen Verhaltensstereotypen orientierten und damit „geschlechtsuntypischen" Verhalten von Mädchen und jungen Frauen. Der Autor führt ein solches Verhalten auf Anforderungen an die weiblichen Jugendlichen zurück, die mit traditionellen Mustern konfligieren: „Es sind dies Erwartungen, die angesichts einer gewissen Angleichung der Geschlechterlaufbahnen im Jugendalter (...) heutzutage relativ neu auf die Masse der Mädchen zukommen, z.B. eigenständig außerfamiliale Kontakte zu erschließen, eigene Interessen durchzusetzen, offensiv Ansprüche zu stellen, Auseinandersetzungen einzugehen, kurzum, eine eigenständige

Identität vorzuweisen“ (Möller 2000, S. 71f.). Derartige Erwartungen entwickeln vor allem dann Wirkung, wenn Schule und Elternhaus die Ausbildung einer eigenständigen Identität nicht unterstützen. Den Aspekt der Orientierung an männlichen Verhaltensmustern arbeitet auch Bütow (1995) in einem Überblick zu geschlechtsspezifischen Aussagen der Rechtsextremismusforschung heraus. Sie lenkt den Blick auf die starke Betonung der Unabhängigkeit des Handelns, von Selbständigkeit, Genuß und Abenteuer bei einer gleichzeitig geringeren Orientierung gewalttätiger Mädchen an traditionell-weiblichen Normen wie Pflicht- und Verantwortungsbewußtsein, Anpassung und Rücksicht. Bütow interpretiert die Gewalttätigkeit dieser Mädchen als eine „Aufkündigung tradierter Geschlechterrollen“ und als Übernahme eines Teils der männlichen Rolle im Kontext von Handlungsbarrieren, die auf Geschlechtsrollenerwartungen basieren (ebd., S. 50). Ähnlich argumentiert auch Niebergall (1995): „Diese bisher verschwindend geringe Anzahl von Mädchen lebt ihre eigenen Macht-, Aggressions- und Gewaltbedürfnisse aus und empfindet dieses Nachahmen ‚typisch‘ männlicher Verhaltensmuster als Gleichberechtigung“ (Niebergall 1995, S. 104).

Silkenbeumer (2000) legt unter einer geschlechterdifferenzierenden Perspektive differenzierte und umfangreiche Ergebnisse zur Gewalttätigkeit von Jugendlichen aus einer biographischen Studie vor. Sie geht von einem *„sozialkonstruktivistischen Verständnis von Geschlecht“* aus, nach dem strukturelle Ungleichheiten, die das hierarchische Geschlechterverhältnis kennzeichnen, die Konstruktion von Männlichkeit und Weiblichkeit beeinflussen (ebd., S. 10). In ihren Ergebnissen und Interpretationen wird deutlich, daß sie sich von einer geschlechterpolarisierenden Sichtweise distanziert, die den Blick auf vielfältige Möglichkeiten von Geschlechterkonstruktionen verstellt. Das Resümee ihrer Analyse lautet: „Gewaltbereite junge Frauen sind ebenso wie gewaltbereite junge Männer sehr unterschiedlich, sowohl in der Art und Weise, wie sie Gewalt ausüben als auch hinsichtlich der Anlässe und Motive, Gewalt anzuwenden“ (ebd., S. 243). Sie findet allerdings auch übereinstimmende Tendenzen, die sich „aus ihrem Leben als weibliche bzw. männliche Jugendliche ergeben“ (ebd.). So haben einige gewalttätige Mädchen und junge Frauen sexuelle Gewalt erfahren, sehen sich mit traditionellen Erwartungen ihrer Partner konfrontiert, „daß sie verfügbar sind, nicht gewalttätig werden und sich anpassen“ (ebd.), und orientieren sich selbst an geschlechterstereotypen Vorstellungen, wenn sie von ihrem Freund fordern, daß er unter Einsatz von Gewalt ihre Konflikte „regelt". Die Ergebnisse deuten auch auf Problembelastungen der weiblichen Jugendlichen hin, die Silkenbeumer als Ergebnis von Ambivalenzen im weiblichen Lebenszusammenhang interpretiert, wie sie aus der Suche nach einem selbstbestimmten Leben auf der einen Seite und Abhängigkeiten aufgrund von geschlechtshierarchischen Beziehungen, die sie in der Familie beobachten, auf der anderen Seite entstehen.

„Der Wunsch, ein eigenständiges Leben zu führen und unabhängig zu sein, war bei vielen weiblichen Befragten deutlich. Ihre tatsächlichen Lebensumstände waren jedoch mehrheitlich durch Unterdrückungszusammenhänge geprägt." (ebd., S. 238)

Silkenbeumer beobachtet eine „(Re-)Inszenierung" von familiären Erfahrungen der jungen Frauen: rollenstereotype Zukunftsorientierungen, z.B. die Antizipation der Mutterrolle, die Unterordnung im Geschlechterverhältnis in Partnerschaften – auch als Opfer von Gewalt – sowie die Anpassung an Abhängigkeitsstrukturen mit hohen „kompensatorischen Kosten" für die Gesundheit (z.B. durch Drogenkonsum). Die Ablehnung einengender Weiblichkeitszuweisungen sieht sie nicht in einem direkten Zusammenhang mit der Gewaltbereitschaft weiblicher Jugendlicher, auch wenn Gewalt ein Mittel sein könnte, „gegen Vorstellungen des braven, angepaßten Mädchens zu rebellieren" (ebd., S. 237). Dennoch führte dies nicht dazu, daß „sie bestimmte Vorstellungen von Weiblichkeit gänzlich ablehnten und nicht mehr mit diesen konfrontiert wurden" (ebd.). Einen hohen Erklärungswert für die Gewalttätigkeit von Mädchen und jungen Frauen spricht Silkenbeumer deren familiärer Situation zu. In diesem Kontext weist sie auch auf milieuspezifische Unterschiede hin: Mädchen aus einem bürgerlichen Milieu handeln aus Protest gegen die Lebens- und Wertvorstellungen ihrer Eltern, das delinquente Verhalten inhaftierter Frauen, die in familiären Problemkonstellationen aufwuchsen, interpretiert sie als reaktive Notlösung.

1.1.3 Mädchen in gewaltbereiten Jugendgruppen – marginalisiert und angepaßt?

In der Vergangenheit wurde überwiegend davon ausgegangen, daß es sich bei Jugendgruppengewalt um ein *männliches Phänomen* handelt und auch in der neueren Fachliteratur wird Jugendgruppengewalt meist als Gewalt männlicher Jugendlicher dargestellt und rezipiert (Landthaler 1991; Seidel-Pielen 1991; Schröder 1992; Esser/Dominikowski 1997; Tertilt 1996; Bohnsack u.a. 1995, 1997; Brandhorst 2000). Hin und wieder wird auch auf das Vorkommen von „Mädchengangs" hingewiesen (vgl. Ohder 1992; Esser/Dominikowski 1997), und einigen Studien kann man entnehmen, daß auch einige Mädchen der untersuchten Jugendgruppe angehören oder daß Mädchen eine marginale Stellung innerhalb einer gewalttätigen Clique einnähmen (vgl. Möller 2000; Eckert u.a. 2000; Esser/Dominikowski 1997; Rommelspacher 1993a; Kräupl 1995). Gegenstand von Untersuchungen sind sie jedoch nur selten (z.B. Eckert u.a. 2000). Ohne daß systematische Erkenntnisse zum Anteil von Mädchen in gewaltbereiten Jugendgruppen und zur Verbreitung von gewaltbereiten Mädchengruppen in der BRD vorliegen, vermittelt die Jugendgruppenforschung den Eindruck, daß weibliche Jugendliche nur selten gewaltbereiten Jugendgruppen angehören. Dieser Eindruck wird durch Daten bestätigt, die Möller (1997) referiert: Danach gehören den gewaltbereiten Szenen der Skinheads und der Hooligans, aus denen sich wahrscheinlich die meisten der untersuchten gewalttätigen Jugendcliquen rekrutieren, zu 75% (Skinheads) bzw. zu 90% (Hooligans) männliche Jugendliche an (ebd., S. 37).

In der Jungen- und Männerforschung wird der geringe Anteil von weiblichen Jugendlichen in gewaltorientierten Gruppen vor dem Hintergrund gesellschaftlicher Geschlechterhierarchien und dominanzorientierter Männlichkeitskulturen erklärt. Kersten (1993) hebt in der Analyse einer kulturvergleichenden Untersuchung zu Jugendgangs in Anlehnung an Connell (1995) die Bedeutung von Bestimmungsmerkmalen einer „hegemonialen Strategie der Männlichkeit in patriarchalen Gesellschaften" – wie z.B. Territorialverhalten, Kampfeslust und betonte heterosexuelle Männlichkeit – für das kriminelle bzw. gewalttätige Vorgehen von Jugendgangs hervor (ebd., S. 235f.). Nach Möller (2000) suchen männliche Jugendliche in rechtsextremen Gruppen nach identitärer Verortung innerhalb „überkommener Männlichkeitstraditionen", in denen sie ihre Potenz über die „machtvolle Demonstration der eigenen Heterosexualität nach außen" und ihre Beschützerkompetenzen über Territorialkämpfe beweisen können (ebd., S. 69). Auch in der umfangreichen Jugendgruppenstudie von Eckert u.a. (2000), in der nicht nur gewaltaffine Cliquen untersucht wurden, wird „Männlichkeit" als „Kristallisationspunkt von Selbstkategorisierungen und Gruppenbildung" (ebd., S. 397) für (überwiegend) männliche Cliquen hervorgehoben. Ursachen für die Marginalität und Unterrepräsentanz von Mädchen werden hier in der unterschiedlichen Bedeutung von Gleichaltrigengruppen für die Identitätsbildung vermutet: „Vielleicht stellen Mädchen und junge Frauen Identität immer noch eher über Familie und Zweierbeziehungen her und verzichten auf feste Gruppenbande, während Jungen und junge Männer demgegenüber stärker Zugehörigkeiten benötigen, die ihnen ein (sic!) Platz jenseits der Familie und der Liebesbeziehungen zuweisen" (ebd., S. 397f.).

Dem widersprechen jedoch Forschungsergebnisse, nach denen auch für Mädchen Gleichaltrigengruppen einen hohen Stellenwert haben (vgl. bereits Allerbeck/Hoag 1985). Ebenso wie Jungen verbringen Mädchen ihre Freizeit häufig in Cliquenzusammenhängen (Utzmann-Krombholz 1994a; Nasa/Weigl 1995). Busch (1998) stellt sogar fest, daß Mädchen häufiger als Jungen berichten, Mitglied einer festen Clique zu sein, allerdings bewegen sie sich seltener in problematischen devianten Gruppenzusammenhängen. In der Rechtsextremismusforschung werden *Motive für die Mitgliedschaft von Mädchen* in gemischtgeschlechtlichen Gruppen herausgearbeitet: Die Mädchen und jungen Frauen suchen in den Cliquen Orientierung, Schutz und Selbstaufwertung (Schweele 1990; Meyer 1993; Siller 1995; Utzmann-Krombholz 1994b; Holzkamp 1994). Diese Bedürfnisse werden zurückgeführt auf die untergeordnete Position von Mädchen und Frauen in der Geschlechterhierarchie, auf Abwertungserfahrungen, Ängste und Verunsicherungen sowie auf mangelnde Zukunftsperspektiven. Weibliche Jugendliche schließen sich rechtsextremen Gruppen auch an, weil ihre Partner hier eingebunden sind und nehmen dann meist eine randständige Stellung ein (Holzkamp 1994). In der amerikanischen Gangforschung, in der die Untersuchung von Mädchengangs und der Mitgliedschaft von Mädchen in gemischtgeschlechtlichen Gruppen eine lange Tradition hat – auch aufgrund ihrer größeren Verbreitung und stetigen Ausweitung (vgl. Chesney-Lind/Shelden 1998; Howell 1998) –, wurde die Bedeutung von Gleichaltrigencliquen für weibliche Jugendliche in Abhängigkeit von den Lebensbedingungen in einer geschlechtsspezifisch und sozial ungleich strukturierten Gesellschaft analysiert. Die Gangmitgliedschaft von Mädchen stellt sich vor diesem Hintergrund als Flucht aus sozial und familiär prekären Lebenssituationen dar, die Gang wird zur Schutzgemeinschaft und zum eigentlichen Zuhause der Mädchen (Campbell 1984).

Der Geschlechtszugehörigkeit kommt nach Aussagen der Jugendgruppenstudien jedoch nicht nur eine wichtige Bedeutung für die Geschlechterzusammensetzung von gewaltorientierten Cliquen zu, sondern in gemischtgeschlechtlichen Gruppen auch für den *Status von weiblichen Jugendlichen.* Definieren die Cliquen sich über Härte, Kampf, Ehre oder Kameradschaft, so nehmen Mädchen und junge Frauen hier keine anerkannte Position ein (Eckert u.a. 2000; Eckert u.a. 1998), allenfalls als Sexualobjekte und als Ausweis von Männlichkeit sind sie für männliche Jugendliche von Interesse (Kersten 1993; Böhnisch/Winter 1997; Connell 1995). Im Umgang mit Mädchen können die jungen Männer ihre Männlichkeit über die Zurschaustellung sexueller Potenz und heterosexueller Präferenz beweisen. Da die weiblichen Jugendlichen sexuellen Verfügungsansprüchen der männlichen Gruppenmitglieder ausgesetzt sind, erweist sich ihr Status innerhalb der Cliquen als prekär: Genügen sie diesen Ansprüchen, so erfahren sie Abwertungen sowohl innerhalb als auch außerhalb der Gruppenzusammenhänge, widerstehen sie ihnen, so wird ihre „Weiblichkeit“ und der „Sinn“ ihrer Mitgliedschaft in Frage gestellt. Die Gruppenmitgliedschaft von weiblichen Jugendlichen ist demnach häufig mit Rollenkonflikten verbunden, insbesondere dann, wenn die weiblichen Jugendlichen daran interessiert sind, eine Partnerschaft einzugehen (vgl. auch Permien/Zink 1998).

Studien, die sich mit der Rolle von Mädchen und jungen Frauen in rechtsextremistischen Gruppen befaßt haben, bestätigen weitgehend den nachrangigen Status von weiblichen Jugendlichen in dieser männlich dominierten Szene. Gleichzeitig weisen sie jedoch auf deren *Anteile an gewaltbereiten Orientierungen* und gewalttätigen Auseinandersetzungen hin: Die Beziehungen der weiblichen zu den männlichen Gruppenmitgliedern sind weitgehend geprägt durch Unterordnungen der Mädchen und durch die Übernahme reproduktiver Aufgaben durch die weiblichen Gruppenmitglieder. Dadurch erhalten sie – trotz ihres niedrigen Status – einen gewaltbestätigenden und gewaltfördernden Einfluß im Gruppenkontext (Hartwig 1990; Holzkamp 1994; Balbach 1994; Möller 1995, 2000; Bütow 1995). Erklärungsansätze zur Unterordnung von Mädchen und jungen Frauen in rechtsextremistischen Jugendgruppen decken sich weitgehend mit den Begründungen für ein verdecktes gewalttätiges Verhalten weiblicher Jugendlicher (vgl. Punkt 1.1.2). Eine gewaltfördernde Funktion in gewaltbereiten gemischtgeschlechtlichen Jugendgruppen hat auch die frühere amerikanische

Gangforschung statusniedrigen weiblichen Gruppenangehörigen zugeschrieben. Sie würden die Jungen bei Kämpfen anfeuern, sie aufhetzen, selbst Auseinandersetzungen provozieren und produzieren und die Kampfbereitschaft der männlichen Jugendlichen für eigene Rachegelüste und Aggressivität instrumentalisieren. Diese Ergebnisse werden allerdings unter einer feministischen Perspektive insofern angezweifelt, als sie sich an geschlechterstereotypen Vorstellungen von Weiblichkeit orientieren (vgl. Campbell 1984; Chesney-Lind/Shelden 1998).

Die dargestellten Forschungsbefunde belegen, daß Geschlechterbeziehungen – und sei die Stellung von Mädchen noch so marginal und untergeordnet – Einfluß auf das Handeln der männlichen Jugendlichen in gewaltorientierten Cliquen nehmen. Dies spricht dafür, weiblichen Jugendlichen und Geschlechterbeziehungen in Cliquen in der Forschung mehr Aufmerksamkeit zuzuwenden – selbst wenn davon ausgegangen wird, daß auch in gemischtgeschlechtlichen Gruppen Gewaltakte vor allem durch Jungen und junge Männer ausgeübt werden (vgl. Busch 1998; Esser/Dominikowski 1997). Darüber hinaus ist anzunehmen, daß Gewaltorientierungen in Jugendgruppen ebenfalls einen *Einfluß auf weibliche Jugendliche* ausüben. So arbeiten Tillmann u.a. (2000) heraus: „Wenn Mädchen dort einen besonderen Status besitzen und den Eindruck haben, wichtig zu sein und gebraucht zu werden, dann sind sie auch bereit, sich mit einem aggressiven Wertklima und einer entsprechenden Ideologie dieser Gruppe zu identifizieren und dies durch eigene körperliche Gewalthandlungen zu unterstützen" (ebd., S. 16). In diese Richtung deuten auch Ergebnisse von Eckert u.a. (2000) über eine Mädchengruppe, die einer Clique männlicher Skinheads angeschlossen ist, jedoch auf diese keinen Einfluß ausübt. Danach ergibt sich die Bereitschaft der Mädchen zu Körperverletzung und Devianz aus der Orientierung an der Jungengruppe, „weil man ihnen imponieren, gefallen, es ihnen gleich tun will. ‚Schön' fühlen sie sich, wenn sie Erfolg bei den Jungen haben, ‚gut' fühlen sie sich, wenn die Jungen ihnen Mut und Stärke bestätigen" (Eckert u.a. 2000, S. 334). Weibliche Jugendliche, die selbst den Status einer „Kämpferin" einnehmen, sind nach Studien über rechtsextremistische Jugendgruppen jedoch eher die Ausnahme als die Regel (Holzkamp 1994). Offen gewalttätige Mädchen sind nach der bereits zitierten Untersuchung des SINUS-Instituts (1994) meist bewaffnet, ihr Selbstverständnis entspricht dem der männlichen Gruppenmitglieder, und sie sind ihnen in gewalttätigen Auseinandersetzungen gleichgeordnet. Motive für gewalttätige Übergriffe durch weibliche Jugendliche beschreiben Karazman-Morawetz und Steinert (1993) auf der Grundlage einer Gruppendiskussion mit einer eher locker verbundenen Mädchengruppe: „Bandenkriege“, in denen auch Jungen angegriffen werden, Konkurrenz- und Revierkonflikte zwischen Mädchen, Ausländerfeindlichkeit, aber auch geringfügig wirkende Anlässe wie „blöd schauen“ und „deppat reden“ (ebd., S. 149).

Die Forschung zu Mädchen in gewaltbereiten Jugendgruppen kommt – ebenso wie sozialwissenschaftliche Studien zur Gewalttätigkeit bei Mädchen – überwiegend zu dem Schluß, daß weibliche aggressiv agierende Gruppenangehörige sich an den *Verhaltensmustern von männlichen Gruppenmitgliedern orientieren*: Gewalttätigkeiten von Mädchen werden als Imitation des männlichen Verhaltens bezeichnet (Eckert u.a. 2000), und Gruppenstrukturen sowie Aktivitäten als „Abhängigkeit von der männlich definierten sozialen Umgebung“ dargestellt (Karazman-Morawetz/Steinert 1993, S. 150). Des weiteren wird Frauen, die eine aktive Rolle in der rechtsextremistischen Szene spielen, „ein ausgesprochen maskulines Selbstkonzept, das sich an männlichen Durchsetzungs- und Selbstbehauptungsstrategien orientiert und Weiblichkeit verleugnet“, bescheinigt (Utzmann-Krombholz 1994b, S. 19): Wie die männlichen Mitglieder betonen sie die Notwendigkeit, sich in Hierarchien durchzusetzen – gegenüber den „Kerlen“ und bei den Szene-Frauen – und stellen ihre Brutalität und Härte zur Schau. Auch wenn „vereinzelt auftretende weibliche Gangs“ als eine Adaption der dominierenden männlichen Verhaltensmuster bewertet werden (Esser/Dominikowski 1997), wird Mädchen und jungen Frauen ein an Männlichkeitsstereotypen orientiertes Handeln unterstellt. In gemischtgeschlechtlichen Gruppen suchen sie über die Entwicklung eines maskulin konnotierten Selbstkonzeptes die Anerkennung als „Kämpferin“. Mit der Übernahme „machistischer“ Männerrollen, mit dem Beweis, daß sie „genauso hart und brutal sein, genauso trinken und mit Drogen umgehen können wie führende männliche Cliquenmitglieder“ (Permien/Zink 1998, S. 264), können Mädchen dann unter Umständen auch einen hohen Status in Cliquen und unter Freunden gewinnen. Meist wird Gewaltorientierung von Mädchen in direkter Abhängigkeit von männlichen Gruppenmitgliedern gesehen: „Das Motiv der Selbstbestätigung und der Gleichberechtigung mit den Jungen scheint für die Gewaltbereitschaft der Reenies, aber auch anderer gewalttätiger junger Mädchen (...) eine entscheidende Rolle zu spielen.“ (SINUS-Institut 1994, S. 33).

Die dargestellen Befunde und die zumeist an Aussagen von einzelnen weiblichen Jugendlichen anknüpfenden Interpretationen zeigen einerseits, daß Mädchen und junge Frauen sich in ihren Selbstdarstellungen immer auch innerhalb von *Geschlechterbeziehungen* verorten. Andererseits verdeutlichen sie, daß weibliche Cliquenangehörige in der gewaltbezogenen Jugendgruppenforschung vor allem in ihrer Abhängigkeit von Jungen und Männern wahrgenommen und beschrieben werden. So werden z.B. die Beziehungen der Mädchen untereinander meist nicht breiter diskutiert – außer im Hinblick auf Konkurrenzen um Jungen. Zu Ausnahmen zählen die Jugendgruppenstudien von Eckert u.a. (2000) sowie von Karazman-Morawetz und Steinert (1993). In ersterer wird eine gewalttätige und deviante Mädchengruppe genauer beschrieben: Sie zeichnet sich durch eine hierarchische Struktur aus, das Gemeinsamkeitsgefühl der Gruppe ergibt sich aus gemeinsamen Aktivitäten und Feindbildern sowie der Orientierung an einer männlichen Skinheadgruppe. Auch hier sind jedoch Konkurrenzen um Jungen ein zentrales Moment der Beziehungen innerhalb der Gruppe. Die von Karazman-Morawetz und Steinert als nicht stabile, sondern eher als ad-hoc-Gruppe beschriebene Mädchenclique präsentiert sich im weiblichen Netzwerk als gleichberechtigt und „heroisch“, während sich die Mädchen im gemischtgeschlechtlichen Gruppenverband den männlichen Jugendlichen anpassen und sich weniger selbstbewußt darstellen.

In neueren Studien der amerikanischen Gangforschung stehen die *weiblichen Netzwerke* – auch in gemischtgeschlechtlichen Gruppen – und das Verhalten der weiblichen Jugendlichen häufiger als in der BRD im Mittelpunkt. In den von Campbell (1984) und Chesney-Lind/Shelden (1998) rezipierten Forschungsergebnissen wird herausgearbeitet, daß sich gegenüber früheren Jahren das Verhältnis der weiblichen Jugendlichen in den Gangs zueinander verändert hat: Ihre Beziehungen sind enger und die Anerkennung durch die anderen Mädchen ist ihnen wichtiger. Gewalttätige Mädchen werden in den Gruppen eher akzeptiert und Gewaltakte richten sich mittlerweile häufiger auf andere Mädchen und Frauen, weniger auf männliche Personen. Körperverletzungen scheinen von weiblichen Gangmitgliedern in einem geringeren Umfang, aber aus ähnlichen Motiven wie von den männlichen begangen zu werden: Im Mittelpunkt stehen territoriale Ansprüche, Ehrverletzungen und Rivalitäten zwischen Geschlechtsgenossinnen (Harris 1988).

Die britische Wissenschaftlerin Archer (1998) richtet den Blick auf *Weiblichkeitskonstruktionen* in gewalttätigen Mädchengangs. Sie stellt auf der Grundlage einer Analyse amerikanischer und britischer Literatur und der Auswertung von – vor allem Londoner – Medienberichten einen neuen Typus von Weiblichkeit fest, den junge Frauen in gewalttätigen weiblichen Gangs verkörpern. Diese betonen ihre Weiblichkeit und ihre sexuelle Attraktivität über ein provokatives, auffallendes Äußeres, das ihre Individualität als junge Frauen hervorhebt. Das äußere Erscheinungsbild demonstriert zusammen mit einer konfrontativen Art des Auftretens gleichzeitig den Gruppenzusammenhalt und vermittelt auf selbstbewußte Art die Botschaft, daß Ehre und Ruf einzelner sowie der Gang nicht angetastet werden dürfen bzw. auch unter Anwendung von Gewalt verteidigt werden. Die weiblichen Jugendlichen fordern von ihrer Umwelt Respekt hinsichtlich ihrer „persönlichen Integrität“; abfällige Reaktionen über das Erscheinungsbild und das Verhalten sowie verbale Attacken können zu Angriffen und zu körperlichen Auseinandersetzungen führen. Häufige Anlässe sind auch die Infragestellung der sexuellen Moral, wobei es weniger um das Verhältnis zu Jungen oder Männern, sondern vor allem um die Verteidigung des „guten Rufs“ geht.

Die Ergebnisse der amerikanischen Gangforschung lassen sich zwar nicht ohne weiteres auf bundesrepublikanische gewaltauffällige Jugendgruppen übertragen, da sie sich u.a. in ihrem Organisationsgrad, der Zusammensetzung – vor allem im Hinblick auf ethnische und sozialstrukturelle Zugehörigkeiten der Gruppenmitglieder – und ihrer Zielorientierung von diesen unterscheiden (vgl. Thiele/Taylor 1998), ihre Interpretationen können jedoch als bereichernd und richtungsweisend bewertet werden. Sie stellen Gewaltbereitschaft u.a. in den Zusammenhang mit sozialen und geschlechtsspezifischen Lebenslagen von Mädchen und Frauen und geben Hinweise auf ein neues Selbstverständnis von „Gangmädchen“.

1.2 Fragestellungen und theoretischer Bezugsrahmen

Der Forschungsüberblick zu „Mädchen und Gewalt“ sowie „Mädchen in gewaltbereiten Jugendgruppen“ weist auf *Erkenntnislücken* und die Randstellung dieser Themen in der bundesrepublikanischen Forschung hin. Als hauptsächliche Gründe dafür, daß Untersuchungen, die in der Vergangenheit das Geschlechterverhältnis thematisierten, überwiegend unter der Fragestellung konzipiert wurden, warum Mädchen und junge Frauen seltener gewalttätig bzw. kriminell werden als Jungen und junge Männer, kann die Unterrepräsentanz von Mädchen bei der Gewaltdelinquenz angesehen werden. Unter dieser geschlechtervergleichenden Perspektive richteten sich Erklärungsansätze primär auf die Herausarbeitung „typisch" weiblicher und männlicher Sozialisations- und Lebensbedingungen. Bereits der Kriminologe Hermann Mannheim (1965) hat jedoch darauf hingewiesen, daß die Erklärung von Unterschieden auf der Grundlage der Gegenüberstellung „hohe Männerkriminalität – niedrige Frauenkriminalität" unzureichend ist, da sie dazu verleite, ausschließlich Bedingungen herauszuarbeiten, die gute Gründe für das Phänomen einer geringen Frauenkriminalität liefern. Neben geschlechtervergleichenden Fragestellungen müsse deswegen Frauenkriminalität in ihrer Eigenständigkeit untersucht werden. Diese Anregung wurde in der Vergangenheit kaum aufgegriffen, erschien es doch angesichts der Datenlage dringlicher, sich bei der Analyse und der Bewältigung des Problems „Jugendgewalt" auf die Gruppe der Jungen und Männer zu konzentrieren.

Erst in den letzten Jahren wandte sich die Forschung auch der Thematik weiblicher Gewalt zu. Dies erfolgte teilweise über Reanalysen quantitativer Erhebungen zur Jugendgewalt unter einer Geschlechterperspektive, teilweise im Zuge qualitativer Forschungsprojekte, in denen Mädchen und junge Frauen im Mittelpunkt stehen, die „Einzelgängerinnen" sind oder gewaltbereiten Jugendgruppen angehören, selten im Rahmen von Jugendgruppenstudien. In der Jugendgruppenforschung blieben Mädchen und junge Frauen weitgehend unbeachtet, wozu wesentlich ihre Unterrepräsentanz und Marginalität in gewaltbereiten Gleichaltrigencliquen beitrug. Empirische Ergebnisse, die Mädchen in gemischtgeschlechtlichen gewaltbereiten Jugendgruppen unter einer geschlechtertheoretischen Perspektive in den Mittelpunkt stellen, beruhen vor allem auf Interviews mit einzelnen weiblichen Jugendlichen. Derartige Ergebnisse liefern zwar Anhaltspunkte zu individuellen Dispositionen und Verhaltensweisen und aus der jeweiligen subjektiven Sicht auch zum Gruppengeschehen, bleiben aber hinsichtlich der Wechselwirkung von Gewaltorientierungen bei Mädchen und ihrem jugendgruppenspezifischem Umfeld ungenau. Auch wenn die vorliegenden empirischen Befunde herausarbeiten, daß Mädchen in gewaltbereiten Gruppen trotz ihrer untergeordneten und marginalen Stellung einen gewaltverstärkenden Einfluß auf ihre männlichen Gruppenmitglieder ausüben, vereinzelt selbst gewalttätig agieren und dann auch einen höheren Status in den Gruppen bekleiden können, so geben sie doch keinen umfassenderen Einblick in die Gruppenprozesse und das in Gruppenkontexte eingebundene Gewalthandeln. Insbesondere Jugendgruppenstudien erhalten jedoch einen wichtigen Stellenwert, um Entstehungs- und Entwicklungsbedingungen von Gewaltbereitschaft und Gewalthandeln weiblicher Jugendlicher zu erfassen: Gewaltausübung durch Jugendliche und Mitgliedschaft in devianten Gruppen sind eng miteinander verknüpft und Gleichaltrigengruppen erhalten in der Jugendphase zunehmend eine sozialisatorische Bedeutung (vgl. Ohder 1992; Bohnsack 1989; Schwarte 2000; Fend 1998).

Das der vorliegenden Publikation zugrundeliegende Forschungsprojekt konzentrierte sich deswegen auf Mädchen in gewaltauffälligen Jugendgruppen. Sie wurden nicht nur in Einzelinterviews befragt, sondern es wurde versucht, auch die „Gruppenwirklichkeiten" über Gruppendiskussionen und Beobachtungen einzufangen. Mit der Entscheidung, nicht einzelne Mädchen sondern weibliche Jugendliche aus gewaltauffälligen Jugendgruppen in den Mittelpunkt zu stellen, richtet sich das *Forschungsinteresse* demnach nicht nur auf individuelle Dispositionen, sondern Einstellungen und Verhaltensweisen werden im Kontext der relevanten jugendlichen Netzwerke untersucht. Damit geraten in gemischtgeschlechtlichen Gruppen auch die männlichen Gruppenmitglieder und die Interaktionen zwischen weiblichen und männlichen Jugendlichen in den Blick. Im Zentrum des Forschungsprojekts standen jedoch Mädchen und junge Frauen. Jungen und junge Männer erhielten – auch weil sie in den vorliegenden Jugendgruppenstudien umfassend berücksichtigt wurden – in der Untersuchungsanlage keine zentrale Stellung. In der vorliegenden Publikation wird bei gemischtgeschlechtlichen Gruppen darauf verzichtet, deren Einstellungen und Verhaltensweisen detailliert darzustellen, sie erhalten vor allem als Gruppenmitglieder Relevanz, als Personen, die im Zusammenhang mit den Selbstkategorisierungen von Gruppen, den Gruppenstrukturen und -prozessen sowie den Gruppeninteraktionen eine Rolle spielen. Werden dennoch geschlechtervergleichend Übereinstimmungen und Unterschiede in den Einstellungen und Verhaltensweisen herausgearbeitet – ebenso wie dies innerhalb der Gruppe der weiblichen Jugendlichen erfolgt –, so dient dies der Differenzierung und Überprüfung vorliegender empirischer Befunde, die allgemeinen geschlechtstypischen Vorstellungen und Normen widersprechende Gewaltorientierungen von Mädchen innerhalb von Geschlechtstypiken, „typisch weiblich" – „typisch männlich", verorten.

In den vorliegenden bundesrepublikanischen Forschungsergebnissen wird ein Bild von weiblichen Jugendlichen in gewaltbereiten Gruppen gezeichnet, nach dem diese sich innerhalb gewaltbereiter Gruppen weitgehend geschlechtsrollenstereotyp – angepaßt an männliche Dominanzansprüche und traditionell orientiert – verhalten. Eigene Aggressionen leben sie lediglich verdeckt aus, durch die Delegation an männliche Jugendliche, und in den Gruppen nehmen sie einen untergeordneten Status ein. Es gibt allerdings vereinzelt auch Hinweise darauf, daß aktiv gewalttätige Mädchen eine anerkannte Stellung in solchen Gruppen einnehmen, ihre Geschlechtsrollenentwürfe werden als männlich orientiert beschrieben. Sowohl Formen verdeckter als auch offener Gewalt werden demnach in Beziehung gesetzt zu Geschlechtsrollenorientierungen und zu Positionierungsprozessen innerhalb von Gleichaltrigengruppen. Inwieweit die Gruppenpraxis und Gruppenstrukturen Geschlechtsrollenorientierungen beeinflussen, wie sie sich auf gewaltbezogene Einstellungen und Handlungsweisen der weiblichen Jugendlichen und wie diese sich auf deren Statuspositionen in den Gruppen auswirken, bleibt jedoch weitgehend ungeklärt. Stimmen gruppeninterne Erwartungen an die weiblichen Jugendlichen mit allgemeinen Geschlechtsrollenstereotypen überein, werden hierauf beruhende Geschlechtsrollen„angebote" von den weiblichen Jugendlichen einfach übernommen und handelnd umgesetzt oder werden sie von ihnen abgelehnt und hat dies Auswirkungen auf ihren Gruppenstatus? In der vorliegenden Veröffentlichung wird diesen *Fragen* im Rahmen der Beschreibung des Umgangs von weiblichen Jugendlichen mit Gewalt, von Gruppenzugehörigkeit, Gruppenbindungen, Gruppenstrukturen und -hierarchien nachgegangen. Eine zentrale Hypothese lautet in diesem Zusammenhang, daß geschlechtsrollenstereotype Verhaltenserwartungen an Mädchen je nach der Geschlechtszusammensetzung von Jugendgruppen, deren Selbstverständnis, der Funktion der Gruppe für die einzelnen Mädchen und ihrer Integration in die Gruppe unterschiedlich wirksam werden. Es ist anzunehmen, daß z.B. „weibliche Friedfertigkeit" in nicht gewaltbereiten Jugendgruppen eine andere Akzeptanz findet sowie andere Entfaltungsmöglichkeiten und andere Verhaltensweisen bedingt als in gewaltauffälligen Gruppen. Unterschiede in Aktivitäten wie auch Kommunikationsmustern weiblicher und männlicher Jugendlicher in Jugendgruppen (Kampshoff 1996; Kolip 1995; Fend 1998) sowie die Nachweise von Geschlechterhierarchien und die Beeinflussung des Handelns von Mädchen durch Jungen in gewaltbereiten gemischtgeschlechtlichen Jugendgruppen lassen außerdem erwarten, daß sich der Umgang mit geschlechterstereotypen und gewaltbezogenen Verhaltensorientierungen in reinen Mädchengruppen anders gestaltet als in gemischtgeschlechtlichen Gruppen.

Indem nicht nur gemischtgeschlechtliche Gruppen, sondern auch reine Mädchengruppen in die Untersuchung einbezogen wurden, konnte der Fragestellung nachgegangen werden, inwieweit die in Untersuchungen im Bereich des Rechtsextremismus konstatierte Gewaltakzeptanz und -bereitschaft weiblicher Jugendlicher auch unabhängig von gruppeninternen gegengeschlechtlichen Beziehungen wirksam sind und wie sie sich hier – frei von Dominanzansprüchen männlicher Jugendlicher – entwickeln und äußern. Darüber hinaus können so Erkenntnisse zum Zusammenhang zwischen gruppeninternen Rollen- und Funktionszuweisungen sowie Hierarchisierungen und Gewaltorientierungen auch innerhalb von weiblichen Netzwerken gewonnen werden, die in der Gewaltforschung als weniger konformistisch und eher integrativ beschrieben werden (vgl. Heitmeyer u.a. 1995). In der Anlage der Untersuchung sind aus diesem Grunde *unterschiedliche Gruppentypen* berücksichtigt worden: Neben gewaltauffälligen Mädchen- und gemischtgeschlechtlichen Gruppen wurden darüber hinaus nicht gewaltauffällige Gruppen einbezogen (zur Begrifflichkeit und zur Auswahl der Gruppen vgl. Punkt 2.2). Im Mittelpunkt stehen jedoch gewaltauffällige Jugendgruppen, ihre Bedeutung für Mädchen sowie deren Handeln im Kontext der Gruppe und aus ihm heraus. Auf eine detaillierte Darstellung der Ergebnisse zu den nicht gewaltauffälligen Cliquen wird verzichtet, eine vergleichende Gegenüberstellung (Punkt 8) arbeitet Ähnlichkeiten und Unterschiede zwischen diesen „Gruppentypen" heraus. Sie dient letztlich dazu, die Besonderheiten der gewaltauffälligen Gruppen genauer zu konturieren.

Vor dem Hintergrund von Erklärungsansätzen, die gewaltorientierte Haltungen und gewalttätiges Verhalten mit traditionellen Geschlechtsrollenorientierungen, Unterdrückungs- und Abwertungserfahrungen und Ambivalenzen in den Orientierungen der Mädchen und jungen Frauen verknüpfen, ergeben sich hinsichtlich offen gewalttätiger weiblicher Jugendlicher Fragen, die unseres Erachtens mit Erklärungsansätzen, die Gewaltausübung von weiblichen Jugendlichen als „verquere Emanzipation" oder als Orientierung an maskulinen Handlungsmustern interpretieren, nicht ausreichend beantwortet werden. Die Verengung der Sichtweise auf ein polarisierendes Konzept von Verhaltensweisen als „typisch" weiblich oder männlich, die Reduzierung von geschlechtsspezifischen Orientierungen auf „traditionell“ oder „emanzipativ“ erscheint angesichts neuerer Diskussionsstränge in der Geschlechterforschung als unbefriedigend: Mit sich wandelnden *„Weiblichkeitsbildern“* (vgl. Krüger 2001; Kunert-Zier 2000; Oechsle/Geissler 1998) und vor dem Hintergrund zunehmender gesellschaftlicher Chancen für Mädchen und Frauen haben sich auch die Erwartungen an die Ausgestaltung der weiblichen Biographie sowie Handlungsorientierungen und konkretes Verhalten verändert. In dem Selbstverständnis und den Wahrnehmungsmustern von Mädchen und jungen Frauen zeichnen sich Veränderungen ab (Oechsle 2000), die sich in einer optimistischen Sicht individueller Lebenschancen und in Gleichheitsvorstellungen niederschlagen (Jugendwerk der Deutschen Shell 1997). Ihre Grundlage haben diese in einer Erweiterung von Handlungsoptionen aufgrund einer teilweisen Angleichung der Lebenslagen von Mädchen und Jungen, z.B. in den Bildungsabschlüssen und der Erwerbsbeteiligung sowie in „Gleichheitsdiskursen“, die den Eindruck vermitteln, daß es keine geschlechtsspezifische Ungleichheit mehr gebe. Die bestehenden strukturellen Ungleichheiten, z.B. in der familiären Arbeitsteilung und den Karrierechancen, erhalten in der Kindheits- und Jugendphase keine alltagspraktische Relevanz bzw. werden vielfach in ihren Folgen von jungen Frauen individualisierend als Resultat persönlicher Fehlentscheidungen gedeutet (Diezinger/Rerrich 1998). Das Lebensgefühl von Mädchen und jungen Frauen ist vom „everything goes“ geprägt: „Gleichheit zwischen den Geschlechtern wird inzwischen als gegeben vorausgesetzt. Über Ungleichheit zu sprechen wird als unangemessen und aus der Sicht von Mädchen und jungen Frauen implizit als kränkend empfunden“ (Oechsle 2000, S. 49). Diese Haltung kommt angesichts nach wie vor bestehender Ungleichheiten im Alltag von Mädchen, z.B. in geschlechtsrollenstereotypen Erwartungen und Umgangsformen in Schule und Familie (vgl. Faulstich-Wieland 1999), einer „Verdeckung“ von Benachteiligungserfahrungen gleich, was Zweifel an der selbstbewußten Selbstpräsentation der Mädchen begründet (vgl. Flaake 1998). Offen ist, wie sich Veränderungen und Widersprüchlichkeiten in den Lebenssituationen von Mädchen auf deren Wahrnehmungen, Gefühle und Handeln niederschlagen. Sie können sowohl zu einer Verstärkung von Belastungsgefühlen aufgrund von Konflikten und Ambivalenzen, die sich in Auflehnungen oder Zurücknahmen ausdrücken, als auch zu neuen Ausdrucksformen und

Handlungsorientierungen führen. Diese Möglichkeiten im Verhältnis zur Entwicklung von Delinquenz wissenschaftlich zu hinterfragen, verlangt allerdings, daß Veränderungen geschlechtsspezifischer Orientierungen bzw. „Emanzipation“ nicht als Annäherung an männliche Norm- und Wertmaßstäbe mißverstanden werden und daß delinquente bzw. gewaltorientierte Verhaltensweisen von Mädchen und Frauen nicht nur in Relation zu Jungen und Männern untersucht werden. Eine – letztlich traditionelle Geschlechterstereotypen reifizierende – Erklärung weiblicher Gewaltausübung in polarisierenden, an traditionelle Weiblichkeits- und Männlichkeitskonzepte anknüpfende Kategorien erscheint vor dem Hintergrund des aktuellen Forschungsstandes als unangemessen.

Statt dessen gilt es, vorgefaßte Schemata zu verlassen und *Gewalttätigkeit* angesichts veränderter biographischer Gestaltungsmöglichkeiten und kultureller Weiblichkeitsbilder als *eine Handlungsoption unter anderen* zu reflektieren. Versteht man den Sozialisationsprozeß nicht als „Einbahnstraße“, sondern als aktiv durch Kinder und Jugendliche mitgestaltet (vgl. Nissen 1998), kann weder delinquentes oder nicht delinquentes Verhalten als Ergebnis einer „mißlungenen“ oder „gelungenen“ Sozialisation verstanden werden, noch ist ein gewalttätiges Verhalten als „typisch“ männlich oder weiblich zu interpretieren. Das bedeutet jedoch nicht, daß sozial- und geschlechtsstrukturelle Benachteiligungen vernachlässigt werden dürfen – sie bilden die Folie, auf der sich Orientierungen von Subjekten und von sozialen Gruppierungen entwickeln, und sie sind Rahmenbedingungen für die Ausgestaltung subjektiver und gruppenspezifischer Einstellungs- und Handlungsorientierungen. Wird davon ausgegangen, daß konkretes Handeln vor dem Hintergrund unterschiedlicher Handlungsoptionen erfolgt, so ist zu berücksichtigen, daß es sich dennoch in *gesellschaftlichen Strukturen* vollzieht. Diese drücken sich auf individueller und kollektiver Ebene in sozioökonomischen und psychosozialen Ressourcen aus, d.h. daß von einer absoluten „Freiheit“ von Handlungsentscheidungen nicht ausgegangen werden kann (vgl. Hopfner 1999). Bei einer Analyse des Umgangs von weiblichen Jugendlichen mit Gewalt kann dementsprechend von geschlechtstypischen Lebenslagen und normativen Erwartungen an „Weiblichkeit“ nicht abgesehen werden. Sie bilden die Interpretationsfolie für die Wahrnehmung und Selbstverortung weiblicher Jugendlicher in den gesellschaftlichen und sozialen Strukturen.

Körperliche Gewaltausübung von weiblichen Jugendlichen kann in diesem Kontext als eine innerhalb der ihnen gegebenen Handlungsmöglichkeiten „gewählte" Handlungsstrategie interpretiert werden, und zwar als eine, die den herkömmlichen geschlechterstereotypen Vorstellungen von „Weiblichkeit" widerspricht. Dieser *Hypothese* wurde in der Projektkonzeption besondere Aufmerksamkeit gewidmet. Unter Bezug auf Theorien, die Geschlecht als sozial und kulturell konstruiert begreifen und herausgestellt haben, daß „Geschlecht" in sozialen Praktiken produziert und reproduziert wird, also nicht als etwas Vorgängiges und bereits Bestehendes zu verstehen ist (vgl. West/Zimmermann 1991; Hirschauer 1993), wird nach dem Zusammenhang zwischen geschlechtlichen Konstruktionsprozessen und Gewaltbereitschaft bzw. Gewaltausübung bei Mädchen und jungen Frauen gefragt. Das „Doing gender" (West/Zimmermann 1991) – die Herstellung von Weiblichkeit und Männlichkeit in Interaktionen – kann in der Phase der Adoleszenz als Orientierung und Verortung im System der Zweigeschlechtlichkeit vor dem Hintergrund körperlicher, psychischer und sozialer Veränderungen verstanden werden. Es nimmt Einfluß auf die Konsolidierung des Geschlechtskonzepts und ist gleichzeitig Ausdruck des subjektiven Selbstverständnisses. Kolip (1997) hat das Konstrukt „*Geschlechtskonzept*" in Abgrenzung zu Identitäts- und Rollentheorien als Teil des Selbstkonzeptes beschrieben, in dem Aspekte beinhaltet sind, „die sich auf die Wahrnehmung und Definition von sich selbst als geschlechtlicher Person beziehen, also sowohl die Selbstkategorisierung als weiblich oder männlich als auch die – graduell durchaus unterschiedliche – Selbstzuschreibung geschlechtstypischer Merkmale" (ebd., S. 123). Im Geschlechtskonzept bildet sich „Geschlechtlichkeit und ihre kulturelle Bedeutsamkeit" ab (ebd.). Für seine Ausgestaltung erhalten soziale Interaktionen einen bedeutsamen Stellenwert: „Die – reale oder antizipierte – Rückmeldung der sozialen Umwelt ist hierbei elementarer Bestandteil der Konstruktion von Geschlechtlichkeit" (ebd.).

Damit gerät die *Jugendgruppe*, in der sich die weiblichen Jugendlichen bewegen, *als zentraler Ort der Konstruktion von Weiblichkeit und Männlichkeit* ins Blickfeld (vgl. Breitenbach 2000; Kampshoff 1996). Auf diese Bedeutung hat für gewaltbereite und -tätige männliche Jugendliche die Jungen- und Männerforschung hingewiesen (vgl. Karazman-Morawetz/Steinert 1993; Kersten 1993; Möller 2000; Eckert u.a. 2000), und die Jugendgruppen- und Adoleszenzforschung hat die Rolle herausgehoben, die Gleichaltrigengruppen für die entwicklungsspezifische identitäre Verortung von Jugendlichen einnehmen, bei der die Ausbildung der Geschlechtsidentität bzw. eines geschlechtlichen Selbstkonzepts einen zentralen Stellenwert erhält (Fend 1998; Kolip 1993; Hagemann-White 1984). Unter der Annahme, daß sich mit situations- und interaktionsabhängigen Konstruktionsprozessen auch – allerdings in einem begrenzten Akzeptanzrahmen – Möglichkeiten für die Ausgestaltung von Weiblichkeit und Männlichkeit ergeben, kann die Jugendgruppe als Ort der „Aushandlung" von Geschlecht verstanden werden. Wie sich derartige Prozesse gestalten, wird in der Analyse von gruppeninternen Interaktionen im Hinblick auf den Umgang der weiblichen Jugendlichen mit Gewalt herausgearbeitet.

Das Geschlechtskonzept ist in seiner Abhängigkeit von kulturellen und gesellschaftlichen Definitionen, der Rückmeldung durch die soziale Umwelt, sowie entwicklungs- und lebensaltersspezifischen Ausdifferenzierungen und Gewichtungen als dynamisches System zu verstehen (Kolip 1997). Das heißt, daß die Weiblichkeitskonstruktionen der untersuchten Jugendlichen nicht von vornherein als Ausdruck eines zeitüberdauernden Geschlechtskonzepts verstanden werden dürfen, sondern daß in Betracht gezogen werden muß, daß es sich um jugendphasenspezifische Konstruktionen handelt, in denen sich – ebenso wie bei Gewaltbereitschaft und gewaltorientiertem Risikoverhalten – der Protest und die Auflehnung gegenüber normativen Zumutungen und Erwartungen äußert. Gleichzeitig besteht aber auch die Möglichkeit, daß diese Konstruktionen sich unter Einfluß z.B. sozialer Bedingungen verfestigen, wie auch Jugenddevianz in „kriminelle Karrieren" münden kann. Die Anlage der dieser Veröffentlichung zugrundeliegenden Untersuchung als *Längsschnittstudie*, in der die Erhebungen im Abstand von einem Jahr stattfanden, bieten somit nicht nur Einblick in Gruppenprozesse und die Entwicklung von Gewaltbereitschaft und Gewalthandeln der weiblichen Jugendlichen und der Jugendgruppen, sondern auch in die Veränderung des Stellenwertes von Gewaltorientierungen im geschlechtlichen Selbstkonzept im Laufe eines Jahres.

Der Umgang von Mädchen mit Gewalt und ihre gewaltbereiten Jugendgruppen werden demnach unter einer geschlechtertheoretischen Perspektive untersucht, in der Ergebnisse aus der Frauen- und Geschlechterforschung zugrundegelegt werden, die den Einfluß der „Strukturkategorie Geschlecht" auf die Lebenslagen von Mädchen und Frauen, ihre Wahrnehmungen, Handlungsweisen und Entwicklungsprozesse vor dem Hintergrund sich erweiternder Handlungsoptionen und stabiler geschlechterstereotyper Erwartungen beschrieben haben, mit denen Benachteiligungen und Abwertungen einhergehen. „Mädchen“ werden einerseits vor dem Hintergrund der in der feministischen Forschung nachgewiesenen Übereinstimmungen in den Lebensbedingungen und Erfahrungen in einer geschlechtshierarchisch gegliederten Gesellschaft als einheitliche Gruppe behandelt, andererseits werden *Differenzen* innerhalb dieser Gruppe aufgegriffen, die sich aus den spezifischen Bedingungen des Aufwachsens und der individuellen Aneignung unterschiedlicher Lebenswelten ergeben. Um den Zusammenhang zwischen geschlechtsspezifischen Orientierungen und Gewalthaltungen sowie -ausübung zu erfassen, wird ein Zugang gewählt, in dem die soziale Konstruktion von Geschlecht sowohl unter einer subjekt- als auch gruppenorientierten Perspektive analysiert wird. Es geht in dieser Publikation demnach nicht nur um individuelle gewaltorientierte Dispositionen und gewalttätige Verhaltensweisen einzelner Mädchen, sondern auch um „Gruppenwirklichkeiten“ – die Aktivitäten und das Selbstverständnis der Gruppen sowie die Interaktionen innerhalb der Gruppen – und die *Wechselseitigkeit* der Ausbildung von gewaltbezogenen Handlungsorientierungen und Haltungen von Gruppe und Individuum im Kontext von gemeinschaftlichen Erfahrungsbildungen und Selbstverortungen. Forschungsrelevante Fragestellungen ergeben sich hinsichtlich des Profils und der Struktur von gewaltbereiten Gruppen, denen sich weibliche Jugendliche anschließen, und des Zugangs von Mädchen zu diesen Gruppen. Zu beantworten ist auch die Frage, welchen Stellenwert die Cliquen im Leben der Mädchen erhalten. Dies berührt einerseits die ihnen subjektiv zugeschriebene Bedeutung, die vor dem Hintergrund von sozialen und entwicklungsspezifischen Lebens- und Bedürfnislagen zu analysieren ist, und andererseits die Integration der weiblichen Jugendlichen in und Bindung an Jugendgruppen. In diesem Zusammenhang werden zum einen die Selbstkategorisierungen von Gleichaltrigencliquen bedeutsam, die ihr „Wir-Gefühl“ ausmachen und die sich im Verhältnis zur gruppenexternen Umwelt konstituieren. Zum anderen entwickeln sich Gruppenbindungen in Abhängigkeit zu den jeweiligen Lebenssituationen, den sozialen Einbindungen, vor allem im familiären und jugendspezifischen Umfeld, und den Ressourcen, die den Jugendlichen für die Bewältigung ihres Alltags verfügbar sind. Vor dem Hintergrund, daß das Verhalten von Gruppenmitgliedern in Interaktions- und Handlungsprozessen wechselseitig gesteuert und die Zugehörigkeit zur Gruppe und das Gruppenbewußtsein durch gemeinsames Handeln und interaktive Reflexionen permanent bestätigt wird (vgl. Ohder 1992), richtet sich der Blick der vorliegenden Studie darüber hinaus auf die Bedeutung der Gruppe für die Gewaltorientierungen von Mädchen und auf den Stellenwert von Mädchen für gewaltbezogene Gruppenorientierungen. Dabei geht es auch darum, gewaltfördernde und -hemmende Faktoren im Interaktions- und Gruppenprozeß und die Rolle herauszuarbeiten, die die weiblichen Jugendlichen in diesem Kontext einnehmen. Von besonderem Interesse ist, inwieweit Gewaltbereitschaft und Gewaltausübung das Selbstverständnis der Gruppen und der weiblichen Jugendlichen bestimmen. Dabei richtet sich der Blick insbesondere auf die Verortung der Mädchen innerhalb des Geschlechterverhältnisses und auf den Zusammenhang ihrer Haltung zu Gewalt bzw. ihrem Handeln in gewaltaffinen Kontexten mit den geschlechtlichen Selbstkonzepten.

Die Focussierung der Projektfragestellung auf den Umgang von weiblichen Gruppenangehörigen mit Gewalt wurde u.a. vor dem Hintergrund einer im wesentlichen auf männliche gewaltbereite Jugendliche gerichtete *Präventionspraxis* gewählt – wie beispielsweise der Großteil der Projekte im Rahmen des Aktionsprogramms des Bundes gegen Gewalt und Aggression (AgAG) –, ohne daß ihnen jedoch geschlechterdifferenzierende Konzepte zugrunde liegen (vgl. Kersten 1994). Demgegenüber existieren kaum gewaltpräventive Praxisansätze, die sich schwerpunktmäßig mit weiblichen Jugendlichen beschäftigen, wie z.B. das am Institut für Sozialpädagogik/-Sozialarbeit der Technischen Universität Dresden durchgeführte Projekt „Der Bezug von Mädchen zu Gewalt und gewalttätigen Gruppen“ (vgl. AgAG-Informationsdienst 1994).

Mit der Konzentration der Untersuchung auf den Umgang von Mädchen mit Gewalt war beabsichtigt, die Fachwelt auf derartige Mängel aufmerksam zu machen und Ansatzpunkte für eine geschlechterdifferenzierte Gewaltprävention zu erarbeiten. Auf der Grundlage einer vergleichenden Analyse gewaltbereiter bzw. gewalttätiger und nicht gewaltauffälliger gemischtgeschlechtlicher Gruppen, aggressiv agierender Mädchengangs bzw. „normaler“ Mädchengruppen werden Anforderungen an eine gewaltpräventive Arbeit mit Jungen und Mädchen in gemischtgeschlechtlichen Gruppen und mit Mädchengruppen erarbeitet. Im Mittelpunkt steht dabei die Frage, wie gewalthemmende Eigenschaften und Verhaltensweisen entwickelt und gestärkt und gewaltfördernde Bedingungen abgebaut werden können. Einen wichtigen Stellenwert für die Erarbeitung der Präventionsempfehlungen erhalten Erfahrungen von MitarbeiterInnen der Jugendhilfe im direkten Umfeld der Jugendlichen, die expliziten Bewertungen von Jugendhilfeangeboten durch die in der Untersuchung erfaßten Jungen und Mädchen sowie eine systematische sekundäranalytische Auswertung vorhandener Präventionskonzepte.

Die Schwerpunktsetzung der Studie auf den geschlechterdifferenzierten „jugendgruppentypischen Umgang“ mit Gewalt, wobei der Blick sich vor allem auf die weiblichen Gruppenmitglieder richtet, bestimmt den Aufbau und die inhaltliche Fokussierung in dieser Publikation. Den Untersuchungsbericht leiten Ausführungen zur methodischen Anlage, zur Organisation und Durchführung der Untersuchung ein (Punkt 2). Einen Überblick über die in die Untersuchung einbezogenen Jugendgruppen, ihre Struktur, Zusammensetzung und zentralen Merkmale gibt der Punkt 3.1, der auch eine tabellarische Übersicht enthält.

Vor dem Hintergrund jugendsoziologischer Forschungsergebnisse, nach denen Mädchen in devianten und gewaltbereiten Jugendgruppen eine marginalisierte Stellung einnehmen, wird danach gefragt, welche Bedeutung gewaltauffällige Jugendgruppen für weibliche Gruppenmitglieder haben (Punkt 3). Der Stellenwert der Gruppen erschließt sich zum einen durch den Blick auf die Konstituierung der Gruppen (Punkt 3.2), zum anderen über die subjektiven Bewertungen der Gruppen durch die Mädchen, über Bedingungen und Merkmale von Gruppenbindungen und durch Unterschiede in individuellen Bindungsstärken (Punkte 3.3 und 3.4).

Kapitel 4 widmet sich dem Umgang von Mädchen mit Gewalt in gewaltaufälligen Jugendgruppen. In der Analyse der Einstellung zu Gewalt (Punkt 4.1) und des gewalttätigen Verhaltens (Punkt 4.2) wird auch auf geschlechtsspezifische Unterschiede in den gemischtgeschlechtlichen Jugendgruppen eingegangen. Dargestellt werden außerdem Regeln (Punkt 4.2.3) und Geschlechtertypisierungen im Kontext von Gewalt (Punkt 4.3) sowie Konsequenzen von Gewalttätigkeiten und anderen Delikten (Punkt 4.4). Unterschiede und Ähnlichkeiten innerhalb der jeweiligen Gruppen in der Gewaltbereitschaft weiblicher Jugendlicher erschließen sich im Punkt 4.5.

Im Mittelpunkt von Kapitel 5 steht die Rolle und die Stellung von Mädchen in gewaltauffälligen Jugendgruppen. Sie wird unter dem Aspekt gegengeschlechtlicher Beziehungen (Punkt 5.1), von Statusunterschieden in den Gruppen und des Einflusses von Mädchen auf die Gruppen dargestellt (Punkte 5.2 und 5.3). Anhand von zwei Fallbeispielen wird in Kapitel 6 die Beziehung zwischen Geschlechtskonzepten und Gewaltbereitschaft weiblicher Jugendlicher herausgearbeitet (Punkte 6.1 und 6.2) und in den Zusammenhang mit Gruppenprozessen gestellt (Punkt 6.3).

Den Gegenstand von Kapitel 7 und 8 bilden vergleichende Analysen. Die Entwicklung der Gruppen zwischen den Erhebungsphasen verweist auf Bedingungen, die zur Stabilität, zu Veränderungen in Gruppenkonstellationen und zur Auflösung von gewaltauffälligen Jugendgruppen sowie zu Differenzierungen und Entwicklungen in der Gewaltbereitschaft und im Gewalthandeln beitragen (Kapitel 7). Unterschiede und Ähnlichkeiten von gewaltauffälligen und nicht gewaltauffälligen Gruppen werden im Kapitel 8 herausgearbeitet. Auf ihrer Grundlage werden Besonderheiten in den Gruppenzusammenhängen und in der Entwicklung von Gewaltbereitschaft in den gewaltauffälligen Gruppen sowie deren Bedingungen verdeutlicht.

In Kapitel 9 des Forschungsberichtes werden auf der Grundlage der gewaltpräventiven Arbeit mit den gewaltauffälligen Jugendgruppen und der Beiträge von ExpertInnen der Jugendhilfepraxis und der Polizei zur Projektfachtagung (Punkt 9.1) vor dem Hintergrund der Projektergebnisse und unter Reflexion vorliegender Konzepte der Jugendgruppenarbeit Empfehlungen für die Jugendhilfe zur Erarbeitung geschlechterdifferenzierter gewaltpräventiver Ansätze formuliert (Punkt 9.2).

In der abschließenden Zusammenfassung (Kapitel 10) werden schließlich die Ergebnisse des Projektes im Zusammenhang mit vorliegenden Forschungsergebnissen und Erklärungsansätzen dargestellt und so in die Forschungslage zu Mädchen und Gewalt sowie zu Mädchen in gewaltbereiten Gruppen eingebettet.

2 Methodisches Vorgehen, Organisation und Durchführung der Untersuchung

2.1 Methodisches Vorgehen

Gegenstand, Fragestellung und theoretische Grundlegung des Forschungsprojekts bilden die Basis für die Anlage einer empirischen Untersuchung und die Auswahl der methodischen Instrumente. Im Mittelpunkt des Projekts „Mädchen und Gewalt" stehen das Verhalten und die Position gewaltbereiter Mädchen in Jugendgruppen sowie ihr Umgang mit Gewaltbereitschaft und Gewalttätigkeit, eine außerordentlich sensiblen Thematik. Ziel der Untersuchung war es zum einen, einen Einblick in gruppendynamische Prozesse und Entwicklungen sowie in Gruppenstrukturen und -interaktionen zu gewinnen. Zum anderen interessierten die individuellen Interpretationen und Meinungen der Gruppenmitglieder sowohl über Gewalt, Gewaltbereitschaft und Gewalttätigkeit als auch über „ihre" Gruppenwirklichkeit. Im Zentrum stand hierbei die Erforschung geschlechtsspezifischer Besonderheiten der Gruppenmitgliedschaft und -positionen sowie gewaltorientierter und gewaltfreier Einstellungen und Handlungen, die vor einem sozialwissenschaftlichen Hintergrund in bezug auf strukturelle, institutionelle, interaktive und subjektive Bedingungen zu interpretieren sind.

Die Zentrierung der Projektfragestellung auf die Gewaltbereitschaft von Mädchen in gewaltauffälligen Jugendgruppen und deren Thematisierung im Kontext von Geschlechterverhältnissen veranlaßte – insbesondere vor dem Hintergrund von Forschungsergebnissen, daß weibliche Jugendliche eher zu verdeckten und internalisierenden Formen von Aggression und Gewalt neigen – eine *vergleichende Untersuchungsanlage:* Neben gewaltauffälligen wurden auch nicht gewaltauffällige Jugendgruppen zum Forschungsgegenstand.

Bei der *Auswahl von Untersuchungsorten* wurden angesichts der unterschiedlichen Lebenslagen, -bedingungen und -orientierungen ost- und westdeutscher Jugendlichen, aufgrund angenommener Differenzen in ihren „Weiblichkeitsbildern“ und der besonderen Betroffenheit von Mädchen durch die mit der deutschen Vereinigung einhergehenden Umbruchserfahrungen (vgl. Bundesministerium für Familie, Senioren, Frauen und Jugend 1994, Kapitel IV.1) sowohl eine ostdeutsche als auch eine westdeutsche Stadt in die Untersuchung einbezogen. Kriterien für die Auswahl der Untersuchungsorte waren die Existenz der durch die geschlechterdifferenzierte Anlage der Untersuchung vorgegebenen „gewachsenen“ gewaltauffälligen und nicht gewaltauffälligen Mädchen- und gemischtgeschlechtlichen Jugendgruppen.

Zur Erfassung von Gruppendynamiken und individuellen Entwicklungsprozessen sind Zeitvergleiche erforderlich, die in der Laufzeit des Projektes (1.3.1998-28.2.2001) mittels Interviews und Gruppendiskussionen zu *zwei Erhebungszeitpunkten* im Abstand von circa einem Jahr – Erhebungsphase I und Erhebungsphase II – umgesetzt wurden.

Wissen und Perspektiven von ExpertInnen

In der Erhebungsphase I wurden Informationen zu den strukturellen Besonderheiten der jeweiligen Region, zur Kriminalitätsentstehung und -entwicklung anhand der *amtlichen Statistik* gewonnen und durch *themenzentrierte Interviews* mit Personen der Leitungsebene von Jugendämtern bzw. Fachabteilungen und mit für Jugendarbeit bzw. Gewaltprävention zuständigen Polizeibeamten verdichtet und ergänzt. Zu den milieuspezifischen Hintergründen, zum sozialen und familiären Umfeld der Jugendlichen sowie zu ihren Arbeitsansätzen wurden StreetworkerInnen bzw. MitarbeiterInnen aus Einrichtungen der Jugendarbeit, die die ausgewählten Gruppen betreuen bzw. zu ihnen Kontakt haben, befragt.

Für die themenzentrierten ExpertInneninterviews wurden drei unterschiedliche Leitfäden erstellt. Ihre Gestaltung erfolgte nach unterschiedlichen Themenschwerpunkten:

– Bei den ExpertInnengesprächen mit MitarbeiterInnen des Jugendamtes in den Arbeitsfeldern Jugendhilfe, Jugendsozialarbeit und Mädchenarbeit stand neben allgemeinen Einschätzungen zur Kriminalitätsbelastung und zur Situation Jugendlicher insbesondere das Angebot an Einrichtungen für Jugendliche, auch unter geschlechtsspezifischen Aspekten, im Mittelpunkt des Interesses. Darüber hinaus wurden institutionelle Strukturen und

Handlungsansätze der Jugendhilfe vor Ort eruiert und fachliche Standards der Arbeit mit gewaltbereiten und gewalttätigen Mädchen erfragt.

- In den ExpertInnengesprächen mit JugendbeamtInnen der Polizei wurden zum einen regionenspezifische Entwicklungen und Tendenzen im Bereich der Jugendkriminalität sowie gewaltpräventive Ansätze der Polizei erfragt. Zum anderen konnten über gewaltauffällige Jugend- und Mädchengruppen in den ausgewählten Direktionen wichtige Detailinformationen, z.B. zu Treffpunkten, zur Struktur und Zusammensetzung der Gruppen, zu deren Auftreten in der Öffentlichkeit, zum Umgang mit Gewalt und anderen Delikten, ermittelt werden.
- In den ExpertInnengesprächen mit MitarbeiterInnen von Jugendeinrichtungen und Streetwork lag der Schwerpunkt auf den Detailinformationen und den Besonderheiten der ausgewählten Jugend- und Mädchengruppen hinsichtlich der Gruppengröße und des Gruppenzugangs, von Entwicklungstendenzen, von sozialen und familialen Herkunftsmilieus und des Umgangs der Jugendlichen mit Gewalt sowie auf den gewaltpräventiven geschlechtsspezifischen Arbeitskonzepten der GruppenbetreuerInnen.

Die Ergebnisse der Befragung und sekundäranalytische Auswertungen zu Ansätzen der Gewaltprävention gehen in Vorschläge für die *Jugendhilfe* ein, die Hinweise für eine geschlechterdifferenzierte gewaltpräventive Jugendarbeit geben (Punkt 9).

Die Erfassung der „Gruppenwirklichkeit"

Mit den ausgewählten Jugendgruppen wurden zu beiden Erhebungszeitpunkten *Gruppendiskussionen* durchgeführt, in denen die Einstellung der jeweiligen Jugendgruppe zu Gewalt und Gewaltfreiheit, zum Wertekodex der Gruppe und zu Konfliktlösungsstrategien thematisiert wurde. Aufgrund seiner Alltagsnähe und der Möglichkeit, gruppenspezifische Deutungsmuster und Dynamiken sowie den Einfluß des Gruppenkontextes auf Einstellungen und Verhaltensweisen herauszuarbeiten, erscheint das Instrument der Gruppendiskussion als geeignet, um einen Einblick in die „Gruppenwirklichkeit" von gewaltauffälligen und nicht gewaltauffälligen Jugendlichen und deren geschlechtsspezifische Besonderheiten zu erhalten. Gruppenmitglieder von „Realgruppen", d.h. „durch einen gemeinsamen Handlungszusammenhang und durch gemeinsame Normen" (Dreher/Dreher 1991, S. 186) miteinander verbundene Kollektive, kommunizieren in Gruppendiskussionen im gewohnten sozialen Kontext. Da hier alltägliche Gespräche fortgesetzt werden, wird die so gebildete gemeinschaftliche Interaktionspraxis als „informelle Gruppenmeinung" (Mangold 1960 nach Leeb 1998, S. 85) deutlich, aus der sich übereinstimmende Sinngehalte, Orientierungen und Ziele von Gruppen erschließen. Durch die wechselseitige Bezugnahme aufeinander werden gemeinsame Erfahrungen nicht nur dargestellt, sondern im Diskussionsprozeß auch interpretiert und modifiziert (Bohnsack 1999, S. 129). Dies ermöglicht einen Einblick in gruppeninterne Aushandlungsprozesse, in Kooperationen und Konkurrenzen sowie in Hierarchien und Bindungen. Bestrebungen zur Selbstkontrolle und individuelle Rationalisierungen im Antwortverhalten, wie sie in Einzelinterviews zu beobachten sind, können in Gruppendiskussionen, in denen die Jugendlichen als alltägliche KommunikationspartnerInnen wahrgenommen werden, nur schwer aufrechterhalten werden – durch die Dynamik der Situation kommt das wesentlich Gemeinte zur Sprache (vgl. Dreher/Dreher 1991, S. 186). Darüber hinaus bleiben die Ausdrucksformen der Jugendlichen in Gruppendiskussionen authentisch und lebenswelttypische Symbole werden unverstellt präsentiert (Bohnsack 1999, S. 129f.).

Zur Anregung der Diskussion in den gewaltauffälligen und nicht gewaltauffälligen Jugendgruppen wurden Fragestellungen und Statements sowie Informationsfragen zur Dauer des Bestehens der Gruppe, zur Gruppenzusammensetzung und zur Gruppenbindung vorbereitet, die in einem Leitfaden festgehalten wurden. Trotz anfänglicher Befürchtungen entstand dadurch in den Gruppen kein „Interviewklima", vielmehr setzten derartige Fragen Diskussionsprozesse in Gang, in denen gruppeninterne Interaktionsstrukturen sowie Wahrnehmungs- und Deutungsmuster sichtbar wurden. Der Anforderung, daß es sich bei den Gruppen um „Realgruppen" handeln müsse, um die Authentizität von Alltags- und Forschungssituation zu gewährleisten (vgl. Leeb 1998, S. 89), wurde durch die Suche nach „gewachsenen" Gruppen entsprochen. Die Empfehlungen zur Gruppengröße – Lamnek (1989) legt sie auf fünf bis zwölf TeilnehmerInnen fest – wurden in einigen Mädchengruppen unterschritten. Die Befürchtung, daß die Gruppenmitglieder bei einer solch geringen Zahl gehemmt reagieren könnten, erwies sich als nicht zutreffend. Dies ist darauf zurückzuführen, daß die Gruppen in den jeweiligen Zusammensetzungen dem alltäglichen sozialen

Umfeld der Jugendlichen entsprechen, so daß die Gruppendiskussion letztlich eine Fortsetzung alltäglicher Interaktionsbeziehungen und Kommunikationen darstellt.

In den Gruppendiskussionen, die von beiden Forscherinnen durchgeführt wurden, erfolgte eine „Arbeitsteilung" hinsichtlich der Leitung der Gruppendiskussion und zusätzlicher klärender Nachfragen sowie der Beobachtung des Verhaltens und der nonverbalen Äußerungen der Gruppenmitglieder, die im direkten Anschluß an die Gruppendiskussion in einem Gedächtnisprotokoll festgehalten wurden. Im Diskussionsverlauf hielten sich die Forscherinnen zurück, um die Natürlichkeit der Situation nicht zu gefährden. Da es Absicht der Gruppendiskussion war, möglichst alltagsnah und authentisch die Interaktionsverläufe innerhalb der Gruppe zu rekonstruieren, wurde darauf verzichtet, einzelne Gruppenmitglieder zu Stellungnahmen aufzufordern, allenfalls „untergehende" Wortmeldungen wurden nochmals nachgefragt.

Die Dauer der Gruppendiskussionen belief sich auf ein bis zwei Stunden, sie wurden in der ersten Erhebungsphase durchgängig, in der zweiten Erhebungsphase überwiegend in Räumen durchgeführt, die den Jugendlichen vertraut waren: in ihren Jugendeinrichtungen oder an ihrem Treffpunkt. Die SozialarbeiterInnen, die mit den Jugendlichen in den Einrichtungen arbeiteten, wurden in die Gruppendiskussionen nicht einbezogen, um Verzerrungen der Selbstdarstellung der Gruppe und der einzelnen Jugendlichen zu vermeiden, denn schließlich war Ziel der Untersuchung die Rekonstruktion der Gruppenwirklichkeiten, nicht die Analyse des pädagogischen Verhältnisses.

Die Gruppen erhielten Honorare für die Gruppendiskussionen, die wesentlich auch zur Teilnahme in der zweiten Erhebungsphase motivierten, in der sich ein Teil der Gruppen bereits aufgelöst hatte. Der Aufteilungsprozeß des Geldes bot ebenso wie die Beobachtungen im Umfeld der Gruppendiskussionen zusätzliche Einblicke in den Umgang der Jugendlichen miteinander, ihre Interaktionspräferenzen, -formen und -themen. Auch diese *Beobachtungen* wurden notiert. Die Protokollierung erfolgte nicht nach einem methodisch ausgearbeiteten Beobachtungsschema in der Situation selbst, um Irritationen und Verunsicherungen der Jugendlichen zu vermeiden, die die Gefahr des Rückzuges oder der Veränderung der „natürlichen" Situation beinhalten. Die Eindrücke wurden statt dessen nachträglich aus der Erinnerung heraus festgehalten und orientierten sich weitgehend an den situativen Abläufen.

Gespräche mit den AnsprechpartnerInnen der Jugendlichen in den Jugendeinrichtungen im Umfeld der Gruppendiskussionen und bei Besuchen der Einrichtungen boten zusätzliche Informationen zu den Gruppen sowie zur Lebenssituation einzelner Jugendlicher. Außerdem erhielten wir von den SozialarbeiterInnen durch die Pflege telefonischer und persönlicher Kontakte fortlaufend Auskünfte über Entwicklungen der Jugendgruppen und Tendenzen in den Gruppenkonstellationen. Sie wurden in Gesprächsprotokollen festgehalten, die ebenso wie die Beobachtungsprotokolle in die Auswertung eingingen.

Lebenssituation und Sichtweise der Jugendlichen

Neben Gruppendiskussionen und Beobachtungen wurden zu zwei Erhebungszeitpunkten *leitfadenorientierte Interviews* mit ausgewählten Jugendlichen durchgeführt. In ihnen ging es darum, den Hintergrund des außerordentlich sensiblen Forschungsgegenstands zu erhellen, differenzierte Einblicke in die individuelle Sinn- und Deutungswelt der Jugendlichen zu erhalten sowie den Stellenwert der Gruppe und von Geschlechtsrollenkonzepten für gewaltorientierte und insbesondere gewaltfreie Einstellungen und Handlungen zu erfahren.

Leitfadenorientierte Interviews sind ein teilstrukturiertes Instrument der qualitativen Sozialforschung, das den Befragten die Möglichkeit gibt, ihre Meinungen und Erfahrungen frei zu artikulieren. Anhand des leitfadenorientierten Interviews, in dem zentrale Themen der Erhebung festgelegt sind, wird die Vergleichbarkeit der Befragungsergebnisse gesichert. Gleichzeitig bleiben jedoch Spielräume für die freie Ausgestaltung der Gesprächssituation im Rahmen der Fragestellung der Untersuchung sowohl durch die InterviewerInnen als auch durch die Befragten (Hopf 1991).

In den Interviews mit den Jugendlichen standen deren Lebenssituationen sowie individuelle Meinungen und Einstellungen im Mittelpunkt, die in den Gruppendiskussionen oftmals nicht zum Ausdruck kommen können bzw. aufgrund des Anpassungsdruckes nicht geäußert werden. Die Jugendlichen wurden in den Einzelinterviews als Subjekte angesprochen und hatten so die Möglichkeit, unter Umständen auch eine kritische oder distanzierte Haltung zur Gruppe einzunehmen. In den Leitfäden stehen insbesondere die individuellen Beweggründe von Jugendlichen für gewaltorientierte, aber auch gewaltfreie Einstellungen und Handlungen im Mittelpunkt. Weitere Fragestellungen beziehen sich auf den Stellenwert und die subjektive Bedeutung der Gleichaltrigenclique im Kontext anderer Freundschaften und Freizeitaktivitäten sowie auf die biographischen Lebensverläufe in Verbindung mit der Gruppenmitgliedschaft. Vor dem Hintergrund der individuellen Bedeutung der Gleichaltrigengruppe für die Befragten sind vor allem Fragen zur Identifikation mit den Gruppenzielen, zur Einstellung zu Gewalt, zu unterschiedlichen Gewaltformen und zum Umgang mit Gewalt, aber auch familiäre, schulische und berufliche Hintergründe von besonderem Interesse.

Die Auswahl der InterviewpartnerInnen aus Jugendgruppen mit mehr als sechs Mitgliedern orientierte sich an ihren Stellungnahmen zu Gewalt und Konfliktlösungsmodellen, an ihrem Status innerhalb der Gruppe sowie – in gemischtgeschlechtlichen Gruppen – am Geschlecht. Die Interviews mit den Jugendlichen wurden im Anschluß an die Gruppendiskussion durchgeführt, da sie nicht als Grundlage oder Vorbereitung der Gruppendiskussion konzipiert wurden. Ihr Zweck war vielmehr – neben Informationen und Sichtweisen der Lebenssituation der Jugendlichen –, deren Selbstdarstellung im Gruppenkontext zu thematisieren und ihnen zu ermöglichen, zu den hier geäußerten Ansichten Stellung zu nehmen. Die Interviews wurden von jeweils einer Forscherin durchgeführt. Es wurde darauf geachtet, daß die Jugendlichen auch in der Wiederholungsphase nach Möglichkeit von ein- und derselben Interviewerin befragt wurden, da sie im Laufe der ersten Erhebungsphase zu „ihrer" Forscherin häufig ein gewisses Vertrauensverhältnis aufgebaut hatten. Auch für die Interviewerin war das Wiederholungsgespräch eine vertraute Situation, so daß leicht Erinnerungen an die Erstbefragung aktiviert werden konnten, die vertiefende Fragestellungen ermöglichten. Für die Teilnahme an den Interviews erhielten die Jugendlichen ebenfalls ein Honorar, das sich teilweise förderlich auf ihre Beteiligungsbereitschaft auswirkte.

Ergänzt wurden die Informationen aus den Einzelinterviews durch einen kurzen *standardisierten Fragebogen*, in dem sozialstatistische Daten zur Person erhoben wurden. Er diente dazu, Informationen zum Herkunftsmilieu, zur familialen, schulischen oder beruflichen Situation sowie zu biographischen Besonderheiten aufzunehmen. Die standardisierten Fragebögen wurden von den Jugendlichen nach der Gruppendiskussion ausgefüllt. Damit konnten einerseits sozialstrukturelle Angaben auch von jenen Jugendlichen erfaßt werden, die nicht in die Einzelerhebungen einbezogen waren, zum anderen ersparte der Fragebogen das „Abfragen“ sozialstatistischer Daten im Interview selbst und bot darüber hinaus bereits in seinem Vorfeld grobe Informationen über die Jugendlichen, auf die in der Interviewsituation eingegangen werden konnte.

Gruppendynamiken und individuelle Entwicklungsprozesse

Mit einem Abstand von circa zwölf Monaten wurden die Gruppendiskussionen – auch bei veränderter Zusammensetzung der Jugendcliquen – wiederholt, um einen Überblick über Veränderungen von Gruppenzusammensetzungen und -dynamiken, von Gruppenzielen und -normen im Zeitablauf zu erhalten und gegebenenfalls Befunde der ersten Erhebungsphase zu vertiefen und zu modifizieren. Die Ergänzung der Gruppeninterviews durch Einzelinterviews mit den in der ersten Phase interviewten Jugendlichen – unabhängig davon, ob sie noch Gruppenmitglieder sind oder nicht – erlaubt schließlich Rückschlüsse auf Bedingungen, die das Verhältnis einzelner zur Gruppe und deren Aktivitäten verändern bzw. stabilisieren. Damit kann die Entwicklungsdynamik der Entstehung und Veränderung von Einstellungen und Meinungen im Kontext von Gewalt mit allen auftauchenden Diskontinuitäten und Verunsicherungen der Jugendlichen erfaßt werden. Sowohl für die Gruppendiskussionen als auch die Einzelinterviews mit den Jugendlichen wurden modifizierte, auf Wandlungsprozesse zentrierte Leitfäden entwickelt.

2.2 Feldzugang und Auswahl der Jugendgruppen

Die Auswahl der Jugendgruppen erfolgte über die *telefonische Kontaktaufnahme* zu Mitarbeiterinnen und Mitarbeitern im Polizeibereich, im Jugendamt und teilweise auch in Gleichstellungsstellen und Frauenreferaten in insgesamt zwanzig deutschen Mittel- und Großstädten. In der Regel schlossen sich hieran weitere Gespräche in Sachgebieten an, die mit der Problematik von Jugendgruppengewalt näher befaßt sind, z.B. Abteilungen für Jugendgruppengewalt in den Polizeipräsidien oder -direktionen, für Straßensozialarbeit und Mädchenarbeit in den Jugendämtern. Die hier gegebenen Hinweise führten zu weiteren Kontaktaufnahmen, u.a. mit Streetworkerinnen und Streetworkern, Mitarbeiterinnen und Mitarbeitern der mobilen Jugendarbeit in verschiedenen Stadtteilen, mit Projekten und Einrichtungen der Jugend- und Mädchenarbeit, mit

Gewaltpräventionsprojekten, mit Zufluchtstellen für Mädchen, dem Allgemeinen Sozialdienst sowie zu Kontakten mit WissenschaftlerInnen, Mitarbeiterinnen und Mitarbeitern im Schulamt und in der Jugendsozialarbeit.

In den Gesprächen wurde gezielt nach gewaltauffälligen Jugendgruppen und gewaltauffälligen Mädchengruppen, nach bestehenden geschlechtsspezifischen gewaltpräventiven Angeboten und nach Kontaktpersonen gefragt, die den Zugang zu untersuchungsrelevanten Gruppen erschließen könnten. Dabei orientierte sich die Gruppensuche und -auswahl an folgenden Kriterien:

- die Gruppe sollte mindestens vier Jugendliche umfassen, nach oben wurde keine Grenze gesetzt;
- als Gruppen gelten ausschließlich „natürliche" Gruppen, d.h. die Jugendlichen sollten sich auch außerhalb von Angeboten der Jugendhilfe und von schulischen Zusammenhängen als Gruppe definieren;
- als Merkmal für „reine Mädchengruppen" wurde die geschlechtshomogene weibliche Zusammensetzung der Gruppe und die Identifizierung der Mädchen mit dieser festgesetzt;
- als gemischtgeschlechtliche Gruppen gelten Gruppen, die sich aus weiblichen und männlichen Mitgliedern zusammensetzen, wobei das zahlenmäßige Verhältnis der Geschlechter nicht konkretisiert wurde;
- die Definition von „Gewaltauffälligkeit" bzw. „Nichtgewaltauffälligkeit" blieb weitgehend den Expertinnen und Experten überlassen. Als Differenzierungskriterium für „Gewaltauffälligkeit" wurde lediglich die Fokussierung auf körperliche Gewalt vorgegeben.

Auf altersspezifische Vorgaben für die Gruppenmitglieder wurde verzichtet, da nicht in jedem Fall von altershomogenen Zusammensetzungen ausgegangen werden kann und da die Zentrierung der Projektfragestellung auf gruppendynamische Prozesse und Geschlechterverhältnisse eine altersspezifische Differenzierung nicht erforderlich macht. Darüber hinaus erhalten altersspezifische Zusammensetzungen – ebenso wie z.B. Differenzen in den Gruppengrößen und -strukturen – aufgrund der qualitativen Anlage der Untersuchung, die konkret eingrenzbare systematische Vergleiche ohnehin nicht ermöglicht, zwar Bedeutung für die Analyse und Interpretation der Projektergebnisse sowie die daraus zu ziehenden jugendhilferelevanten Schlußfolgerungen, nicht jedoch für die Untersuchungsanlage.

Als außerordentlich schwierig erwies sich das *Auffinden gewaltauffälliger Mädchengruppen.* Viele Expertinnen und Experten bestätigten zwar, daß in ihren Arbeitsfeldern zunehmend auch Mädchen durch aggressives und gewalttätiges Verhalten auffallen bzw. in entsprechende Gruppenaktivitäten involviert sind, zu aktuellen gewaltauffälligen Mädchengruppen lagen jedoch meist keine Informationen vor. Neben einer Zunahme von Gewaltdelikten einzelner Mädchen wurde von spontanen und punktuellen Zusammenschlüssen von zwei bis vier Mädchen berichtet, die andere – meist weibliche – Jugendliche angreifen. Bekannt waren auch gewaltauffällige Mädchengruppen und Mädchen, die in gemischtgeschlechtliche Jugendgruppen eingebunden sind, sowie ehemalige gewalttätige Mädchengruppen, die sich im Zuge der polizeilichen Ermittlungsverfahren oder wegen Verurteilungen meist jedoch aufgelöst hatten oder über deren Verbleib keine weiteren Informationen vorlagen, wenn sie aus den institutionellen Angeboten der Jugendhilfe herausgefallen waren bzw. ausgeschlossen wurden. Häufig wurde auch darauf hingewiesen, daß derartige Mädchengruppen eine kürzere „Lebensdauer" hätten als gemischtgeschlechtliche oder reine Jungengruppen, bei denen ebenfalls eine höhere Fluktuation und geringere Stabilität als früher zu beobachten sei. Die Suche nach eigenständig agierenden gewaltauffälligen Mädchengruppen erwies sich deswegen als außerordentlich zeit- und arbeitsaufwendig, während gewaltauffällige gemischtgeschlechtliche Gruppen in den meisten Orten relativ schnell ausfindig gemacht werden konnten. Trotz erheblicher Bemühungen konnte in keiner der angesprochenen ostdeutschen Städte eine gewaltauffällige Mädchengruppe ausfindig gemacht werden, weshalb eine zweite gewaltauffällige westdeutsche Mädchengruppe in die Untersuchung einbezogen wurde.

Bei den *ausgewählten Städten* handelt es sich um eine Groß- und eine Mittelstadt. Um eine weitgehende Anonymisierung der Ergebnisse der Untersuchung zu gewährleisten, werden sie im folgenden mit Untersuchungsort 1 und Untersuchungsort 2 bezeichnet. Beide Städte liegen im Norden Deutschlands.

Die Stadtentwicklung des Untersuchungsortes 1 ist geprägt durch einen auch bundesweit zu beobachtenden ökonomischen Strukturwandel zur Dienstleistungsgesellschaft mit einem erheblichen Rückgang einstmals zentraler altindustrieller Wirtschaftszweige und seit Anfang der 90er Jahre insgesamt sinkenden Beschäftigungszahlen. Die Arbeitslosenquoten bei den Jugendlichen unter 25 Jahren erreichen fast die gleiche, etwas über dem bundesrepublikanischen

Durchschnitt liegende Höhe. Der Anteil der SozialhilfeempfängerInnen entspricht in etwa dem in der gesamten Bundesrepublik, wobei sowohl Kinder unter 18 Jahren als auch Nichtdeutsche im Verhältnis zu ihrem Bevölkerungsanteil – er liegt 1999 etwas unter dem bundesrepublikanischen Durchschnitt – relativ stark vertreten sind. Aus der städtischen Polizeilichen Kriminalstatistik ergibt sich 1999 ein Anteil der 14- bis 18jährigen Jugendlichen an den Tatverdächtigenzahlen von ca. 13%, davon entfiel in etwa ein Drittel auf Nichtdeutsche. Weibliche Jugendliche sind bei den unter 18jährigen Tatverdächtigen mit etwas unter einem Viertel vertreten.

Der Untersuchungsort 2 ist geprägt durch einen Abbau von Wirtschaftsbetrieben im verarbeitenden Gewerbe, durch eine Zunahme der privaten und sozialen Dienstleistungen und eine Hinorientierung zu technologischen Branchen. Gesamtstädtisch liegt die Jugendarbeitslosigkeit deutlich, der Ausländeranteil geringfügig über dem bundesrepublikanischen Durchschnitt. Der Anteil der Jugendlichen zwischen 14 und 18 Jahren an allen Tatverdächtigen liegt bei über einem Zehntel, wovon circa ein Viertel auf weibliche Jugendliche entfällt. Innerhalb der Gesamtstadt zeigen sich starke sozialräumliche Segregationen, so daß in einzelnen Stadtteilen die Arbeitslosigkeit, der Ausländeranteil und die Kriminalitätsbelastung überproportional hoch liegen. Dies gilt weitgehend auch für die Stadtteile bzw. Stadtteilbezirke, in denen die Jugendlichen der untersuchten Gruppen leben.

Die *konkrete Auswahl einzelner Jugendgruppen* in den Untersuchungsorten erfolgte im Anschluß an die oben genannte breitere telefonische Suchphase vor Ort, wenn sich die Hinweise auf gewaltauffällige Mädchen- und Jugendgruppen verdichteten und Kontakte mit Expertinnen und Experten aufgenommen werden konnten, die über breitere Kenntnisse der Gruppenbildungen verfügten. In den meisten Fällen betreuten sie diese Gruppen im Bereich der Jugendarbeit oder Streetwork. Ausführliche Interviews mit ihnen führten zur Entscheidung, ob die jeweilige Gruppe in die Untersuchung einbezogen werden sollte. Beim Zugang zu den ausgewählten Gruppen spielten die jeweiligen Expertinnen und Experten eine zentrale Rolle: Sie erkundigten sich bei den Jugendlichen, ob diese prinzipiell bereit seien, an einer Untersuchung zur Thematik Jugendgruppen und Gewalt teilzunehmen und organisierten teilweise auch Termine und Treffpunkte für den ersten Erhebungsschritt, die Gruppendiskussion. In einigen Fällen wurde der Kontakt zur Gruppe aber auch über Jugendliche hergestellt, die selbst andere Jugendliche ansprachen oder nannten, mit denen sich die Bearbeiterinnen des Forschungsprojekts dann in Verbindung setzten. In diesen Fällen erwiesen sich die Terminierung und das Treffen mit den Gruppen als schwieriger. Zwar war es auch für die Betreuerinnen und Betreuer der ausgewählten Gruppen nicht immer leicht, verbindliche Zusagen eines größeren Kreises von Jugendlichen für Gruppendiskussionen zu erhalten, bei der Organisation durch die Jugendlichen erwies sich dies jedoch als ungleich schwieriger. Manchmal waren Terminabsprachen erst nach mehreren Anläufen erfolgreich oder erforderten, daß die Projektbearbeiterinnen sich an den Treffpunkten der Jugendlichen einfanden, mit ihnen persönlichen Kontakt aufnahmen und direkte Absprachen trafen. Dabei erwies es sich insbesondere bei den jüngeren Gruppenmitgliedern als förderlich, daß ihnen ein Gruppenhonorar und Honorare für die nachfolgenden Einzelinterviews angeboten werden konnten.

Wie dargestellt, orientierte sich die Gruppenselektion an ausgewählten Kriterien zur Gruppengröße und -struktur, zur Gruppendefinition sowie an dem Merkmal „Gewaltauffälligkeit" bzw. „Nichtgewaltauffälligkeit". Beim Zugang über die Expertinnen und Experten stellte sich insbesondere die *Gruppendefinition* als Problembereich heraus. So gingen einzelne davon aus, daß die Gruppen, mit denen sie im Rahmen von Jugendhilfeangeboten arbeiteten, „natürliche" Gruppen seien, die sich auch außerhalb der Einrichtung als solche definierten. Diese Annahme erwies sich in einigen Fällen als unzutreffend, vor allem bei den nicht gewaltauffälligen Mädchengruppen stellte sich in zwei Fällen bei der Gruppendiskussion heraus, daß sie nur in den Einrichtungen als Gruppe zusammentrafen, eine engere und kontinuierliche Beziehung aber lediglich zu einem oder zwei anderen Mädchen bestand bzw. daß sich die meisten von ihnen in größeren gemischtgeschlechtlichen Gruppenzusammenhängen verorteten. In einem Fall konnte durch Mitglieder der Gruppe der Kontakt zu einer nicht gewaltauffälligen Jugendgruppe hergestellt werden, im anderen Fall mußte erneut nach einer Mädchengruppe gesucht werden.

Das *Kriterium „Gewaltauffälligkeit"* erwies sich trotz des relativ breiten Spielraums für die subjektive Definition durch die Expertinnen und Experten aufgrund der Klärungs- und Festlegungsmöglichkeiten im Vorfeld der endgültigen Auswahl insgesamt als weniger problematisch als angenommen. Dennoch kam es hier ebenfalls in einem Fall zunächst zu einer Fehlauswahl, die erst durch die Informationen in der Gruppendiskussion mit den Jugendlichen korrigiert werden konnte. In einem weiteren Fall wurde die Entscheidung für eine Gruppe, die sich – wie die Gruppendiskussion zeigte – im Veränderungsprozeß von einer gewaltauffälligen zu einer gewaltablehnenden Gruppe befand, beibehalten, da gewaltbereite Tendenzen nach wie vor sichtbar waren und darüber hinaus Informationen über Umorientierungs- und Wandlungsprozesse in der Jugendgruppe gewonnen werden konnten.

2.3 Verlauf der Untersuchung

Die empirischen Erhebungen der ersten Untersuchungsphase wurden im Frühjahr und Sommer 1999 durchgeführt. In der *Erhebungsphase I* wurden insgesamt 15 *qualitative ExpertInneninterviews* durchgeführt, davon sieben im Untersuchungsort 1 und acht im Untersuchungsort 2 (siehe Tabelle Erhebungsphase I), zehn *Gruppendiskussionen* mit gewaltauffälligen und nicht gewaltauffälligen Jugendlichen sowie insgesamt 38 *Einzelinterviews* mit Jugendlichen der ausgewählten Gruppen. Aufgrund der dargestellten Probleme bei der Auswahl der Untersuchungsorte (vgl. Punkt 2.2) konzentrierten sich die ersten Befragungen zunächst auf eine Stadt im Westen Deutschlands.

Die Durchführung der *ExpertInneninterviews* fand nach erfolgter Auswahl der Erhebungsregionen statt. Einbezogen wurden insgesamt 15 Fachleute des Jugendamtes, der Polizei und aus Einrichtungen der Jugendhilfe, die Berührung mit nicht gewaltauffälligen Jugendgruppen und insbesondere mit gewaltdelinquenten Jugendlichen haben. Auf der Grundlage der Auswertungsergebnisse der ExpertInnenbefragung, die durch regionen- und stadtteilbezogene Informationsmaterialien ergänzt wurden, sowie der Literatur- und Datenanalyse zum Umgang von Jugendlichen mit Gewalt wurden insgesamt vier Leitfäden für *Gruppendiskussionen* mit nicht gewaltauffälligen Mädchengruppen und gemischtgeschlechtlichen Jugendgruppen erarbeitet. Bei gleichen bzw. vergleichbaren Fragestellungen und Statements wurde in ihnen die jeweilige geschlechtsspezifische Zusammensetzung – ausschließlich Mädchen bzw. Mädchen und Jungen – sowie der „Gewaltstatus" der Gruppen – nicht gewaltauffällig bzw. gewaltauffällig – berücksichtigt.

Bei der Durchführung der *Gruppendiskussionen* ergaben sich – wie dargestellt (vgl. Punkt 2.2) – wegen des Definitionsspielraums der Kriterien „Gewaltauffälligkeit" und „Mädchengruppe" Probleme bei der Auswahl der Untersuchungsgruppen. Nachdem – unter hohem Zeitaufwand – die Zugänge zu den ostdeutschen Jugendgruppen hergestellt waren, wurde auch im Untersuchungsort 2 mit der Durchführung der Gruppendiskussionen mit gewaltauffälligen und nicht gewaltauffälligen Jugendgruppen begonnen. Bei den insgesamt acht angesetzten Gruppendiskussionen mit Jugendlichen handelt es sich bei den ost- und westdeutschen Gruppen um eine gewaltauffällige gemischtgeschlechtliche Gruppe, eine nicht gewaltauffällige gemischtgeschlechtliche Gruppe und eine nicht gewaltauffällige Mädchengruppe, die beiden gewaltauffälligen Mädchengruppen waren westdeutsche Gruppen. Die Altersstruktur der Gruppenmitglieder bewegt sich weitgehend innerhalb des Altersbereiches des Jugendstrafrechts (siehe Tabelle Erhebungshase I). Teilweise – bei kleineren Gruppen – nahmen sämtliche Mitglieder der Clique an der Gruppendiskussion teil, teilweise repräsentierte der Kreis der Jugendlichen, mit denen diskutiert wurde, einen Ausschnitt der Gruppe. In den Teilgruppen waren dann jene Jugendlichen vertreten, die von den ExpertInnen angesprochen wurden. Insgesamt beteiligten sich 51 Jugendliche – 34 weibliche und 17 männliche – an den Gruppendiskussionen. Zusätzlich wurden im Rahmen der Gruppendiskussionen die *sozialstatistischen Daten* der Jugendlichen in schriftlicher Form erhoben.

An die acht durchgeführten Gruppendiskussionen schlossen sich die *Einzelbefragungen ausgewählter Gruppenmitglieder* an. Ebenso wie für die Gruppendiskussionen wurden auch hier unterschiedliche Leitfäden für die Einzelbefragungen erarbeitet. Wesentliche Unterscheidungsmerkmale der Leitfäden beziehen sich auf den Umgang der Gruppe mit Gewalt (gewaltauffällig oder nicht gewaltauffällig), auf die geschlechtsspezifische Zusammensetzung der Gruppe sowie auf das Geschlecht der befragten Person. Die Einzelinterviews wurden mit vier bis sechs ausgewählten Jugendlichen jedes Jugendgruppentyps durchgeführt. Insgesamt wurden 38 Jugendliche befragt, 31 weibliche und 7 männliche Jugendliche. Zusätzlich zu den Gruppendiskussionen und den Einzelinterviews wurden *Gedächtnisprotokolle* erstellt, in denen Beobachtungen zur Selbstdarstellung und zum Verhalten der Jugendlichen sowie zu Interaktionen innerhalb der Gruppe während und im Umfeld der Gruppendiskussion festgehalten wurden, in einem Fall bei einem „Disco-Angebot". Auch zusätzliche Informationen der Expertinnen zu einzelnen Jugendlichen und zur Gruppendynamik wurden schriftlich protokolliert.

Tabelle: Erhebungsphase I

		Westdeutsche Jugendgruppen					Ostdeutsche Jugendgruppen		
		Powergirls	Straßenkids	Freundinnen	Rebellen	Schlägermädchen	Zukunftsorientierte	Clubmädchen	Spaßtruppe
		gew. Mädchen	gew. gemischtgeschl.	nicht gew. Mädchen	nicht gew. gemischtgeschl.	gew. Mädchen	gew. gemischtgeschl.	nicht gew. Mädchen	nicht gew. gemischtgeschl.
ExpertInnen-interviews	Streetwork	–	–	–	–	–	Leitung (1) + Streetwork (5)	–	–
	Jugend-einrichtung	Betreuung (1)	Betreuung (2)	Betreuung (2)	Betreuung (2)	Betreuung (2)	–	Betreuung (1)	Betreuung (1)
	Polizei	Jugendbeamte (2)					LKA (1), OJG (1)		
	Jugendamt	Abteilungsleitung (2), MitarbeiterIn (1)					MitarbeiterIn des Bezirksamtes, wiss. Begleitung eines gewaltpräv. Modellprojektes (2)		
	insgesamt	8 Einzel- bzw. Gruppeninterviews					7 Einzel- bzw. Gruppeninterviews		
Gruppengröße	gesamt	6	ca. 40	10-12	15-20	ca. 10	15-20	5	ca. 15
	weiblich	6	ca. 20	10-12	ca. 5	ca. 10	ca. 12	5	ca. 7
	männlich	–	ca. 20	–	ca. 10	–	ca. 8	–	ca. 8
Altersspanne in Gruppe		14-16	12-20	13-18	14-25	14-16	17-20	14-16	13-16
Nationalität der Gruppe		gemischt	ausländisch	gemischt	gemischt	gemischt	deutsch	deutsch	deutsch
TeilnehmerInnen von Gruppendiskussionen		4 Mädchen	5 Mädchen + 6 Jungen	4 Mädchen	3 Mädchen + 3 Jungen	5 Mädchen	4 Mädchen + 2 Jungen	3 Mädchen	6 Mädchen + 6 Jungen
Einzelinterviews									
	gesamt	4	6	4	4	5	6	4	5
	weiblich	4	4	4	3	5	4	4	3
	männlich	–	2	–	1	–	2	–	2

Mit jedem Besuch der Untersuchungsregionen verband sich die wiederholte Kontaktaufnahme und *Kontaktpflege* zu bereits interviewten Jugendgruppen sowie zu den Expertinnen und Experten aus den Einrichtungen der Jugendhilfepraxis. So konnten zum einen Veränderungen in den Gruppenkonstellationen beobachtet werden, zum anderen erleichterte die Pflege der bestehenden Kontakte den Einstieg in die Erhebungsphase II.

Die *Erhebungsphase II* wurde als Wiederholung der Gruppendiskussionen und Einzelinterviews der ersten Erhebungsphase angelegt. Die Einzel- und Gruppenbefragungen erfolgten im Sommer und Herbst 2000 mit modifizierten Leitfäden, die neben Themen aus der ersten Erhebung auch neue, auf die Entwicklung der Gruppen zielende Fragestellungen enthalten. Diese Differenzierung erfolgte in der Absicht, einerseits die Ergebnisse der ersten Befragung im Hinblick auf ihre Konsistenz und Stabilität zu überprüfen und somit die Entwicklungsdynamik der Entstehung und Veränderung von Einstellungen und Meinungen im Kontext von Gewalt mit allen auftauchenden Diskontinuitäten und Verunsicherungen der Jugendlichen zu erfassen. Andererseits zielte sie darauf, über neue Fragestellungen veränderte Gruppenkonstellationen, Gründe für die Stabilität von Gruppen, deren Auflösung oder Zersplitterung adäquat zu erfassen, um Aufschluß über die Gruppendynamik in Jugendgruppen und deren Bedingungen zu erhalten.

Der *Zugang zu den Gruppen* in der Erhebungsphase II erfolgte in sechs Gruppen mit Hilfe der ExpertInnen, in zwei Gruppen über die Kontaktaufnahme zu einzelnen Jugendlichen. Dabei zeigte sich eine breite Variation von Veränderungen im Gruppenstatus: Neben Gruppen, aus denen Mitglieder ausgeschieden oder andere hinzugekommen waren, hatten sich einige Gruppen mittlerweile vollständig aufgelöst, eine sich in veränderter Zusammensetzung neu konstituiert und eine sich teilweise in eine andere Gruppe integriert. Unabhängig von dem jeweiligen Stand der Gruppenbeziehungen wurden alle in die erste Erhebungsphase einbezogenen Gruppen bzw. deren ehemaligen Mitglieder gebeten, nochmals an *Gruppendiskussionen* teilzunehmen. Nicht in jedem Fall konnten sie jedoch hierfür in der gleichen Zusammensetzung wie in der ersten Erhebungsphase gewonnen werden. Teilweise fehlten einzelne Mitglieder, in drei Gruppen waren Jugendliche beteiligt, die im Vorjahr nicht teilgenommen hatten (vgl. Tabelle Erhebungsphase II). Insgesamt nahmen 41 Jugendliche – 32 weibliche und 9 männliche – an den Gruppendiskussionen teil. Auch in der zweiten Erhebungsphase wurden im Rahmen der Gruppendiskussionen die *sozialstatistischen Daten* der Jugendlichen in schriftlicher Form erhoben. Sie dienen dazu, die im Vorjahr gegebenen Informationen zum Herkunftsmilieu, zur familialen, schulischen oder beruflichen Situation sowie zu biographischen Besonderheiten zu überprüfen und Informationen zu den Jugendlichen zu gewinnen, die an der ersten Gruppendiskussion nicht teilgenommen hatten.

Für *Einzelinterviews* wurden jene Jugendliche angesprochen, die an der ersten Erhebungsphase teilgenommen hatten – unabhängig davon, ob die Gruppe noch existierte, sie noch zur Gruppe gehörten oder ausgeschieden waren. In vier Gruppen erklärten sich alle im Vorjahr befragten Jugendlichen zu Interviews bereit, in den anderen vier Gruppen konnten einzelne nicht für eine wiederholte Befragung gewonnen werden; in zwei Gruppen wurden Jugendliche interviewt, die in der ersten Erhebungsphase nicht einbezogen waren (vgl. Tabelle Erhebungsphase II). Es wurden 37 Einzelinterviews durchgeführt, davon 30 mit weiblichen und 7 mit männlichen Jugendlichen.

2.4 Auswertung

Die Gruppendiskussionen und die Einzelinterviews mit den Jugendlichen sowie die ExpertInneninterviews wurden mit Tonträger aufgenommen und wörtlich transkribiert. Sämtliche Transkriptionen, in denen Dialekte ins Hochdeutsche „übersetzt" und in die Schriftsprache übertragen wurden, wurden in möglichst enger zeitlicher Nähe gegengelesen und korrigiert. Die Gruppendiskussionen wurden mehrfach abgehört, da die Identifizierung der SprecherInnen nicht immer einfach war. Um sich in ihre Stimmlage und Ausdrucksweise „einzuhören", wurden die Einzelinterviews hinzugezogen. Zur Anonymisierung des Erhebungsmaterials wurden sämtliche Interviews nach datenschutzrechtlichen Bestimmungen mit Kenn-Nummern versehen, Personennamen, Interviewzitate sowie örtliche Angaben wurden nach einem alphabetisch-numerischen System anonymisiert.

Die kategoriale Auswertung der Interviews mit den ExpertInnen war eng an deren Aufgabenbereichen orientiert und zentrierte sich auf die Themen örtliche Struktur der Jugendhilfe, Situation der Jugendgruppengewalt vor Ort sowie Zielorientierungen und Kooperationsbeziehungen im Präventionsbereich. Diese Informationen bildeten den Hintergrund für die Auswertung der Interviews mit den

Tabelle: Erhebungsphase II

		Westdeutsche Jugendgruppen					Ostdeutsche Jugendgruppen		
		Powergirls gew. Mädchen	Straßenkids gew. gemischt-geschl.	Freundinnen nicht gew. Mädchen	Rebellen nicht gew. gemischt-geschl.	Schläger-mädchen gew. Mädchen	Zukunfts-orientierte gew. gemischt-geschl.	Clubmädchen nicht gew. Mädchen	Spaßtruppe nicht gew. gemischt-geschl.
Gruppen-größe	gesamt	5	aufgelöst	aufgelöst	aufgesplittet	aufgelöst	9-11	aufgelöst	30
	weiblich	5	–	–	–	–	6-7	–	15
	männlich	–	–	–	–	–	3-4	–	15
Altersspanne in Gruppe		15-17	15-17	15-16	15-18	15-16	18-20	15-17	13-30
Nationalität der Gruppe		gemischt	gemischt	gemischt	gemischt	gemischt	deutsch	deutsch	deutsch
TeilnehmerInnen von Gruppendiskussionen		4 Mädchen	5 Mädchen 4 Jungen	5 Mädchen, davon 2 aus EI	3 Mädchen 2 Jungen davon 4 aus EI	3 Mädchen	3 Mädchen 1 Junge	5 Mädchen, davon 3 aus EI	4 Mädchen 2 Jungen, davon 4 aus EI
Einzel-interviews	gesamt	4 aus EI	6 aus EI	3 aus EI + 2	4 aus EI + 1	4	5	4	4
	weiblich	4	4	5	3		4	4	2
	männlich	–	2	–	2		1	–	2

EI = Erhebungsphase I

+ = Jugendliche, die in der ersten Erhebungsphase nicht interviewt wurden

SozialarbeiterInnen, die die Gruppen betreuen, entlang der Oberkategorien Aufgabenstruktur und -verteilung, Arbeitsbedingungen, Arbeitsansatz, Kooperationen sowie Angaben zur untersuchten Gruppe. Hinzugezogen wurden auch Gesprächsprotokolle mit den ExpertInnen, die im Zuge der Kontaktpflege sowie zum Zeitpunkt der Wiederholungsbefragung erstellt wurden. Sie ergänzen die erarbeiteten Einrichtungsprofile um Informationen darüber, wie sich die Arbeitsbedingungen und die Beziehung zur Gruppe entwickelt haben.

Das Erhebungsmaterial aus den Gruppendiskussionen und den Interviews wurde kategoriengeleitet und fallspezifisch mit Hilfe des qualitativen Textauswertungsprogramms QSR NUD.IST ausgewertet. Die Kategorienbildung orientierte sich an den aus den zentralen Fragestellungen der Untersuchung abgeleiteten thematischen Schwerpunkten der Leitfäden: in den Gruppendiskussionen nach den Oberkategorien Gruppe, Gewalt, Geschlecht, Jugendhilfe, Wohnort und in den Einzelinterviews mit den Jugendlichen darüber hinaus an den Oberkategorien individuelle Interessen und Aktivitäten, Werte, Selbstbild, Familie, ökonomische Situation, Partnerschaft, Schule/Beruf. Im Laufe des Auswertungsprozesses wurden diese Dimensionen entlang der immer wiederkehrenden zentralen Themen weiter differenziert, z.B. anhand der Äußerungen zu „Gruppe" u.a. nach hierarchischen und rollenspezifischen Strukturen, nach Beziehungsgeflecht, Normen, Bewertung und Definition der Gruppe, Aktivitäten, Aktionsraum. Das so gewonnene Material wurde fallspezifisch aufbereitet und in Gruppen- sowie Personenprofilen dokumentiert. Im nächsten Schritt wurden diese Ergebnisse einer vergleichenden Analyse zwischen den Gruppenmitgliedern, zwischen den Gruppentypen gewaltauffällig/nicht gewaltauffällig sowie Mädchengruppen/gemischtgeschlechtliche Gruppen unterzogen und in inhaltlich konzentrierter Form festgehalten. Die Gruppendiskussionen wurden darüber hinaus im Hinblick auf thematische Schwerpunktsetzungen und den Beziehungsgehalt – in welcher Weise interagieren die DiskutantInnen miteinander? – ausgewertet. Besondere Beachtung fand dabei, wie der Gewalt- und der Geschlechterdiskurs geführt wurde, z.B. unter der Fragestellung, auf wessen Äußerungen wann und von wem Widersprüche, Bestätigungen, Ergänzungen u.ä. folgten. In diesen Auswertungsschritt wurden ergänzend auch die Beobachtungs- und Gesprächsprotokolle einbezogen (vgl. Punkt 2.1). Die Auswertung der sozialstatistischen Daten, die einen groben Überblick über die Lebenslagen der Jugendlichen geben, erfolgte mit SPSS. Insgesamt enthielt der Datensatz Angaben zu 65 Personen, die an den Gruppendiskussionen teilgenommen hatten. Für die in die Interviews einbezogenen Personen konnte das Material anhand ihrer Aussagen noch ergänzt werden, z.B. im Hinblick auf Mißerfolgserlebnisse in den Schulen.

Die Auswertung der Wiederholungsbefragungen und -diskussionen erfolgte nach den gleichen Schritten wie die der Ersterhebung. Im kategorialen Vergleich mit den Auswertungsergebnissen der ersten Untersuchungsphase wurden neben Merkmalsveränderungen und prozessualen Entwicklungen auch widersprüchliche und ergänzende Informationen zu den Aussagen der ersten Erhebung festgehalten.

Zur Analyse des Zusammenhangs von Geschlechtskonzepten und Gewaltorientierungen wurden zwei Fallanalysen durchgeführt. Die Schlußfolgerungen zum Geschlechtskonzept wie auch zur Gewaltorientierung basieren auf verbalen, körperlichen und interaktiven Selbstpräsentationen, die zur Grundlage der Analyse gemacht wurden. Sie ergeben sich zum einen aus Interviewsequenzen aus den Einzelinterviews, in denen sowohl explizit als auch indirekt – z.B. bei der Gegenüberstellung von Mutter und Vater oder männlichen und weiblichen Gruppenmitgliedern – geschlechtsspezifisch typisiert, differenziert oder neutralisiert wurde. Zusätzlich wurden Sequenzen analysiert, in denen sich der Umgang und die Haltung zu Gewalt abbilden – in Bewertungen von Gewaltdarstellungen und -meinungen anderer sowie in Erzählungen zu eigenen Gewaltorientierungen und -handlungen. Zum anderen wurden die Gruppendiskussionen sowohl im Hinblick auf die inhaltlichen Aussagen der ausgewählten Mädchen als auch auf den Diskursverlauf hin analysiert. Zur Analyse von Statements der Mädchen im Gruppendiskurs wurde beispielsweise festgehalten, ob ihre Äußerungen von anderen DiskussionsteilnehmerInnen bestätigt, ergänzt oder ob ihnen widersprochen wurde, ob ein Themenwechsel stattfand, inwieweit und wie auf weibliche und männliche Gruppenmitglieder Bezug genommen wurde u.a.m. Des weiteren wurden die Beobachtungsprotokolle hinzugezogen, aus denen sowohl Informationen zur äußeren Erscheinung, zum Auftreten, zu Gestik, Körperhaltung als auch zu interaktiven Kontaktaufnahmen entnommen werden konnten. Auf der Grundlage dieses Materials wurden Profile zur geschlechtlichen und gewaltkontextuellen Selbstverortung der Mädchen entwickelt. Dabei haben wir versucht, unsere eigenen geschlechtstypisierenden Wahrnehmungen immer wieder zu reflektieren und zu hinterfragen, um die Frage nach der Geschlechterunterscheidung durch die Mädchen nicht vorschnell mit Annahmen zu Geschlechterunterschieden zu beantworten (Kelle 1999). Hierzu haben wesentlich die Interaktionen über Deutungsmuster im Projektzusammenhang beigetragen. Derartige Reflexionsprozesse waren auch erforderlich, um eigene Widerstände gegenüber gewaltbejahenden Äußerungen aufzubrechen, mit denen die Gefahr einhergeht, daß die Sichtweise und das Selbstverständnis der Mädchen überdeckt werden. In einem zweiten Schritt wurde das Auswertungsmaterial mit Aussagen aus der Geschlechterforschung und hier erarbeiteten Interpretationen in Beziehung gesetzt, z.B. zu adoleszenten Bewältigungsmustern von Mädchen, zu geschlechterstereotypen Orientierungen und zu Geschlechterhierarchien. Sie bildeten den Hintergrund für die Interpretation der erarbeiteten Profile.

2.5 Aussagekraft und Reichweite der Ergebnisse

Zielsetzung des Projektes war es nicht, „die“ Realität abzubilden, vielmehr ging es um die Perspektive der Jugendlichen auf die Wirklichkeit, um ihre Erfahrungen und Interpretationen, denn ihr Handeln wird bestimmt durch ihre subjektiven Erklärungsmuster und Schlußfolgerungen: „Wenn Menschen Situationen als real definieren, sind diese real in ihren Konsequenzen“ (W.I. Thomas). „Objektive“ Strukturen setzen Grenzen für subjektives Handeln und beeinflussen die Weltsicht der Jugendlichen, sie determinieren diese jedoch nicht. Vielmehr müssen Einstellungen und Handlungen als Resultat der aktiven Auseinandersetzung mit der Umwelt begriffen werden.

Rekonstruktionen von individuellen und Gruppenwirklichkeiten aus der Perspektive der Jugendlichen beinhalten die Gefahr von Verzerrungen, da die „Erzähler“ in ihren Darstellungen immer auch bemüht sind, in einem guten Licht dazustehen. Sie beschönigen, lassen Unangenehmes weg, dramatisieren, spielen Ereignisse herunter und idealisieren. Zum einen sind derartige Strategien auf ihre Funktion hin zu befragen und bilden somit selbst einen Gegenstand der Untersuchung. So ist ein durchgängig auftretendes Muster bei der Begründung körperlicher Übergriffe auf andere Personen, daß diese es „verdient“ hätten, daß man sich gegen ihre Behauptungen und Verleumdungen „wehren" müsse. Dahinter steht der Versuch, das eigene Handeln – im Wissen darum, daß „grundlose" Angriffe entsprechend des gesellschaftlichen Wertekonsens im allgemeinen auf Unverständnis und Mißbilligung stoßen – vor den Gruppenmitgliedern und vor allem vor den Forscherinnen zu legitimieren. Zum anderen sind die Erzählungen aber auch auf ihre Plausibilität zu hinterfragen, um zu vermeiden, daß sozial „erwünschte" Äußerungen zu einem verzerrten Bild der Gruppe und der Jugendlichen führen. Hierzu dienen die Vergleiche von Selbst- und Ereignisdarstellungen aus der Perspektive verschiedener Gruppenmitglieder. Werden ein- und dieselben Geschehnisse von mehreren Jugendlichen gleich geschildert, so erhöht sich die Wahrscheinlichkeit, daß sie so und nicht anders abgelaufen sind. Dennoch ist die Möglichkeit, daß z.B. die Darstellung von gewalttätigen Auseinandersetzungen ein Ergebnis von Gruppeninteraktionen und einer kollektiven Konstruktion von Wirklichkeit ist, nicht auszuschließen. Wichtig wurden vor diesem Hintergrund alternative Sichtweisen und Ergänzungen durch die BetreuerInnen der Gruppen sowie die Interviews mit den Jugendlichen in der zweiten Erhebungsphase, in denen diese von sich aus oder angeregt durch die Interviewerinnen die bereits im Vorjahr geschilderten Ereignisse nochmals aufgegriffen haben. Eine weitere Möglichkeit, den Realitätsgehalt von Aussagen zu überprüfen, ist die Analyse der Interviews im Hinblick auf deren Konsistenz, die Widersprüche, Lücken und Unstimmigkeiten aufdeckt. Darüber hinaus wurden die Interviews von den Forscherinnen selbst durchgeführt, so daß auch die Eindrücke aus dem Befragungsverlauf, z.B. über die Selbstpräsentation der Befragten, Anhaltspunkte für den Realitätsgehalt der Antworten bieten. Auch wenn Verfälschungen nicht vollends ausgeschlossen werden können, so haben wir in den Interviews doch den Eindruck einer hohen Plausibilität der Aussagen gewonnen. Die Mehrzahl der Jugendlichen hat offen von ihren Erfahrungen und Erlebnissen berichtet, Grenzen der Auskunftsbereitschaft deutlich klar gemacht, und Anzeichen für ein bewußtes „Taktieren" haben wir nicht gefunden.

Das Projekt ist qualitativ angelegt, und die Auswahl der Gruppen erfolgte nicht anhand einer streng systematisierten Zufallsauswahl (vgl. Punkt 2.2), sondern war Resultat mühsamer und umfangreicher Suchstrategien. Eine breite Verallgemeinerung der Forschungsergebnisse ist deshalb nicht möglich. Es mag durchaus viele Gruppen geben, in denen sich Gewalt- und Handlungskontexte,

Gruppenstrukturen und -zusammensetzungen sowie Geschlechterbeziehungen ganz anders darstellen als in den von uns untersuchten Gruppen. Dennoch sind die Ergebnisse geeignet, für die in der Untersuchung repräsentierten „Typen“ von Gruppen einen Einblick in die spezifischen Gruppenwirklichkeiten, in Unterschiede und Ähnlichkeiten im Umgang mit Gewalt, in Wahrnehmungs- und Deutungsmuster von Mädchen und jungen Frauen sowie in ihre Selbstverortung im System der Zweigeschlechtlichkeit zu vermitteln. Bestätigung dafür, daß es sich bei den ausgewählten Gruppen nicht um seltene „Exoten“ handelt, bilden Übereinstimmungen unserer Ergebnisse mit vorliegenden Untersuchungsergebnissen aus der Jugendgruppenforschung. An dieser Stelle ist auch darauf hinzuweisen, daß die Tatsache, daß wir gemischtgeschlechtliche Gruppen untersucht haben, in denen Mädchen keine – wie überwiegend in anderen Untersuchungen – untergeordnete und marginale Position einnehmen, nicht das Ergebnis einer gezielten Suche nach derartigen Gruppen ist, sondern sich zufällig ergab (vgl. Punkt 2.2). Außerdem ist darauf hinzuweisen, daß in den Einzelinterviews weibliche und männliche Jugendliche ungleich repräsentiert sind – es wurden deutlich mehr weibliche als männliche Jugendliche befragt (vgl. Punkt 2.3). Die Geschlechtervergleiche beruhen deswegen überwiegend auf den Gruppendiskussionen, in denen Mädchen und Jungen ähnlich stark vertreten waren.

3 „Ich glaube, ich würde nie mehr aus der Gruppe rausgehen" – Gewaltbereite Jugendgruppen – (k)ein Ort für Mädchen

Ergebnisse der Jugendgruppenforschung weisen darauf hin, daß Mädchen seltener als Jungen gewaltbereiten Jugendgruppen angehören. Weibliche Jugendliche, die von eigenen gewalttätigen Übergriffen auf andere berichten, sind jedoch – ebenso wie männliche – häufig in deviante Gleichaltrigencliquen eingebunden (vgl. Punkt 1.1.3). Bei unserer Recherche nach gewaltauffälligen gemischtgeschlechtlichen Cliquen und Mädchengruppen zu Projektbeginn stellte sich das Auffinden ersterer als unproblematisch dar. Demgegenüber gab es zwar mehrfach Bestätigungen der Gruppenbildung gewaltbereiter weiblicher Jugendlicher, jedoch wenig Hinweise auf aktuelle Cliquen (vgl. Punkt 2.2). Dies deutet darauf hin, daß Mädchen eher gemischtgeschlechtlichen, aber seltener als Jungen geschlechtshomogenen gewaltauffälligen Gruppen angehören. Unsere Recherche belegt jedoch, daß sich auch Mädchen in gewaltbereiten Cliquen zusammenfinden.

Was Mädchen und junge Frauen dazu bewegt, sich derartigen Gruppen anzuschließen, wie diese Gruppen zusammengesetzt und strukturiert sind und welchen Stellenwert diese Cliquen für sie haben, ist bislang kaum erforscht (vgl. Punkt 1.1.3). Mit der Focussierung des Forschungsprojekts „Mädchen und Gewalt" auf Mädchen und junge Frauen in gewaltauffälligen gemischtgeschlechtlichen und geschlechtshomogenen Gruppen werden Antworten auf diese Fragen gesucht.

In Punkt 3.1 werden vor dem Hintergrund tabellarischer Gruppenprofile die Zusammensetzung und die Struktur der untersuchten gewaltauffälligen Jugendgruppen dargestellt. Daran schließen sich Ergebnisse zur Konstituierung der Gruppen und zum Gruppenzugang an (Punkt 3.2). Im folgenden steht die Bedeutung der Jugendgruppen für die Gruppenangehörigen im Mittelpunkt. Dargestellt wird, worin die Vorteile einer Gruppenzugehörigkeit aus Sicht der Jugendlichen bestehen (Punkt 3.3), wie stark die Gruppenbindung ausgeprägt ist, über welche Inhalte und Ziele sie sich herstellt und worauf graduelle Unterschiede in der Bindungsstärke zurückgeführt werden können (Punkt 3.4). Der Punkt 3.5 faßt schließlich zentrale Ergebnisse zusammen. Das Hauptaugenmerk liegt auf den Sichtweisen und Wahrnehmungen der weiblichen Jugendlichen, in den gemischtgeschlechtlichen Gruppen werden sie auch geschlechtervergleichend herausgearbeitet. Darüber hinaus bietet der Gruppenvergleich Einblick in übereinstimmende und differierende Merkmale der einzelnen Gruppen sowie der unterschiedlichen Gruppentypen „gemischtgeschlechtliche Gruppen" und „Mädchengruppen".

3.1 Zusammensetzung und Struktur der Jugendgruppen

Von den vier in die Untersuchung einbezogenen gewaltauffälligen Gruppen sind zwei gemischtgeschlechtlich – die „Straßenkids" mit einem Anteil von ca. 50% Mädchen und die „Zukunftsorientierten" mit einem Anteil von 60% weiblichen Jugendlichen – und zwei sind reine Mädchengruppen – die „Powergirls" und die „Schlägermädchen".

Ihre Gruppenprofile werden in zusammengefaßter Form in der folgenden tabellarischen Übersicht dargestellt.

Die in die Untersuchung einbezogenen gewaltauffälligen Cliquen haben alle ihre eigene „Individualität", die sich auch in der Zusammensetzung und der Struktur der Jugendgruppen zeigt. Dennoch finden sich sowohl gruppenübergreifend als auch gruppentypisierend – nach Mädchen- und gemischtgeschlechtlichen Gruppen differenziert – übereinstimmende Merkmale.

So ähneln sich die Mädchengruppen hinsichtlich ihrer *Größe, der altersspezifischen Zusammensetzung und der ethnischen Herkunft* der Gruppenangehörigen, während sich in diesen Bereichen zwischen den gemischtgeschlechtlichen Gruppen mehr Unterschiede als Parallelen ergeben.

- Die in die Untersuchung einbezogenen Mädchengruppen sind zum ersten Erhebungszeitpunkt mit sechs bis zehn Jugendlichen kleiner als die ca. 15- bzw. 40köpfigen gemischtgeschlechtlichen Gruppen – dies entspricht verallgemeinernden Beobachtungen und Erfahrungen der befragten ExpertInnen aus Jugendhilfe und Polizei.
- Das Alter der Jugendlichen in den Mädchengruppen liegt zwischen 14 und 16 Jahren, bei den „Straßenkids" finden sich 12- bis

20jährige und die „Zukunftsorientierten" sind zwischen 17 und 20 Jahren alt.

– Den Mädchengruppen gehören sowohl Jugendliche deutscher Herkunft als auch Mädchen an, bei denen ein oder beide Elternteile ausländischer Herkunft sind. Demgegenüber setzt sich die Gruppe der „Straßenkids" aus Jugendlichen unterschiedlicher ausländischer Herkunft, die teilweise auch nicht in Deutschland geboren sind, die der „Zukunftsorientierten" ausschließlich aus deutschen Jugendlichen zusammen.

Gruppenmerkmale

	Gruppenname			
	„Powergirls"	„Schläger-mädchen"	„Straßenkids"	„Zukunfts-orientierte"
Gruppen-stärke	6	ca. 10	ca. 40	ca. 15-20
Mädchen-anteil	100%	100%	ca. 50%	ca. 60%
Altersspanne	14-16	14-16	12-20	17-20
Tätigkeitsstatus der Mitglieder	Haupt-schülerinnen	Sonder-, Haupt- und Real-schülerinnen	Haupt- bzw. RealschülerIn-nen oder in be-rufsbildenden Maßnahmen für benachteiligte Jugendliche	Ausbildung, z.T. in berufsbilden-den Maßnah-men für be-nachteiligte Ju-gendliche, eine Hauptschülerin
Gruppen-gründung	vor drei Jahren	vor fünf Jahren	seit ca. vier Jah-ren mit wech-selnder Mit-gliedschaft	vor zwei Jahren
Bezugspunkte	Nachbarschaft, Kindergarten, Schule	Nachbarschaft, Kindergarten, Spielplatz	Nachbarschaft, Kindergarten, Schule	Abspaltung aus einer größeren rechtsextremi-stisch orientier-ten Clique
Treffpunkte	Schulhof, Spiel-plätze, elterli-che Wohnun-gen	Sportplatz, zwei Jugendeinrich-tungen im Stadtviertel	Jugendeinrich-tung, nahege-legener Sport-platz, Stadt-zentrum	Kneipen, Park
Kontakt-häufigkeit	wochentags in und nach der Schule, ein Tag am Wochenen-de	täglich ab dem späte-ren Nachmittag	täglich ab dem frühen Abend	in unterschied-licher Zusam-mensetzung wöchentlich zwei- bis drei-mal, am Wo-chenende

	Gruppenname „Powergirls"	„Schläger-mädchen"	„Straßenkids"	„Zukunfts-orientierte"
Gruppen-themen	Sport, Jungen, Verhalten anderer Mädchen, vor allem „hinter dem Rücken reden"	Probleme in Familie, Schule, Partnerschaft, Jungen, Piercing, Kleidung	Sport, Musik, Kleidungsstil, Drogen, kriminelle Delikte, Polizei, Probleme und Geschehnisse des Tages, Freizeitaktivitäten, Geschlechterbeziehungen	Probleme in der Arbeit und zuhause, alltägliche Ereignisse, aktuelle politische Fragen, gemeinsame Bekannte, ‚rechte' Szene
Herkunftsmilieu/Eltern	in Westdtld. geboren; verheiratete leibliche Eltern/Elternteile ausländischer Herkunft, im Arbeiter- und Angestelltenstatus	meist in Westdtld. geboren oder aufgewachsen; multikulturelle Ein-/ Zwei-Elternfamilien, meist ein Elternteil erwerbslos, z.T. sehr schlechte ökonomische Verhältnisse	meist in Westdtld. geboren oder aufgewachsen; Ein-/Zwei-Elternfamilien, meist untere Einkommensklassen	in Ostdeutschland geboren; deutsche Ein-/Zwei-Elternfamilien, meist unteres Einkommensniveau
Gruppen-entwicklung	Ausscheiden eines Mitglieds, geringere Interaktionshäufigkeit	Ausscheiden mehrerer Mitglieder, z.T. in neuer gemischtgeschlechtlicher Clique integriert	z.T. Zerfall in kleinere Gruppen, weiterbestehende enge Kontakte zwischen Kleingruppen und einzelnen	Ausscheiden von Mitgliedern, Konstituierung einer neun- bis elfköpfigen Clique

Hinsichtlich des *Tätigkeitsstatus* ergeben sich – altersentsprechende – Übereinstimmungen zwischen den Mädchengruppen und der Gruppe der „Straßenkids“: Sie besuchen zur ersten Erhebungsphase überwiegend noch die Schule. Ausschließlich in der Gruppe der „Zukunftsorientierten“ sind die meisten Gruppenangehörigen bereits in Ausbildungs- und Erwerbsarbeitsverhältnisse eingebunden.

Die *Stadtteile bzw. -viertel*, in denen die Gruppen entstanden und in denen sie auch ihre zentralen Treffpunkte haben, wurden von den befragten ExpertInnen vor Ort – MitarbeiterInnen aus Polizei, Jugendamt und Jugendhilfepraxis – als soziale Problemquartiere beschrieben. Zu ihrer Definition wurden unterschiedliche Kriterien herangezogen: ein mangelhafter Wohnbaubestand, ein hoher Ausländer- und/oder Arbeitslosenanteil, ein hoher Anteil an Sozialwohnungen, viele vom ASD betreute Familien und/oder eine unzureichende jugendspezifische Infrastruktur. Diese Einschätzungen decken sich weitgehend mit den Tendenzen, die sich aus den Angaben der Jugendlichen, aus Stadtteilbegehungen sowie den lokalen statistischen Daten (Arbeitslosen-, Ausländer-, Sozialhilfestatistik) ergeben, die jedoch nicht immer in den erforderlichen kleinräumlichen Zusammenhängen zugänglich waren.

Die Ergebnisse zur *sozio-ökonomischen und familialen Situation* der befragten Jugendlichen ergeben kein übereinstimmendes Bild. Sowohl innerhalb als auch zwischen den Gruppen gibt es Differenzen in den individuellen Lebenslagen. Allerdings weisen die Tendenzen, die sich im Vergleich gewaltauffälliger und nicht gewaltauffälliger Gruppen ergeben (vgl. Punkt 8), darauf hin, daß die Lebenssituationen der befragten Jugendlichen aus den untersuchten gewaltauffälligen Gruppen prekärer als die der jungen Menschen in nicht gewaltauffälligen Gruppen sind. Differenzierte Angaben zur sozialen Herkunft und der aktuellen Lebenssituation von Gruppenmitgliedern liegen jedoch lediglich aus den Einzelinterviews vor, d.h. sie geben keinen umfassenden Einblick in die Lebenswirklichkeit aller Gruppenangehörigen.

- Die Mehrzahl der befragten Jugendlichen in den gewaltauffälligen Gruppen lebt in problembelasteten *Familiensituationen*: Das Erziehungsklima ist durch Vernachlässigung, Nichtbeachtung, Inkonsistenzen und „Gewährenlassen" gekennzeichnet. Gewalterfahrungen – von Ohrfeigen über die „Tracht Prügel" bis hin zu schweren Mißhandlungen – sind keine Seltenheit, in einem Fall berichtete ein Mädchen über sexuellen Mißbrauch durch den Stiefvater. Die häusliche Atmosphäre ist vielfach durch Konflikte geprägt, die Jugendlichen haben kein Vertrauensverhältnis zu den Eltern, und gemeinsame familiäre Freizeitaktivitäten sind selten. Insbesondere in den Gruppen der „Straßenkids" und der „Schlägermädchen" finden sich vielfach problematische Familienbeziehungen bei den Gruppenangehörigen. Die ökonomische Situation der Familien ist in den meisten Fällen bescheiden oder prekär, besonders häufig bei den Mädchen aus der Gruppe der „Schlägermädchen". Auch die Jugendlichen der Gruppe der „Zukunftsorientierten", die sich bereits in Ausbildung befinden, klagen über zu enge ökonomische Spielräume – sei es aufgrund von Überschuldungen, auch wegen Geldstrafen, sei es, weil sie den Großteil ihrer Ausbildungsvergütung für Wohnungsmieten aufwenden müssen.

– Über die Hälfte der interviewten Jugendlichen besucht bzw. besuchte eine Hauptschule, etwas weniger als ein Drittel die Realschule – unter den „Powergirls" findet sich keine Realschülerin –, eine Person eine Sonderschule und kein Jugendlicher das Gymnasium. Bemerkenswert ist, daß zum zweiten Erhebungszeitpunkt ein großer Teil von ihnen – in etwa 40% – nach Nicht-Erreichen eines Hauptschulabschlusses oder in Anschluß an einen Hauptschulabschluß den nächsthöheren *Schulabschluß* anstrebt, teilweise in gleichzeitig berufsvorbereitenden Schulen, in einem Fall über eine Abendschule. Die Schullaufbahnen der Befragten verliefen bei über der Hälfte, insbesondere in den Gruppen „Straßenkids" und „Schlägermädchen", nicht reibungslos, wozu u.a. auch das häufige Schuleschwänzen beigetragen hat. Sie wurden ein- oder mehrmals nicht versetzt oder haben höhere Schulstufen aufgrund mangelnder Leistungen wieder verlassen müssen. Einige haben auch aufgrund von Auseinandersetzungen mit SchülerInnen oder LehrerInnen die Schule gewechselt. Jene, die bereits eine *Ausbildung* aufgenommen haben – die Angehörigen der „Zukunftsorientierten" haben sich teilweise von ihren Wunschberufen verabschieden müssen, dies gilt insbesondere für die weiblichen Jugendlichen –, fanden nur mit Mühe Ausbildungsbetriebe und/oder fürchten, daß sie die „zweite Schwelle", den Übergang von der Ausbildung in den Erwerbsarbeitsmarkt, nicht bezwingen können. Dies gilt insbesondere für jene, die in außerbetriebliche Maßnahmen zur Benachteiligtenförderung eingemündet sind.

Die oftmals durch familiäre und ökononomische Problemlagen sowie schulische und berufliche Mißerfolgserlebnisse gekennzeichneten Lebenssituationen von Angehörigen der untersuchten gewaltauffälligen Gruppen können als ein Indikator für *psychosoziale Belastungen* gedeutet werden. Entsprechende subjektive Empfindungen lassen sich deutlich im familiären Bereich erkennen. Von den Jugendlichen „Zukunftsorientierten", die überwiegend bereits in Ausbildung sind, werden von vier der sechs Interviewten auch hinsichtlich des beruflichen Kontextes Gefühle der Frustration und Benachteiligung geäußert, die ihre Erfahrungen bei der Ausbildungsplatzsuche spiegeln. Auch aufgrund ihrer ethnischen Herkunft empfinden sich viele Jugendliche – die meisten Mitglieder der multikulturellen Gruppe „Straßenkids" und die beiden interviewten Mädchen ausländischer Herkunft bei den „Powergirls" – diskriminiert. Die Mädchen ausländischer Herkunft, die der „Schlägermädchen" angehören, äußern derartige Gefühle hingegen kaum. In ihrem überwiegend von MigrantInnen bewohnten Stadtteil – ihrem primären Aktionsraum – scheinen sie selten direkte Ausgrenzungserfahrungen zu machen, sie verneinen überwiegend, daß sie oder andere als AusländerInnen diskriminiert würden. Die „Zukunftsorientierten" empfinden sich demgegenüber als Deutsche gegenüber AusländerInnen beruflich und sozial benachteiligt.

Mißerfolgserlebnisse im schulischen Bereich und eingeengte finanzielle Spielräume werden selten als belastend wahrgenommen. Dies kann einerseits darauf zurückgeführt werden, daß diese Themenfelder in den Interviews aufgrund der Zentrierung der Fragestellung des Projektes auf die „Gruppenwirklichkeiten" weniger vertieft wurden und auch die Jugendlichen – anders als meist bei den Fragen zur Familie – weniger ausführlich geantwortet haben. Andererseits ist zu berücksichtigen, daß Deprivationsgefühle aus dem Vergleich mit der sozialen Umwelt entstehen. Bewegen sich die Jugendlichen in weitgehend sozialhomogenen Umfeldern, so kann die eigene Situation als „normal" empfunden werden, wie z.B. bei den „Schlägermädchen" hinsichtlich ihrer Diskriminierungserfahrungen als Ausländerinnen. Darüber hinaus wird das Eingeständnis sozialer Benachteiligung erschwert, wenn damit aus subjektiver Sicht der Verlust sozialer Anerkennung verbunden ist.

Das Gefühl, ökonomisch schlechter als das jugendliche Umfeld dazustehen bzw. sozial ausgegrenzt zu sein, äußern drei Jugendliche der „Zukunftsorientierten", zwei Mädchen der „Schlägermädchen" und zwei Jugendliche der „Straßenkids". Dieser angesichts der prekären finanziellen Situation einer größeren Anzahl der Familien relativ geringe Anteil ergibt sich nicht nur aus Vergleichsprozessen – wenn die Freundinnen, wie bei den „Powergirls", auch nicht über mehr Geld oder materielle Güter verfügen, wird dies nicht zum Problem –, sondern teilweise auch dadurch, daß die Jugendlichen ihre ökonomischen Spielräume durch Jobben oder auch durch Diebstähle erweitern. Benachteiligungsgefühle im *schulischen Kontext* werden ebenfalls relativ selten geäußert. In der Gruppe der „Straßenkids" und der „Powergirls" berichten jeweils zwei Jugendliche von Bloßstellungen bzw. persönlichen Herabsetzungen durch LehrerInnen, bei den „Schlägermädchen" eine. Mangelnde schulische Leistungen werden nicht als ausgrenzend empfunden. Derartige Erfahrungen sind keine Einzelfälle in den Gruppen, und Leistungsverweigerung, z.B. durch Schulschwänzen, wird nicht abgewertet, sondern verschafft Anerkennung – eher werden „Streber" in der Klasse verachtet und lächerlich gemacht.

Unter Berücksichtigung der Tatsache, daß es in jeder Jugendgruppe Jugendliche gibt, die im häuslichen und/oder im schulischen bzw. beruflichen Bereich nicht bzw. kaum über Schwierigkeiten berichten, läßt sich aus den Ergebnissen folgern, daß sich unter den Befragten der „Schlägermädchen" und der „Straßenkids" am meisten Jugendliche mit sozial, sozialstrukturell und/oder familiär problematischen Merkmalen finden. Dies bedeutet jedoch nicht, daß derartige Konstellationen nicht auch bei einzelnen Jugendlichen der „Zukunftsorientierten" und der „Powergirls" vorkommen bzw. daß hier nicht einzelne Problemdimensionen ebenfalls ausgeprägt vorhanden sind.

Wenngleich objektive Problem- und Benachteiligungslagen sowie subjektiv empfundene psychosoziale Belastungen und Deprivationserfahrungen Devianz nicht hinlänglich erklären können (vgl. Helsper 1995; Franz 2000; Heitmeyer/Ulbrich-Herrmann 1999; Willems 1997), so gibt es doch Hinweise darauf, daß deviante Jugendliche – weibliche wie männliche – häufig psychosozial belastet sind, aus familiär und sozial problembelasteten sozialen Milieus stammen und eher niedrige Schulstufen besuchen (vgl. Engel/Hurrelmann 1993; Heitmeyer u.a. 1995). Die Mitgliedschaft in devianten Gruppen wird von Eckert u.a. vor diesem Hintergrund als eine Möglichkeit interpretiert, familiäre, soziale und sozialstrukturelle Problemlagen zu verarbeiten (Eckert u.a. 1998, S. 74). Gewaltbereitschaft und Gewaltausübung können in diesem Kontext dann als „Ergebnis von Auseinandersetzungen mit den Bedingungen und Situationen der gesellschaftlichen Umwelt" (Heitmeyer u.a. 1995, S. 71) gesehen werden. Damit stellt sich die Frage, inwieweit sich die festgestellten Differenzen in den Lebenslagen der weiblichen Jugendlichen innerhalb und zwischen den Gruppen in der Gewaltorientierung und Gewaltausübung widerspiegeln (vgl. Punkt 4.5).

3.2 Konstituierung der Jugendgruppen und Gruppenzugang

Die Mädchengruppen bestehen zum ersten Erhebungszeitpunkt seit drei („Powergirls") bzw. ca. fünf Jahren („Schlägermädchen"). Sie haben sich überwiegend sehr jung – bereits im Alter zwischen zehn und zwölf Jahren – zu Cliquen zusammengeschlossen. Dies gilt auch für die meisten befragten Mitglieder der gemischtgeschlechtlichen „Straßenkids", die angeben, daß die derzeitige Gruppenkonstellation seit drei bis vier Jahren besteht. Bei den „Zukunftsorientierten" erfolgte die Gruppenbildung ca. zwei Jahre vor der ersten Erhebung, nur eine der interviewten weiblichen Jugendlichen gehörte – wie auch die beiden männlichen Jugendlichen – bereits mit zwölf Jahren einer Clique an.

Bei den „Straßenkids" und den „Schlägermädchen" trug die relative Geschlossenheit der Quartiere – sei es aufgrund baulicher Anordnungen, der Stadtteillage und/oder einer Ghettoisierung von ethnischen Gruppen – zum Aufbau enger nachbarschaftlicher Beziehungen bei, durch die frühe Freundschaften entstanden, die sich später zu Cliquen entwickelten. Hinzu kam – wie auch bei den „Powergirls" – die institutionelle Einbindung der Kinder in wohnungsnahe Kindergärten und Schulen, die auch Grundlage für den Zugang weiterer Mitglieder zu den Gruppen sind. Die Jugendlichen, die sich bereits früh in Cliquen zusammenschlossen, haben ihre Freizeit demnach bereits als Kinder vorwiegend im öffentlichen Raum verbracht. Hierzu dürfte bei manchen beigetragen haben, daß sie sich hier weitgehend der Kontrolle durch die Eltern entziehen konnten, zum anderen weisen Aussagen von ExpertInnen und Jugendlichen darauf hin, daß sie teilweise zuhause wenig Aufmerksamkeit erhielten:

> „Exp: Da werden die Kinder rausgelassen, und, wie der Kollege schon sagte, da kümmert sich keiner drum, ob die nun nachts um 11 Uhr nach Hause kommen. Den Familien ist es eigentlich eher wichtig, daß sie nichts Straffälliges tun. Viele Eltern wissen überhaupt nicht, was ihre Kinder machen." (19, 126)[1]

Treffpunkte sind die Straße, baulich markante Orte (z.B. Denkmäler), Spiel-, Fußball- und Basketballplätze. Anstelle einer „verplanten" Kindheit mit einer Vielzahl von Terminen für institutionalisierte Aktivitäten, wurden sie – wie es ein Mädchen ausdrückt – von der „Straße erzogen" (74, 563). Dabei hat der öffentliche Raum den Kindern und Jugendlichen auch die Möglichkeit geboten, Freizeitbeschäftigungen nachzugehen, die von AnwohnerIn-

1 Die Zahlenangaben in der Klammer am Ende von wörtlichen Zitaten bezeichnen die Sprecherin bzw. den Sprecher sowie die jeweilige Interviewsequenz. In Textauszügen aus Gruppendiskussionen werden den Wortbeiträgen der einzelnen Jugendlichen anonymisierte Kürzel vorangestellt, die Bezeichnung „Int.:" kennzeichnet die Interviewerin.

nen und PassantInnen als Belästigungen und Regelverletzungen empfunden werden.

„G: Hier, hier auf'm H, auf dem Sportplatz, da haben sie uns einen Basketballkorb weggenommen.

Ia: Ja, wegen der Polizei. Die haben den abgemacht, weil die haben gesagt, wir sind so viele und die spielen alle und das ist dann auch ein bißchen lauter. (...)". (28, 1346f.)

Erscheinen solche Verhaltensweisen noch als relativ kinder- und jugendtypisch und die Reaktionen des sozialen Umfeldes als überzogen, so werden mit anderen von den Jugendlichen berichteten Verhaltensweisen, wie Ladendiebstahl, Pöbeleien an Bushaltestellen, Verschmutzungen von Treffpunkten, Einwerfen von Fensterscheiben, Prügeleien mit anderen Kindern, nicht nur soziale, sondern auch rechtliche Regelungen überschritten. Mit zunehmender Häufigkeit können sie – insbesondere, wenn eine adäquate familiale Bewältigung hieraus entstehender Probleme mit Nachbarn und Polizei fehlt (vgl. Hoops u.a. 2001) – dazu beitragen, daß das Überschreiten normativer, einengender Grenzen zur Normalität wird und daß – bei überzogener strafrechtlicher Verfolgung – eine „Abweichungsspirale" angestoßen wird (Eckert u.a. 2000, S. 416). Außerdem ergeben sich im öffentlichen Raum Konfrontationen mit anderen Kinder- und Jugendgruppen – hier entstehen Gelegenheiten, das eigene Territorium zu verteidigen und im Wettkampf mit diesen Gruppen die eigene Stärke und den Zusammenhalt zu beweisen (vgl. auch Kühnel/Matuschek 1995). Es gibt auch Anhaltspunkte dafür, daß gewaltorientierte und kriminelle Cliquen im Wohnumfeld oder ältere Brüder Beispiele für eine interessante und aufregende Freizeitgestaltung gaben bzw. eigene Regelüberschreitungen als „normal" erscheinen ließen.

Für die Gruppenentwicklung und die Stabilisierung der Gruppen spielten sowohl bei den „Straßenkids" als auch den „Schlägermädchen" Jugendeinrichtungen im Wohnumfeld eine zentrale Rolle. Sie „holten die Kinder und Jugendlichen von der Straße" und entwikkelten sich zu festen Treffpunkten der Cliquen. Bei den „Straßenkids" wurde die Clique damit auch für Jugendliche aus anderen Stadtteilen attraktiv, die vorher nur in lockerem Zusammenhang mit der Stadtteilclique standen.

Die Mädchengruppen entstanden aus Mädchenfreundschaften, die auch zum ersten Erhebungszeitpunkt noch den „Kern" der Gruppen bilden. Auch bei den gemischtgeschlechtlichen „Straßenkids" gehörten lange miteinander befreundete Mädchen zu den ersten Gruppenmitgliedern, hier spielten jedoch die größeren Brüder eine wichtigere Rolle für die Cliquenbildung. Demgegenüber entwickelte sich die Gruppe der „Zukunftsorientierten" als Abspaltung einer häufig in Prügeleien und andere Straftaten verwickelten Jugendgruppe mit 50 bis 60 an der rechten Szene orientierten Mitgliedern. Die interviewten weiblichen Jugendlichen dieser Gruppe kennen sich zwar ebenfalls seit Grundschulzeiten, engere Freundschaften entstanden jedoch erst im Laufe der Abspaltung von der Großgruppe. Die Gruppenbildung war vor allem durch den Versuch begründet, sich aus gewaltaffinen und illegalen Aktivitäten herauszulösen, um die eigenen beruflichen Zukunftschancen nicht zu gefährden.

Mädchen, die später zu den Gruppen stießen, kamen überwiegend über Freundinnen, weibliche Bekannte oder Schulkameradinnen zur Clique oder gesellten sich in den gemischtgeschlechtlichen Gruppen der Clique zu, weil sie bereits andere Gruppenmitglieder kannten. In beiden gemischtgeschlechtlichen Gruppen kam keines der befragten Mädchen über partnerschaftliche Beziehungen zur Gruppe. Auch bei den Jungen wurde der Weg in die Jugendgruppe überwiegend über gleichgeschlechtliche Freunde aus Nachbarschaft, Schule bzw. Sport gebahnt oder verlief als Integration in eine Clique, in der sie bereits Jugendliche beiderlei Geschlechts kannten.

„(...) Das war meistens so, daß zum Beispiel eine Freundin von uns oder ein Freund von uns, der schon dazu gehörte, der hat eine Freundin von sich mitgenommen so, und wenn wir das okay fanden, dann wurde sie auch akzeptiert, und dann kam sie auch immer wieder." (5, 273)

In den gemischtgeschlechtlichen Gruppen entscheiden vor allem die Mädchen über die Aufnahme anderer weiblicher Jugendlicher, die Jungen der Gruppe über den Zugang männlicher Jugendlicher. Es herrscht hinsichtlich der Aufnahme von Jugendlichen demnach eine Art „geschlechtsspezifische Arbeitsteilung".

„Also ich schätze mal, Weiber so von alleine kommt eigentlich keine in unsere Clique rein. Wenn, dann – entweder kennen wir sie oder wir kennen sie nicht. (...) Wir müssen uns dann vielleicht noch ein bißchen beschnuppern und so, dann würde das gehen, aber nicht, wenn jetzt ein Mädel kommt ‚Ja, ich sitze jetzt hier rum und sage gar nichts, mache die Nase nach oben', dann ist es sowieso vorbei. Na, und bei Jungs ist es so, das machen mehr oder weniger nur die Kerle, ob sie die nun reinlassen oder nicht reinlassen." (36, 55)

Sowohl in den gemischtgeschlechtlichen wie in den Mädchengruppen verlangen die weiblichen Jugendlichen von Mädchen, die einen Zugang zur Gruppe finden wollen, eine gewisse Anpassungsfähigkeit, aber auch Durchsetzungsfähigkeit. Sie sollen sich selbstbewußt zeigen und ihre eigene Meinung vertreten, aber sich nicht in den Vordergrund spielen. Bei verbalen oder körperlichen Angriffen sollen sie Mut beweisen und sich generell „nicht alles gefallen lassen". Auch Normen wie Ehrlichkeit – außerordentlich verpönt ist das „Labern" und „Lästern" über andere Gruppenmitglieder -, Füreinander-Einstehen bzw. Unterstützung der anderen in Konfliktsituationen haben bei allen Mädchen einen hohen Stellenwert. Die Jungen der „Straßenkids" nennen als Ansprüche an Neumitglieder, daß es keine „Muttersöhnchen" und daß sie „nicht zu cool" auftreten sollten, bei den „Zukunftsorientierten" ist gefordert, daß „Neue" nicht „rummeckern", sondern lustig und spontan sein sollten. „Angebern" geben die männlichen Jugendlichen beider Gruppen keine Chance zur Integration. Beide Geschlechter schließen zudem die Aufnahme von Jugendlichen aus, die bestimmten Gruppen angehören: bei den „Straßenkids" Jugendliche mit einer anderen ethnischen Herkunft als die Gruppenmitglieder, „Nazis", „Assis" – ein Kürzel für „Asoziale" –, bei den „Zukunftsorientierten" Ausländer, „Linke" und gewaltorientierte Skinheads. Auch in den beiden Mädchengruppen haben „Nazis" keine Chance, aufgenommen zu werden. Bei den „Straßenkids" spielt auch die stilistische Orientierung an der HipHop-Kultur eine wichtige Rolle für den Zugang zur Clique, wenngleich auch andere Jugendliche aufgenommen wurden, wie bspw. ein Mädchen, das die Musikrichtung „Techno" präferiert.

Betrachtet man die Entstehung der und die Zugangswege zu den Cliquen, so wird ersichtlich, daß nicht alle Gruppenmitglieder aus ein- und demselben sozialen Milieu stammen. Ist die Nachbarschaft, die meist ähnliche soziale Milieus bedingt, in den frühen Jahren ausschlaggebend für Netzwerkbildungen, so erweitern sich die Beziehungen mit dem Eintritt in die Schule. Die Selektionen verlaufen dann nach Sympathiekriterien, die auch milieuspezifische Gruppenmerkmale sprengen können, z.B. gesellen sich einzelne Jugendliche aus gut situierten Elternhäusern und bürgerlichen Wohnbezirken Gruppen zu, in denen ein großer Teil der Gruppenmitglieder aus sozialen Brennpunkten und sozial benachteiligten Familien kommt.

3.3 Die Gruppe als Ort der Freizeitgestaltung und als emotionale und soziale Ressource

Die Clique ist im Leben der befragten Jugendlichen ein selbstverständlicher und unverzichtbarer Bestandteil ihres Alltags. In den von ihnen in den Einzelinterviews genannten Qualitäten der Cliquenzugehörigkeit gibt es zwischen den Mitgliedern der gewaltauffälligen Gruppen sowie zwischen weiblichen und männlichen Jugendlichen weitgehende Überschneidungen.

Die Gruppen verstehen sich als Orte der gemeinschaftlichen Freizeitgestaltung. Miteinander „rumhängen", „quatschen", durch das eigene Wohnviertel oder zentrale Einkaufsviertel streifen, gemeinsame Unternehmungen wie Disco- und Kneipenbesuche, Parties, Schwimmengehen und Kinobesuche sind geschätzte Freizeitaktivitäten im gesamten Gruppenverband oder in Teilgruppen. Sie erzeugen bei den weiblichen und männlichen Jugendlichen das Gefühl, daß das Leben nicht an ihnen vorbeiläuft, das Gefühl, „mitten drin" zu sein und dem langweiligen Alltag zu entkommen.

„Spaß zu haben. Einfach den Moment leben und nicht später leben. Daß man einfach mal abschalten kann mit den Leuten, einfach mal nur Scheiße bauen kann, auf deutsch gesagt. Einfach mal spontan irgend einen Mist machen." (34, 338)

„Die Atmosphäre, so mit so einem Riesen-Kassettenrecorder, und dann wunderschönes Sommerwetter, dann gehen wir Basketballspielen oder – das hat einfach Spaß gemacht, mit vielen Leuten irgendwo was zu machen, oder wir fahren alle zusammen mit dem Zug nach X oder so. Das hat Spaß gemacht einfach." (5, 496)

Das Zusammentreffen in einem größeren Freundeskreis wird als besonderer Vorzug der Gruppenzugehörigkeit empfunden; eher als kleinere Einheiten gewährt es Abwechslung, Kurzweil, Spaß und Unterhaltung:

„Ja, man hat vielmehr Spaß irgendwie als ... Ich meine, klar, man hat auch, man kann auch zu zweit Spaß haben. Wie (meine Freundin) und ich, haben wir ja auch. Aber wenn man halt dann zusammen ist, das bringt dann doch irgendwo mehr Spaß. Kann über mehr lachen, man erzählt sich ja dann auch mehr, das ist doch irgendwo schon schön." (13, 288)

„...also mit denen bin ich eben öfter zusammen, weil es mir mehr Spaß macht als alleine mit meiner Freundin. Aber ich könnte nicht ohne Freunde." (10, 541)

Die Einbindung in die Clique ist auch eine Alternative zum Alleinsein:

„Wir sind eigentlich nur eine Truppe, damit man mit Leuten unterwegs ist, damit man das Leben genießen kann, in dem Sinn. Wenn man den ganzen Tag in der Bude hocken tut, ist auch langweilig.“ (61,755)

Zum Verhaltensrepertoire der gewaltauffälligen Gruppen gehören in unterschiedlichem Ausmaß auch sogenannte „riskante“ Verhaltensweisen, die Gefährdungen für die Jugendlichen selbst oder für andere mit sich bringen, z.B. Alkoholkonsum, gewalterzeugende Provokationen, das Begehen von Straftaten, wie (Laden-)Diebstahl, Raub, Drogenvertrieb und -konsum sowie Körperverletzungen. Ein provokatives Auftreten gehört in den Mädchengruppen und bei den „Straßenkids“ zur Tagesordnung. Sie genießen teilweise die damit verbundene Spannung, den „Kick“, und generell dient solches Auftreten der Herstellung eines Images, das den „Respekt“ des jugendlichen Umfeldes sichert. Bewußt nehmen sie das Risiko in Kauf, daß dadurch „brenzlige“ Situationen entstehen, die zu Prügeleien eskalieren können (vgl. Punkt 4.2). Bei den „Zukunftsorientierten“, in der sich die Mitglieder bewußt aus gewalttätigen Kontexten herauslösen bzw. auf dem Wege der Herauslösung sind, sind demgegenüber provokative Verhaltensweisen verpönt. Sowohl für die weiblichen als auch die männlichen Jugendlichen dieser Gruppe ist „Spaß haben“ eng mit häufigem und teilweise exzessivem Alkoholkonsum verbunden.

Die Mädchen und jungen Frauen aller Gruppen stehen strafbedrohten Verhaltensweisen wie schwerem Diebstahl, Raub, Waffenbesitz und Drogenverkauf distanziert und kritisch gegenüber. Sie waren in derartige illegale Aktivitäten auch noch nicht verwickelt, berichtet wird ausschließlich von Ladendiebstahlsdelikten – meist mit dem Hinweis, daß es sich um „Kindereien“ handele, denen man nicht mehr nachgehen würde. Bei den männlichen Jugendlichen der „Straßenkids“ – in der Vergangenheit auch der „Zukunftsorientierten“ – scheinen die genannten Delikte demgegenüber häufiger, aber in unterschiedlichem Ausmaß vorzukommen. Sie stoßen bei den männlichen Gruppenmitgliedern als spannender Zeitvertreib oder als Möglichkeit, Geld zu verdienen und die eigene „Geschäftsfähigkeit“ bzw. Geschicklichkeit zu beweisen, weitgehend auf Akzeptanz. Vor allem das männliche Netzwerk in den Gruppen erhält bzw. erhielt in diesem Zusammenhang auch Unterstützungsfunktion, allerdings scheinen auch die weiblichen Gruppenmitglieder hier eine gewisse Rolle zu spielen, z.B. indem sie bei Vernehmungen als Zeugen zugunsten der männlichen Gruppenmitglieder auftreten. Aufgrund der prinzipiellen Ablehnung derartiger Delikte entsteht hieraus jedoch für die Mädchen kein Anreiz für eine aktive Teilnahme an derartigen Aktivitäten.

Kritisiert wird von den weiblichen Jugendlichen der „Straßenkids“ auch ein exzessiver Konsum von Marihuana der männlichen Gruppenmitglieder, wenngleich zum eigenen Freizeitverhalten ein gelegentlicher „Joint“ oder eine „Bong“, manchmal auch eine „Pille“, selbstverständlich dazugehören. Bei den „Zukunftsorientierten“ und in den Mädchengruppen stößt Drogenkonsum demgegenüber eher auf Kritik. Auch wenn einzelne Mitglieder bereits Marihuana ausprobiert haben, wird dies in den Gruppendiskussionen von ihnen doch nicht herausgestellt. Für die Freizeitgestaltung in der Gruppe spielt es demnach – anders als bei den „Straßenkids“ – keine Rolle. Auch wenn sie gelegentlich Alkohol konsumieren und sich auch schon mal betrunken haben, wird ein exzessiver Alkoholkonsum von den Mädchen der beiden Mädchengruppen und der „Straßenkids“ abgelehnt. Auch die interviewten Jungen äußern sich dementsprechend, allerdings scheinen dies nicht alle männlichen Jugendlichen der Gruppe so zu sehen.

Aussagen zum Gruppenzusammenhalt werden von weiblichen und männlichen Jugendlichen häufig mit dem Hinweis auf die tatkräftige Unterstützung bei Konflikten bzw. „Streß“ mit Außenstehenden verbunden. Von der Gruppe wird erwartet, daß sie in solchen Situationen Rückhalt und Beistand liefert. Dies vermittelt den Jugendlichen das Gefühl von Sicherheit und Schutz, bei den „Straßenkids“ und den Mädchengruppen wird in der gegenseitigen Unterstützung bei körperlichen Auseinandersetzungen und dem Auftreten als Gruppenverband auch ein Mittel gesehen, Angriffe von anderen gegnerischen Jugendlichen bereits im Vorfeld abzublocken (Punkt 4.1).

„Int.: Und was würdest du sagen, was verbindet euch (...)?

B: Unser Teamgeist. Wir halten halt alle zusammen. Wenn da was ist, wenn da jetzt jemand ist, und der möchte X jetzt auf die Schnauze hauen, dann kommt sie an, erzählt uns das (...), ja, dann kommen wir alle an und reden erstmal mit ihm. Und wenn er uns doof kommt, derjenige oder diejenige, dann kann X meinetwegen drauf einschlagen, bloß wenn er dann mit mehreren ankommt, dann schlagen die Mädchen auch mit ein.“ (2, 118-119)

„Ja, wir halten schon zusammen, wenn wir alle zusammen sind. Was können wir denn machen, wenn einer alleine ist. Können wir ja auch nichts machen. (...) Also wenn die eine Person aus unserer Gruppe alleine ist, alleine unterwegs ist, und dann ..., da können wir auch nichts machen, da sind wir ja nicht dabei.“ (3, 119, 121)

„Daß die Gruppe so zusammenhält, also man braucht nie Angst haben so, daß man im Stich gelassen wird, zum Beispiel beim Streß und alle hauen ab so.“ (70, 453)

„Da muß ich sagen, wenn wir innerhalb der Gruppe sind, halten wir tierisch zusammen. Wenn ich gesehen habe, wir hatten mal vor kurzem ein Cliquentreffen gehabt. (...). Und da wurden zwei halt angemacht, von so großen Bullen, so Skinheads halt. Da sind wir dann auch gleich da gewesen und haben mitgeholfen. Haben dann den Streit geschlichtet mehr oder weniger.“ (36, 442)

„So z.B. auf den Rummel gehen, das ist so Scheiße wenn du alleine da bist oder nur zu zweit oder sowas. Weil, da sind nämlich die meisten Gangster noch auf dem Rummel und dann bist du nämlich, wenn du nur zu zweit bist schon verloren oder sowas.“ (3, 349)

Daß in den untersuchten gewaltauffälligen Jugendgruppen die Clique immer auch als Rückhalt bei der Verwicklung in konfliktträchtige, bedrohliche Situationen betrachtet wird, weist darauf hin, daß die Jugendlichen das Gefühl haben, mit einem gewaltaffinen jugendlichen Umfeld konfrontiert zu sein. Die Bedeutung des Zusammenhalts innerhalb der Gruppe ist jedoch nicht auf die Unterstützung in konfliktträchtigen Situationen reduziert. Der Wert der Gruppensolidarität besteht auch in dem Gefühl, sich aufeinander verlassen zu können, bei Schwierigkeiten und Problemen aufeinander rechnen zu können und nicht allein zu stehen. Dies bietet den Jugendlichen und insbesondere jenen, die kaum in alternative soziale Netzwerke eingebunden sind und innerhalb der Familie nur wenig integriert sind, Sicherheit und Halt. Voraussetzung hierfür ist das Vertrauen innerhalb der Clique, die Gewißheit, daß die Gesprächspartner verschwiegen sind und ihnen anvertraute Geheimnisse auch für sich behalten.

„Ja, daß ein Zusammenhalt einfach da ist. Daß man nicht einfach nur sagt, man hat jetzt eine Clique. Wo man das Vertrauen reinstecken kann, daß man wirklich mit Sachen zu jemand hingehen kann, wo man weiß, der behält es für sich. Und das schätze ich an dieser Clique, an unserer ... kleinen Versammlung.“ (87, 101)

Dieser Aspekt wird sowohl von männlichen als auch von weiblichen Jugendlichen angeführt, für die Beziehungen der Mädchen und jungen Frauen untereinander scheint er aber eine besonders große Bedeutung zu haben. Die Möglichkeit eines vertrauten kommunikativen Umgangs wird in den Mädchengruppen vor allem mit der gleichgeschlechtlichen Zusammensetzung begründet.

„Ich würd' einem Mädchen eher meine Sachen anvertrauen, ob ich schwanger bin oder sonstwie, als wie 'nem Jungen. Weil, da fühlt man sich bestimmt wohler in so 'ner Mädchengruppe als wie in 'ner Jungengruppe.“ (2, 341)

„Ja, Jungs hätten da, glaube ich, gar keinen Platz, weil die nicht mitreden könnten." (3, 327)

„Int.: Was ist denn der Vorteil von der Mädchenclique?
Bf: Ich weiß es nicht. Ich meine, jeder fängt schon an mit einer Clique mit Jungs und Mädchen und wir wollten halt mal nur Mädchen.
Int.: Aber warum? Was ist da das Besondere dran, wenn nur Mädchen zusammen sind?
Bf: Es macht mehr Spaß.
Int.: Und was macht da mehr Spaß?
Bf: Also die Mädchen, die reden öffentlich, nicht so geheim und so, solche Sachen." (64, 403-408)

Die Eigenschaften Verschwiegenheit und Vertrauenswürdigkeit spielen in den Mädchengruppen eine wichtige Rolle im Umgang miteinander und für den Zugang neuer Mitglieder. Das gleiche gilt für die weiblichen Jugendlichen in den gemischtgeschlechtlichen Cliquen. Sie kritisieren vor allem Vertrauensbrüche und mangelnde Verschwiegenheit, wenn auch nicht ausschließlich, so doch überwiegend bei gleichgeschlechtlichen Gruppenmitgliedern. Gleichzeitig wird weiblichen Jugendlichen in der Regel ein größeres Vertrauen entgegengebracht als männlichen. Sie sind es, mit denen persönliche und intime Probleme besprochen und Geheimnisse geteilt werden. In den beiden gemischtgeschlechtlichen Gruppen entstehen aufgrund des engen Zusammenhalts zwischen den weiblichen Jugendlichen Subgruppen bzw. „Frauensektionen", in denen das Verhältnis zwischen den jungen Frauen

„(...) intensiver wie bei den Jungs (ist); und bei den Mädels, daß die intensiver sind miteinander. Von der Freundschaft her und auch, sagen wir mal, auch bei den Gefühlen oder so." (38, 272)

„Also wir (die Mädchen, d. Verf.) halten immer zusammen. (...) Bei den Jungs ist es so, die tun immer – also ich finde, das sind gar keine richtigen Freunde – die tun immer nur so Freundschaft und bla. Das einzigste, was die zusammenhält, ist das Dope, mehr nicht. Und also es gibt schon, so wie X, die sich von klein auf kennen, die halten immer zusammen." (7, 156, 172)

Die emotionale Verbundenheit und die emotionale Unterstützung durch die Gruppe sowie das Gefühl, akzeptiert und wertgeschätzt zu werden, werden ausschließlich und über alle Gruppen hinweg von Mädchen und jungen Frauen als positive Merkmale der Cliquenzugehörigkeit hervorgehoben. Sie begründen ihre Aussage, daß sie sich in der Clique wohlfühlen, damit,

- „(...) daß keiner dem anderen irgend etwas vorwirft (...)" (10, 489),
- „(...) weil ich da so akzeptiert werde wie ich bin" (33, 238),

– „(...) wenn ich ein Problem habe, irgendwas habe, was mich traurig macht, oder pff, wenn ich echt depressiv bin, ich kann immer hingehen. Die würden immer zu mir halten, die würden mich immer trösten." (66, 226).

Daß die emotionale Unterstützung durch die Clique in den Aussagen der männlichen Jugendlichen keine Beachtung findet, entspricht Ergebnissen der geschlechtsspezifischen Sozialisationsforschung und der Jugendgruppenforschung, nach denen Jungen und männliche Jugendliche seltener ihre emotionalen Bedürfnisse thematisieren als Mädchen und weibliche Jugendliche (vgl. Jerg 1999; Möller 1997; Salisch 1992; Bilden 1980; Kolip 1995). Allerdings gibt es auch unter den jungen Frauen einige, die emotionale Aspekte der Cliquenzugehörigkeit nicht ansprechen. Aus der Zurückhaltung der männlichen Jugendlichen bei der Bewertung der emotionalen Qualität der Clique darf dennoch nicht geschlossen werden, daß die Clique für männliche Jugendliche keine emotional unterstützende Funktion hat, auch sie suchen in Freundschaften und Gruppen Intimität und Unterstützung (vgl. Felmlee 1999), oftmals sind, genauso wie bei den Mädchen, auch die „besten Freunde" in der Clique.

Die Bedeutung einer geschlechterheterogenen Zusammensetzung von Gruppen als Möglichkeit, die eigene Attraktivität für das andere Geschlecht bzw. das „Begehrtwerden" zu erfahren, zeigt sich in den Antworten auf Fragen zur Qualität der Clique bei den gemischtgeschlechtlichen Gruppen nicht. Bei den „Straßenkids" erschließt sich aus Beobachtungen bei den Gruppendiskussionen, bei einem „Discoabend" und am Rande von Interviews in der Jugendeinrichtung jedoch, daß die sexuelle Anziehungskraft für das andere Geschlecht sowohl für die weiblichen als auch die männlichen Jugendlichen eine Rolle spielt. Kokettierereien, Flirts, „Anmachen", die „Inszenierung" von Weiblichkeit und Männlichkeit im Kleidungsstil, in den Frisuren und bei den Mädchen durch Schminken, in Körperhaltungen und Gestik belegen, daß Jungen und Mädchen die Gruppenmitglieder des anderen Geschlechts auch für die Bestätigung als potentielle heterosexuelle PartnerInnen wichtig sind. Dennoch weisen die interviewten Mädchen – anders als die Jungen – die Möglichkeit zurück, sich innerhalb der Gruppe einen Partner zu suchen. Dies gilt auch für eine weibliche Jugendliche, die mit einem anderen Gruppenmitglied eine Liebesbeziehung hatte. Begründet wird dies damit, daß dies nur „Streß" bedeuten würde, daß es zu Konkurrenzen zwischen den Mädchen führen würde und – unterschwellig –, daß eine partnerschaftliche Bindung innerhalb der Gruppe einen gewissen „Öffentlichkeitscharakter" erhalten würde, der nicht erwünscht ist. Bei den

„Zukunftsorientierten" gibt es zum ersten Erhebungszeitpunkt innerhalb der Gruppe mehrere Partnerschaften. Sie werden jedoch auch hier nicht als Qualität der Gruppe besonders hervorgehoben, sondern als selbstverständliche Arrangements behandelt. In der zweiten Erhebungsphase, in der sich die Gruppe umformiert hatte (Punkt 7.1.2), werden von den noch in die Gruppe integrierten weiblichen Jugendlichen Partnerschaften innerhalb der Gruppe abgelehnt. Sie würden das Gruppenklima belasten, weil Streit zwischen den Partnern immer auch in die Clique hineingetragen würde. Die Clique als „Partnerschaftsbörse" spielt zumindest zu diesem Zeitpunkt – ebenso wie bei den Mädchen der „Straßenkids" bereits in der ersten Erhebung – keine Rolle. Als Möglichkeit, freundschaftliche Beziehungen zum anderen Geschlecht herzustellen, kommt ihr jedoch ein wichtiger Stellenwert zu. Geschlechterhomogene Cliquen werden nicht als wünschenswert empfunden, wenngleich sich die Bindungen – wie dargestellt – insbesondere innerhalb der weiblichen, aber auch der männlichen „Sektionen" enger gestalten. Auch wenn die Mädchen der „Straßenkids" die männlichen Gruppenmitglieder teilweise stark kritisieren, so sind sie ihnen doch als Freizeit- und Kommunikationspartner sehr wichtig.

> „Mit manchen – manche sind gut einfach, um Spaß zu haben, manche sind besser, um zu reden. Manche sind besser, um mit denen zusammen zu sein. Manche sind einfach besser, um irgendwo mit denen hinzugehen oder Schlägerei zu machen. Das kommt immer auf denjenigen drauf an. Und jedes Mädchen hat auch einen anderen Jungen, den sie am besten findet oder mit dem sie sich am besten versteht." (10, 495)

Wie wichtig den weiblichen Jugendlichen der gemischtgeschlechtlichen Gruppen die Auseinandersetzung in einem geschlechterheterogenen Umfeld ist, zeigt sich auch darin, daß sie Geschlechterbeziehungen sehr häufig thematisieren. Dabei betonen sie nicht nur Geschlechterdifferenzen – oft polarisierend und abgrenzend, teilweise auch abwertend –, sondern stellen sie gleichzeitig auch immer wieder in frage, wobei die „Aufhebung" von Geschlechterdifferenzen überwiegend dann erfolgte, wenn diese von den Interviewerinnen direkt angesprochen wurden.

> „(...) Bei uns ist es so, Jungs sind für uns wie Mädchen, also genauso Freunde wie Mädchen auch, es gibt keinen Unterschied eigentlich." (10, 297)

Das Bild der Gruppeneigenschaften, die aus Sicht der weiblichen und männlichen Jugendlichen die Attraktivität ihrer Clique ausmachen, wird vervollständigt durch weitere, von einzelnen hervorgehobene Qualitäten: die Übereinstimmung in grundlegenden Meinungen und Interessen sowie den persönlichen Entwicklungs- und Erfahrungsgewinn in den interaktiven Kontexten.

Der Gruppenalltag wird durch die von den Jugendlichen herausgestellten Qualitäten ihrer Clique nur teilweise abgebildet. Wie aus den Interviews und auch den Gruppendiskussionen hervorgeht, gibt es auch vielfältige Konflikte und Divergenzen zwischen den Gruppenmitgliedern (Punkt 4.2.3), deren Verhaltensweisen kritisiert werden, und es wird auch Unzufriedenheit mit Gruppenaktivitäten geäußert.

3.4 Gruppenbindung – die Gruppe als „eigene Welt"

Die Bedeutung der Gruppen für die Jugendlichen läßt sich anhand der Analyse der Gruppenbindung bzw. -kohäsion weiter differenzieren. Eine hohe Gruppenkohäsion liegt vor, wenn es – in Abgrenzung gegen die „Außenwelt" oder in inklusiven (einschließenden) Selbstdefinitionen – ein starkes gemeinsam geteiltes Bewußtsein von der „Besonderheit" der Gruppe gibt (vgl. Eckert u.a. 2000; Brewer 1999), die sozialen Beziehungen außerhalb der Gruppe reduziert (vgl. Neidhardt 1994) und die Interaktionshäufigkeiten und Attraktionen zwischen den Gruppenmitgliedern hoch sind (vgl. Sader 2000). Für die Schlußfolgerungen zu den Bindungen in den untersuchten Gruppen werden Aussagen – vorwiegend aus den Gruppendiskussionen – zu Interaktionshäufigkeiten (Punkt 3.4.1), zur Selbstdefinition der Gruppen und zu ihrer Offenheit für neue Mitglieder (Punkt 3.4.2) herangezogen.

3.4.1 Interaktionshäufigkeit

Ausgehend von den Aussagen der Jugendlichen in den Gruppendiskussionen zur Interaktionshäufigkeit zeichnet sich in den gewaltauffälligen Jugendgruppen eine starke Bindung ab; die Cliquen nehmen in ihrem außerschulischen bzw. außerberuflichen Alltag einen zentralen Stellenwert ein: Die Gruppen, in denen die Jugendlichen noch SchülerInnenstatus haben – dies ist in beiden Mädchengruppen und bei den „Straßenkids" der Fall –, treffen sich während der Woche meist täglich am Nachmittag nach der Schule. Am Wochenende finden ebenfalls regelmäßige Zusammenkünfte statt, nur bei den „Powergirls" ist allenfalls ein Tag des Wochenendes für die

Clique „reserviert", der andere wird mit der Familie verbracht. Bei den „Zukunftsorientierten" sind die meisten Gruppenmitglieder bereits in der Ausbildung. Sie sehen sich deswegen seltener als die SchülerInnengruppen, aber die zwei- bis dreimaligen Treffen unter der Woche – die Gruppenzusammensetzung differiert je nach Arbeitsdauer und Arbeitszeitlage – und die häufigen gemeinsamen Unternehmungen am Wochenende sowie Gaststätten- und Discobesuche belegen in Anbetracht der eingeschränkten Zeitkapazitäten ein großes Interesse an den Gruppenzusammenkünften. Trotz insgesamt niedrigerer Interaktionshäufigkeit ist deswegen auch bei den „Zukunftsorientierten" von einer relativ starken Gruppenbindung auszugehen.

3.4.2 Selbstverständnis

Auf die Bedeutung übereinstimmender Selbstdefinitionen in Jugendgruppen machen insbesondere Eckert u.a. (2000) aufmerksam. In Selbstkategorisierungen drückt sich die Vorstellung von der Besonderheit der Gruppe aus, sie weisen auf die – meist nicht explizit formulierten – Ziele und den gemeinsam geteilten „Sinn" einer Gruppe hin und sind insofern auch ein Zeichen der Gruppenkohäsion.

In den Selbstkategorisierungen der untersuchten Gruppen zeigt sich, daß das Gefühl der Besonderheit selten auf einzelnen, sondern meist auf einer Kombination von Merkmalen beruht. Wird von „der" Selbstdefinition einer Gruppe gesprochen, so ist damit immer auch die Gefahr verbunden, zugunsten einer Reduktion von Komplexität die „Gruppenwirklichkeit" zu verkürzen. Allerdings lassen sich Differenzen im Bedeutungsgehalt der Selbstkategorisierungen erkennen, die es erlauben, primäre und sekundäre Aspekte der Gruppenselbstdefinitionen zu unterscheiden.

Auf den ersten Blick scheinen sich alle Gruppen in erster Linie als Freizeitcliquen zu verstehen (vgl. Punkt 3.2) und unterscheiden sich somit nicht von den nicht gewaltauffälligen Gruppen (vgl. Punkt 8). Anders als bei diesen bildet aber bei den „Straßenkids" und den beiden Mädchengruppen das Bewußtsein, durch ein provokativ gewaltbereites Auftreten von ihrem jugendlichen Umfeld „respektiert" zu werden, einen wichtigen Aspekt der Gruppendefinition. Nur bei den „Straßenkids" steht die Selbstkategorisierung als Schutz- und Unterstützungsnetzwerk gegenüber anderen Jugendlichen und Jugendgruppen jedoch im Vordergrund der Selbstdefinition – vor der Selbstkategorisierung als eine auf bestimmte

Herkunftsländer beschränkte multikulturelle und einer an der jugendkulturellen HipHop-Szene orientierte Gruppe. In den Mädchencliquen berichten die Gruppenmitglieder zwar mit Stolz davon, daß sie „genausoviel Power wie die Jungs" (27, 568) hätten bzw. von anderen Jugendlichen als „Schlägermädchen" (49, 71) tituliert würden, für die Selbstdefinition der Gruppen sind jedoch biographische Bindungen wichtiger. Sie haben sich über das gemeinsame Aufwachsen sowie langjährige schulische und nachbarschaftliche Kontakte im Wohnquartier ergeben:

> „Wir sind ja hier irgendwie alle aufgewachsen." „...zusammengewachsen, seit Sandkastenzeiten." (64, 28f.)

Die nachbarschaftlichen Beziehungen – vor allem die „Schlägermädchen" gehen z.T. in den Elternhäusern ihrer engeren Freundinnen ein und aus – verstärken auch die Stadtviertelorientierung der Mädchengruppen. Neben der langjährigen Vertrautheit gehören zusätzlich Übereinstimmungen in den kommunikativen Interessen zu ihrem Selbstverständnis – dies bezieht sich nicht nur auf die gruppeninternen Beziehungen, sondern auch auf ihre Freundschaften zu anderen, vor allem aus männlichen Jugendlichen bestehenden Cliquen. Deren überwiegend aus der Nachbarschaft stammenden Mitglieder kennen sie ebenfalls von Kindheit an. Insbesondere die „Schlägermädchen" heben ihre positiven Beziehungen zu einer solchen Clique hervor. Bei den „Powergirls" festigen darüber hinaus gemeinsame sportliche Aktivitäten den Gruppenzusammenhalt. Zum Bewußtsein ihrer Besonderheit trägt bei den Mädchengruppen außerdem die geschlechterhomogene Zusammensetzung bei (vgl. Punkt 3.4.2).

Die Gruppe der „Zukunftsorientierten" definiert sich primär über eine als „Rechtsorientierung" bezeichnete Haltung. Auch wenn sie sich als „wehrhafte" Gruppe sieht und sich ebenfalls auf den Gruppenzusammenhalt bei möglichen Konflikten bezieht, nimmt diese Gruppe unter den untersuchten gewaltauffälligen Gruppen doch eine Sonderstellung ein, weil sie gleichzeitig ihre „Friedlichkeit" und die Abwendung von gewaltorientierten rechtsextremistischen Kontexten betont (vgl. Punkt 3.4.2).

Eine gruppenstabilisierende und -bindende Kraft entwickelt nach Eckert u.a. (2000) die Distinktion zwischen „Eigenem" und „Fremdem": Durch Abgrenzungen gegen außen – gegen „soziale Gruppen" – und die Konstruktion von Feindbildern verstärkt sich der Zusammenhalt in der Gruppe. Dies zeigt sich in der Analyse von Intergruppenbeziehungen in wahrgenommenen Unterschieden, in der Generalisierung negativer Zuschreibungen über einzelne Situationen hinaus und in der Dichotomisierung von Freund und Feind (ebd., S. 22). Demgegenüber weist Brewer (1999) darauf hin, daß eine starke Gruppenkohäsion nicht unbedingt mit einer Abgrenzung gegen Outgroups einhergeht. Outgroups können auch – im Bewußtsein der eigenen Besonderheit – als indifferent oder sympathisch bewertet werden, oder sogar bewundert werden: „Wir haben unsere Art und sie ihre" (ebd., S. 435). Ingroups können demnach eher exklusiv (ausschließend) oder eher inklusiv (einschließend) definiert sein. Bei exklusiven Bindungsmodi wird Gemeinsamkeit demnach wesentlich durch eine negative Wahrnehmung und Definition der Gruppenaußenwelt hergestellt, während Gemeinsamkeit in inklusiven Bindungsmodi sich auf die positive Bestimmung der Gruppeninnenwelt gründet.

Bei den untersuchten Gruppen ergeben sich hinsichtlich eines exklusiven und inklusiven Bindungsmodus deutliche Unterschiede zwischen den gemischtgeschlechtlichen und den Mädchengruppen. In den beiden gemischtgeschlechtlichen Gruppen erfolgt die Bestimmung des „Eigenen" sehr betont in Abgrenzung gegen andere. Bei den „Straßenkids" geht die Selbstdefinition als gewaltbereite Clique mit einer Abgrenzung gegen eine gewaltauffällige Aussiedlergruppe – „die Russen" – und Cliquen und Jugendliche aus der rechtsextremen Szene – die „Nazis" – einher. Außerdem grenzen sie sich gegen Jugendliche anderer Nationalität ab, die innerhalb der Jugendeinrichtung als Konkurrenz empfunden werden. Hinter dieser Rivalität verbirgt sich einerseits die Selbstdefinition als wohnquartiergebundene Gruppe, die territoriale Ansprüche auf „ihre" Einrichtung erhebt – die Jugendeinrichtung wurde in unmittelbarer Nähe des früheren und heute noch im Sommer wichtigen Treffpunkts der Jugendlichen im öffentlichen Raum geschaffen. Andererseits werden szenespezifische Aspekte der Selbstkategorisierung sichtbar. Mit dem Hinweis auf den Kleidungsstil anderer ausländischer Jugendlicher – „so Lackschuhe und blabla, als wären die voll erwachsen" (9, 99) – und durch abfällige Äußerungen zu deren Musikgeschmack werden Unterschiede und Besonderheiten kultureller und stilistischer Orientierungen thematisiert.

„Ja, bei uns tragen ja alle Markenklamotten nur. Und es gibt ja so, wenn einer kommt und der hat keine Markenklamotten, dann heißt es gleich so ‚Assi' und so, 'kannst dir nichts leisten' und so. Und dann versucht er sich halt immer anzuziehen wie die ganzen anderen." (6, 190)

„(...) weiß nicht, weil wir stehen alle auf HipHop, also alle, die – eine, die X, die steht auch auf Techno, aber auf HipHop auch, aber das macht ja nichts. Aber wenn sie nur auf Techno – ganz andere Musik, ganz anderen Style, die denken ganz anders und so – weiß ich nicht – (...)" (9, 27)

Die Identifizierung mit jugendkulturellen Stilen kommt bei den „Straßenkids" teilweise auch in der Abgrenzung gegen deutsche Jugendliche zum Ausdruck, wenn die Angehörigen einer sich in der Stadtmitte treffenden Clique aufgrund ihres ungepflegten Äußeren und ihres öffentlichen Alkoholkonsums als „Assis" – „Asoziale" –, bezeichnet werden. Wesentlicher für die Ablehnung deutscher Jugendlicher dürfte aber die Bedeutung der multikulturellen Zusammensetzung für die Selbstdefinition der Clique sein:

„(...) und Deutsche, weiß ich nicht, irgendwie – wir sind alle irgendwie fast Ausländer so." (9, 27)

Die „Zukunftsorientierten" grenzen sich gegen gewaltbereite rechtsextremistische Gruppen ab, was sich auch in ihrer Selbstbeschreibung als „neutral rechts" zeigt. Begründet ist dies durch die Befürchtung, daß der Einfluß solcher Gruppen oder einzelner gewaltbereiter und in Straftaten verwickelter Jugendlicher das eigene Verhalten – wie zu der Zeit als ein Teil der Mitglieder selbst noch einer derartigen Clique angehörte – negativ beeinflussen und dadurch die individuellen beruflichen Zukunftsperspektiven gefährden könnte.

„Wir sind keine Unschuldslämmer, wir prügeln uns auch mal. Aber es gibt wirklich Personen, der läuft mit dir durch die Xstraße und schon stehen die Bullen da, und es wird geprügelt. So richtig provozierend. Und ich denke, so einen will keiner in der Gruppe haben. Weil schon jeder zu viel Mist auf dem Rücken vielleicht hat, wo er aufpassen muß." (61, 779)

Die betonte Grenzziehung gegenüber gewaltbereiten, vor allem rechtsextremen Jugendgruppen ergibt sich somit nicht aus der Fremdheit derartiger Gruppen, sondern aus deren – mittlerweile als gefährdend empfundenen – Nähe. Auf diese Nähe weist die nach wie vor vorhandene und für die Selbstdefinition der „Zukunftsorientierten" primäre Orientierung an ausländerfeindlichem Gedankengut hin. Sie zeigt sich darin, daß „Ausländer" abgelehnt und diskriminiert werden, die als bedrohlich und staatlich sowie sozial bevorzugt wahrgenommen werden. Übereinstimmendes Merkmal der Clique ist aus der Sicht der Jugendlichen die „rechte Meinung" bzw. „Rechtsorientierung" der Gruppenmitglieder: „Verschiedene Meinungen gegen Ausländer, weil die uns die Arbeit klauen und so" (37, 54). Daß sich die Jugendlichen gegenüber Ausländern als zu unrecht benachteiligt fühlen, ist teilweise auf die Cliquenbiographie der Jugendlichen – ihrer früheren Zugehörigkeit zu einer „rechtsorientierten" Großgruppe – zurückzuführen. Zum Teil spielen auch die eingeschränkten Zukunftsperspektiven der Jugendlichen eine Rolle, die sie für rechtsextremistisches Gedankengut empfänglich machen: Die meisten Mitglieder der Kerngruppe hatten Schwierigkeiten, einen Ausbildungsplatz zu finden, teilweise mündeten sie nach dem Schulabschluß zunächst in berufliche Fördermaßnahmen ein. Ebenfalls durch rechtsextremistische Einflüsse bedingt ist die Feindschaft gegenüber „Punks", „linken Zecken" und „Autonomen". Vor diesem Hintergrund verwundert es nicht, daß die Abgrenzung gegen die gewalttätige rechtsextremistische Jugendszene nicht frei von Ambivalenzen ist. Von einigen Jugendlichen erhalten gewalttätige Skinheads, zu denen sie nach wie vor Kontakte haben, auch Anerkennung, weil sie sich „berechtigt" gegen „Provokationen" von Personen ausländischer Herkunft „wehren" würden.

Auch die gewaltauffälligen Mädchengruppen grenzen sich gegen andere ab: Die „Powergirls" gegen Jugendliche und (Mädchen-)Cliquen aus anderen Stadtteilen oder gewaltbereite türkische Jugendliche, die „Schlägermädchen" gegen eine „kriminelle Szene" arabischer Jugendlicher im Stadtteil und beide Gruppen gegenüber „Nazis". Derartige Abgrenzungen treten in den Gruppendiskussionen und Einzelinterviews jedoch kaum in den Vordergrund und haben eine geringere gruppenstabilisierende Wirkung als in den gemischtgeschlechtlichen Gruppen. Bei Ihnen stellt sich die Gruppenkohäsion deswegen weniger exklusiv als inklusiv her: Das Gefühl der eigenen Besonderheit ergibt sich eher aus gruppeninternen Gemeinsamkeiten, wobei die Selbstdefinition als vertrautes und unterstützendes Netzwerk mit einer gemeinsamen Biographie und die Geschlechtshomogenität im Mittelpunkt stehen. Hinsichtlich der geschlechtshomogenen Zusammensetzung der Clique zeigen sich auch Distanzierungen von männlichen Jugendlichen. Dennoch grenzen sie sich nicht generell gegen männliche Jugendliche ab, vielmehr suchen sie den Kontakt zu ihnen, wie die freundschaftlichen Beziehungen zu anderen, vor allem aus männlichen Mitgliedern bestehenden Jugendgruppen im Stadtquartier belegen.

Die starken Gruppenbindungen der gewaltauffälligen Jugendgruppen spiegeln sich auch in der Abwehr von „Neuzugängen" wider. Wenngleich der Zugang weiterer Mitglieder nicht von vornherein ausgeschlossen wird, ist er doch an so differenzierte und teilweise rigide Persönlichkeits- und Verhaltensanforderungen gebunden, daß er unwahrscheinlich erscheint (vgl. Punkt 3.1).

In der gemischtgeschlechtlichen Gruppe der „Straßenkids" stellen sich die weiblichen Jugendlichen als kritischer als die männlichen im Umgang mit potentiellen neuen Mitgliedern dar:

„Also wir Mädchen sind schwerer akzeptabel, also wir akzeptieren jemanden viel schwerer als die Jungs. Die freunden sich schneller mit jemandem an als wir. Weil wir sind so, wir halten immer zusammen, die Jungs ein paar, mal drei die, fünf die oder so. Aber wir Mädchen, alle zusammen, egal, was passiert, und darum sind wir schwerer zu überzeugen." (10, 217)

In dieser Clique herrscht auch ein größeres Mißtrauen gegenüber neuen Mitgliedern, weil sie Angst vor „Polizeispitzeln" hat. In allen Gruppen ist eine Integration am ehesten möglich, wenn ein/e Jugendliche/r durch ein Gruppenmitglied eingeführt wird oder mehrere die/den Neue/n" bereits kennen – dies belegen Einzelbeispiele von später zur Gruppe gestoßenen Mitgliedern.

Verstärkend wirken sich auf die Gruppenbindung darüber hinaus Etikettierungen durch das soziale Umfeld, durch Polizei und Medien aus sowie der mangelnde Zugang zu alternativen sozialen Netzwerken (vgl. Punkt 3.4.2).

Neben diesen übereinstimmenden Selbstkategorisierungen finden sich innerhalb der Gruppen auch Differenzierungen, die auf Subgruppenbildungen verweisen. So lassen sich bei den „Powergirls" zwei enger zusammenhängende Gruppierungen innerhalb der Clique feststellen: eine Dreier- bzw. Vierergruppe, die häufiger auch allein etwas zusammen unternimmt, und eine Dyade von zwei eng seit Kindertagen miteinander befreundeten Mädchen, die sich täglich sehen, sich aber nicht regelmäßig – manchmal täglich, manchmal auch nur an einem Tag in der Woche – mit den anderen treffen. In beiden Teilgruppen würden die Jugendlichen diese engen Freundinnen bei einem Umzug der Eltern eher vermissen als die anderen.

Auch in den gemischtgeschlechtlichen Gruppen zeigen sich neben der Verbundenheit mit der gesamten Clique Untergruppierungen. So beziehen sich bei den „Straßenkids" sowohl die weiblichen als auch die männlichen Angehörigen gleicher ethnischer Gruppen stärker aufeinander – auch in Abgrenzung gegen die anderen ethnischen Gruppen innerhalb der Clique. Dazu trägt bei, daß die ethnisch homogenen Netzwerke teilweise über familiäre Kontakte entstanden sind bzw. durch sie stabilisiert werden. Wie sowohl aus den Gruppendiskussionen als auch den Einzelinterviews hervorgeht, grenzen sich darüber hinaus in beiden gemischtgeschlechtlichen Gruppen die weiblichen Jugendlichen immer wieder gegenüber den männlichen ab und weisen auf ihren engeren Zusammenhalt hin. Hinweise auf „geschlechtergetrennte Sphären" zeigen sich auch in der geringen Kenntnis von den Gesprächsinhalten der jeweils anderen Geschlechtergruppe. Besonders ausgeprägt ist dies bei den „Zukunftsorientierten". Auf die Frage, welche Themen dort besprochen werden, kommen Antworten wie:

„Das kann ich eigentlich gar nicht beurteilen." (33, 216)

„(...) weiß ja nicht, worüber die sich unterhalten, sagt ja keiner was." (35, 301)

„Ach, da bin ich aber überfragt." (34, 121)

Auch wenn die Solidarität innerhalb der „Frauensektionen" besonders betont, der fehlende Zusammenhalt der männlichen Jugendlichen kritisiert wird und es keinen Austausch über die Inhalte der Gespräche innerhalb der Geschlechtergruppen gibt, ist der gemischtgeschlechtliche Zusammenhang doch für Jungen wie Mädchen ein Selbstverständnis. Das Verhältnis zwischen Mädchen und Jungen in diesen Gruppen wird durch die Separierungen nicht beeinträchtigt, es wird von beiden Seiten positiv dargestellt (Punkt 3.4).

3.4.3 Individuelle Differenzen in der Gruppenbindung

In Aussagen zu einem möglichen Gruppenwechsel und -verlust in den Einzelinterviews werden einerseits die enge Bindung der Jugendlichen an ihre Cliquen und die große Bedeutung, die diese für sie haben, bestätigt. Andererseits zeigen sich auch individuelle Unterschiede, aus denen sich Hinweise auf Rahmenbedingungen für graduelle Abstufungen in der Gruppenbindung ergeben. Sie werden im folgenden für die weiblichen Jugendlichen näher beschrieben.

Besonders eng erscheint die Gruppenbindung der „Schlägermädchen": Keines der Mädchen könnte sich vorstellen, aus der Gruppe rauszugehen oder sich in eine andere zu integrieren. Dies gilt auch für die überwiegende Mehrheit der weiblichen Jugendlichen in den anderen gewaltauffälligen Gruppen. Meist wird die Frage, ob sie sich schon einmal überlegt haben, sich von der Gruppe zu trennen, mit einem rigorosen „Nein" beantwortet. Teilweise machen Ergänzungen wie „Ich kenn' gar keine andere Gruppe" (33, 330) darauf aufmerksam, daß die weiblichen Jugendlichen keine attraktiven Alternativen zu ihrer Clique sehen. Bei manchen wird auch erkennbar, wie selbstverständlich für sie ihre Gruppenzugehörigkeit ist, so daß sie sich einen Gruppenwechsel gar nicht vorstellen können:

„Was heißt rausgehen? Aber ich meine, ich sehe sie ja so, so oder so. Aber ich weiß nicht, kann ich jetzt gar nicht genau sagen, aber rausgehen würde ich nicht, weil in dem Sinne kann man gar nicht rausgehen, weil in dem Sinne sehen wir uns so oder so." (36, 408)

Bei einer starken Bindung an die unmittelbare Wohnumgebung – dies ist vor allem bei den Mädchengruppen der Fall – erhält die Gruppenzugehörigkeit teilweise nahezu einen zwangsläufigen Charakter:

„Naja, aus der Gruppe rausgeh'n kann man eigentlich, also schafft man eigentlich irgendwie gar nicht, weil, dann biste am Rauchen, dann stehst du in der Raucherecke und dann haste wieder alle um dich herum, und nachmittags gehst du einkaufen, siehst du die anderen, haste wieder alle um dich herum, aus der Gruppe raus kommt man gar nicht eigentlich, müßte man doch wegziehen." (2, 388)

Einzelne weibliche Jugendliche haben demnach das Gefühl, daß sie einer Gruppenzugehörigkeit in den engen räumlichen Bezügen ihres Wohnquartiers gar nicht entkommen können. Weitaus häufiger wird jedoch auf die starke emotionale und soziale Bedeutung der Gruppe hingewiesen:

„Aber ich könnte mir nicht vorstellen, alle meine Freunde hier aufzugeben, könnte ich nicht, dazu hänge ich viel zu dolle an denen." (10, 531)

Besonders ausgeprägt ist sie dort, wo sich – wie in der Gruppe der „Schlägermädchen" – viele Gruppenmitglieder seit früher Kindheit kennen:

„Und ich glaub' mal, so eine Gruppe würde ich nie mehr finden. Was wir schon alles durchgemacht haben. Wir sind immer durch dick und dünn gegangen, alle. Und wir haben halt schlechte Sachen erlebt, wir haben gute Sachen erlebt bislang. Und ich glaube, so eine Gruppe würde ich nicht mehr finden. Deswegen, ich glaube, ich würde nie mehr aus der Gruppe rausgehen, auf keinen Fall." (52, 301)

„Ich denke mal, das würde ich, glaube ich, gar nicht schaffen, weil die mir einfach – weil ich schon von klein auf mit denen zusammen bin, und es würde mir einfach fehlen, die zu sehen." (49, 432)

Diese Tendenzen werden durch die Antworten auf die Frage, wie es wäre, wenn die Eltern umziehen würden, bestätigt. Teilweise wird die Weigerung ausgesprochen mitzuziehen, teilweise wird überlegt, wie dennoch die Beziehung zur Gruppe aufrecht erhalten werden kann.

„(...) aber ich glaube, ich würde trotzdem, auch wenn wir nach X-Stadt oder so ziehen würden, würde ich immer am Wochenende hierher fahren oder die Freundinnen zu mir oder so. Ich könnte nicht mich jetzt einfach so weg aus dem Leben..., dazu, die sind für mich so wie 'ne zweite Familie sozusagen. Ich kann nicht – ich kann manchmal nicht mit ihnen, aber ohne sie schon gar nicht.“ (10, 533)

Im Zuge der Erörterung der Aufgabe oder des Verlusts der Gruppe werden aber auch Differenzen in der individuellen Verbundenheit mit der Gruppe deutlich, die darauf verweisen, daß die Gruppenbindungen vom Zugang zu alternativen Netzwerken, von familiären Beziehungen, von Entwicklungs- und Lebensphasen sowie vom Selbstvertrauen in die eigenen kommunikativen Fähigkeiten beeinflußt werden.

So ist bei Mädchen und jungen Frauen, die nicht in andere für sie bedeutsame Freundschaftsbeziehungen eingebunden sind, also keinen *Zugang zu alternativen sozialen Netzwerken* haben, die Bindung an die Gruppe stärker. Dies stimmt mit Ergebnissen der psychologischen und soziologischen Gruppen- und Jugendgruppenforschung überein (Sader 2000; Brewer 1999; Neidhardt 1994). Die weiblichen Jugendlichen der untersuchten Cliquen verbringen ihre Freizeit nahezu ausschließlich mit der Clique, die ihre Freizeitbedürfnisse auch im wesentlichen abdeckt. Vereinsbindungen, Integration in weitere Freizeitgruppen, wie z.B. Sportgruppen, finden sich hier nicht. Bei einzelnen gibt es noch andere FreundInnen – oftmals SchulkameradInnen, zu denen ein guter Kontakt besteht, mit denen aber außerhalb der Schule kaum etwas unternommen wird. Manchmal ist auch von einer guten oder „besten Freundin“ die Rede, die nicht in die Clique eingebunden ist. Bei genauerem Nachfragen zeigt sich jedoch, daß mit ihr nur wenig Zeit verbracht wird, teilweise handelt es sich um Kinderfreundschaften, die telefonisch oder brieflich aufrecht erhalten werden, Treffen finden meist nur in größeren Abständen statt.

„Doch, ich habe schon andere Freunde noch. Ich bin auch öfter auch bei den anderen Freunden von mir. Aber ich interessiere mich nicht so für die, mehr für meine Clique.“ (48, 486)

Sind weibliche Jugendliche hingegen noch in andere soziale Netzwerke eingebunden, mit denen sie sich regelmäßig, wenn auch weniger häufig als mit ihrer Clique treffen, so geht dies in der Regel mit einer Verringerung der Interaktionshäufigkeit einher. Dies ist z.B. der Fall, wenn sie zusätzlich in die Freundeskreise ihrer Partner eingebunden sind oder wenn sie Partnerschaften zu Nicht-Gruppenmitgliedern eingehen. Es gibt sowohl Beispiele, in denen sich die Mädchen aus der Clique zeitweise zurückgezogen haben, als auch solche, in denen eine „friedliche Koexistenz" von Partnern und Gruppe möglich ist.

„Es gab eine Zeitlang, da war ich mit einem Jungen zusammen, der hat im X-Stadtteil gewohnt, und da war ich ein halbes Jahr oder so nur ganz, ganz selten hier." (10, 512)

„Ich denke die Beziehung (zu einem heterosexuellen Partner, d. Verf.) kann man nicht so vergleichen mit der, die in der Gruppe ist. Die ist ganz anders. In der Gruppe, die ist ein bißchen mehr Zusammenhalt. Bei den anderen ist so, da freut man sich, wenn man sich wiedersieht. Aber es ist genauso schön, denke mal, wenn man mal mit der Gruppe zusammen." (38, 351)

„Also mit meinem Freund gibt's schon öfter mal Streß, wenn ich sag': ‚Nee, komm, ich hab mich jetzt mit meiner Clique verabredet, dann hätt'st du früher kommen müssen und mir Bescheid sagen sollen.' (...) Aber er muß das akzeptieren, daß ich auch 'ne Freundin oder meine Clique hab' zu der ich möchte, er hat doch auch seine Clique und geht dahin. Also er muß das schon akzeptieren." (1, 428)

Das letzte Beispiel verdeutlicht, daß nicht nur die Zeitkapazitäten durch eine Partnerschaft reduziert werden – und damit auch die Interaktionshäufigkeit mit den anderen Gruppenmitgliedern –, sondern daß auch Abstimmungsprozesse mit dem Partner notwendig werden. Klar ist jedoch auch, daß die Clique einen hohen Stellenwert neben der Partnerschaft behält. Eine junge Frau, die jedes Wochenende ihren Partner in einem anderen Bundesland besucht und deswegen die Clique nur unter der Woche sehen kann, relativiert die Bedeutung der Interaktionshäufigkeit und stellt ihr die Enge der emotionalen Bindung gegenüber:

„Wenn man eine Gruppe ist, das hat doch nichts damit zu tun, ob ich jetzt jemanden einmal oder fünfmal treffe in der Woche, das hat doch damit zu tun, daß, wenn man sich trifft, wie man die Zeit verbringt. (...) Das hat einfach nichts mit der Zeit zu tun, einfach mit dem, was man eigentlich füreinander – naja, empfindet hört sich wieder blöd an. Nein, was man eigentlich – doch, doch untereinander empfindet. Das kann ja auch Freundschaft sein oder so, und wie tief die ist." (103, 636)

Bei der Auflösung gruppeninterner partnerschaftlicher Beziehungen in den gemischtgeschlechtlichen Gruppen haben die weiblichen Jugendlichen ihren Verbleib in der Gruppe jedoch nicht von Partnerschaften abhängig gemacht. Es gibt kein Beispiel, in dem sich junge Frauen in einem solchen Fall von der Clique getrennt hätten.

Auch das *familiäre Beziehungsklima* spielt eine Rolle für die individuelle Verbundenheit mit der Gruppe. Wird – wie bei dem Großteil der interviewten Mädchen – die Freizeit nicht gemeinsam mit der Familie gestaltet, besteht zwischen Eltern und Kindern kein Vertrauensverhältnis, herrscht ein problematischer Erziehungsstil (Vernachlässigung, Gewährenlassen bzw. rigide Verhaltensanforderungen), sind die Beziehungen durch Gewalt und/oder ein hohes Konfliktniveau geprägt, so werden Probleme eher mit Freundinnen und Freunden besprochen, und die Gruppe wird zur „Ersatzfamilie". Sie bietet den Mädchen eine Zuflucht, die ihre emotionalen und sozialen Bedürfnisse eher erfüllt, als sie dies im Elternhaus erfahren haben und erwarten. Anlässe für familiäre Konflikte ergeben sich u.a. aus geschlechtstypischen Verhaltenserwartungen, wie der Erwartung an die Mithilfe im Haushalt, einer stärkeren Einengung von Handlungsspielräumen durch rigide Ausgangsregelungen und – bei Mädchen mit Elternteilen, die traditionellen Weiblichkeitsbildern ihrer südosteuropäischen oder nordafrikanischen Herkunftsländer anhängen – den Einschränkungen des Umgangs mit dem anderen Geschlecht.

„Und ich darf keinen Kontakt mit Jungs haben, auch nicht so freundschaftlich." (7, 490)

Derartige Verbote und Grenzsetzungen werden häufig überschritten oder durch Lügen umgangen.

„Aber entweder sage ich, ich bin – ich schlafe bei meiner Freundin, und manchmal darf ich auch so mit dem letzten Bus kommen und so. Ich bin ja dann auch mit meinem Bruder, sage ich dann immer." (7, 474)

„ (...) in den Ferien z.B., wenn ich irgendwie zu einer Party gehe, dann frag' ich manchmal meine Mutter, ob ich länger darf, so bis eins, oder halb zwei. Aber da hat mein Vater was dagegen, mein Stiefvater. Und dann sag ich, okay, dann penn' ich bei einer Freundin. Da darf ich wenigstens." (52, 451)

„(...) Wenn es um Disco geht, dann sage ich „Ich gehe in die Disco", dann sagen sie „Nein. Wann kommst du wieder?", dann sage ich „Ihr wißt doch, morgens", dann sagen sie „Nein, morgens – du gehst gar nicht, keine Disco geht bis morgens", dann sage ich „Doch" und so. Ja, und dann sagen sie „Du gehst nicht, das ist mein letztes Wort, du gehst nicht", ich so „Und mein letztes Wort ist ...", dann nehme ich meine Klamotten und gehe, das ist mein letztes Wort. Und dann sage ich immer „Mein letztes Wort ist ..." und dann schlage ich die Tür zu. Und dann sage ich „Okay, bis morgen", weil die sowieso Bescheid wissen, daß ich morgen früh wieder komme." (9, 358)

„Ach, sie hatten mir verboten mit den Jungs hier rumzuhängen, weil die so kriminell sind, aber ich laß mir von denen nichts sagen." (49, 455)

Es gibt allerdings auch weibliche Jugendliche in den gewaltbereiten Cliquen, die eine gute Beziehung zu ihren Eltern(teilen) haben, meist zur Mutter, und deren familiärer Alltag nicht durch Konflikte geprägt ist, u.a. weil sie sich an die elterlichen Vorgaben halten. Nicht alle, die eine enge Bindung an die Gruppe zeigen, haben demnach auch ein problematisches Zuhause oder fühlen sich von Mutter oder/und Vater nicht beachtet bzw. akzeptiert.

Auf die Relevanz *entwicklungs- und lebensphasenspezifischer Bedingungen* weisen die Überlegungen von älteren Jugendlichen hin. Eine junge Frau entscheidet sich für eine Trennung von ihrer Clique, in der ihr vor allem die Beziehungen zu den weiblichen Gruppenmitgliedern wichtig sind, vor dem Hintergrund einer auf Heirat und Familiengründung gerichteten Lebensplanung. Dennoch will sie versuchen, den Kontakt zu ihren Freundinnen aufrecht zu erhalten, wohingegen ihr die Beziehung zur gesamten Clique weniger wichtig ist. Die Beanspruchung durch die Arbeitswelt führt in der Gruppe der „Zukunftsorientierten" zu einer Verminderung der Zeitkapazitäten und damit auch dazu, daß die weiblichen Jugendlichen in Ausbildung weniger Zeit als früher mit der Clique verbringen können. In Zeiten der Arbeitslosigkeit nehmen – wie die Wiederholungsbefragung zeigt – die Treffen dann wieder zu.

In den Erwägungen, sich von der Gruppe zu trennen, wird auch deutlich, daß das subjektive Selbstvertrauen, insbesondere das *Vertrauen in die eigene Beziehungs- und Kommunikationsfähigkeit*, die Gruppenbindung beeinflußt. So gibt es Mädchen und junge Frauen, die spontan äußern, daß sie sich im Falle eines Umzugs eine neue Gruppe suchen würden oder daß es für sie kein Problem sei, neue Freundinnen zu finden.

„Ich würde traurig sein, ja, aber ich muß so sagen, woanders kann ich mir auch Freunde suchen. Außerdem kann man ja immer noch in Kontakt bleiben, man muß es ja unbedingt nicht abbrechen, muß ja nicht sein." (36, 414)

Bei anderen weiblichen Jugendlichen wird ein geringes Vertrauen in die eigenen sozialen und kommunikativen Kompetenzen sichtbar, was ebenso wie die Vertrautheit und Gewöhnung an die Gruppenmitglieder eine Lösung von der Gruppe erschweren kann.

„Mhm, ich denke mal, irgend woanders, heutzutage ist es schwer, irgendwelche Leute kennenzulernen." (33, 338)

„Ja, das (ein Umzug, d. Verf.) wäre schlimm für mich. Vor allen Dingen, neue Leute kennen zu lernen, sich erstmal an die gewöhnen. Von den Leuten hier weiß ich ja alles sozusagen, ich weiß den ganzen Lebenslauf und so." (10, 535)

Ein wichtiger Aspekt für den Verbleib in der Gruppe ist demnach auch die Vertrautheit mit den anderen Gruppenmitgliedern und das damit verbundene Gefühl der Geborgenheit innerhalb der Clique – insbesondere wenn es mit dem Fehlen anderer sozialer Beziehungen verbunden ist.

3.5 Die Bedeutung der Gruppen für Mädchen – Zusammenfassung

Die Ergebnisse der Untersuchung zeigen, daß die Clique von den weiblichen wie männlichen Angehörigen der untersuchten gewaltauffälligen Jugendgruppen als ein Ort betrachtet wird, wo sie in Problemsituationen Halt und Sicherheit erfahren und in einen sozialen Zusammenhalt eingebunden sind, in dem sie anerkannt sind und in dem ihre Kommunikations- und Freizeitbedürfnisse erfüllt werden. Die meist langjährigen „Cliquenbiographien" deuten darauf hin, daß bereits früh eine Alternative zum Leben in der Familie gesucht wurde, wozu bei vielen auch die problembelasteten familiären Verhältnisse beigetragen haben dürften.

Wie die übereinstimmenden Selbstkategorisierungen innerhalb der Gruppen belegen, fühlen sich die weiblichen Jugendlichen mit ihrer Clique eng verbunden. Diese Bindung wird durch den mangelnden Zugang zu alternativen Netzwerken und Etikettierungen durch das soziale Umfeld, durch Passanten und Anwohner in den Aktionsräumen der Cliquen, durch Polizei und Medien verstärkt. In den gemischtgeschlechtlichen Gruppen betonen die Mädchen und jungen Frauen neben dem allgemeinen Bewußtsein von der Besonderheit der Clique die enge Verbundenheit innerhalb ihres weiblichen Netzwerkes, und die emotionale Unterstützung und das Vertrauensverhältnis innerhalb der Gruppe ist ihnen wichtiger als den männlichen Jugendlichen. Hier ergeben sich Parallelen zu den Mädchengruppen, in denen unter Verweis auf die engen emotionalen Bindungen die geschlechterhomogene Zusammensetzung ebenfalls als eine besondere Qualität der Gruppe herausgehoben wird. Damit werden Ergebnisse von Breitenbach (2000) bestätigt, nach denen Freundschaftsbeziehungen unter Mädchen und jungen Frauen – von ihr als „zentrale weibliche Beziehungspraxis" beschrieben – einen hohen Stellenwert in deren Alltag haben. Sie verweist darauf, daß Mädchen in der kommunikativen Praxis Gemeinsamkeiten herstellen. Dies zeigt sich in unserer Untersuchung u.a. in übereinstimmenden geschlechtsspezifischen Zuschreibungen, wie des stärkeren Zusammenhalts unter den Mädchen und ihrer engeren emotionalen Bindungen in den gemischtgeschlechtlichen Gruppen, und in gemeinsamen normativen Orientierungen, wie der Ablehnung „krimineller" Aktivitäten und eines exzessiven Drogenkonsums. In diesem Kontext können die weiblichen „Sektionsbildungen" in den gemischtgeschlechtlichen Jugendgruppen als Herstellung eines exklusiv weiblichen und vor allem positiv bewerteten Raumes verstanden werden.

Ein zentraler Aspekt für das Zusammengehörigkeitsgefühl in den Mädchengruppen und für deren Wertschätzung ist demnach die Gleichgeschlechtlichkeit, d.h. „Weiblichkeit" wird zu einem zentralen Aspekt der Selbstdefinition. Geschlechtszugehörigkeit ist als Konstitutions- und Definitionsmerkmal bislang vor allem für männliche Gruppen dargestellt worden (vgl. Punkt 1.1.3). Beruhen deren Selbstkategorisierungen auf Stärke, heterosexuelle Potenz, Kampfbereitschaft, Ehre und Kameradschaft, so liegt in den Mädchengruppen der Schwerpunkt bei der Hervorhebung von „Weiblichkeit" auf Vertrauen, Verschwiegenheit, emotionaler Unterstützung und kommunikativem Austausch (vgl. auch Heitmeyer u.a. 1995). Damit erfolgt zwar eine Abgrenzung gegen männliche Jugendliche, denen Fähigkeiten wie Einfühlungsvermögen weniger zugetraut werden, generelle Abwertungen von „Männlichkeit" gehen – anders als von „Weiblichkeit" in männlichen Jugendgruppen (vgl. Seidel-Pielen 1991) – hiermit jedoch nicht einher.

In den gemischtgeschlechtlichen Gruppen wird eine positiv bewertete „Weiblichkeit" zwar ebenfalls als Qualität der Clique hervorgehoben, der Stellenwert der Geschlechterhomogenität wird jedoch überlagert von dem Interesse an der Einbindung in ein gemischtgeschlechtliches Netzwerk. Dies zeigt sich zum einen in den übereinstimmenden Selbstkategorisierungen der Cliquen durch weibliche und männliche Gruppenangehörige und an den gemeinsamen Aktivitäten. Zum anderen wird es in der Bedeutung sichtbar, die die gruppeninterne Auseinandersetzung mit dem anderen Geschlecht für die Mädchen und jungen Frauen hat. Anschaulich wird dies im Auftreten und in Verhaltensweisen, mit denen die Attraktivität als potentielle Partnerin und das eigene heterosexuell orientierte Begehren gegenüber den männlichen Gruppenmitgliedern zum Ausdruck gebracht wird. Daß die Gruppe als „Partnerschaftsbörse" dient, wird von den Mädchen und jungen Frauen jedoch zurückgewiesen, wenngleich es durchaus Beispiele von Liebesbeziehungen innerhalb der Cliquen gibt. Die Relevanz von Geschlechterbeziehungen äußert sich darüber hinaus in geschlechtstypisch polarisierenden Abgrenzungen und in der Herstellung geschlechterübergreifender Gemeinsamkeiten. Letzteres kann auch als Versuch gewertet werden, einer von außen kommenden „Spaltung" der Gruppe durch die Bezugnahme der Interviewerinnen auf Geschlechterdifferenzen entgegenzuwirken. Durch das hierdurch mobilisierte Bewußtsein von der „Gruppeneinheit" werden Polarisierungen relativiert und Gemeinsamkeiten hervorgehoben. Derartige „Nivellierungen" dienen darüber hinaus dazu, angesichts von Komplexitäten und Differenziertheiten der Verhaltensweisen und Eigenschaften das andere Geschlecht nicht „ungerecht" zu beurteilen (Breidenstein/Kelle 1998). Das Spannungsverhältnis, das sich in einerseits Polarisierungen und andererseits Egalisierungen zeigt, kann als Anzeichen von Ambivalenzen interpretiert werden, die ihre Grundlage in der Auseinandersetzung mit geschlechterstereotypen Zuschreibungen und eigenen Erfahrungen im Umgang mit dem eigenen und anderen Geschlecht haben. Sie sind – ebenso wie sexualisierende, geschlechtsbetonende Interaktionen – ein Indikator dafür, daß die weiblichen Jugendlichen bemüht sind, sich innerhalb des „Systems der Zweigeschlechtlichkeit" zu verorten. Sowohl die Hervorhebung weiblicher Qualitäten und Besonderheiten im Kontrast zur Abwertung männlicher Verhaltensweisen und Eigenschaften als auch die Infragestellung von Geschlechterdifferenzen können als Teil eines „Gleichheitsdiskurses" interpretiert werden, in dem die Mädchen nach gleichberechtigter Geltung und nach Anerkennung im Geschlechterverhältnis streben. Dies wird nachvollziehbar vor dem Hintergrund von herabsetzenden und einengenden traditionellen Geschlechterstereotypisierungen und von gesellschaftlichen Geschlechterhierarchien, in denen ihnen abhängige untergeordnete Positionen zugewiesen werden.

Wie auch die Jungen definieren die Mädchen in den gemischtgeschlechtlichen Gruppen die Besonderheit der eigenen Clique in Abgrenzung gegen außenstehende jugendliche Gruppierungen. Demgegenüber wird die Gruppenbindung in den Mädchengruppen – auch wenn ebenfalls Rivalitäten und Ausgrenzungen sichtbar werden – in erster Linie mit Bezug auf gemeinsame Biographien und Freundschaftsbeziehungen begründet. Dies weist auf einen eher inklusiven Bindungsmodus der Mädchengruppen und einen exklusiven der gemischtgeschlechtlichen Gruppen hin (vgl. Eckert u.a. 2000; Brewer 1999). Es ist davon auszugehen, daß dies auch den Umgang mit der Gruppenumwelt beeinflußt, daß Aggressionen in den Mädchengruppen z.B. seltener gegen „feindliche" Gruppen gerichtet werden. Dieser Frage wird in Punkt 4.2.1 nachgegangen.

In den Jugendgruppen ergeben sich einerseits Unterschiede zwischen weiblichen und männlichen Jugendlichen und andererseits über die Gruppenzugehörigkeit hinausgehende Übereinstimmungen der Mädchen in negativen Bewertungen illegaler Aktivitäten, wie Raub, schwerem Diebstahl, Drogenverkauf und Waffenbesitz bzw. bewaffneten Auseinandersetzungen. Die weiblichen Jugendlichen in allen Gruppen kritisieren derartige Aktivitäten bei den Jungen der eigenen bzw. bekannten Gruppen. Die männlichen Jugendlichen ebnen demnach nicht, wie in amerikanischen „Gangs" (Campbell 1984), den Weg weiblicher Gruppenmitglieder in die Illegitimität. Hierzu dürfte beitragen, daß – anders als vielfach in den USA (vgl. Campbell 1995, S. 177f.; Klein 1995, S. 111) – die untersuchten Mädchengruppen nicht „Anhängsel" von männlichen „Gangs" sind und daß weibliche Jugendliche auch in den gemischtgeschlechtlichen Gruppen keine untergeordneten Positionen innehaben (vgl. Punkt 5). Die relative Autonomie und der Zusammenhalt innerhalb der geschlechtshomogenen Netzwerke ermöglicht es den Mädchen, sich negativen Einflüssen von Jungen der eigenen oder von bekannten Gruppen zu entziehen und trotz ihrer Berührungspunkte zu „kriminellen" Szenen eigene normative, bestimmte Delikte ablehnende Orientierungen aufrechtzuerhalten.

Unterschiede zwischen den Gruppen zeigen sich in der Bedeutung, die den Gruppen als Unterstützungsnetzwerk in bedrohlichen Situationen und gewalttätigen Auseinandersetzungen zukommt. Die Gruppe der „Zukunftsorientierten" nimmt hier unter den gewaltauffälligen Gruppen eine Sonderstellung ein, da sie eine solche Funktion nicht wie die anderen Cliquen mit einem provokativ gewaltbereiten Auftreten verbindet, sondern ausschließlich als Abwehr gegen körperliche Angriffe anderer versteht. Für die weiblichen Jugendlichen – wie für die männlichen – erhält die Gruppe ihre Bedeutung u.a. darüber, daß sie dazu beiträgt, sie bei ihrer Lösung aus früheren gewaltaffinen Kontexten zu unterstützen und zu stabilisieren. Diese Tendenz ist wesentlich durch negative Erfahrungen bei der Ausbildungsplatzsuche bedingt und wird durch die Absicht getragen, berufliche Zukunftschancen nicht durch Straffälligkeit zu gefährden. Darin zeigt sich eine deutliche Berufsorientierung der weiblichen Gruppenmitglieder, die auch in anderen Untersuchungen vielfach für Mädchen und junge Frauen belegt wurde. Auch für die Mädchen in den anderen Gruppen ist es selbstverständlich, daß sie später einen Beruf ergreifen werden, er erhält angesichts ihres Schülerinnenstatus und des jüngeren Alters (die interviewten Mädchen waren zwischen 14 und 16 Jahren alt) jedoch keine aktuelle Bedeutung für ihre Alltagsgestaltung und für die Gruppenpraxis.

Anhand der Analyse der individuellen Gruppenbindungen der weiblichen Jugendlichen im Kontext von Gruppenwechsel und -verlust, werden Bedingungen erkennbar, die zu einem engeren Anschluß an die Gruppe führen. In Übereinstimmung mit anderen sozialwissenschaftlichen Forschungsergebnissen tragen hierzu der mangelnde Zugang zu alternativen sozialen Netzwerken sowie konfliktreiche und wenig unterstützende Familienbeziehungen bei (vgl. z.B. Eckert u.a. 2000; Kühnel/Matuschek 1995; Ohder 1992; Brewer 1999). Für Mädchen mit einer starken Gruppenbindung wird die Clique so zu einem isolierten Beziehungsfeld und zur maßgeblichen Instanz für die Entwicklung von Handlungs- und Wertorientierungen. Weder andere soziale Netzwerke noch die Familie wirken korrektiv oder tragen zu einer Erweiterung der Handlungsoptionen bei. Damit können „abweichende Selbstdefinitionen und gewaltaffine Abgrenzungen eine Eigendynamik gewinnen“ (Eckert u.a. 2000).

Partnerschaften der weiblichen Jugendlichen zu Nicht-Gruppenmitgliedern müssen nicht zwangsläufig zur Lockerung von Gruppenbindungen führen, allerdings kann es hierzu kommen, wenn sich die Interaktionshäufigkeit mit der eigenen Clique stark reduziert, weil mehr Zeit mit dem Partner verbracht wird. In solchen Phasen kann es auch vorkommen, daß Mädchen sich zusätzlich der Clique ihres Partners anschließen. Ergebnisse der Jugendgruppenforschung, nach denen Partnerinnen von männlichen Gruppenmitgliedern deren jeweiligen Cliquen eher locker assoziiert sind (vgl. Punkt 1.1.3), werden damit nachvollziehbar. Gleichzeitig wird vor dem Hintergrund unserer Ergebnisse deutlich, daß die Realität der Mädchen hier nur ausschnitthaft erfaßt wird. Die weiblichen Jugendlichen der untersuchten Gruppen definieren sich vor allem über ihre eigenen Cliquen, nicht über die ihrer Partner. Die häufig beschriebene „Marginalität“ von weiblichen Jugendlichen in gemischtgeschlechtlichen Jugendgruppen kann demnach auch daraus resultieren, daß den Mädchen die Partnergruppen nicht so wichtig sind wie ihre eigenen Kommunikationsnetze. Wenn sie sich deswegen nicht um eine Integration in die Clique ihres Partners bemühen und lieber „am Rande“ bleiben, so darf dies nicht vorschnell als

Unterordnung oder Anpassung interpretiert werden. Daß Liebesbeziehungen den Stellenwert der Clique im Leben der weiblichen Jugendlichen nicht zentral bestimmen, zeigt sich auch darin, daß es keine Beispiele dafür gibt, daß sie die Gruppe verlassen, wenn sich eine Partnerschaft mit einem männlichen Gruppenmitglied löst.

Berufliche und familiäre Zukunftsorientierungen werden für die Gruppenbindung vor allem der älteren weiblichen Jugendlichen relevant. In der Gruppe der „Zukunftsorientierten“, in der der Altersdurchschnitt höher ist als in den anderen gewaltbereiten Jugendgruppen, verringern sich mit dem Einstieg ins Berufsleben die Zeitkapazitäten und damit auch die Interaktionshäufigkeiten zwischen den Gruppenmitgliedern. Auch wenn die Gruppe dennoch weiterhin einen hohen Stellenwert in der Freizeit der Jugendlichen einnimmt, wie das Interesse am Austausch mit den Gruppenmitgliedern und an Gruppenzusammenkünften trotz eingeschränkter zeitlicher Spielräume zeigt, deutet sich hier doch ein Prozeß der allmählichen Lockerung der Gruppenbeziehungen an. Anhand des Beispiels einer jungen Frau wird erkennbar, daß eine Trennung von der Gruppe in der konkreten Phase der Familienplanung in Kauf genommen wird, nicht jedoch von den engsten Vertrauten innerhalb der Clique. Dies macht deutlich, daß – wie auch in den anderen Gruppen – die Beziehungen unter den Gruppenmitgliedern nicht gleichermaßen eng sind, sondern daß es Präferenzen in den Freundschaftswahlen gibt.

4 „Wir sind doch keine Schwacheier!" – Umgang von Mädchen mit Gewalt in gewaltauffälligen Jugendgruppen

Wird ein Handeln als Gewalt beschrieben, so liegt ihm eine Sinnzuschreibung zugrunde, die keinen Absolutheitsanspruch erheben kann, sondern historisch, kulturell und kontextuell differiert. Dies ist der Grund, warum Gewaltdefinitionen – auch wenn sie im „reinen" theoretischen Kontext durchaus stimmig sind – so umstritten sind, ihnen perspektivische Verzerrungen, Unzulänglichkeiten und Lücken nachgewiesen werden. In der vorliegenden Untersuchung, die den „Umgang mit Gewalt" zum zentralen Gegenstand hat, konzentriert sich die Aufmerksamkeit auf physische Formen der Gewaltanwendung gegen andere Personen. Die Entscheidung für diesen eingeschränkten Gewaltbegriff ergibt sich aus dem spezifischen Untersuchungsinteresse des Projekts. Es richtet sich unter einer geschlechtertheoretischen Perspektive auf die Frage nach den Implikationen einer Entwicklung, die durch Daten der Kriminalstatistik und sozialwissenschaftlicher Untersuchungen sowie durch Beobachtungen in der Praxis von Jugendhilfe und Schule nahegelegt wird: die Zunahme von Körperverletzungen durch Mädchen und junge Frauen. Das öffentliche Interesse, die in den Medien sichtbar werdende Empörung und die Besorgnis von LehrerInnen und SozialpädagogInnen konzentrieren sich derzeit weniger auf Formen der Autoaggression und der verbalen und psychischen Gewalt von seiten der weiblichen Jugendlichen, sondern auf körperliche gewalttätige Angriffe. In den Interviews und Gruppendiskussionen wurde gefragt nach der Einstellung zu Gewalt und zu tätlichen Auseinandersetzungen, nach Möglichkeiten von gewaltfreien Konfliktlösungen, nach der Selbstdefinition als gewalttätige Gruppe, nach Verwicklungen in körperliche Auseinandersetzungen und danach, ob die Jugendlichen (noch andere) gewalttätige Gruppen kennen. Über die Fokussierung auf physische Auseinandersetzungen hinausgehende Sinnzuschreibungen wurden von den InterviewpartnerInnen selbst vorgenommen. Mit der Frage „Was verstehst du eigentlich genau unter Gewalt?“ wurde die Möglichkeit eröffnet, auch auf andere Formen von Gewalt Bezug zu nehmen; der Interpretation der Jugendlichen blieb es überlassen, ob sie z.B. auch „Schubsen“ oder eine Ohrfeige als Gewalt verstehen.

Auf der Grundlage der kategorialen Analyse der Gruppendiskussionen und der Einzelinterviews in vier gewaltauffälligen Cliquen aus zwei Untersuchungsorten lassen sich Aussagen über Einstellungen zu Gewalt und Gewaltbereitschaft, zur Verwicklung in Gewalttätigkeiten und zu den Konsequenzen, die ein gewalttätiges Verhalten mit sich bringt, gewinnen. Im Mittelpunkt der folgenden Darstellung steht der Umgang der weiblichen Jugendlichen mit Gewalt, darüber hinaus wird auf geschlechtsspezifische Unterschiede in den gemischtgeschlechtlichen Gruppen hingewiesen.

4.1 Einstellungen zu Gewalt und Gewaltbereitschaft

4.1.1 Gewaltbegriff, Gewaltakzeptanz

Die weiblichen Jugendlichen der gewaltauffälligen Gruppen verstehen unter „Gewalt“ vor allem körperliche Formen der Auseinandersetzung, und zwar selten leichte Übergriffe wie Ohrfeigen oder sogenannte Backpfeifen, sondern hauptsächlich schwerwiegendere Handgreiflichkeiten wie Prügeleien und Schlägereien.

Daß auch verbale und psychische Verletzungen als Gewalt verstanden werden können, wird in der Regel erst auf eine entsprechende Nachfrage hin reflektiert. Nur in seltenen Fällen nennen weibliche Jugendliche in einem Atemzug neben körperlichen auch Formen psychischer Gewalt.

> „Unter Gewalt verstehe ich, wenn jemandem zu Unrecht – sage ich mal – weh getan wird. Wenn er nichts getan hat, niemand weh getan hat, dann ist es Gewalt. Das muß nicht unbedingt immer gleich mit Schlägen oder so zu tun haben. Ich denke immer, Gewalt kann man auch seelisch zufügen.“ (38, 40)

Auch die männlichen Jugendlichen bringen diesen Aspekt erst auf Nachfrage ein, und zwischen reinen Mädchen- und gemischtgeschlechtlichen Gruppen lassen sich ebenfalls keine Differenzen feststellen.

Zwischen einem auf körperliche Aggressionen beschränkten Gewaltbegriff und einer ausgeprägten Gewaltbereitschaft bzw. häufiger Gewaltbeteiligung bei Jugendlichen läßt sich ein positiver Zusammenhang erkennen. Wird gleichzeitig berücksichtigt, daß selbst Gruppenmitglieder, die noch nie Gewalt angewendet haben und eher als gewaltablehnend eingestuft werden können, einen engen, allein auf schwere physische Attacken begrenzten Gewaltbegriff verwenden, so liegt der Schluß nahe, daß dies der Effekt eines gewaltbereiten Gruppenklimas ist, in dem die stärker gewaltbereiten und gewaltauffälligen Jugendlichen über Gewaltdiskurse einen wesentlichen Einfluß auf die Wahrnehmung und Definition von Gewalt ausüben (vgl. Punkt 5.3).

Die weiblichen Jugendlichen vertreten unabhängig von der individuellen Gewaltbereitschaft die Haltung, daß kleinere Konflikte und Streitigkeiten auch ohne Gewalt gelöst werden könnten und Gewaltanwendung per se „nicht gut" und kein adäquates Mittel der Problemlösung sei. Sie relativieren dies aber sehr schnell und benennen Gründe dafür, wann es doch angemessen ist, gewalttätig zu werden. Häufig wird die Frage nach der Akzeptanz einer Gewaltanwendung mit einem „ja, wenn..." beantwortet und darauf verwiesen, daß es auf die Hintergründe und die jeweilige Situation ankäme:

„Ja, wenn er es verdient hat." (9, 141)

„Ja, wenn es nötig ist, dann ja. Wenn nicht, dann nicht." (6, 279)

Letztlich erscheint es den Jugendlichen nur „manchmal" möglich, z.B. wenn „es nicht so heftige Sachen wären, die gesagt wurden oder irgendwie gemacht wurden" (27, 433), Probleme und Konflikte auch ohne Gewalt zu lösen.

Während Schilderungen von Gewalttaten in den Gruppendiskussionen auch von Nicht-Beteiligten und eher gewaltablehnenden Gruppenangehörigen legitimiert und mit beifälligen Bemerkungen kommentiert werden, kommt es in den Einzelinterviews auch zu kritischen Stellungnahmen. Sie werden ausschließlich von den nicht gewaltbereiten Mädchen abgegeben, die eher Möglichkeiten sehen, Auseinandersetzungen auch verbal zu bereinigen. Meist äußern sie jedoch Verständnis gegenüber dem gewalttätigen Verhalten ihrer CliquenfreundInnen oder rechtfertigen es. Lediglich eine aus ihrer Sicht überzogene Brutalität stößt bei ihnen auf Kritik. Die Diskrepanz zwischen den in den Gruppendiskussionen und den in den Einzelinterviews geäußerten Einstellungen zu Gewalt kann auf ein gewaltbereites Gruppenklima und auf den Druck zurückgeführt werden, den die Clique auf die einzelnen Gruppenmitglieder ausübt. Dies gilt insbesondere dann, wenn Gewaltbereitschaft einen hohen Stellenwert für die Selbstdefinition der Gruppe hat. Selbst bei den „Zukunftsorientierten", die sich allmählich von Gewalttätigkeiten distanzieren, entsteht über die Schilderung von Gewalttaten durch die statushöchste junge Frau und einen verbal dominanten jungen Mann eine Atmosphäre, die dazu führt, daß auch die gewaltablehnenden und noch nie in Gewalttätigkeiten involvierten Cliquenangehörigen Gewalt nicht in frage stellen (vgl. Punkt 5.3).

In den untersuchten gemischtgeschlechtlichen gewaltauffälligen Gruppen zeigen sich zwischen den Geschlechtern keine wesentlichen Unterschiede in der Gewaltakzeptanz. Weibliche wie männliche Jugendliche neigen – ebenso wie die Mädchen der geschlechtshomogenen Gruppen – dazu, physische Gewalt zu rechtfertigen, die Cliquenangehörige oder andere angesehene Gruppen oder Personen ausüben. Sie relativieren gleichermaßen die generelle Einstellung, daß Gewalt an sich kein geeignetes Mittel sei, mit Konflikten oder Problemen umzugehen, mit dem Hinweis auf situative Umstände und berechtigte Gründe.

4.1.2 Gewaltbereitschaft

Die Auswertungsergebnisse weisen auf graduelle Abstufungen zwischen der Gewaltbereitschaft der gewaltauffälligen Gruppen hin. Am gewaltbereitesten präsentiert sich die Gruppe der Straßenkids, doch auch bei den „Powergirls" und den „Schlägermädchen" ist der Umgang mit dem jugendlichen sozialen Umfeld durch eine gewaltbereite Haltung geprägt, was sich in den Gruppendiskussionen sowohl in der Befürwortung gewalttätiger Aktivitäten als auch in den Darstellungen zur Wahrnehmung der Gruppen durch das soziale Umfeld zeigt. Die Gruppe der „Zukunftsorientierten" kann hinsichtlich ihrer Gewaltbereitschaft als eine Gruppe im Umbruch bezeichnet werden. Waren die Mitglieder früher in eine gewaltbereite rechtsextremistisch orientierte Jugendgruppe eingebunden, so grenzt sich die Gruppe in ihrer jetzigen Zusammensetzung bewußt von Gewalttätigkeit ab.

„(...) na gut, damals waren auch einige dabei, die waren dann gewalttätig. Die waren schon so auf Schlägereien aus oder haben nur noch rumgepöbelt. Und das war auch teilweise ein Grund, daß wir uns immer mehr abgesondert haben von den Leuten." (61, 610)

Wesentlich zur Trennung beigetragen hat auch, daß Delikte, wie sie häufig von Mitgliedern der größeren Gruppe begangen wurden und in die einzelne Jugendliche der untersuchten Gruppe auch involviert waren, vor dem Hintergrund des Eintritts vieler Jugendlicher ins Berufsleben und des Erreichens der Strafmündigkeit zunehmend als problematisch empfunden wurden.

„Ich denke, das hat auch damit zu tun, daß wir mit der Prügelei nicht so sind, weil das hängt alles damit zusammen, weil wir alle eine Lehrstelle gekriegt haben. Und die haben alle Angst, wenn sie wieder was mit der Polizei zu tun bekommen, daß sie alles verlieren. Und manche haben keinen Schulabschluß, oder so, die sind richtig froh, daß sie überhaupt was bekommen haben. Und da muß man ja aufpassen. Ich denke mal, wären es Leute, die keinen Abschluß haben, keine Lehre, dann würden die auch drauf los prügeln." (38, 149)

Insgesamt kann die Haltung der Gruppe zu Gewalt als ambivalent bezeichnet werden: Einerseits wird Gewalt abgelehnt, andererseits erscheint es berechtigt einzugreifen, um einzelne bei körperlichen oder harten verbalen Angriffen zu unterstützen. Dabei wird unter „eingreifen" teilweise verstanden, selbst zuzuschlagen, präferiert wird jedoch, die Kämpfenden zu trennen, zu beruhigen oder verbal – durch Beschimpfungen – zu unterstützen. Dabei zeigen sich bereits in der Gruppendiskussion individuelle Unterschiede, die sich in den Einzelinterviews bestätigen: Nur zwei der interviewten Gruppenmitglieder zeigen eine relativ ausgeprägte Gewaltneigung.

„Man kann das auch durch Worte klären. Bloß, wenn es echt sein muß, wenn ich jetzt zum Beispiel angepöbelt werde, ich werde geschubst, und ich werde getreten und so, dann muß schon Gewalt bei sein, also..." (36, 332)

„Es gibt wirklich, mehr als genug, sagen wir mal, wo man nicht weg kommt, Gewalt anzuwenden, weil die das nicht kapieren wollen, oder sonst was." (34, 241)

Gewaltbereitschaft dokumentiert sich darin, daß physische Gewalt als Handlungsmöglichkeit in Erwägung gezogen oder als unumgänglich beschrieben wird. Mit Ausnahme eines Mädchens betonen z.B. alle Gruppenangehörigen bei den „Powergirls" und den „Schlägermädchen", daß sie nicht ohne Grund zuschlagen würden. Dennoch wird auch von Gruppenmitgliedern berichtet, die einfach „Zoff" wollen.

Berechtigt erscheint den gewaltbereiten Gruppen und Jugendlichen ein gewalttätiges Vorgehen, um sich gegen körperliche Angriffe zu wehren, um gute Freunde, die angegriffen werden, zu verteidigen, aber auch, wenn andere „labern" und „Lügen erzählen". Dabei geht es u.a. darum, sich „Respekt" zu verschaffen, d.h. es wird eine Wahrnehmung der Clique und der Gruppenangehörigen durch das soziale Umfeld gefördert, die – auch prophylaktisch – Vorsicht und Angst bei anderen erzeugt und das Ansehen in einem gewaltaffinen Kontext erhöht.

„Ich meine, es ist klüger, wenn man redet, aber – es ist nicht gut, aber irgendwie mach' ich das trotzdem immer. Ich meine, mit Gewalt kannst du dir Respekt verschaffen, und wenn andere Leute vor dir Respekt haben, dann trauen sie sich auch nichts gegen dich zu sagen oder so. Und wenn du mit Worten jemanden fertig machst, denken die so, du bist feige." (10, 435)

„Be: (wir werden) eher respektiert. (...)
Be: Zum Beispiel, die sagen: Oh, mit der solltest du dich lieber nicht anlegen, die hat was drauf, die läßt sich das nicht gefallen, dann ..." (64, 648, 653)

Zudem wird die Ansicht vertreten, „wenn man nicht selber schlägt, dann kriegt man selber" Schläge (7, 246), so daß es besser sei, möglichst eine „Gegenoffensive" (5, 405) zu starten. Bei den „Zukunftsorientierten" ist die Einstellung unumstritten, daß man auf körperliche Angriffe unbedingt mit einer entsprechenden Gegenwehr reagieren muß – die Gruppe beschreibt sich übereinstimmend als „wehrhaft".

„Ja, wenn man sich nicht wehrt, wird man als Loser abgestempelt, du Weichei, dich haue ich doch jeden Tag um. Das ist so, da muß man sich ja wehren." (28, 727)

Weitere Anlässe für ein gewalttätiges Vorgehen sind in den beiden Mädchengruppen und bei den „Straßenkids", daß sich eine Person zu etwas Besserem macht, daß eine Freundin zur Rechenschaft gezogen wird, weil sie einer anderen den Freund „ausgespannt" hat, der kleine Bruder geschlagen oder die Mutter beleidigt wird.

Sowohl körperliche Angriffe als auch die Beleidigung der Mutter sind Gründe, die auch Mädchen und junge Frauen, die ansonsten zunächst versuchen würden, eine Auseinandersetzung verbal zu klären, dazu veranlassen würden, zuzuschlagen.

„Also wenn einer sagt: ‚Deine Mutter ist eine Hure', zu mir, da würde ich aber abflippen." (27, 1051)

Einigkeit besteht bei den gewaltauffälligen Mädchen aus den Mädchengruppen wie den „Straßenkids" auch darüber, daß ein Verzicht auf Gewalt nicht wirklich angebracht ist, weil „die anderen (das) (...) am besten (verstehen), wenn sie mal eine rein kriegen", „dann hören die auch auf damit", weil sie „Schiß" haben (27, 448ff.).

Weit verbreitet ist die These, daß Mädchen generell friedfertiger seien als Jungen (vgl. Alfermann 1996), dementsprechend wird

Mädchen eher als Jungen die Fähigkeit zu alternativen Konfliktlösungen zugeschrieben und daraus geschlossen, daß sie bei körperlichen Auseinandersetzungen schlichtende bzw. vermittelnde Rollen übernehmen. Das Statement „Mädchen sind friedfertiger als Jungen" erntet in den Gruppendiskussionen mit den gewaltbereiten Jugendgruppen teilweise Gelächter, teilweise wird ihm jedoch auch relativierend zugestimmt – es komme auf die Situation und die Personen an – und teilweise wird es bestätigt. Dabei verknüpfen die weiblichen Mitglieder der Gruppen, die sich vor allem durch diese Behauptung angesprochen fühlen, damit jedoch nicht, daß Mädchen bei gewalttätigen Auseinandersetzungen eher schlichtend eingreifen. Vielmehr geht es ihnen darum, ob Mädchen selbst sofort zuschlagen, oder ob es Bedingungen gibt, bei denen sie eine andere Konfliktlösung wählen. Tendenziell wird Mädchen eher als Jungen zugeschrieben, daß sie fähig sind, Konflikte auch anders als mit Gewalt zu lösen. Auf die größere Bereitschaft von Mädchen, bei gewalttätigen Auseinandersetzungen vermittelnd einzugreifen, gehen die jungen Frauen und Männer der Gruppe der „Zukunftsorientierten" ein. Sie bekräftigen, daß eher Mädchen als Jungen versuchen, männliche „Streithähne" zu trennen oder daß sie, „wenn es extrem wird", versuchen, die Gegner zum Aufhören zu bewegen.

Individuelle Unterschiede in der Gewaltbereitschaft zeigen sich in Relativierungen und Differenzierungen nach Personen, Situation und Art der Provokation.

„Ich mein, man kann auch ..., also wenn's nicht anders geht, ist es okay. Also okay nicht, aber ich würd's versteh'n, aber ich finde, man kann's immer erst mit Worten regeln, zumindest versuchen." (1, 231)

„Bloß, ich würd' mal sagen, ich würd' mich niemals gegen jemanden prügeln, wenn ich nicht weiß, daß sie sich wehrt." (2, 215)

Weniger gewaltbereite Mädchen finden Gewaltanwendung nicht immer angebracht. Sie reagieren auf provokante verbale Äußerungen – zumindest zunächst – verbal, begnügen sich unter Umständen bei Schubsen (zunächst) mit Zurückschubsen, aber auch sie würden größtenteils – ebenso wie stärker gewaltbereite – auf Streit angelegte Situationen nicht verlassen. Bei den gewaltablehnenden weiblichen Jugendlichen zeigen sich hingegen gewaltvermeidende Strategien, sie weichen Provokationen aus oder ignorieren sie und entfernen sich aus gewaltaffinen Situationen – es sei denn, sie werden von Gruppenmitgliedern begleitet, die bei Provokationen meist „den Ball aufnehmen".

Bei weiblichen Jugendlichen, die stärker gewaltbereit sind, sind demgegenüber generell die Hemmschwellen geringer:

„Also, mich braucht nur einer ..., ich weiß nicht, so ein dummes Wort, und dann werde ich immer, dann raste ich gleich aus." (4, 78)

Bei ihnen zeigen sich vor allem personenabhängige Differenzierungen: Bei Konflikten mit Bekannten sind sie eher zu einer verbalen Klärung bereit als bei Personen, die sie nicht kennen, und einige würden sich auch überlegen, ob sie körperlich als überlegen wahrgenommene Personen angreifen würden. Demgegenüber würden sie auf verbale Provokationen oder auf Schubsen vorrangig mit körperlichen Attacken reagieren, und das Verlassen einer gewaltaffinen Situation kommt für sie nicht in Frage, es wird als „Gesichtsverlust" oder als Eingeständnis von Angst empfunden.

Insgesamt erweisen sich die weiblichen Jugendlichen der untersuchten gemischtgeschlechtlichen gewaltauffälligen Gruppen nicht als „friedlicher" als die männlichen. In der Gruppe der „Straßenkids" mischen sie sich bei Zusammenstößen ebenso wie die Jungen nicht vermittelnd ein und versuchen auch nicht, Streitigkeiten mit anderen Jugendlichen, die nicht zur Gruppe gehören, zu schlichten. Auch daß sich Mädchen aus gemischtgeschlechtlichen Gruppen und Mädchengruppen grundsätzlich anders verhalten würden, kann nicht konstatiert werden. Unterschiede ergeben sich vor allem vor dem Hintergrund des Gruppenklimas; in der Gruppe der „Zukunftsorientierten" äußern sich die Mehrzahl der weiblichen Jugendlichen und ein junger Mann gewaltablehnend.

4.2 Gewaltanwendung

In den gewaltauffälligen Mädchencliquen („Schlägermädchen" und „Powergirls") geht mit einer hohen Aggressivität und Gewaltbereitschaft eine häufige Verwicklung in gewalttätige Auseinandersetzungen einher, sie zetteln Prügeleien an und vermeiden harte Zusammenstöße nicht. Auch wenn für alle gleichermaßen gilt, daß Gewalt keine ideale Konfliktlösungsmöglichkeit darstellt, so wird doch deutlich, daß für die Mädchen eher körperliche Aggressivität als verbales Aushandeln in Konfliktfällen normale und häufig gewählte Verhaltensstrategien sind.

Auch in der Gruppe der „Straßenkids" entlädt sich das aggressive Gruppenklima in häufigen körperlichen Auseinandersetzungen mit Personen und Cliquen außerhalb der Gruppe.

„Das – ja, die trauen sich nicht, ich weiß nicht, die, also die – wir wollten die schlagen, weil die irgend jemand vollgelabert haben und so. Und dann sind wir hingegangen, haben die erstmal drauf angesprochen, obwohl wir schlagen immer erst, und danach reden wir." (7, 240)

Demgegenüber waren bei den „Zukunftsorientierten" nur ein junger Mann und eine junge Frau häufiger – vor allem in ihrem früheren Gruppenzusammenhang – in Prügeleien verwickelt. In einer noch nicht lange zurückliegenden Auseinandersetzung mit einer anderen Jugendgruppe waren drei der Mädchen nicht beteiligt, und auch einer der jungen Männer wurde nicht selbst aktiv.

„Also Worte werden zuerst angewendet, also meistens Worte. Aber logisch, wenn das alles nicht hilft, dann gibt es mal eines auf die Nase, drücken wir es mal so rum aus. Weil die meisten sind mehr oder weniger die Ruhigeren, die erst reden, bevor sie schlagen." (61, 522)

Doch auch in den anderen Gruppen werden nicht alle Mädchen gewalttätig. In jeder gab es unter den interviewten weiblichen Jugendlichen jeweils eine, die selbst noch nie gewalttätig agiert hat.

„Also ich bin eine Ruhige, die nicht so, ähm, Weiber anmacht und schlagen und so, sondern da bin ich nicht so. Ich geh' zwar öfters mit, krieg' das mit, aber ich bin eine, die mehr auseinanderhält. Und die anderen sind, naja, so, also nicht alle, aber einige sind so, daß sie mehr schlagen." (49, 127)

In jeder der Gruppen finden sich außerdem Unterschiede in der Häufigkeit, mit der die Mädchen an Prügeleien beteiligt waren, in den Anlässen, in den Gewaltformen, in den Initiativen in kritischen Situationen sowie in der Intensität der Gewaltausübung. Graduelle Unterschiede unter den häufiger in Schlägereien verwickelten Mädchen zeigen sich beispielsweise bei den „Powergirls" darin, daß sich eines eher zutraut, auch mal etwas über Reden zu bereinigen, und weiß, wann es „aufhören muß", während ein anderes zwar die Möglichkeit einer verbalen Konfliktlösung sieht, sie häufig jedoch nicht anwendet, weil sie sich nur schwer beherrschen kann oder es in vielen Fällen keinen anderen „Ausweg" gebe.

Gehört Gewaltanwendung zur Gruppenpraxis so ist dies demnach eng mit einem gewaltbereiten Gruppenklima verbunden.

4.2.1 Gewaltopfer und Gewaltanlässe

Körperliche Angriffe durch weibliche Jugendliche – so die Beobachtungen von ExpertInnen aus Sozialarbeit, Schule und Polizei und Untersuchungsergebnisse aus empirischen Studien (vgl. Punkt

1.1.2) – richten sich vor allem auf andere Mädchen, selten auf Jungen. Ebenso wie bei den Jungen gehören die gegnerischen Parteien in Auseinandersetzungen meist zum gleichen Geschlecht. Auch in unserer Untersuchung sind die AdressatInnen von Konflikten bei den Mädchen vor allem andere Mädchen, sie scheuen sich aber nicht, sich auch mit Jungen zu prügeln, Schilderungen von Prügeleien sind jedoch eher selten. Teilweise äußern Mädchen allerdings auch, daß sie sich von einem Jungen „erst recht nichts sagen" ließen, während an anderen Stellen wiederum deutlich wird, daß sie gegenüber Jungen – wie vereinzelt auch gegenüber älteren und stärkeren Mädchen – aufgrund einer tatsächlichen oder angenommenen körperlichen Überlegenheit vorsichtiger sind.

„Eher weniger mit Jungs. Haben wir nicht so, haben wir auch keine Lust auf so, weil wir auch wissen, daß, klar wir wissen, daß die Schläge von den Kerls stärker sind, als wir. Aber wir würden auf jeden Fall zurückschlagen. Aber wir würden nur mehr Schläge einkassieren auf jeden Fall. Dazu haben wir keine Lust. Ich hab nicht unbedingt Lust, mit zwei blauen Augen nach Hause zu gehen." (52, 196)

„Int.: (Gegner) sind eher Mädchen, das sind dann eher Gleichaltrige.
Bf: Ja, weil wir wissen, weil wir die irgendwie auch einschätzen können. Daß sie auch vom Aussehen her, daß sie auch ungefähr so stark sind wie wir. Da gleicht sich das mit der Stärke aus. Bei Jungs ist es halt so, daß sie halt kräftiger sind, auf jeden Fall. Und eine Schelle und du liegst schon auf dem Boden, das ist, nützt doch gar nichts, irgendwie. Klar wehren würden wir uns auf jeden Fall, klar. Das bringt einfach nichts, sagen wir es mal so." (64, 199f.)

In den relativ seltenen Fällen, in denen Mädchen sich mit einzelnen Jungen schlagen, geht es um deren Zugehörigkeit zu einer bestimmten Nationalitätengruppe oder zu den „Nazis", um die Abwehr verbaler sexueller „Anmachen" oder „Begrapschen" sowie um die Verteidigung ihres Freundes.

Anlässe für Prügeleien mit Mädchen entstehen, weil diese schlecht über die weiblichen Jugendlichen geredet und gelästert haben, weil die weiblichen Jugendlichen aus den Gruppen sich durch „dumme Sprüche", „schräge Blicke" oder Beschimpfungen wie „Schlampe" und „Hurentochter" herabgesetzt fühlen oder die Familie beleidigt wird sowie aus Eifersucht, zur Verteidigung und Unterstützung von Freunden und Freundinnen, aber auch, wenn die Mädchen selbst geschlagen oder „angefaßt" werden und sich wehren müssen. Gewalt wird darüber hinaus auch „präventiv" angewendet, um Mädchen einzuschüchtern, damit sie keine Anzeigen erstatten oder als Druckmittel eingesetzt, damit sie diese zurückziehen.

Daß vor allem Mädchen zu Opfern weiblicher Jugendlicher werden, begründen die befragten weiblichen Gruppenmitglieder teilweise damit, daß Mädchen häufiger als Jungen „schlecht" über andere – vor allem Mädchen – reden würden. Derartige Bewertungen könnten sowohl Resultat einer unhinterfragten Übernahme von Geschlechtsrollenstereotypen als auch Ausdruck einer höheren Verletzlichkeit durch „Beleidigungen" gerade durch Mädchen sein, da deren Kommunikationsstrukturen untereinander dichter und Kommunikationsinhalte persönlichkeits- und beziehungsorientierter sind als bei den männlichen Jugendlichen (vgl. Punkt 3.3).

Allerdings bedarf es nicht immer eines bestimmten Grundes, um gewalttätig zu agieren, einzelne geben auch an, daß ihnen manchmal auch einfach „der Kragen platzt", daß sie gerade „Lust" auf eine Prügelei oder „schlechte Laune" gehabt hätten:

„Ich hatte irgendwie Lust. Und dann stand der da. (...) Nein ich hatte nur Lust. Und der stand da gerade so." (27, 510, 513)

Als dieses Mädchen von einer Jugendlichen angerempelt wurde, „hätte (sie) auch ganz normal (...) reden können". Sie hat jedoch gleich zugeschlagen, denn, wie sie sagt: „An dem Tag hatte ich sowieso schlechte Laune. Deswegen." (4, 152, 154)

Die männlichen Jugendlichen berichten seltener und weniger ausführlich über Auseinandersetzungen mit einzelnen. Als Anlässe werden in diesem Zusammenhang erwähnt, daß man als Faschist beschimpft wurde, daß die Schwester beleidigt wurde, daß man als „Nazi" dumm angeredet wurde, daß „deutsche Mädchen" angemacht wurden oder daß es einfach „Streß" gab, der sich situativ aus Provokationen entwickelt hatte, oder daß einzelne „Zoff" wollten. Anders als bei den Mädchen werden von den männlichen Jugendlichen Auseinandersetzungen um Diebesgut und Geld genannt.

„Das war – es ging auch um viel Geld. Und weiß ich nicht, um Geld gibt's immer Schlägereien, wenn's um Geld geht." (72, 110)

Eine größere Rolle als bei den Mädchen spielen in den Darstellungen der Jungen Gruppenauseinandersetzungen. Sie werden jedoch nur wenig ausführlich geschildert – die Anlässe werden, wenn überhaupt, meist nur kurz erwähnt. Sie lassen sich aus den Aussagen und Andeutungen von Mädchen und Jungen in den Gruppendiskussionen und Einzelinterviews erschließen: Geldschulden, die Bewahrung der „Ehre", wenn andere „auf Prügel aus sind", die

„Rache“ nehmen für ein Gruppenmitglied oder von Freundinnen und Freunden. Eng verbunden sind sie mit Abwertungen aufgrund der Zugehörigkeit der Gegner zu bestimmten, verhaßten Gruppen. Neben dem Hinweis auf die gegenseitige Unterstützung fehlen in den Darstellungen selten Informationen, gegen welche „Outgroup“ die Jungen vorgingen.

„ (...) und dann kam wieder ein Russe vorbei, und ein anderer hat den Russen wieder geschlagen, und der holte wieder seine Kompanie, und dann gab es wieder Streß, (...).“ (8, 389)

„(...) logischerweise, daß sich keiner gefallen läßt, daß irgendeine Glatze von irgendeinem Türken da eine Zigarette an den Kopf geschnipst gekriegt. Da ist natürlich einer ausgerastet. Und da sind sie mit Messer rausgekommen. Und dann ging es da gut los. Aber sonst, ist es eigentlich friedlicher. (55, 471)“

Aus Sicht der Mädchen entzünden sich Handgreiflichkeiten zwischen Jungen häufig an „Kleinigkeiten“.

Gruppenschlägereien werden von den männlichen Jugendlichen als „Jungensache“ betrachtet, und sie versuchen, die weiblichen Gruppenmitglieder aus ihnen herauszuhalten. Die Mädchen sind jedoch nicht ohne weiteres bereit, sich ausschließen zu lassen. Generell beanspruchen sie genauso wie die Jungen, ihre Gruppenmitglieder in Prügeleien zu unterstützen, insbesondere dann, wenn auch in der gegnerischen Gruppe Mädchen vertreten sind. Vor allem bei den „Straßenkids“ geht es den Mädchen weniger um die Konfliktursachen als vielmehr darum, durch ihre Beteiligung auszudrücken und zu beweisen, daß die Gruppe zusammenhält. Dieses Signal richtet sich als Warnung an das jugendspezifische Umfeld – „paßt auf, wir stehen nicht allein“ –, als Mahnung an die Gruppe – „nur wenn wir zusammenhalten, werden wir respektiert“ – und als Versicherung an das eigene Selbst – „ich stehe nicht allein“. Die Bedeutung des Gruppenzusammenhalts zeigt sich auch in anderen Zusammenhängen, z.B. wenn sie den männlichen Gruppenmitgliedern vorwerfen, daß sie nicht zusammenhalten, wenn sie im Alkohol- und Drogenkonsum der Jungen eine Bedrohung des Gruppenzusammenhalts sehen, wenn sie die Jungen als „feige“ bezeichnen, weil sie sich einer Auseinandersetzung mit einer Gruppe von Aussiedlerjugendlichen nicht stellen, und wenn sie im Vergleich mit den männlichen Jugendlichen die Verbundenheit der Mädchen untereinander betonen (vgl. Punkt 5.1).

Aus den Schilderungen von Mädchen der gemischtgeschlechtlichen Jugendgruppen wird deutlich, daß sie durchaus bei Gruppenprügeleien schon handgreiflich „mitgemischt" haben, entweder weil sie dabei gerade anwesend waren oder weil sie eine solche Prügelei bereits mit geplant haben. Zu einer Gruppenauseinandersetzung ist es beispielsweise zwischen den weiblichen Gruppenmitgliedern der „Straßenkids" und einer Gruppe ausländischer Jungen gekommen:

„Auf jeden Fall standen da ein Haufen Jungs, die haben dann irgendwas gesagt und dann haben wir angefangen (...), und dann meinte der eine, ja, du kannst mir einen blasen und dann meinten wir wieder, ja, laß dir was wachsen und dann ist der voll aufgekratzt, weil er ist aus XLand. Ja, und dann sind wir ausgerastet und dann sind die ausgerastet." (28, 1287)

Über Konflikte zwischen den in die Untersuchung einbezogenen Mädchengruppen bzw. den weiblichen Teilgruppen der gemischtgeschlechtlichen Gruppen und anderen Mädchengruppen berichten die weiblichen Jugendlichen ebenfalls, jedoch kam es nicht zu einer Prügelei, weil die gegnerische Gruppe Angst zeigte:

„Ja. Ja, wie letztes – im Sommer war das mit welchen aus X, mit Mädchen, die wollten uns auf die Fresse hauen, aber sind nicht gekommen, oder welche aus X, aber die sind auch nicht gekommen. Die haben irgendwie alle Schiß." (9, 116-117)

Im allgemeinen sind bei gemischtgeschlechtlichen Gruppen die weiblichen Jugendlichen für die gegnerischen Mädchen, die männlichen Jugendlichen für die gegnerischen Jungen zuständig, allerdings kommt es auch durchaus vor, daß sich die weiblichen Jugendlichen gegen Jungen einsetzen.

„Also wenn es gegen – um Mädchen geht, die Mädchen. Wenn es um beides geht, um Mädchen und Jungen, Mädchen und Jungen." (10, 403)

„(...) gegen die X-Gruppe, die Jungs, aber es waren ja – wir konnten ja keine Jungs schlagen, aber wir haben es trotzdem gemacht." (10, 401)

Die Beobachtung, daß Mädchen und junge Frauen in gemischtgeschlechtlichen gewalttätigen Gruppen hauptsächlich im Hintergrund agieren (vgl. SINUS-Institut 1994), läßt sich auf der Grundlage unserer Untersuchung demnach nicht bestätigen. Zwar sind sie auch hier für die weiblichen Mitglieder von gegnerischen Gruppen „zuständig" (ebd., S. 32), sie setzen sich aber auch gegen Jungen ein.

Die Unterschiede zwischen Mädchen- und gemischtgeschlechtlichen Gruppen hinsichtlich Gewaltanlässen und -opfern sind geringfügig, lediglich das Thema „Gruppenprügeleien" erhält einen unterschiedlichen Stellenwert: Bei den weiblichen Jugendlichen der gemischtgeschlechtlichen Cliquen spielt es eine größere Rolle. Hier scheinen die Chancen größer zu sein als in den Mädchengruppen, in derartige Auseinandersetzungen verwickelt zu werden. Diesen Unterschied interpretieren wir in engem Zusammenhang mit der ausgeprägten Abgrenzung der gemischtgeschlechtlichen Gruppen gegen andere Jugendgruppen und soziale Gruppierungen. In diesem Zusammenhang zeigt sich jedoch, daß zwar – dem exklusiven Bindungsmodus dieser Gruppen entsprechend – die Abgrenzung von beiden Geschlechtern mitgetragen wird, daß sie in der gewaltbereiten Gruppenpraxis für männliche Jugendliche jedoch bedeutsamer ist als für die weiblichen. In den Mädchengruppen bestätigt sich, daß die eher inklusiven Bindungsmodi auch dazu beitragen, daß Gruppenprügeleien in der Realität keine Rolle spielen – allenfalls einzelne Angehörige abgewerteter Gruppen werden zu GegnerInnen in Prügeleien.

4.2.2 Gewaltformen und -abläufe

Verdeckte Gewalt wird als „typisch weibliche" Form der Aggressivität bzw. psychische und verbale Gewalt häufig als „mädchentypische" Gewaltform beschrieben. In unserer Untersuchung wird jedoch eine Vielzahl von Beispielen für ein offen aggressives Vorgehen von den befragten Mädchen genannt, wenngleich einzelne auch bewußt psychische oder erpresserische Formen der Gewalt anwenden.

Gewaltauslöser können sowohl affektive Erregung wie auch ein geplantes Vorgehen sein. Bei letzterem spielen Vergeltungs- und Rachewünsche eine wesentliche Rolle. Sie entstehen oftmals bereits außerhalb der konkreten Situation, z.B. wenn andere hinter dem Rücken über die Mädchen der Gruppe geredet haben. In solchen Fällen wird die verleumderische Person zur Rede gestellt, es erfolgt möglicherweise ein kurzer verbaler Schlagabtausch, dem dann in der Regel ein körperlicher Angriff folgt. Dabei scheint es unwesentlich zu sein, ob die Verleumdung geleugnet oder eingestanden wird und ob der Vorwurf richtig oder falsch ist. Meist ist es bereits vorher beschlossene Sache, daß „der eine auf die Fresse gehört". Besonders „übel" könne es werden, wenn ein Gruppenmitglied schlechte Laune habe und jemand „was Falsches sagt". Dann wird die Aggression in der Situation durch diese oder jene Antwort noch gesteigert, so daß die Mädchen berichten, daß sie „ausgerastet" seien.

In Fällen, in denen es keine Vorgeschichte gibt, sondern eine Schlägerei situativ entsteht und affektiv begründet ist – z.B. wenn die Mädchen und jungen Frauen von jemandem „schräg angesehen", also ihrem Empfinden nach abfällig gemustert werden –, wird gemeinhin zunächst eine Warnung ausgesprochen. Aber auch hier scheint die Reaktion der Person nicht wirklich wichtig zu sein, die Aggression ist vorhanden und wird durch einen körperlichen Angriff ausagiert. Eine solche aggressive Auseinandersetzung beginnt meist damit, daß ein Gruppenmitglied das Gefühl hat, von einem Mädchen abgewertet zu werden. Dies ist z.B. der Fall, wenn es „dumm angeguckt" wird, „also so von oben nach unten", oder wenn der Eindruck entsteht, daß andere über es „tuscheln". Daraufhin wird die betreffende Person „zur Rede" gestellt. Wenn dann auf die Frage „Was guckst du so?" oder „Was hast du gesagt?" eine „Scheißantwort" kommt, dann hat sie „eben Pech gehabt", „da rastet man halt aus". Sofort zugeschlagen wird meist dann, wenn die „Ehre" verletzt wird, z.B. durch Bezeichnungen wie „Schlampe" oder „Hurentochter". Eine affektive Erregung steht auch meist im Vordergrund, wenn die Mädchen Jungen angreifen – aufgrund sexistischer Sprüche oder Übergriffe, aufgrund von Beleidigungen oder aus einer Laune heraus.

Bei körperlichen Auseinandersetzungen setzen die weiblichen gewaltbereiten Jugendlichen ebenso wie die männlichen ihre Fäuste und Füße ein, Schlagen und Treten waren bei ihnen die am häufigsten genannten Kampftechniken, während Ohrfeigen eher beiläufig erwähnt und kaum als ernsthafte Gewaltform gesehen werden. Sogenannte „mädchenspezifische" Verhaltensweisen wie Haareziehen oder Kratzen wurden insgesamt sehr selten genannt und kommen allenfalls als Auftakt eines Kampfes zum Einsatz:

„C: Dann sind wir auf den Acker gegangen. Und dann war ich natürlich die, die angefangen hat. Nur mit so ein bißchen Kratzen so .. dsch, dsch.
D: Sie hat gekratzt.
(...)
C: Sie ist mit Fäusten auf sie eingegangen.
D: Also ich habe erst, ich habe ihr erst gegen den Kopf getreten. Also sie saß. Dann bin ich ihr gegen den Kopf getreten. Also hier so dagegen. Dann lag sie. Und dann habe ich mit den Fäusten auf sie eingeschlagen.
(...)
C: Sie stand irgendwie auf, hat sie angeguckt, ‚Was sollte das?', das fand ich auch ein bißchen ... Ich wußte nicht, ich wollte sie erst da wegziehen, die hatte fast ein geplatztes Trommelfell...
D: Ein blaues Auge.
C: Ein blaues Auge, aus der Nase geblutet und alles." (27, 35ff.)

„D: Ich zieh sie runter (vom Fahrrad, d. Verf.), und dann habe ich mich mit ihr an die Bushaltestelle gesetzt und dann habe ich ihr mit der Faust so eine so rübergehauen. Und dann ist sie irgendwie so ... (lacht)
C: ... umgeknickt oder sowas.
D: ... umgeknickt, dann lag sie auf dem Boden.
C: Dann haben wir beide aber, wir beide haben sie, sie saß ja da, wir haben immer voll zugetreten ...
D: (gleichzeitig) Wir haben draufgetreten so...
C: ...und die ist dann nach Hause geeiert.
D: Geblutet.
C: Geblutet (lacht), dicke Backe gehabt. Alles.
Int.: Wohin getreten?
C: Ins Gesicht.
D: Überall, sie lag da so und dann überall hin.
C: (gleichzeitig): Sie lag ja.“ (27, 396-407)

Im Gegensatz zu den Jungen besitzen und benutzen die Mädchen in der Regel keine Waffen. Teilweise bewerten sie den Besitz und den Einsatz von Waffen bei Auseinandersetzungen abfällig und eher als Schwäche, denn als Stärke. Ein Mädchen sagt z.B.: „Ich hab' genug Kraft, was soll ich mit 'nem Messer?“ (27, 372)

Die Intensität der Gewaltanwendung ist individuell unterschiedlich, wir haben Mädchen gesprochen, die aufhören, wenn das Opfer weint und sich respektvoll verhält oder „wenn es genug ist“, aber auch Mädchen, die außerordentlich brutal agieren und sich auch nicht davon beeinflussen lassen, wenn Blut fließt. Einige der weiblichen Jugendlichen berichten in den Einzelinterviews darüber, daß ihnen in der Situation das Opfer leid getan habe, weil es sich nicht gewehrt oder weil es geweint habe. Andere empfinden situativ kein Mitgefühl, ob es nachträglich empfunden wird, ist von dem Widerstand des Opfers abhängig, welchen „Vergehens“ es sich schuldig gemacht hat und teilweise auch von dem Grad der Verletzungen des Opfers.

„Weil sie, sie verliert, glaub ich, ihre Kontrolle über sich. Ich kann mich noch zügeln, ich weiß, wann ich aufhören soll. Wenn sie da liegt und schon so'n verzogenes Gesicht, so irgendwie: ‚Hör auf!‘, oder so, dann muß ich aufhören, das geht nicht anders, das tut mir so leid dann. Bei ihr, die hört gar nicht auf, gar nicht, da muß ich, ich mußte sie richtig so wegzieh'n da. Die steigert sich in die Sache rein. Die vergißt sich, ehrlich.“ (3, 149)

In den gemischtgeschlechtlichen Gruppen weisen Mädchen häufiger als Jungen auf die enthemmende und die Aggressionen verstärkende Wirkung von Alkohol hin. Sie berichten über Konflikte mit Jugendlichen, die sich erst aufgrund des exzessiven Genusses von Alkohol entzündeten und teilweise auch durch seine enthemmende Wirkung in gewalttätige Auseinandersetzungen mündeten.

„Aber ich denke, wenn man Alkohol trinkt, das kennt jeder, daß die Emotionen viel größer sind. Wenn einer mal angetrunken ist, oder so, und sag mal, dann angemacht wird, der nimmt das immer ernster, als wenn er nüchtern ist. Aber ich denke, das hat jeder so. Wenn man mit dem Freund streitet, oder ob jemand einen anmacht. Das ist im betrunkenen Zustand, oder wenn man Alkohol getrunken hat, einfach viel emotionaler, als wenn man nüchtern ist. Und dadurch entstehen auch schneller mal Schlägereien. (...) Ich denke, (...) es ist einem egal, es ist in dem Moment egal, was passiert. ... Ist ja im Prinzip ein Rauschzustand." (61, 614, 616)

Während davon ausgegangen werden kann, daß ein hoher Alkoholkonsum auf den Verlauf von Auseinandersetzungen durchaus eine aggressions- und gewaltfördernde Wirkung besitzt, gilt dies nach Aussagen der Jugendlichen nicht für andere Rauschmittel, wie z.B. Marihuana. Keine Rolle spielt Alkohol für die Gewaltbereitschaft in den Mädchengruppen, die sich nur selten betrinken.

Einfluß auf den Verlauf gewalttätiger Auseinandersetzungen haben auch situative Faktoren, z.B. die Anwesenheit anderer Gruppenmitglieder, die zu einem größeren Sicherheitsgefühl beiträgt oder dazu führt, daß auch andere Gruppenmitglieder sich unterstützend einmischen.

„Naja, meistens ist so X so, die so ein bißchen Streit macht oder so, weil manchmal, ich weiß nicht, da sieht sie jemanden, der gefällt ihr nicht, und dann fängt sie an, die irgendwie anzumachen. Und wenn die halt irgendwie 'nen Spruch zurücksagen, dann fängt halt die nächste an, noch mit draufzumachen, die dann sagt, die dann X halt unterstützt, und dann, weiß ich nicht, dann gehen halt, irgendwann sind dann alle beteiligt mit." (50, 169)

Es gibt aber auch einzelne Beispiele, in denen anwesende weibliche Gruppenmitglieder gewaltmindernd auf den Gewaltverlauf einwirken, z.B. wenn sie – weil es „genug" ist – unbeherrschtere Gruppenmitglieder stoppen.

Für den Verlauf der Auseinandersetzungen spielen auch Beiträge des „Publikums" eine Rolle. Werden die Mädchen aufgefordert zuzuschlagen oder angefeuert, so bleibt dies nicht ohne Wirkung auf das Geschehen. Bei den „Powergirls" wird z.B. im Zusammenhang mit der Prügelei zwischen zwei Gruppenmitgliedern und einem Mädchen berichtet:

„Ja. Die standen ja alle. Die haben ja zu mir gesagt, ich soll mich in der Mitte mit ihr prügeln. Es haben sich alle um uns rumgestellt, und haben gesagt, wenn ihr zu dicht an uns rankommt, dann treten wir euch wieder zurück. Und dann waren wir da in der Mitte, und ich wußte nicht, was ich machen sollte. Dann haben sie nachher aufgehört, dann sind alle, haben sich verteilt auf dem Acker und dann ist X (ein anderes Mädchen der Gruppe, d. Verf.) hingegangen. (...) Na klar, na klar, die da alle saßen, die gesagt haben, Catchen Leute, wir haben bezahlt, fünf Mark." (72, 81)

Zurufe oder Beifallsbekundungen können dazu beitragen, daß bei einem Konflikt, in dem die betreffende Person „zur Rede" gestellt wird, härter und kompromißloser zugeschlagen wird. Auch die Angst vor Strafe kann Einfluß auf den Verlauf von Prügeleien haben, z.B. wenn sichtbare Verletzungen bei der Gegnerin vermieden werden, wenn darauf kalkuliert wird, daß die andere Person als erstes zuschlägt, wenn Räume als Austragungsorte gewählt werden, die dem Blick der Öffentlichkeit verborgen sind, oder wenn ein Mädchen erzählt, daß sie sich von „Ermutigungen" aus dem Umfeld nicht zum Zuschlagen verleiten lasse, da ihre Methode der verbalen Einschüchterung und der Bedrohung sowohl ausreichend als auch weniger riskant hinsichtlich einer polizeilichen Nachforschung sei. Gewaltmindernd wirken sich unter Umständen auch emotionale Hemmschwellen aus, wenn eine Gegnerin bereits besiegt ist und blutend am Boden liegt.

Beispiele für ein brutales Vorgehen und für schwere Verletzungen der Opfer finden sich bei beiden Geschlechtern. Daraus kann gefolgert werden, daß es – unabhängig von Häufigkeitsverteilungen – sowohl Jungen als auch Mädchen gibt, deren Umgang mit Gewalt sich durch besondere Brutalität und Kompromißlosigkeit auszeichnet. Dieses Ergebnis stellt Tabuisierungen und Geschlechtsrollenstereotypisierungen, die am Bild des „friedlichen" Mädchens festhalten, ebenso wie mediale Sensationsberichte über brutaler als Jungen zuschlagende und daher „bösartige" Mädchen gleichermaßen in frage.

In den Gewaltformen und -abläufen ergeben sich keine Unterschiede zwischen den Mädchen- und den gemischtgeschlechtlichen Gruppen. Die Dynamik der Situation entwickelt sich ähnlich und legt ähnliche Strategien nahe. Die Tatsache, daß auch Jungen zur Gruppe gehören, scheint situativ keinen Einfluß auf das Gewalthandeln zu haben, die Mädchen fühlen sich nicht aufgrund eines männlichen Rückhalts oder der größeren Anzahl von Mitgliedern stärker. Ihnen reicht ihre eigene Kraft und die Unterstützung ihrer weiblichen Gruppengenossinnen. Die Unterschiede sind eher situativ und individuell bedingt – hier spielen ein unterschiedliches affektives Erregungsniveau, die Verletzlichkeit, die Gewaltbereitschaft und das Vertrauen in die eigenen körperlichen Fähigkeiten eine Rolle.

4.2.3 Gewalt-„Regeln"

In der Fachliteratur, vor allem in der amerikanischen „Gang"-Literatur (vgl. die Literaturrezeption von Campbell 1984 und die Beispiele in Stenke u.a. 1998), teilweise auch in der Rechtsextremismusdiskussion, wird Mädchen in gemischtgeschlechtlichen gewaltbereiten Jugendgruppen oftmals die Rolle der „Anheizerinnen" und „Anstifterinnen" zugeschrieben. In den Interpretationen wird ein solches gewaltunterstützendes Handeln auch als Instrumentalisierung männlicher Jugendlicher beschrieben, weil die Mädchen und jungen Frauen dadurch ohne Verstoß gegen herkömmliche Wertvorstellungen eigene aggressive Gefühle ausleben können. In unseren Ergebnissen scheinen sich hierfür ebenfalls Anhaltspunkte zu finden: So ist mit dem Vorwurf weiblicher Jugendlicher von den „Straßenkids", daß Jungen feige seien, weil sie sich einer verabredeten Gruppenschlägerei nicht gestellt haben, eine versteckte Aufforderung zur Aggressivität verbunden. Bei genauerer Betrachtung zeigt sich jedoch, daß die Mädchen in diesem Fall nicht versuchen, die Jungen für ihre Zwecke zu funktionalisieren, indem sie sie bewegen, „ihren" Kampf zu führen – sie waren am Treffpunkt erschienen und bereit und willens sich ins „Kampfgetümmel" zu stürzen –, sondern ihnen geht es um die Aufrechterhaltung des Rufes der Gruppe als kampfgewillt und einig. Auch die häufig mit der „Anheizerinnen"-Rolle verbundene Herabsetzung – in der frühen Kriminalitätsdiskussion wird damit die „Hinterhältigkeit" und „Heimtücke" von Frauen belegt (vgl. Mischau 1997) – greift hier nicht.

Nach vorliegenden geschlechterdifferenzierten Untersuchungsergebnissen der Rechtsextremismusforschung bestimmt darüber hinaus vor allem die Bewunderung der männlichen „Kämpfer", deren emotionale und physische Unterstützung sowie die Suche der weiblichen Mitglieder nach Schutz durch die männlichen weitgehend die Beziehungen zwischen weiblichen und männlichen Gruppenmitgliedern. Auch in unserer Untersuchung schreiben die weiblichen Gruppenmitglieder der „Straßenkids" und der „Schlägermädchen" den Jungen in der Clique bzw. befreundeten Jungen eine Beschützerrolle zu und akzeptieren ihre Unterstützung bei Auseinandersetzungen mit männlichen Jugendlichen, obwohl sich die Mädchen ihrer eigenen Kampfkraft und -fähigkeit sicher und bewußt sind. Bei den „Straßenkids" werden allerdings für Auseinandersetzungen, in denen Jungen eine solche Rolle einnehmen, keine Beispiele genannt. Dies könnte darauf zurückgeführt werden, daß die meisten Prügeleien, in die Mädchen verwickelt sind, mit anderen Mädchen stattfinden, in die sich Jungen nicht einmischen; möglicherweise verschweigen die Mädchen, von denen die meisten Konfliktfälle geschildert werden, derartige Begebenheiten aber auch, weil dann ihre Stärke und Überlegenheit angezweifelt werden könnten.

Aus den Erzählungen von Mitgliedern der Gruppe der „Zukunftsorientierten", in der die jungen Frauen ihren männlichen Gruppenmitgliedern eine solche Rolle nicht explizit zuschreiben, ergibt sich eine Bestätigung der „Beschützerrolle" von männlichen Jugendlichen und ein Hinweis, unter welchen Bedingungen sie in Anspruch genommen wird. In einem Fall wird davon erzählt, daß sich Jungen bei einer „Massenschlägerei" vor die anwesenden Mädchen gestellt haben, in einem anderen Fall, daß männliche Jugendliche sich an einer anderen Gruppe von Jugendlichen gerächt haben, die Mädchen auf einem Spielplatz angegriffen und belästigt haben. Verknüpft werden diese Schilderungen mit dem Hinweis auf die körperliche Unterlegenheit von Mädchen gegenüber der körperlichen Stärke von Jungen und damit, daß es für männliche Jugendliche unzulässig sei, Mädchen anzugreifen. Hier zeigt sich demnach ein Gefälle zwischen Mädchen und Jungen, das bei „harten" Auseinandersetzungen mit überlegenen Gegnern wirksam werden kann, und das an Unterschieden in der physischen Kraft zwischen Mädchen und Jungen anknüpft. Dennoch bleiben Beschützerrollen nicht allein männlichen Jugendlichen vorbehalten: In einer der befragten Jugendgruppen übernimmt beispielsweise eine junge Frau diese Rolle für ihren Freund, der ebenfalls Gruppenmitglied ist, und in den befragten reinen Mädchengruppen ist diese Rolle an die überlegene Körperkraft der jeweiligen „Hauptschlägerin" gebunden.

Alle Befragten betonen einhellig die Regel, daß Mädchen für Jungen als Gegnerinnen in körperlichen Auseinandersetzungen „tabu" sind – die eigene Partnerin ist hiervon jedoch ausgenommen. Während z.B. die weiblichen Jugendlichen der „Straßenkids" einem Jungen generell zugestehen, daß er zurückschlägt, wenn sie ihn angreifen, wird bei den „Powergirls" dieser „Nicht-Angriffs-Pakt" als Vorteil gewertet. Insbesondere die männlichen Mitglieder der „Straßenkids" heben hervor, daß sie gegen dieses Tabu auch nicht verstoßen würden; über einen in der Gruppendiskussion berichteten Vorfall, bei dem sich ein Junge nicht an diesen Leitsatz hielt und ein Mädchen geschlagen hat, äußern sich alle „Straßenkids" sehr abfällig. Allerdings schildern sie auch, wie ein derartiges Tabu umgangen werden kann: Ein Junge berichtet, daß er ein angreifendes Mädchen festhalten, aber nicht schlagen würde und ihr dann von den Mädchen „eine auf die Fresse" geben lassen würde (72, 30). Es wird auch ein konkreter Fall einer derartigen „Arbeitsteilung" geschildert, bei dem ein Junge dieser Gruppe „Ärger" mit einem Mädchen hatte, weil sie „unbedingt etwas von ihm wollte" und er nicht, worauf auf seinen Auftrag hin zwei Mädchen der Gruppe „das für ihn geregelt" haben. Für derartige Rückgriffe auf Gruppenmitglieder des jeweils anderen Geschlechts finden sich aber auch bei den Mädchen Hinweise. Ein Mädchen erzählt z.B.: Bei einem Konflikt mit „stärkeren Jungs, holt man andere Jungs" (74, 466-473). Die Äußerung eines jungen Mannes weist darauf hin, daß entsprechende Ansprüche teilweise auch als Instrumentalisierung empfunden werden und ihnen nicht unbedingt gefolgt würde. Er erzählt, daß Mädchen zeitweise von Belästigungen durch Jungen berichten und männliche Freunde dazu auffordern würden, dem „eine in die Fresse" zu geben. „Aber das macht keiner. Außer es sei denn schon eine extreme Sache" (34, 225).

In Konflikten mit nicht gleichaltrigen Gegnerinnen gilt der Leitsatz „Jüngere schlägt man nicht", während man bei Älteren und damit Stärkeren – eine häufige implizite Annahme – „Pech gehabt" hat. Sowohl die Mädchen der „Straßenkids" als auch die „Schlägermädchen" halten diese Regel ein, indem sie ein jüngeres Gruppenmitglied damit beauftragen, die Gegnerin zur Rede zu stellen und den Konflikt stellvertretend auszutragen. Bei den „Straßenkids" beispielsweise ist für Kontrahentinnen im Alter von dreizehn oder vierzehn Jahren das jüngste Gruppenmitglied zuständig. Diese Inanspruchnahme jüngerer Gruppenmitglieder findet aber auch in umgekehrter Richtung statt, indem dieses Mädchen bei Konflikten mit älteren Mädchen ebenfalls auf ihre Freundinnen zugreifen kann:

> „ (...) und wenn X eine Ältere schlagen will, dann holt sie immer uns." (74, 411)

Aus den Erzählungen der Jungen geht hervor, daß sie bei stärkeren oder älteren Gegnern ähnlich verfahren, z.B. indem sie einen erwachsenen Freund darum bitten, Prügel, die sie von einem älteren Mann bezogen haben, zurückzugeben (Punkt 4.2.2).

Neben den genannten Grundsätzen für Konflikte zwischen Mädchen und Jungen berichten die weiblichen und männlichen Befragten aber auch von geschlechtsneutralen Maximen, wie z.B. den häufig geäußerten Leitsatz „Wenn es genug ist, sollte man aufhören". Ob weinende, am Boden liegende, kampfunfähige oder blutende Opfer noch weiter traktiert werden, ist jedoch wesentlich von situativen Bedingungen und von der Selbstkontrolle der Aggressorin bzw. des Aggressors abhängig.

„Wenn jemand am Boden liegt, dann auf alle Fälle aufhören, finde ich. Also X ist auch anderer Meinung. Ich habe schon mal gesehen, wie sie so eine Tine verkloppt hat. Es war Winter, die lag auch am Boden und hat schon Blut gespuckt, und X hat immer reingetreten, immer noch reingetreten, der ganze weiße Schnee war dann rot." (7, 271)

Wenn das Opfer nicht aufgibt, sich weiter wehrt oder wenn die Angreiferin bzw. der Angreifer „ausrastet", wird diese Regel oft nicht eingehalten.

Auch die Regel „eins gegen eins" betonen sowohl weibliche als auch männliche Jugendliche, eingehalten wird sie jedoch nicht unbedingt. Wenn abzusehen ist, das der oder die Gegner/in befreundete Jugendliche zur Unterstützung mitnimmt oder ein Gruppenmitglied unterlegen ist, gehen die Gruppenmitglieder mit zum Kampfplatz, um sich, falls nötig – wenn es nicht bei einem Zweikampf bleiben sollte –, helfend einzumischen:

„Ja, wenn, (...) und jetzt kloppen sich eine von uns mit der anderen und von den anderen mischen sich welche ein, ist doch klar, daß wir uns dann auch einmischen, weil erst lassen wir die beiden alleine. (...) Aber wenn sich jemand einmischt, mischen wir uns auch ein." (28, 812-815)

„Int.: Ja, macht ihr das vorher ab, ob ihr zusammen geht, oder?
G: Ja, vorsichtshalber welche mitnehmen, falls die anderen mit welchen kommen." (28, 949f.)

Diese angeblich reine Vorsichtsmaßnahme kommt jedoch im Gruppenalltag häufig zur Anwendung, da die meisten Mädchen – wie die Jungen auch – nicht aufhören, weiter auf das Opfer einzuschlagen, wenn die „Schuld" abgegolten ist. Häufig wird davon berichtet, daß dem unterlegenen Opfer eine Freundin zu Hilfe kommt, die sich dann ein anderes Gruppenmitglied vornimmt. Erzählt wird auch, daß es oftmals mehr als einen Konfliktanlaß gibt, weil sich das Opfer im Vorfeld der Auseinandersetzung aus unterschiedlichen Gründen bereits bei mehreren Gruppenmitgliedern unbeliebt gemacht hat. Häufig begibt sich erst *ein* Mädchen in die körperliche Auseinandersetzung, ein anderes – meist weniger gewaltbereites Gruppenmitglied – tut zusätzlich noch das seine dazu, beispielsweise, indem es das Opfer zu Beginn oder am Schluß der Schlägerei ohrfeigt.

Ob bei Konfliktfällen in jedem Fall körperliche Gewalt eingesetzt wird oder andere Aushandlungsmuster zum Tragen kommen, ist jedoch auch abhängig davon, inwieweit die Streitparteien miteinander bekannt bzw. befreundet sind. Ein Junge betont, daß er in einem Konflikt mit einem „richtigen Freund" nicht schlagen würde. Insbesondere dann nicht, wenn die Möglichkeit besteht, daß sich die Freundschaft wieder festigen könnte. Auch die Mädchen entwickeln gegenüber Bekannten bzw. Freundinnen andere Konfliktlösungsstrategien:

„Also ich kann grundsätzlich niemanden schlagen, mit dem ich befreundet war. Wenn sie was gemacht hat so, dann sage ich ‚Ja, Freundschaft aus, ich – du bist für mich gegessen', und dann gehe ich aus dem Weg, red' nicht mehr mit ihr. Aber ich könnte niemanden schlagen, mit dem ich befreundet war." (7, 152)

„Nein, nur wenn ich die Leute kenne und die eigentlich gut finde oder die mag oder – dann rede ich auf jeden Fall immer, aber wenn ich sie nicht kenne, dann rede ich nicht." (10, 436-437)

Gruppeninterne Konflikte, die es in allen befragten Jugendgruppen gibt, werden meist ohne Prügeleien ausgetragen, sie werden entweder verbal gelöst oder durch ein zeitweiliges „Aus-dem-Weggehen". Nur bei den „Straßenkids" wird bei der Austragung von Konflikten innerhalb der Gruppe auf geschlechtsspezifische Unterschiede hingewiesen: Wenn die Mädchen untereinander Streit haben, mischen sich auch männliche Gruppenmitglieder mit dem Hinweis auf deren starke Freundschaftsbande ein. Allerdings wird von keinem Konflikt unter den Jungen berichtet, bei dem sich ein Mädchen vermittelnd eingeschaltet hätte, hier würden andere Jungen eingreifen. Hintergrund für diesen Unterschied ist sehr wahrscheinlich das geschlechtstypische Vorgehen bei Konflikten. Während die Jungen Konflikte untereinander „immer" mit einer Schlägerei regeln würden – in die sich die Mädchen aufgrund der Härte der Auseinandersetzung nicht einmischen –, würden sich die Mädchen eher aus dem Weg gehen:

„Ia: Die Mädchen reden einfach nicht miteinander und gehen sich aus dem Weg, aber die Jungs kloppen sich immer.

Ga: Aber es passiert immer nicht so viel." (28, 247f.)

Ein Junge bestätigt diese Äußerung eines Mädchens und zwei weitere erzählen in den Einzelinterviews, daß sie sich sogar schon mit dem besten Freund geprügelt hätten. Allerdings berichten die Jungen der „Straßenkids" auch von Prügeleien unter den Mädchen:

„Die Mädchen prügeln sich oft so. Wenn Mädchen – zum Beispiel, wenn ein Mädchen eifersüchtig ist, dann gibt es schon Krach. Also wenn jetzt – zum Beispiel ich habe eine eigene Beziehung, und die andere will was von mir, dann kloppen die sich schon so." (70, 197)

Die Mädchen geben zwar zu, daß eine verbale Auseinandersetzung auch mal „lauter" werden könne, jedoch betonen alle, daß sie sich untereinander niemals schlagen würden: „Ich meine, richtig, daß wir uns aufs Maul hauen würden oder so, glaube ich nicht. Aber so, daß wir uns streiten, anschreien und so, das gibt es schon." (10, 349). Ähnliche Aussagen finden sich auch bei den „Powergirls" und den „Schlägermädchen", die berichten, daß sie bei Streitereien miteinander reden würden und daß, wenn es sich darüber nicht klären lasse, für einen kurzen Zeitraum auch mal „Funkstille" wäre. Erst auf hartnäckige Nachfrage geben die „Schlägermädchen" zu, daß es häufiger schon beinahe zu einer körperlichen Auseinandersetzung gekommen wäre, wenn nicht andere Gruppenmitglieder zwischen den Gegnerinnen vermittelt, sie mit dem Hinweis auf deren freundschaftliche Beziehung auseinandergehalten und bei den ersten Handgreiflichkeiten voneinander getrennt hätten.

Die Anlässe für gruppeninterne Streitigkeiten ähneln nur bedingt den angegebenen Gründen für gruppenexterne Auseinandersetzungen: Die Mädchen streiten sich nach ihren eigenen Aussagen meist „um Jungen", „um Geld" oder wenn sich ein Mädchen etwas von einer anderen geliehen hat und es nicht mehr zurückgibt. Es wird aber auch von Auseinandersetzungen unter den Mädchen berichtet, die aufgrund von „Labereien" entstanden. Unter den Jungen entstehen Konflikte beispielsweise bei der Aufteilung der Beute aus Raubüberfällen und Einbrüchen sowie aus Gefühlen von Eifersucht und Verantwortung gegenüber aktuellen oder früheren Freundinnen. Sowohl bei den „Straßenkids" als auch bei den „Zukunftsorientierten" spielt der Alkoholisierungsgrad der Jugendlichen bei vielen der angegebenen Konflikte zwischen den Gruppenmitgliedern eine zentrale Rolle.

Gewalt-Regeln scheinen eine universelle Gültigkeit in gewaltauffälligen Jugendgruppen – unabhängig von ihrer Geschlechterzusammensetzung – zu besitzen. Sie orientieren sich an Gerechtigkeitsvorstellungen, die auch in gewaltaffinen Kontexten Geltung haben. Allerdings finden die Jugendlichen Wege, um Abweichungen von diesen Regeln zu legitimieren – auch sie beruhen auf Fairneßvorstellungen oder, wie im Falle der Einmischung anderer Gruppenmitglieder bei einer drohenden Unterlegenheit in Eins-zu-Eins-Kämpfen, auf gruppensolidarischen Wertvorstellungen.

4.3 Geschlechtertypisierungen im Kontext von Gewalt

Mädchen in gewaltauffälligen Jugendgruppen thematisieren die Geschlechtszugehörigkeit auch ohne gezielte Nachfragen, meist im Kontext von Fragen zum Zusammenhalt und der Verbundenheit der Gruppenmitglieder, zu den Opfern sowie zu den Handlungsmustern der Konfliktaustragung.

Im Konflikt- und Gewaltverhalten der Geschlechter sehen die befragten gewaltbereiten Mädchen teilweise Unterschiede, teilweise weisen sie geschlechtsspezifische Zuschreibungen aber auch zurück. Auch hier zeigen sich Differenzen zwischen den einzelnen Mädchen. Der Frage, ob Mädchen friedlicher seien als Jungen, stimmen insbesondere Mädchen aus den Mädchencliquen zu – ein Mädchen begründet dies unwidersprochen damit, daß ein Junge bei Konflikten „sich da immer mehr dran auf(baut)“ (27, 586), so daß Auseinandersetzungen eskalieren würden. Teilweise wird auch wenig eindeutig geantwortet: „Muß nicht sein“ oder „so und so“. Die Mädchen der „Straßenkids“ antworten demgegenüber auf die Frage, ob Mädchen friedfertiger seien, mit der klaren Aussage „bei uns nicht“ und weisen auf ihre Toleranzgrenzen hin. Das provokative Statement, daß Mädchen nicht kämpfen können, weisen fast alle Mädchen weit von sich und grenzen sich gegen diese herkömmliche Geschlechtsrollenzuschreibung ab. Die „Powergirls“ kontern beispielsweise:

> „Wir sind doch keine Schwacheier. Wir haben genausoviel Power wie die Jungs“ (27, 568)

Einhellige Meinung ist, daß Mädchen „genauso gut. Nicht besser, nicht schlechter“ kämpfen können. Vor allem diejenigen Mädchen, die sich stärker gewalttätig zeigen, vermuten sogar, daß sie „zum Teil auch besser“ kämpfen könnten, hinterfragen demnach also die Gültigkeit geschlechterstereotyper Zuschreibungen.

Auch bei den „Zukunftsorientierten“ wird generell davon ausgegangen, daß auch Mädchen fähig und bereit seien sich zu wehren und zuzuschlagen, wenn es einen triftigen Grund gibt. Mädchen werden jedoch sowohl von den weiblichen als auch den männlichen Jugendlichen als in der Regel weniger gewaltbereit – im Sinne von körperlich aggressiv – und eher vermittelnd bei Konflikten beschrieben.

Wie bereits dargestellt, wird Geschlechtszugehörigkeit auch im Zusammenhang mit der Frage nach den Opfern von Aggressionen thematisiert. Obwohl Mädchen in den gewaltauffälligen Jugendgruppen ihre Gewaltbereitschaft auch gegenüber Jungen ausdrücken, ist es in der Realität dennoch so, daß sie vor allem Mädchen angreifen. Dem liegt eine Wahrnehmung von Eigenschaften zugrunde, nach der Mädchen intriganter und „zickiger" (2, 227) seien und häufiger schlecht über andere reden würden als Jungen. Aber auch die häufig geäußerte geschlechtsspezifische Zuschreibung, daß Mädchen in ihrer Körperkraft besser einzuschätzen und Jungen einfach stärker seien, gewinnt in diesem Zusammenhang an Bedeutung. Dem steht die Aussage eines Mädchens der „Straßenkids" gegenüber, die insbesondere Jungen gegenüber nicht zurückstecken würde.

Im Zusammenhang mit körperlichen Auseinandersetzungen wird an mehreren Stellen auf Differenzen im Verhalten der Geschlechter hingewiesen. So vertreten die Mädchen die Meinung, daß sich Jungen häufiger und heftiger als Mädchen prügeln und daß sie sich im Gegensatz zu ihnen auch in der Schule prügeln würden. In der Anwendung von Waffen und Gegenständen sowie in der Brutalität von Auseinandersetzungen werden sowohl bei den „Powergirls" als auch bei den „Schlägermädchen" ebenfalls Geschlechtsunterschiede gesehen. Es seien ausschließlich Jungen, die sich bewaffnen würden; berichtet wird von Butterflies, „richtigen Waffen, Schlagringen, alles" (4, 144). Jungen würden generell häufiger mit Gegenständen, nicht mit der Hand schlagen – solange, bis das Opfer bluten würde und sich nicht mehr wehren könne.

Übereinstimmung herrscht zwischen den Mädchen der „Straßenkids", den „Powergirls" und den „Schlägermädchen" hinsichtlich der deliktspezifischen Unterschiede zwischen Mädchen und Jungen:

> „Es gibt so und so. Es ist halt 50-50, so. Also die Jungs machen mehr Diebstähle, jetzt sagen wir mal, jetzt in Anführungszeichen, und klauen vielleicht, und wir schlagen uns dafür mehr. Keiner von uns Mädchen macht Diebstahl oder so." (64, 613)

Es gibt allerdings sowohl Hinweise als auch Aussagen in der Wiederholungsbefragung, aus denen deutlich wird, daß die Mädchen teilweise ebenfalls Diebstähle begehen, und zwar Ladendiebstähle – vor allem von Süßigkeiten und Kosmetikartikeln. Möglicherweise handelt es sich bei den Vergehen der Jungen um schwerwiegendere Delikte bzw. um Waren von höherem Wert.

Die Gewalttätigsten der „Powergirls" differenzieren auch den Einfluß nicht zur Gruppe gehörender Personen für den Verlauf gewalttätiger Auseinandersetzungen geschlechtsspezifisch. So habe sich ein Mädchen gegen ihre Angriffe nicht gewehrt, weil „da zu viele Jungs standen" (27, 69). In der gleichen Situation seien sie von Jungen und Mädchen angefeuert worden zuzuschlagen, wobei die Mädchen geäußert hätten: „(...) wenn ihr jetzt nicht zuprügelt, seid ihr keine richtigen Mädchen" (27, 75). Die Geschlechtsrollen werden hier zum einen hinsichtlich der Anerkennung von Mädchen durch Jungen thematisiert, andererseits hinsichtlich der Anerkennung durch Mädchen, bei denen „Zuschlagen" offensichtlich nicht im Widerspruch zu „Weiblichkeit" steht, sondern eher als „Muß" für Mädchen gesehen wird.

Die Geschlechtertypisierungen im Kontext von Gewalt und Kriminalität ähneln sich in den gemischtgeschlechtlichen und in den Mädchengruppen weitgehend. Sie erweisen sich auch dann als relativ stabil, wenn in den gemischtgeschlechtlichen Gruppen auf die männlichen Gruppenmitglieder Bezug genommen wird. Das heißt, auch wenn verallgemeinernde Aussagen für bestimmte Personen konkretisiert werden, werden sie nicht revidiert. Dies ist zum Teil bei anderen Themen nicht der Fall, z.B. wenn die generalisierende Aussage, daß nur mit Mädchen enge Freundschaftsbeziehungen eingegangen werden können, im Hinblick auf männliche Gruppenmitglieder korrigiert wird (vgl. Punkt 3.3). Dies legt die Annahme nahe, daß sich die konkreten Erfahrungen mit den geschlechtstypischen Zuschreibungen im Gruppenalltag überschneiden, so daß gefolgert werden kann, daß die männlichen Jugendlichen in der Tat brutaler agieren, schneller aggressiv werden und Waffen benutzen. Im Hinblick auf die Generalisierung von weiblichen Eigenschaften zeigt sich, daß hier stärker differenziert wird: Wird Mädchen allgemein zugeschrieben, daß sie „zickig" seien und häufiger als Jungen über andere „labern" würden, so nehmen die interviewten Mädchen sich und in der Regel auch ihre weiblichen Gruppenmitglieder hiervon aus. Gleiches gilt für die Verwendung „weiblicher" Kampftechniken – sie grenzen sich von einem allgemein meist als „typisch weiblich" charakterisierten Vorgehen ab, das auf „Haare ziehen, Kratzen und Beißen" beschränkt ist. Daß derartige abwertende Charakterisierungen von Mädchen für das eigene Selbstverständnis zurückgewiesen werden, kann als Anspruch der weiblichen Jugendlichen auf Anerkennung und Wertschätzung gewertet werden.

4.4 Folgen und Konsequenzen von Gewalttätigkeit und anderen Delikten

Die meisten der Mädchen in den gewaltauffälligen Jugendgruppen hatten bereits häufiger mit der Polizei zu tun. Während die „Schlägermädchen" betonen, daß sie hauptsächlich durch ihre freundschaftlichen Bezüge zu den als kriminell zu bezeichnenden Jungen des Wohnquartiers von der Polizei beobachtet und registriert werden, bezeichnen sich die gewaltauffälligen Mädchen bei den „Straßenkids" selbst als „polizeibekannt". Fast täglich seien Polizeibeamte an den Treffpunkten anwesend, um sie zu beobachten und durch zahlreiche Ausweiskontrollen zu provozieren. Über ähnliche Erfahrungen berichten mit Blick auf die Vergangenheit auch die weiblichen Jugendlichen der „Zukunftsorientierten", die früher in eine große gewaltbereite Jugendgruppe eingebunden waren.

Das Verhältnis zur Polizei bzw. zu den Jugendbeamten wird von den gewaltauffälligen Jugendgruppen größtenteils sehr negativ bewertet, der gegenseitige Umgang basiert meist auf Argwohn, Skepsis und Mißtrauen.

> „Die Polizei versucht jetzt immer, uns gegeneinander auszuspielen. Und manchmal gelingt es denen auch. Deswegen streiten wir uns auch oft, (...)." (10, 357)

Bei den meisten Kontakten der Mädchen der „Straßenkids" mit der Polizei handelt es sich um Zeugenvorladungen in Ermittlungsverfahren wegen krimineller Delikte, die männlichen Gruppenmitgliedern oder befreundeten Jungen aus anderen Gruppenzusammenhängen zugeschrieben werden, teilweise auch um Delikte, bei denen die Mädchen selbst als tatverdächtig im Mittelpunkt der polizeilichen Ermittlung stehen. Nur in Einzelfällen wird auch von einer verträglichen Beziehung zur Polizei bzw. zu einzelnen Beamten berichtet.

Die in den Statistiken sichtbar werdenden geschlechtsspezifischen Unterschiede hinsichtlich der Deliktspezifität und der Häufigkeit von polizeilicher Erfassung sowie von Verurteilungen (siehe auch Bruhns/Wittmann 1999) finden sich auch in den untersuchten Gruppen. Mädchen wurden seltener als Jungen angezeigt und verurteilt, wobei allerdings auch das durchschnittlich niedrigere Alter der Mädchen zu berücksichtigen ist, was sich daraus ergibt, daß die Mitglieder der beiden Mädchengruppen – also der Hälfte der untersuchten gewaltauffälligen Jugendgruppen – zwischen 14 und 16 Jahren alt sind. Die von den Mädchen begangenen Delikte gehören größtenteils in die Sparte der gewaltkriminellen Handlungen in Form körperverletzender Straftaten, die sie sowohl einzeln als auch zusammen mit mehreren weiblichen Gruppenmitgliedern begangen haben. Ein geringer Teil der Mädchen berichtet von Diebstählen im kleineren Rahmen, die jedoch meist vor der Strafmündigkeit begangen wurden, auf alle Fälle aber schon länger zurückliegen.

Weder die Diebstahlsdelikte noch die gewalttätigen Auseinandersetzungen, in die sich die Mädchen hineinbegeben haben, zogen irgendwelche Konsequenzen hinsichtlich einer strafrechtlichen Verfolgung nach sich. In den von den Mädchen zahlreich geschilderten Körperverletzungen sahen die Opfer von vornherein von einer Anzeige ab oder wurden durch andere weibliche Gruppenmitglieder und Freundinnen unter Androhung erneuter körperlicher Repressalien dazu gezwungen.

„Wenn ich mich kloppe, dann sage ich auch gleich immer: ‚Wehe du machst 'ne Anzeige. Wenn du 'ne Anzeige machst, kriegt du noch ein paar drauf.' Und dann machen sie eigentlich keine Anzeige." (27, 424)

„Int.: Also das heißt, du hast auch noch nie eine Anzeige gekriegt?
Ia: Doch, wegen Körperverletzung.
Int.: Ja?
Ia: Anzeigen schon ein paar, aber ...
Int.: Ist das dann eingestellt worden oder was ist daraus geworden?
Ia: Ja genau, meistens ist das eingestellt worden, weil dann droht man demjenigen noch, wenn er sie nicht zurücknimmt, dann gibt es nochmal auf die Fresse, und dann nehmen sie sie wieder zurück.
Int.: War das ein Mädchen oder ...?
Ia: Ja, ein Mädchen.
Int.: Und hat das immer funktioniert?
Ia: Das war ja nur bis jetzt zweimal, und beide Male hat es funktioniert.
Int.: Dann hat sie die Anzeige wieder zurückgenommen.
Ia: (bejaht)
Int.: Und das heißt, daß du noch nie in einem gerichtlichen Verfahren oder sowas warst. Noch nie. Paßt du darauf auf oder – daß das nicht passiert, oder wie?
Ia: Teilweise passe ich darauf auf, ich gucke auch, bei wem, wie ich es machen kann. Und wenn es eben dann soweit ist, versuche ich, daß das eben zurückgenommen wird. Egal, mit welchen Mitteln.
Int.: Und in dem Moment, wo es passiert, denkst du da nicht dran?
Ia: Nein. Da denke ich überhaupt nicht an irgendwas. Da denke ich nur: ‚Hauptsache, die kriegt jetzt auf's Maul'." (10, 863-878)

Auch Überlegungen, daß es am besten sei, wenn das verprügelte Mädchen nicht wisse, wo man wohne, spielen bei den Auseinandersetzungen eine Rolle. Letztendlich wurde nur ein kleiner Teil der von den Mädchen berichteten Körperverletzungen von den Opfern zur Anzeige gebracht. Kam es dennoch dazu, so wurden die Verfahren zumeist eingestellt, nur ein Mädchen wurde strafrechtlich verfolgt und bekam eine Bewährungsstrafe von zwei Jahren.

Härtere elterliche Sanktionen sind ebenfalls selten, meist berichten die Mädchen, daß die Eltern ihre abendliche Ausgehzeit an Schultagen aufgrund der zahlreichen Vorladungen einschränkten, oder es zumindest versuchten, oder daß sie Hausarrest erhielten, dessen Einhaltung meist jedoch nicht konsequent eingefordert bzw. kontrolliert wurde. Häufig traten auch die BetreuerInnen der Jugendeinrichtungen bereits im Vorfeld der polizeilichen Ermittlungen als VermittlerInnen auf, so daß die Eltern oft nichts von den aggressiven oder gewalttätigen Handlungen ihrer Töchter erfuhren. In einem Fall konnte z.B. eine polizeiliche Ermittlung gegen ein Mädchen wegen des Verdachtes auf Anstiftung bei einer Körperverletzung von den betreuenden SozialarbeiterInnen abgewendet werden. Vor allem bei den über fünfzehnjährigen Mädchen ist die Furcht vor Entdeckung und Verurteilung groß, da ihnen insbesondere über befreundete Jungen in ihrem Umfeld und über männliche Gruppenmitglieder weniger günstige Ausgänge und Verläufe strafbedrohter Handlungen gegenwärtig sind.

Auch die männlichen Gruppenmitglieder berichten von vielen polizeilichen Vorladungen, bei ihnen sind außerdem Anzeigen häufiger, und die Bandbreite der geschilderten Vergehen von Jungen ist deutlich größer: Sie reicht von Beleidigung, Sachbeschädigung, Diebstahl, Hausfriedensbruch und Verstößen gegen das Rauschmittelgesetz (Dealen) bis zu unerlaubtem Waffenbesitz, schwerem Raub und Körperverletzung. Ähnlich wie bei den Mädchen wurden viele Anzeigen und Verfahren eingestellt, dennoch ergaben sich bei den Jungen, vermutlich aufgrund der höheren Anzahl und Schwere der Delikte, in vielen Fällen strafrechtliche Folgen ihres Handelns bis hin zu Jugendarrest und -Strafanstalt; diverse Gerichtsverfahren standen zum Erhebungszeitpunkt noch aus.

Mädchen in gemischtgeschlechtlichen Gruppen haben mehr Polizeikontakt als jene in den Mädchengruppen. Hierzu könnte eventuell beitragen, daß die männlichen Gruppenmitglieder, in deren Gesellschaft sie sich bewegen, in der Regel mehr Aufmerksamkeit von Polizisten erfahren, u.a. auch deswegen, weil sie häufiger krimineller Aktivitäten verdächtigt werden bzw. in sie verwickelt sind. Hinzu kommt, daß Jungen – wie in den Interviews mit Polizeibeamten bestätigt wurde – eher als gefährlich und bedrohlich wahrgenommen werden. Allerdings ist auch die Gruppe der „Schlägermädchen" – u.a. weil das Wohnquartier und die sich hier bewegenden Jugendgruppen insgesamt als „problematisch" bzw. „kriminell" gelten – polizeibekannt, sie haben jedoch seltener mit Strafverfolgungen zu tun als die Mädchen der „Straßenkids". In der Gruppe der „Powergirls" fällt darüber hinaus auf, daß sie teilweise darauf bedacht sind, gewalttätige Übergriffe im „Verborgenen", nicht unter den Augen der Erwachsenen-Öffentlichkeit auszuüben, z.B. werden Mädchen ins Gebüsch gezogen, auf einen Acker oder in einen Hausflur gelockt. Außerdem zeigen sich bei einzelnen weiblichen Jugendlichen Strategien, um Anzeigen zu vermeiden, wie z.B. nicht zuerst zuzuschlagen, eher psychische Formen der Gewalt anzuwenden, härtere Prügeleien mit Mädchen zu vermeiden, denen sie namentlich bekannt sind, sowie die Bedrohung der Gegnerinnen.

4.5 Offensiv gewalttätige und wenig gewaltbereite Mädchen

Aus der Analyse des Erhebungsmaterials von vier gewaltauffälligen Jugendgruppen lassen sich zwischen den Mädchen Unterscheidungsmerkmale hinsichtlich der Wahrnehmung von Gewalt und des Umgangs mit Konflikten herausarbeiten. Es zeigt sich, daß sowohl gewaltauffällige Jugendgruppen als auch ihre gewaltbereiten weiblichen Mitglieder nicht einheitlich agieren, sondern daß sich bei ihnen vielmehr ein differenziertes Spektrum von Gewaltbereitschaft findet.

Bei der Einstellung zu Gewalt ergeben sich zwischen den befragten weiblichen Jugendlichen in den gewaltauffälligen Jugendgruppen deutliche Unterschiede. Mit Ausnahme der Mitglieder der Gruppe der „Zukunftsorientierten" stimmt die Mehrheit der Mädchen der Frage, ob es gut sei, wenn Gewalt angewendet wird, ausdrücklich zu. Dabei verweisen sie meist darauf, daß ihr Handeln „gerecht" sei, und betonen situative sowie personenabhängige Kriterien. Physische Gewalt anzuwenden, ist aus ihrer Sicht angemessen, wenn „gute Gründe" vorliegen, wenn die angegriffene Person es nicht anders „verdient" hat. Werden sie selbst angegriffen, so wird die eigene Körperkraft zur Verteidigung rigoros und rücksichtslos eingesetzt. Im Mittelpunkt steht nicht die Verhältnismäßigkeit des eigenen Handelns, sondern einzig die Zielsetzung, die angreifende Person zu „besiegen", sie dadurch zu demütigen und die eigene Dominanz zu beweisen.

Neben diesem Typus gibt es in den gewaltauffälligen Gruppen auch Mädchen, die Gewalt eher ablehnen und betonen, daß man sich in Konfliktsituationen zurückhalten und beherrschen solle. Gleichwohl benennen sie Gründe, die eine Gewaltausübung dennoch rechtfertigen, z.B. Selbstschutz sowie Verteidigung der eigenen und der Gruppen-„Ehre". Werden derartige Grenzen überschritten, so legitimiert dies ihres Erachtens einen körperlichen Einsatz. Sie reagieren allerdings weniger empfindlich als die gewaltbereiteren Mädchen auf Beschimpfungen und „Anmachen", wie „schräge Blicke" oder ein provozierendes aggressives Auftreten, auch sind diese Grenzen nicht so stark von der Tageslaune und vom situativen Befinden abhängig wie bei jenen. Ihre Prinzipien geraten insbesondere dann ins Wanken, wenn ihre „Toleranzgrenzen" durch leichte körperliche Attacken und Beleidigungen überschritten werden, z.B. wenn sie selbst oder ihre Familien durch die Betitelung „Hurentochter" oder „Schlampe" beschimpft werden, aber auch, wenn sie ihre Partnerschaft bedroht sehen, weil ihnen jemand den Freund „ausspannen" will, und wenn verbale Lösungsversuche nicht fruchten. Mit der Vorstellung, verbale Angriffe einfach zu ignorieren, können sie sich jedoch kaum anfreunden.

Im Gewaltverständnis zeigen die befragten Mädchen – unabhängig davon, wie ausgeprägt ihre Gewaltbereitschaft ist – eine weitgehende Übereinstimmung: Mit dem Begriff „Gewalt" werden weniger verbale, z.B. Beschimpfungen, als vielmehr körperliche Formen der Auseinandersetzung verbunden, wenngleich nicht gewaltbereite Mädchen und auch Jungen häufiger als gewaltbereite auch seelische Verletzungen als Gewalt definieren. Als Gewalt werden jedoch in beiden Gruppentypen hauptsächlich schwerwiegende körperliche Auseinandersetzungen wie Prügeleien und Schlägereien verstanden, während Ohrfeigen eine Sonderstellung im Spektrum körperlicher Gewalt einnehmen: Sie werden von weniger stark gewaltbereiten sowie den gewaltablehnenden Mädchen in erster Linie als ein angemessenes Mittel der Verteidigung angesehen. Bei den gewaltbereiten Mädchen sind sie demgegenüber oftmals der Auftakt für körperliche Eskalationen, die den Übergang von der verbalen zur körperlichen Gewaltanwendung markieren. Mit der Definition von Gewalt ist gleichzeitig eine Bewertung im Sinne einer graduellen

Abstufung zwischen akzeptablen und zu verurteilenden Formen der eigenen Handlungen und der Angriffe durch andere verbunden. Für gewaltbereite Mädchen gehen mit „harten“ Gewaltformen weniger negative Assoziationen und abwertende Beurteilungen einher als für die eingeschränkt gewaltbereiten Mädchen, die zwar selbst Streit und Konflikte nicht durch Gewalt lösen würden, wohl aber ein gewaltbereites Vorgehen ihrer Gruppenmitglieder akzeptieren.

Die auffälligsten Unterschiede zwischen den befragten Mädchen in gewaltauffälligen Jugendgruppen erschließen sich aus Schilderungen zum Ablauf konkreter Auseinandersetzungen. Weibliche Jugendliche, deren Gewaltbereitschaft schwach ausgeprägt ist, greifen von sich aus andere selten physisch an, treten meist nicht als Aggressorinnen auf und sind allenfalls im Verbund mit anderen Gruppenmitgliedern in gewalttätige Auseinandersetzungen verwickelt. Kommt es dennoch zu handgreiflichen Auseinandersetzungen, so verlaufen sie in der Regel spontaner und weniger hart und brutal als bei den stärker gewaltbereiten Mädchen. Trotz ihrer generell gewaltablehnenden Haltung stehen sie in den Interviews zu derartigen Übergriffen und legitimieren ihr Verhalten als „unausweichlich“.

Gewalttätigkeit und demonstrative Gewaltbereitschaft haben in gewaltauffälligen Jugendgruppen eine wichtige Bedeutung für den Status einzelner Gruppenmitglieder (vgl. Punkt 5.2). Auch die weniger gewaltbereiten weiblichen Mitglieder dieser Gruppen leisten ihren Beitrag zu den gemeinsamen gewalttätigen Aktionen, indem sie am Ort des Geschehens zugegen sind, sich mit den AggressorInnen solidarisch erklären, deren gewalttätige Handlungen befürworten und legitimieren sowie sie durch verbale Provokationen und anfeuernde Zurufe unterstützen. Teilweise sind sie die „Nesthäkchen“ derartiger Gruppen und stehen unter der Obhut der Gruppe oder einzelner, insbesondere der ausgesprochen gewaltbereiten Mädchen. Selbst wenn sie allein und nicht als Gruppe im Mittelpunkt eines Konfliktes oder Gerüchtes stehen, treten gruppeninterne Regeln, wie die stellvertretende Konfliktaustragung durch andere Gruppenmitglieder bei Konflikten mit älteren und stärkeren GegnerInnen, in Kraft. Die Zugehörigkeit zur Gruppe bietet so auch weniger wehrhaften Mädchen einen zuverlässigen Schutz- und Schonraum und sorgt dafür, daß sie nur selten ihre eigene Kampffähigkeit demonstrieren müssen.

Durchgängig lineare Zusammenhänge zwischen einer hohen Gewaltbereitschaft bzw. einer häufigen Verwicklung in gewalttätige Zusammenhänge einzelner Mädchen mit sozialstrukturellen und familiären Bedingungen lassen sich nicht belegen: Nicht alle weiblichen Jugendlichen, die in problematischen Lebenssituationen aufwachsen, sind extrem gewaltbereit und auch nicht alle außerordentlich gewaltbereiten und gewalttätigen Mädchen leben in prekären sozialen und/oder familiären Situationen. Anhaltspunkte ergeben sich jedoch für den Einfluß der Gruppe im Zusammenhang mit der Stellung der weiblichen Jugendlichen in der Gruppe (vgl. Punkt 5), einer frühen Gruppenzugehörigkeit sowie den geschlechtsspezifischen Wahrnehmungen und Deutungen der weiblichen Jugendlichen (vgl. Punkt 6) auf ihre Gewaltneigung.

4.6 Mädchen und Gewalt – Zusammenfassung

Die weiblichen Mitglieder der gewaltbereiten Gruppen verstehen unter „*Gewalt*" – ebenso wie die männlichen – vor allem physische Gewalt, ihre Anwendung durch Gruppenmitglieder wird durchgängig akzeptiert. Die *Gewaltbereitschaft* weiblicher Jugendlicher äußert sich darin, daß bei Beleidigungen, Verleumdungen und der Infragestellung von partnerschaftlichen Besitzansprüchen durch Gruppenexterne verbale Strategien der Konfliktlösung abgelehnt, „Gegen"-Gewalt als einzige Handlungsoption bei körperlichen Angriffen akzeptiert und Gewaltanwendung als Mittel der solidarischen Unterstützung und der Machtdemonstration sowie als Bekundung des Gruppenzusammenhalts befürwortet werden. Gewaltbereitschaft ergibt sich demnach aus Motiven der Selbstwerterhaltung, aus individuellen und kollektiven Anerkennungsbedürfnissen und Machtansprüchen, aber auch aufgrund der Notwendigkeit, in einem gewaltaffinen Umfeld zu „überleben". Auch wenn die befragten Jugendlichen geschlechtstypische Zuschreibungen vornehmen – Mädchen seien eher zu friedlichen Konfliktlösungen fähig, Jungen würden „sofort" und wegen „Kleinigkeiten" zuschlagen –, so greifen Mädchen und junge Frauen in Gruppen mit einem gewaltbereiten Klima ebensowenig wie Jungen und junge Männer bei gruppenexternen Konflikten vermittelnd ein.

Aus den Schilderungen von körperlichen Auseinandersetzungen erschließt sich, daß die *Opfer* sowohl der weiblichen wie auch der männlichen Jugendlichen vor allem Personen des gleichen Geschlechts sind. Während Mädchen – mit Ausnahme der eigenen Partnerin – für Jungen „tabu" sind, scheuen sich weibliche Jugendliche nicht, auch männliche anzugreifen. Anlässe für aggressive

Übergriffe liegen bei weiblichen Jugendlichen häufig auf der Beziehungs- und Kommunikationsebene: Verleumderische und rufschädigende Äußerungen durch Mädchen im weiteren schulischen oder freizeitorientierten Umfeld werden konsequent geahndet. Dies weist wiederum auf die Bedeutung hin, die weibliche Netzwerke für Jugendliche haben: Kommt es hier zu Störungen oder Irritationen, mit denen der Verlust des Ansehens verbunden sein könnte, so reagieren die weiblichen Jugendlichen mit drastischen Gegenmaßnahmen. Darüber hinaus deutet sich in der Häufigkeit, mit der weibliche Jugendliche der Rufschädigung bezichtigt werden, die unterschiedliche Vertrautheit mit weiblichen und männlichen Kommunikationsnetzwerken an: Von den Mädchen wissen die weiblichen Jugendlichen, worüber und mit wem sie reden – von den Inhalten der Kommunikation in männlichen Netzwerken haben sie dagegen kaum Kenntnis. Gefüllt werden solche Informationslükken mit geschlechterstereotypen Zuschreibungen, nach denen Mädchen häufiger über andere „tratschen" und „zickiger" seien als Jungen. Dies führt wiederum zu einer erhöhten Aufmerksamkeit und einem größeren Mißtrauen insbesondere gegenüber Mädchen und jungen Frauen aus dem weiteren Freundes- und Bekanntenkreis bzw. gegenüber weiblichen Jugendlichen generell. Daß weibliche Jugendliche selten Jungen angreifen, ist u.a. auch darauf zurückzuführen, daß diesen eine körperliche Überlegenheit zugeschrieben wird – teilweise von vornherein, teilweise auf eigenen Erfahrungen beruhend –, die eine gewisse Vorsicht ratsam erscheinen läßt. Dennoch entstehen Schlägereien mit Jungen, z.B. weil sich Mädchen gegen sexistische Abwertungen und Belästigungen wehren oder weil jene „verhaßten" Outgroups angehören. Teilweise kommt es auch zu scheinbar unmotivierten gewalttätigen Übergriffen, die aus einer „Laune" oder aus Langeweile heraus geschehen. Die befragten Mädchen und jungen Frauen sind auch durchaus bereit, sich in Gruppenauseinandersetzungen zu begeben, um Gruppenmitglieder zu unterstützen und zu schützen, das Image der Gruppe zu verteidigen oder den Zusammenhalt der Gruppe zu beweisen. Von Erfahrungen in Gruppenauseinandersetzungen wird ausschließlich in den gemischtgeschlechtlichen Jugendgruppen berichtet, in den Mädchengruppen ist lediglich die Rede von geplanten Gruppenschlägereien. Es sind vor allem männliche Gruppenmitglieder, die von derartigen Konfliktsituationen erzählen, während sie Einzelkämpfe seltener als die weiblichen Jugendlichen schildern, bei denen jedoch meist auch andere Gruppenmitglieder anwesend waren. In Gruppenauseinandersetzungen geht es vor allem um materielle Verteilungskämpfe, die Demonstration von Kampfbereitschaft bei Provokationen sowie um Racheakte zur Vergeltung von Angriffen gegen einzelne aus ihren Reihen oder um Ehrverletzungen. Gewaltfördernd wirkt sich – nicht nur bei weiblichen Jugendlichen – ebenfalls aus, wenn Gruppen bestrebt sind, über den Ruf als gewaltbereite und gewaltausübende Gruppe von anderen Jugendlichen und Jugendgruppen „Respekt" zu erhalten. Auf diese Art erzeugen sie einerseits ein Klima der Furcht und Angst, andererseits sichern sie sich die Anerkennung und Bewunderung des jugendlichen Umfeldes. Sie können so Ohnmachtserfahrungen aufgrund von Ausgrenzungen, z.B. als „Ausländer", sozial Unterprivilegierte oder als Schulversager, kompensieren und das Gefühl entwickeln, selbst etwas bewirken zu können, was ihnen unter Umständen in Familie, Schule und Arbeit versagt bleibt.

Die Anwendung körperlicher Gewalt ist in den gewaltauffälligen Mädchen- und einer gemischtgeschlechtlichen Gruppe ein geläufiges *Muster der Konflikt- und Problemlösung* sowohl männlicher wie weiblicher Jugendlicher. Die Gewaltschilderungen der Mädchen zeigen, daß sie nicht nur die Rolle des „Mädchens im Hintergrund" übernehmen. Leichte körperliche Auseinandersetzungen, in denen nur Ohrfeigen verteilt werden, sind auch bei den weiblichen Jugendlichen eher selten. In der Regel benutzen sie ebenso wie die männlichen Fäuste und Füße – nicht jedoch Waffen – und setzen diese teilweise sehr heftig und kompromißlos ein. Einzelne weibliche Jugendliche beschreiben ihre Hemmungslosigkeit in Gewaltkontexten als Kontrollverlust – als „Ausrasten" oder „Ausflippen" –; nur in solchen Situationen greifen anwesende weibliche Gruppenmitglieder manchmal bremsend ein, indem sie versuchen, die Schlägerin zum Aufhören zu bewegen, oder sie zurückhalten. Oftmals tragen anwesende Gruppenmitglieder jedoch zur Eskalation von Konfliktsituationen bei: Sie fordern dazu auf, sich nichts gefallen zu lassen und zuzuschlagen. Die gewalttätigen Übergriffe hatten für die weiblichen Jugendlichen – im Gegensatz zu den männlichen – meist keine strafrechtlichen Konsequenzen, entweder waren sie noch nicht strafmündig oder die Opfer verzichteten aus Angst vor Repressionen auf Anzeigen oder zogen diese zurück. Auch elterliche Sanktionen waren selten oder blieben unwirksam.

Gewalttätige Vorfälle und gemeinsame Gewalterfahrungen, die im Gruppendiskurs „bearbeitet" werden, erzeugen einen gemeinsamen Erfahrungshintergrund, der zum Ausgang für Einstellungs-

und Verhaltensstandards wird. So gibt es *normative Übereinkünfte*, die verlangen, daß der „gute Ruf" der Gruppe oder einzelner verteidigt wird und daß gruppenexternen Jugendlichen „Respekt" vor der Gruppe und ihren Mitgliedern beizubringen ist. Konsens besteht auch für an Gerechtigkeitsvorstellungen orientierte „Kampfregeln", wie z.B. „Jüngere schlägt man nicht" oder „mehrere gegen einen ist unfair". Geraten derartige Regeln in Konflikt mit anderen Gruppennormen, wie der „Gruppensolidarität", so werden sie meist umgangen, indem z.B. jüngere Gruppenmitglieder mobilisiert werden, eine Beleidigung durch Jüngere zu rächen, oder sie werden überschritten, wenn sich andere Gruppenmitglieder zur Unterstützung in einen Zweikampf einmischen. Auch wenn solche Regeln verletzt werden, wird die gruppeninterne „Kampfethik" über Legitimierungen aufrechterhalten. Der Regel, daß Jungen keine Mädchen schlagen dürfen, liegen geschlechtstypische Zuschreibungen zugrunde, nach denen Jungen körperlich überlegen und Mädchen schutzbedürftig sind. Stimmen die Mädchen trotz des von ihnen demonstrierten kämpferischen Selbstvertrauens mit diesem Grundkonsens überein, so kann dies nur zum Teil als Anpassung an und Bestätigung von Geschlechterrollenstereotypen verstanden werden; teilweise besteht auch Interesse daran, diese Regel aufrechtzuerhalten, weil sie für Mädchen bei Angriffen sowohl von als auch auf Jungen Vorteile mit sich bringt. Annahmen zur männlichen Überlegenheit und zum weiblichen Schutzbedürfnis liegen auch der These von der „Beschützerrolle" männlicher Jugendlicher zugrunde. In den untersuchten gewaltbereiten Jugendgruppen ist diese Rolle jedoch nicht geschlechtstypisch festgelegt: Auch weibliche, stärkere oder ältere Jugendliche übernehmen sowohl in den Mädchen- als auch in den gemischtgeschlechtlichen Gruppen beschützende Aufgaben. Die Annahme, daß dadurch andere „ausgenutzt" oder „instrumentalisiert" werden, ist vor dem Hintergrund, daß die Gruppenmitglieder der solidarischen Unterstützung durch die Gruppe einen hohen Stellenwert beimessen, jedoch in frage zu stellen.

Geschlechterstereotype Zuschreibungen werden von den befragten Mädchen und jungen Frauen bestätigt, wenn sie in Geschlechtervergleichen Mädchen als verleumderischer, generell friedlicher und Jungen als körperlich überlegen, unbeherrschter, krimineller oder brutaler kennzeichnen. Werten solche Charakterisierungen Mädchen ab, so nehmen die Mädchen sich selbst jedoch davon aus, ist mit ihnen gesellschaftliche Wertschätzung oder Anerkennung in der Gruppe verbunden, beanspruchen sie sie hingegen für sich. Diese Strategien und Konstruktionen lassen erkennen, daß die befragten weiblichen Jugendlichen in erster Linie in ihrer nach den eigenen Interessen und Bedürfnissen positiv definierten Weiblichkeit auch anerkannt werden möchten.

In der Gewaltbereitschaft der weiblichen Jugendlichen in den gewaltauffälligen Gruppen zeigen sich individuelle Abstufungen. Sie reichen von einem klaren Bekenntnis zur Gewaltbereitschaft und deren Bestätigung durch häufige und teilweise brutale gewalttätige Übergriffe über eine grundsätzliche Gewaltbereitschaft und gelegentliche selbstinszenierte Schlägereien oder der Teilnahme an von anderen begonnenen gewalttätigen Aktionen bis hin zu einer abgeschwächten Gewaltbereitschaft oder einer Gewaltablehnung, die gekoppelt sind mit der Akzeptanz gewalttätigen Verhaltens der Gruppenmitglieder und der Neigung zu verbalen Konfliktlösungen. Auch wenn sich im Vergleich mit den nicht gewaltauffälligen Cliquen zeigt, daß Mädchen in gewaltauffälligen Gruppen öfter in problembelasteten Familien leben, daß sie ein niedrigeres Bildungsniveau und mehr Mißerfolge in ihrer Schullaufbahn haben, lassen sich in den Lebenssituationen der weiblichen Jugendlichen aus den gewaltauffälligen Gruppen keine einheitlichen Muster feststellen, die mit einer höheren oder niedrigeren Gewaltbereitschaft einhergehen.

Im Gruppenvergleich nimmt eine Clique, die „Zukunftsorientierten", eine Sonderstellung unter den gewaltauffälligen Gruppen ein. Sie zeigt eine ambivalente Haltung gegenüber Gewalt – einerseits werden viele Gründe genannt, die es rechtfertigen zuzuschlagen, andererseits wird die Abwendung von gewaltaffinen Kontexten und die Bereitschaft zu verbalen Konfliktlösungsstrategien beteuert –, und es gibt nur wenige Beispiele für gewalttätige Auseinandersetzungen, in die vor allem zwei der interviewten Jugendlichen verstrickt waren. In Erzählungen über länger zurückliegende Prügeleien, die sich im Rahmen der Clique ereigneten, aus der sich die Gruppe der „Zukunftsorientierten" entwickelt hat, läßt sich jedoch eine ähnlich gewaltbezogene Gruppenpraxis wie in den anderen untersuchten Jugendgruppen feststellen. Zwischen den Mädchen- und gemischtgeschlechtlichen Gruppen zeigen sich hinsichtlich Gewaltbereitschaft und Gewaltausübung von weiblichen Jugendlichen Unterschiede in der stärkeren Thematisierung von Gruppenschlägereien in den gemischtgeschlechtlichen Gruppen. Dies kann zum einen darauf zurückgeführt werden, daß die männlichen Gruppenmitglieder häufiger in derartige Auseinandersetzungen involviert sind, zum anderen auf die Selbstkategorisierungen der Gruppen, die stärker als in den Mädchengruppen mit der Ausgrenzung anderer sozialer Gruppierungen und Jugendgruppen im sozialen Umfeld verbunden sind. Häufiger als in den Mädchengruppen verfügen die Mädchen der gemischtgeschlechtlichen Gruppen auch über Erfahrungen mit der Polizei, vor allem aufgrund der Ermittlungen gegen männliche Gruppenmitglieder.

5 „Wir lassen uns nie was gefallen" – Stellung und Rolle der Mädchen in den Gruppen

5.1 Mädchen in gemischtgeschlechtlichen Gruppen

In beiden gemischtgeschlechtlichen gewaltauffälligen Gruppen haben die Mädchen und jungen Frauen einen „guten Stand“ innerhalb der Gruppe. Die weiblichen Jugendlichen wirken in den Gruppendiskussionen selbstsicher; sie vertreten ihre Ansichten selbstbewußt und, insbesondere bei den „Straßenkids“, auch offener als die Jungen, lassen sich in ihren Meinungen und ihrem Handeln nicht ersichtlich von den männlichen Gruppenmitgliedern beeinflussen und schon gar nicht dominieren.

„(...), wir haben die größte Klappe, weil wir lassen uns nie was gefallen, egal von wem.“ (10, 433)

In der Gruppe der „Straßenkids“ äußern sich Dominanzansprüche bei den männlichen Jugendlichen in Versuchen einzelner, die Gruppendiskussionen zu stören. Sie beantworten Fragen nicht ernsthaft, sondern mit Witzen und abwegigen Behauptungen, albern herum und unterbrechen die Diskussionsbeiträge der Mädchen bzw. ergänzen sie mit unglaubwürdigen Bemerkungen. In sexistischen Anspielungen, die als Demonstration von Potenz und Konstruktion von Männlichkeit interpretiert werden können, werden Jungen als „schwul“ lächerlich gemacht, Mädchen werden im Hinblick auf ihr Aussehen und ihre sexuelle Verfügbarkeit abgewertet. Direkte Angriffe auf Mädchen der Clique kommen kaum vor, lediglich eines der Mädchen wird häufiger attackiert. Es versucht wiederholt, die Gruppendiskussion mit Verdächtigungen der Interviewerinnen als „Polizeispitzel“ abzubrechen. Während sich der Großteil der Jungen an die geschilderten dominanzorientierten Verhaltensweisen – zumindest zeitweise – anpaßt und entsprechende Äußerungen mit Heiterkeit quittiert, sie teilweise aufgreift und ergänzt, reagieren die meisten Mädchen gereizt, mit Zurechtweisungen und Kritik sowie mit Richtigstellungen. So entspinnt sich beispielsweise auf die Frage, wie Mädchen und Jungen ihre Konflikte innerhalb der Gruppe austragen, folgender Diskurs:

„Junge: Dann ficken die.
(Gelächter)
Mädchen: Ja, so fängt's an, Mädchen gegen Jungs.
Junge: Dann muß das Mädchen blasen.
Mädchen: So Sprüche immer.
(Gelächter)
(Durcheinander. Gelächter, Gerede.)
Mädchen: Jetzt seid doch mal still!
Mädchen: Ja, ihr seid behindert alle, ich hab keinen Bock mehr.
Mädchen: Du halt's Maul.
Junge: Ey.
Mädchen: Dann machen sie gegenseitig mit Sprüchen sich fertig." (28, 303-314)

Auch bei den Mädchen kommen sexistische Äußerungen vor, die sich jedoch nicht auf Jungen richten, sondern gruppenexterne Mädchen als „Nutten" oder „Schlampen" abwerten.

Daß Herrschaftsansprüche der männlichen gegenüber den weiblichen Jugendlichen von diesen nicht akzeptiert, sondern zurückgewiesen werden, wird auch in den Einzelinterviews deutlich:

„Weiß nicht, wenn die irgendwie – weiß ich nicht. Irgendwo manchmal sind die so – wenn wir irgendwie welche kennenlernen aus (...), dann wollen die das, ‚ey, was macht ihr unsere Weiber an', so als wenn wir ihre Mädchen sind so, ‚ey, was wollt ihr' und so, obwohl wir die kennenlernen, auch wenn wir mit denen gar nicht zusammen sind, dann wollen die gleich kloppen, erstmal denen auf die Fresse hauen. Dann müssen wir die erstmal zurückhalten und so. Aber wenn die welche kennenlernen, dann dürfen wir das nicht, wollen wir auch gar nicht machen, so meine ich das." (9, 185)

Die Mädchen der „Straßenkids" wehren männliche Dominanzansprüche jedoch nicht nur ab, sondern beanspruchen selbstbewußt eine Vorrangstellung innerhalb der Gruppe. Dies äußert sich allgemein und speziell hinsichtlich des Themas Gewalt in der Wortführerschaft, in Unterbrechungen und Korrekturen der Jungen, in abgemilderter Form aber auch gegenüber Mädchen, sowie ebenfalls in Angriffen der auch von den männlichen Jugendlichen attackierten weiblichen Jugendlichen, die auf die Anfeindungen der anderen aggressiv reagiert, jedoch mit vereinten Anstrengungen immer wieder zum Schweigen gebracht wird. Die selbstbewußte Stellung der Mädchen innerhalb der Gruppe zeigt sich darüber hinaus darin, daß sie die männlichen Gruppenmitglieder in der Gruppenöffentlichkeit mehrfach wegen ihres Verhaltens kritisieren. Sie greifen sie an, weil sie häufig Drogen konsumieren, weil sie zu einer verabredeten Gruppenprügelei – anders als sie selbst – nicht erschienen waren, titulieren dieses Verhalten als feige, und werfen den Jungen vor, daß sie nicht genügend zusammenhalten würden.

In der Gruppe der „Zukunftsorientierten" äußern sich Dominanzansprüche bei einem der männlichen Jugendlichen in ausschweifenden Wortbeiträgen. Die jungen Frauen weisen diesen Anspruch nicht offen zurück, äußern allerdings ihr Mißfallen über Mimik, Gestik, genervtes Stöhnen oder Seufzen. Inhaltlich konträre Positionen werden ihm gegenüber lebhaft, offen und direkt vertreten, so wie sich ohnehin die jungen Frauen sehr diskussionsfreudig zeigen. Dominanzansprüche äußern sich bei ihnen eher unterschwellig – durch Unterbrechungen und Themenwechsel – sowie darin, daß sie auf die ausgeprägte Zurückhaltung eines weiteren männlichen Jugendlichen mit Spötteleien reagieren, der – wie sich in den Einzelinterviews zeigt – in der Gruppe wenig akzeptiert ist. Im Gewaltdiskurs sind es vor allem die weiblichen Jugendlichen, die die Orientierung der Gruppe an einer gewaltablehnenden Haltung vertreten.

In beiden gemischtgeschlechtlichen Cliquen präsentieren sich die weiblichen Jugendlichen demnach selbstbewußt, eine Abhängigkeit von den jungen Männern oder eine Anpassung an sie läßt sich in den Gruppendiskussionen nicht erkennen. Vielmehr versuchen die weiblichen Jugendlichen ihrerseits, auf die männlichen einzuwirken. Dies führt bei den „Zukunftsorientierten" jedoch nicht dazu, daß der „wortgewaltige" junge Mann sich zurückhält. Bei den „Straßenkids" haben die Versuche, „disziplinierend" auf die männlichen Gruppenmitglieder einzuwirken, jedoch teilweise Erfolg. Im Verlauf der Diskussion stören diese seltener und beteiligen sich zunehmend ernsthaft. Aussagen zu Einflüssen der weiblichen auf die männlichen Jugendlichen in den Einzelinterviews beinhalten bei den „Zukunftsorientierten" vor allem Schilderungen, in denen sie sich deeskalierend, durch verbale Vermittlungsversuche, in aufkeimende Auseinandersetzungen eingemischt haben. Hier waren sie jedoch nur teilweise erfolgreich. Bei den „Straßenkids" dokumentiert eines der Mädchen in der zweiten Erhebungsphase – nach Auflösung der Gruppe – mit Blick auf die Vergangenheit einen gewissen Einfluß der weiblichen auf die männlichen Gruppenmitglieder, als sie danach gefragt wird, ob die Mädchen die Jungen auf die von ihnen kritisierten kriminellen Aktivitäten ansprechen:

„Ia: Was soll man denn dazu sagen? Die wissen, daß das schlecht ist, aber man kann nichts dazu sagen. Ich meine, du kannst die volldröhnen, soviel du willst, die machen doch sowieso das, was sie wollen. Würde ich auch machen.

Int.: Also ihr habt keinen Einfluß auf die oder so.

Ia: Nein, früher vielleicht ja, aber jetzt nicht mehr." (74, 79-81)

Die von einem Jungen geschilderte Einflußnahme der weiblichen Gruppenmitglieder der „Straßenkids" auf den Zugang von männlichen Jugendlichen kann zwar als Einzelfall bewertet werden – hier sind die Zuständigkeiten an sich geschlechtsspezifisch getrennt (vgl. Punkt 3.2) –, ist jedoch ein Beispiel für die Durchsetzungsfähigkeit der Mädchen: Sie hatten eine kleinere Gruppe männlicher Jugendlicher aus einer anderen Stadt mit zu den Gruppentreffen gebracht, sie jedoch – nachdem sie schließlich auch von den männlichen Gruppenmitgliedern akzeptiert wurde – wieder ausgeschlossen.

Zur sicheren Stellung der weiblichen Jugendlichen innerhalb der gemischtgeschlechtlichen Gruppen trägt bei, daß sie im Gruppenverband wichtige Funktionen wahrnehmen, die zur Stabilität und zum Zusammenhalt der Gruppe maßgeblich beitragen. In beiden Gruppen sind es vor allem junge Frauen, die organisatorische Funktionen bei der Freizeitgestaltung übernehmen und die Gruppen kommunikativ zusammenschweißen – als Ansprechpartnerinnen für Probleme und als diejenigen, die vorwiegend von den anderen kontaktiert werden, wenn es um Informationen oder Verabredungen geht. Während sich bei den „Zukunftsorientierten" die Sorge und das Bemühen um die Gruppensolidarität bei den weiblichen Jugendlichen weniger ausgeprägt ausdrückt, gibt es bei den „Straßenkids" mehrere Beispiele für die „Solidaritätsarbeit" der Mädchen: Sie appellieren an die Jungen zusammenzuhalten, beherrschen den gruppenverbindenden Gewaltdiskurs und thematisieren den Alkohol- und Drogenkonsum der Jungen als Gefährdung des Zusammenhalts. Die Sorge um die Gruppe zeigt sich auch beim Zugang neuer Mitglieder zur Gruppe, z.B. wenn sie sich gegen die Aufnahme von männlichen Mitgliedern äußern, die polizeibekannt sind.

Die Mädchen konstruieren demnach in ihrem Verhalten und in ihren Aussagen das Bild von einer durchsetzungsfähigen, dominanzbeanspruchenden und unabhängigen Weiblichkeit. Gleichzeitig präsentieren sie sich im Hinblick auf die Gruppe aber auch als fürsorglich, schützend, behütend und verantwortlich – insbesondere im Hinblick auf die Gruppenaktivitäten, den Gruppenzusammenhalt und die Kommunikation.

5.2 Statusunterschiede und Statusmerkmale in den Gruppen

In keiner der untersuchten Gruppen gibt es klar vorgegebene hierarchische Strukturen und Funktionen. Ähnlich wie in den folgenden Zitaten wird in der Mehrzahl der Gruppen auf die Frage nach einer Anführerin oder einem Anführer reagiert und auf die Gleichheit aller Gruppenmitglieder sowie deren individuelle Entscheidungsfreiheit verwiesen.

„Sowas brauchen wir nicht. Nicht hier, so das ist der Big Boß oder so." (3, 235)

„Ka: Wir haben keinen Anführer.
M: Jeder so, wie er ist.
(...)
L: Wir haben eine Demokratie. (...) Wir machen das zusammen.
M: Oder wir sagen, einer macht das, und einer macht das."
(...)
L: Wenn wir irgendwo hin wollen, was machen wir dann? Ich sage dann, ‚Ich fahre da hin, wer kommt mit?' Und dann geht das." (30, 222-235)

Die Gruppendiskussionen und Einzelinterviews zeigen jedoch, daß es „heimliche" Anführer/innen und Statusunterschiede zwischen den Gruppenmitgliedern gibt. Sie zeigen sich in Sympathiebekundungen, Zuschreibungen, Charakterisierungen und Anerkennung, in ihrem Einfluß auf das Gruppenklima und auf Gruppenaktivitäten, in bezug auf Gruppennormen und -regeln sowie in der Einbindung in die Gruppendiskussion (vgl. Leeb 1998; Sader 2000).

Aus den Auswertungen des Erhebungsmaterials erschließt sich, daß von den an der Gruppendiskussion teilnehmenden Jugendlichen in beiden gemischtgeschlechtlichen Gruppen jeweils eine weibliche Jugendliche sowohl von Jungen wie Mädchen am positivsten bewertet wird und eine herausragende Position einnimmt. In den Mädchengruppen haben demgegenüber mehrere Mädchen einen hohen Status inne: Bei den „Powergirls" gibt es zwei Mädchen, die von allen hoch anerkannt werden. Bei den „Schlägermädchen" wird die Gleichheit aller Gruppenmitglieder sehr stark betont, und in den Einzelinterviews lassen sich keine übereinstimmenden Präferenzen für einzelne ausmachen. In der Gruppendiskussion entsteht jedoch der Eindruck, daß drei Mädchen einen höheren Status innehaben. Dies läßt darauf schließen, daß die Gruppenstruktur der Mädchengruppen egalitärer als die der gemischtgeschlechtlichen Gruppen ist.

Als zentral für Statuszuweisungen erweist sich in allen Cliquen der Einfluß der gruppenspezifischen Selbstkategorisierungen. In den Gruppen, in denen Gewaltbereitschaft das „Wir-Gefühl" (mit)-bestimmt und eine wichtige Gruppennorm für den Umgang mit gruppenexternen Jugendlichen darstellt – wie bei den „Straßenkids" und den Mädchengruppen -, ist eine befürwortende Haltung gegenüber Gewalt, wenn auch allein nicht ausreichend, so doch unerläßlich, um einen höheren Status innerhalb der Jugendgruppe einzunehmen. Dies zeigt sich im Gewaltdiskurs in den Gruppendiskussionen und in den Einzelinterviews: Mädchen, die eine „große Klappe" haben, aber keine Taten folgen lassen, werden offen kritisiert und in den Einzelinterviews meist abgewertet. Mädchen und junge Frauen, die in gewaltauffälligen Gruppen nicht in gewalttätige Auseinandersetzungen verwickelt sind, die sich im Gewaltdiskurs eher zurückhalten und sich in den Einzelinterviews eher gewaltablehnend äußern, haben in der Clique einen geringen Status, mögen sie auch gut integriert sein. Bei den „Straßenkids" wird einem nicht gewaltbereiten, statusniedrigen Mädchen, das erst vor kurzem Zugang zur Gruppe gefunden hat, eine „Lernphase" gewährt, in der es sich an die gewaltbefürwortende Haltung der anderen Gruppenmitglieder anpassen und seine Wehrhaftigkeit und Kampfkraft mit Unterstützung der Gruppenmitglieder stärken kann.

Bei den „Zukunftsorientierten" führt die Verwicklung in körperliche Auseinandersetzungen und eine – wenn auch häufig relativierte – Gewaltbereitschaft der statushöchsten Jugendlichen trotz einer generell gewaltablehnenden Gruppenhaltung nicht zu Abwertungen. Genausowenig bedingt eine ausgeprägte gewaltablehnende Haltung einen Statusgewinn, was auf die ambivalente Haltung der Gruppe gegenüber Gewalt zurückgeführt werden kann. Relevanter ist in dieser Gruppe das Engagement bei gemeinsamen Unternehmungen und der Beitrag, den die einzelnen Jugendlichen zur Unterhaltung bei den Gruppentreffen beitragen. So werden jene abgewertet, die sich bei Verabredungen als unzuverlässig und bei Organisationsaufgaben als nicht einsatzfreudig erweisen oder die durch häufig schlechte Laune die Stimmung „vermiesen". Zu Abwertungen führen auch Rivalitäten innerhalb des Frauennetzwerks um die aktuellen Freundinnen und ein als „besserwisserisch" charakterisiertes dominantes Diskussionsverhalten sowohl bei einer jungen Frau als auch bei einem jungen Mann.

Als weitere wichtige Merkmale für die Anerkennung von weiblichen Jugendlichen innerhalb der Gruppen erweisen sich Verschwiegenheit, Vertrauenswürdigkeit sowie Kommunikationsbereitschaft und -fähigkeit, die Übernahme von und die Kompetenz bei Planungs- und Organisationsaufgaben sowie eine bereits längere Zugehörigkeit zur Gruppe. Hierauf beruht im wesentlichen die große Wertschätzung der statushöchsten weiblichen Mitglieder durch Jungen wie Mädchen in den gemischtgeschlechtlichen Gruppen. Hinzu kommen bei der „heimlichen Anführerin“ der „Straßenkids“ noch materielle Ressourcen, von denen die Gruppenmitglieder profitieren können. Die statushöchste junge Frau bei den „Zukunftsorientierten“ genießt zusätzlich deswegen ein hohes Ansehen, weil sie als unterhaltsam gilt, „trinkfest“ ist und „sich nichts gefallen“ läßt.

In den Mädchengruppen ergeben sich „funktionale Trennungen“ hinsichtlich der Merkmale, die zu einem hohen Status der einzelnen Mädchen beitragen: Bei den „Powergirls“ verdankt eines der Mädchen sein Ansehen seiner Aggressivität und Körperkraft, während das andere vor allem aufgrund seiner organisatorischen und kommunikativen Fähigkeiten geschätzt wird. Bei den „Schlägermädchen“ heben sich zwei der Mädchen heraus, weil sie verbal sehr durchsetzungsfähig und dominant sind. Ein weiteres Mädchen findet Anerkennung aufgrund seiner beschützenden Funktion für die anderen Gruppenmitglieder.

Die Auswertungen zum Gruppenstatus belegen, daß in den gemischtgeschlechtlichen Gruppen Mädchen eine hohe, von weiblichen und männlichen Jugendlichen gleichermaßen geschätzte Position einnehmen und daß Gewaltbereitschaft und -ausübung in den gewaltbereiten Gruppen eine notwendige, allerdings nicht hinlängliche Bedingung hierfür sind. Da derartige Haltungen bzw. Handlungsweisen wesentliche Aspekte für die Anerkennung innerhalb der Gruppe darstellen, ist davon auszugehen, daß ihnen ein selbstwertfördernder Effekt zukommt. Sie werden für die Mädchen aller gewaltbereiten Gruppen zur Quelle von Selbstbewußtsein und dem Gefühl, wertgeschätzt zu sein. Darüber hinaus werden sie im Bestreben, persönlich anerkannt zu werden, beliebt zu sein und sich selbst zu bestätigen, zu einer entsprechenden Selbstpräsentation motiviert (vgl. Punkt 6). Hinzu kommt, daß ein gewaltbereites Image auch im jugendlichen Umfeld vielfach mit der Anerkennung durch weibliche und männliche Jugendliche verbunden ist. Dies zeigt z.B. der stolze Hinweis der Mädchen aus den geschlechterhomogenen Gruppen, daß sie als „Schlägermädchen“ bzw. „Schlägerweiber“ tituliert würden, und die Aussage, daß die Clique von Mädchen bewundert würde, weil sie sich gegen Jungen durchsetzen könne. Eine ähnliche Bedeutung, wenn auch mit einer anderen Konnotation, hat die in allen gewaltbereiten Gruppen genannte Motivation, sich durch Gewaltbereitschaft und Gewaltanwendung „Respekt“ zu verschaffen, was neben der Absicht, Angriffen anderer vorzubeugen, auch das Bedürfnis ausdrückt, „von außen“ geachtet zu werden, was in diesem Zusammenhang mit „gefürchtet“ gleichgesetzt werden kann.

5.3 Der Einfluß statushoher weiblicher Gruppenmitglieder auf die Gewaltorientierung der Gruppe

Die Bedeutung von Gewaltbereitschaft und -ausübung für die Anerkennung der Mädchen innerhalb der gewaltbereiten Gruppen wird im Gewaltdiskurs der beiden Mädchengruppen und bei den „Straßenkids“ deutlich. Hier fällt auf, daß die weiblichen Jugendlichen ihre Gewalterfahrungen und aggressiven Übergriffe in allen Einzelheiten ausbreiten und ihre Gewaltbereitschaft und Kompromißlosigkeit hervorheben. Sie erhalten hierfür innerhalb der Gruppe, bei den gemischtgeschlechtlichen Cliquen insbesondere bei den weiblichen Jugendlichen, eine hohe Aufmerksamkeit: Diese reagieren mit anerkennenden Kommentaren, Aufforderungen zu weiteren Schilderungen und knüpfen mit eigenen Gewaltdarstellungen an. Dies geht so weit, daß teilweise auch Mädchen, die nicht gewalttätig und gewaltbereit sind, von aggressiven Gefühlen und Handlungen berichten. Diese Übernahme von Gruppenstandards und die Anpassungsbestrebungen selbst gewaltablehnender Jugendlicher lassen den Schluß zu, daß weibliche Jugendliche in den gewaltbereiten Jugendgruppen dazu beitragen, ein gewaltbereites Gruppenklima zu fördern, und einen Druck auf vor allem andere weibliche Jugendlichen ausüben, der eine Abweichung von den gruppeninternen gewaltbezogenen Regeln und Normen verhindert und auf deren Übernahme hinzielt:

„Ja, also zum Beispiel X, die war früher total schüchtern immer. Aber wir haben sie irgendwie so gemacht, daß sie nicht mehr so ist. Also ich weiß nicht, das ist immer so bei den Leuten, die herkommen. Am Anfang sind die gar nicht so, und dann, wenn sie das alles sehen, wie wir so sind und so, dann fangen sie auch damit an.“ (10, 449)

Bei den „Zukunftsorientierten“, zu deren aktuellem Selbstverständnis die Ablehnung von Gewalt gehört, bei denen sich gleichzeitig jedoch eine gewisse Ambivalenz gegenüber Gewaltbereitschaft zeigt (vgl. Punkt 4.1.2), trägt die „heimliche Anführerin“ wesentlich dazu bei, daß ein Nebeneinander von einerseits einer bewußten Ablehnung von Gewalt und andererseits einer differenzierten Gewaltbereitschaft besteht. Trotz der teilweise deutlich moderateren Haltung einzelner Gruppenmitglieder zu Gewalt werden von ihr geschilderte gewalttätige Auseinandersetzungen nicht kritisiert. Die vielen Einschränkungen verbaler und friedlicher Lösungsmöglichkeiten von Konflikten, die wesentlich von ihr mitgetragen werden, werden auch von nicht bzw. weniger gewalterfahrenen und gewaltablehnenden Mitgliedern nicht in Frage gestellt. Vielmehr kommt es auch hier zu Angleichungen: Ein weibliches Gruppenmitglied, das sowohl in der Gruppendiskussion wie auch im Einzelinterview berichtet, daß es noch nie an gewalttätigen Aktionen beteiligt war, paßt sich im Laufe des Gesprächs der unhinterfragten Haltung der im Gewaltdiskurs dominierenden Jugendlichen immer mehr an – bis es sich sogar mit deren Gewaltbereitschaft identifiziert:

„Wir sind keine Unschuldslämmer, wir prügeln uns auch mal.“ (61, 779)

Gleichzeitig gehört die statushöchste junge Frau aber auch zu jenen, die betont, daß sie generell provokative Gewalt ablehne und daß verbale Konfliktlösungsmuster bei Auseinandersetzungen vorzuziehen seien. Damit bewirkt sie, daß ein junger Mann der Gruppe, der eine hohe Gewaltakzeptanz und Gewaltbereitschaft zeigt und trotz seiner Vorsätze, nicht mehr gewalttätig zu werden, auch zwischen den Erhebungsphasen noch in mehrere körperliche Auseinandersetzungen verwickelt war, seine gewaltbefürwortenden Äußerungen in der Gruppendiskussion immer wieder relativiert.

Eine ähnliche Tendenz ist bei den „Powergirls“ zu beobachten. Hier wird der Gewaltdiskurs in der Gruppendiskussion vor allem von zwei weiblichen Jugendlichen, die häufig in gewalttätige Auseinandersetzungen verstrickt sind, dominiert. Sie lenken das Gespräch immer wieder auf das Thema „Gewalt“, mit dem sich die anderen beiden nicht „profilieren“ können und erhalten sehr viel Raum für ihre Gewaltschilderungen. Ihre dominante Rolle in derartigen Situationen, ihre Kampffähigkeit und Aggressionsbereitschaft werden nicht in Frage gestellt, sondern vielmehr bestätigt. Im Verlauf der Diskussion wird sichtbar, daß sich die anderen

Gruppenmitglieder dem Standpunkt der beiden „Hauptschlägerinnen“ immer weiter annähern. Vor allem ein Mädchen – es hat einen niedrigen Status in der Gruppe, wirkt relativ unsicher, würde selbst keine Gewalt anwenden und verfügt nicht über Erfahrungen in gewalttätigen Auseinandersetzungen – bemüht sich, über Hinweise auf eigene Erfahrungen und Kenntnisse sowie die Bestärkung und Bestätigung gewalttätigen Agierens der gewaltbereiteren Mädchen in diesem Kontext Anerkennung zu erhalten.

Nur bei den „Schlägermädchen“ gibt es keinen ersichtlichen Konformitätsdruck hinsichtlich Gewaltakzeptanz und -bereitschaft. In der Gruppendiskussion zeigen sich auch bei den nicht bzw. wenig gewaltbereiten Gruppenmitgliedern keine Anpassungsbestrebungen, obwohl ihre gewaltablehnende Haltung hinterfragt und ihr Verhalten in Konfliktsituationen beanstandet wird. Zurückgeführt werden kann dies auf die Relevanz der gemeinsamen Biographien für das Selbstverständnis der Gruppe: Die „Schlägermädchen“ sind quasi miteinander aufgewachsen und ihre Gruppe ist – auch aufgrund vielfacher Konflikte, emotionaler Belastungen und Vernachlässigung in der Familie – wie eine Ersatzfamilie für sie. Ihr Umgang miteinander ist sehr vertraut, sie kennen ihre jeweiligen Eigenarten und die Gruppenstabilität ist ein Beweis für deren Akzeptanz. Dies zeigt sich auch in den Einzelinterviews, in denen von allen Mädchen die Individualität jedes Gruppenmitglieds, ihre Verschiedenheit und Andersartigkeit betont werden, obwohl es in der Beliebtheit durchaus Unterschiede gibt. Hierzu dürfte auch der Einfluß einer akzeptanz- und stärkenfördernden Mädchenarbeit in der Einrichtung, die ihr zentraler Treffpunkt ist, beitragen. Normen und Standards geben den Gruppenmitgliedern Sicherheit, auf sie kann immer wieder zurückgegriffen werden (vgl. Leeb 1998), sie definieren aber keine situativen Zwänge.

Die männlichen Gruppenangehörigen der „Straßenkids“ halten sich anders als die weiblichen in der Gruppendiskussion mit der Schilderung eigener Gewaltaktionen zurück und berichten auch in den Einzelinterviews wenig detailliert von körperlichen Auseinandersetzungen. Berücksichtigt man, daß die Jungen häufig in gewalttätige Auseinandersetzungen verwickelt sind und daß – nicht nur in dieser Gruppe – sowohl von den weiblichen als auch den männlichen Gruppenmitgliedern berichtet wird, daß Jungen häufiger, brutaler und schwerer – auch unter Einsatz von Waffen – Gewalt anwenden als Mädchen, so drängt sich der Eindruck auf, daß diese weniger Aufhebens von ihren Gewalttaten machen, weil sie zu ihrem Alltag gehören und nahezu selbstverständlich sind. Möglicherweise spielt auch der Versuch eine Rolle, den Einblick in diese Aktivitäten zu verhindern, weil sie – wie in den Einzelinterviews und in den Gruppendiskussionen von ihnen angedeutet – häufig mit anderen illegalen Unternehmungen, wie z.B. Diebstahl und Raub, einhergehen. Unter einer geschlechterdifferenzierenden Perspektive kann die Zurückhaltung der Jungen und die Dominanz der Mädchen im Gewaltdiskurs als Antwort auf geschlechtsspezifische Stereotypen interpretiert werden. Danach gehört offene Aggressivität zum geläufigen Bild des „draufgängerischen" und „durchsetzungsfähigen" Jungen (vgl. Böhnisch/Winter 1997; Enders-Dragässer 1996). Wie früh derartige Muster bereits internalisiert werden, zeigen Untersuchungen zur Gewalt in Grundschulen (Menzel/Milhoffer 1995) und zum Verhalten von Kindern im Hort (Permien/Frank 1995). Mädchen müssen hingegen ihre Gewaltbereitschaft kontrastierend zum Geschlechterstereotyp einer „friedlichen Weiblichkeit" betonen, um in einem gewaltorientierten jugendlichen Umfeld als Mädchen für voll genommen zu werden.

6 Geschlechtskonzept und Gewalt – zwei Fallbeispiele

Während das theoretische Konstrukt der „Geschlechtsrolle“ auf die Übernahme von rollenspezifischen Angeboten aus der sozialen Umwelt rekurriert, Sozialisation also als kollektive Reproduktion des Bestehenden begreift, ermöglicht es der aus der Selbstkonzepttheorie abgeleitete Ansatz des „Geschlechtskonzepts“ (Kolip 1997), intersubjektive Differenzen geschlechtlicher Selbstkategorisierungen und Wandlungsprozesse im Prozeß der kulturellen Herstellung von Weiblichkeit und Männlichkeit zu erfassen, da in ihm die aktive Auseinandersetzung des Individuums mit der sozialen Umwelt und die subjektiven produktiven Leistungen betont werden, die auch die Möglichkeit der aktiven Verweigerung oder der Umdeutung beinhalten (vgl. auch Kampshoff 1996). Im Jugendalter wird das Geschlechtskonzept, das sich über Wahrnehmungen und Definitionen als geschlechtliche Person herstellt, durch die Aufgaben erweitert, den eigenen Körper als weiblich oder männlich zu akzeptieren, sich als geschlechtsreif und zeugungsfähig zu begreifen und sich verhaltensspezifisch im System der Zweigeschlechtlichkeit zu verorten (Kolip 1997; Faulstich-Wieland 2000). Die Entwicklung des Geschlechtskonzepts ist als permanenter Prozeß der Konstruktion zu begreifen, mit dem geschlechtstypische Unterschiede und Geschlechtszugehörigkeit im „Doing gender“ hergestellt werden (West/Zimmermann 1991). Dabei werden – in der Regel unbewußt – eine Vielzahl von Ausdrucksformen und „Codes“ benutzt (Hirschauer 1994). Es kann nicht allein davon ausgegangen werden, daß sie nur dazu dienen, das Geschlecht „nachzuweisen“, indem gängigen Geschlechtsattributen und -vorstellungen genügt wird, vielmehr wird mit der Selbstdarstellung auch die geschlechtsspezifische Verortung durch die soziale Umwelt eingefordert, deren Rückmeldung wiederum zur Stärkung, Modifikation oder Korrektur des subjektiven Weiblichkeits- oder Männlichkeitsbildes führt, das wesentlicher Bestandteil des Geschlechtskonzepts ist.

In den Gruppendiskussionen fiel uns auf, daß der Gewaltdiskurs von den weiblichen Jugendlichen dominiert wurde. Einige weibliche Jugendliche stellen sich als außerordentlich gewaltbereit dar, schilderten körperliche Auseinandersetzungen sehr detailliert und ausführlich. Wir interpretierten dies als einen Konstruktionsprozeß einer von den traditionellen Geschlechterstereotypen, die Mädchen als sanft, passiv und friedlich beschreiben, abweichenden Weiblichkeit. Im folgenden werden die Selbstdarstellungen von zwei Mädchen, die sich in der ersten Erhebungsphase sehr gewaltbereit präsentierten, anhand des Erhebungsmaterials aus Beobachtungen, Gruppendiskussionen und Einzelinterviews beider Erhebungsphasen analysiert. Ziel ist es, ein Bild der geschlechtlichen Selbstkonzeption dieser Jugendlichen zu zeichnen, in dem Konsistenzen, Abweichungen und Ambivalenzen in der Entwicklung sichtbar werden, um die Rolle von Gewaltbereitschaft und gewalttätigem Handeln in ihrem Geschlechtskonzept zu hinterfragen. Ausgewählt wurden jeweils eine weibliche Jugendliche einer Mädchengruppe – Alia – und einer gemischtgeschlechtlichen Gruppe – Branka.

6.1 Alia

6.1.1 Gewalt als Abgrenzung gegen traditionelle Weiblichkeitsbilder

Alia hebt sich in beiden Gruppendiskussion mit einer Mädchengruppe bei der Darstellung ihrer Gewaltbereitschaft und der Schilderung von Gewalttaten heraus. Im ersten Einzelinterview, sie ist 14 Jahre alt, liefert sie eine detaillierte Beschreibung ihres Vorgehens:

„Ich pack' sie so auf den Boden, halt sie dann fest, hol' aus, wumm in die Seite. (...) Mit meinem Gewicht, wenn ich auf sie so mit dem Bein dann draufliege, da kann sie sich auch nicht wehren.(...) Oder, dann am besten ist es noch, wenn sie dann irgendwie so kleiner ist dann noch als du, oder größer, ziehst den Kopf runter und dann mit´m Knie so ins Gesicht. Aber nicht auf die Nase, nur auf die Stirn. (...) nicht auf die Nase, da pass' ich schon auf, daß ich sie nicht auf die Nase treff'. Wenn, nur hier, hier oder da. Da kann ja nicht so viel passieren. (...) Ich pass' auf, daß ich nicht ihre Nase treff', ich hab nämlich keinen Bock, daß ich dann irgendwie 'ne gebrochene Nase vor mir hab' oder so was." (27, 155-163)

In dieser Darstellung verdeutlicht sie neben ihrer strategischen Vorgehensweise, daß sie nicht hemmungslos gewalttätig ist. Sie kalkuliert sehr genau die Folgen ihres gewalttätigen Agierens, sowohl hinsichtlich möglicher strafrechtlicher Konsequenzen als auch hinsichtlich der Verletzungen, die sie bei ihrem Opfer anrichtet. Mit dem Hinweis, daß sie aufhört zu schlagen, wenn ihr Opfer weint, blutet oder am Boden liegt – „das tut mir so leid dann" (27, 149) stellt sie sich nicht als skrupellos, sondern als empathisch dar. In ihrer Selbstdarstellung stellt sie die Überschreitung der Grenzen geschlechterstereotyper Weiblichkeitsbilder – Mädchen sind friedlich –, demnach einer Orientierung an geschlechtstypisch konnotierten Eigenschaften – Mädchen sind einfühlsam und mitfühlend – gegenüber.

Alia entwirft in der Gruppendiskussion von sich ein Bild, in dem aktive Elemente überwiegen, dies entspricht auch ihrem lebhaften Verhalten und ihren häufigen Wortmeldungen, sie leitet oft Themenwechsel ein und unterbricht andere. Daneben betont sie aber auch ihre Verbundenheit mit anderen, vor allem mit ihrer Freundin Berenike sowie an mehreren Stellen – im Zusammenhang mit gewaltorientierten Situationen – auch ihre Kontakte zu männlichen Freunden sowie ihre Hilfsbereitschaft gegenüber ihren FreundInnen und Geschwistern. In Verbindung mit dem männlichen Geschlecht stellt sie sich als begehrt und relativ unabhängig von ihrem Partner dar. Als geschätzte Eigenschaften beschreibt sie im Einzelinterview ihre Durchsetzungsfähigkeit – „Meinen eigenen Willen, so daß ich mir nicht alles gefallen lasse." (27, 51), Unabhängigkeit – „(...) ich tu' nicht so, was die wollen" (27, 61), ihre Körperkraft und ihre „große Klappe", womit sie meint, daß sie „aufbrausend" ist.

„Weiblichkeit" ist für Alia eher negativ besetzt. Wenn sie über andere Mädchen redet, so meist in einer abwertenden Form. In der Gruppendiskussion tituliert sie Mädchen, die sich übermäßig schminken, kurze Röcke oder „Nuttenstiefel" tragen und sich aufreizend zurechtmachen als „Schlampen". Sie verachtet Mädchen, die sich nicht „richtig" schlagen oder sich nicht zur Wehr setzen. Allerdings dienen sie ihr zur Erhöhung des eigenen Selbstwertgefühls, nämlich dann, wenn sie wegen ihrer Gewaltbereitschaft Angst vor ihnen – damit sind sie und Berenike gemeint – haben, sich an sie anbiedern, sie „bewundern" oder „Respekt" vor ihnen haben. Die Anerkennung durch Jungen schildert sie als Bewunderung ihrer Körperkraft. Lediglich hinsichtlich der geschlechterhomogenen Zusammensetzung der Gruppe findet sie auch negative Merkmale bei Jungen: Diese hätten dort keinen Platz, „weil die nicht mitreden können“.

Alia orientiert sich in ihrem Selbstbild offensichtlich eher an Jungen als an den von ihr negativ bewerteten Mädchen. Dies zeigt sich z.B., wenn sie stolz erzählt, daß sie und ihre Freundin männliche Spitznamen haben und daß sie einen eher männlichen Gang hat:

„Oder dann sagen die Jungs, komm mal, guck mal, da kommen die Breiten, guck mal, wie die geh'n, und so was. Weil wir nämlich schon so geh'n irgendwie, ich kann nicht so die Beine zusammen machen, ich muß schon ein bißchen breitbeinig gehen. Für mich ist auch nicht so was Rock oder so was, kann ich nicht anzieh'n, weil ich breitbeinig geh'n muß. Ich kann die Beine nicht schließen.“ (27, 271)

Auch ihre äußere Erscheinung ist eher jungen- als klassisch mädchenhaft: breite Hosen, weiter Pulli, Kurzhaarschnitt. In der zweiten Erhebungsphase bestätigt Alia diese Wahrnehmung: „Ja, vorher sah ich aus wie ein halber Kerl“ (65, 279).

Dennoch liegt ihr viel an ihrer weiblichen Attraktivität, sie schminkt sich manchmal und legt Wert auf ein gepflegtes Äußeres, um für Jungen interessant zu sein. In ihrer Unzufriedenheit mit ihrem Äußeren – sie empfindet sich als zu dick, ihr Gesicht als zu breit, ihre Nase als zu dick und ihre Augenbrauen als zu buschig – zeigen sich Minderwertigkeitsgefühle, die aus der Orientierung an weiblichen Schönheitsidealen entspringen. Sie hat sogar schon überlegt, ob sie sich operieren lassen soll – „werden dir die Rippen gebrochen. Da überleg' ich schon dran, ob ich Fett absaugen laß und so was“ (3, 733) –, um sich den Traum von einer „Wespentaille“ zu erfüllen.

Das Selbstbild, das Alia in der ersten Erhebungsphase präsentiert, ist demnach von Ambivalenzen geprägt, die aus der feministischen Fachliteratur nur allzu bekannt sind. Im Prozeß der Aneignung von Geschlechtsidentität sehen sich Mädchen mit einem Weiblichkeitsbild konfrontiert, mit dem soziale und gesellschaftliche Abwertungen und die Unterordnung in der Geschlechterhierarchie verbunden sind. Einerseits lehnen sie sich gegen derartige Zumutungen und Positionszuweisungen auf, andererseits möchten sie diesem Weiblichkeitsbild entsprechen, um die damit verbundene Wertschätzung und Anerkennung des sozialen Umfeldes, insbesondere auch von männlichen Jugendlichen, zu erhalten.

Die Geltung und die Konsequenzen einer hierarchischen, Frauen unterordnenden Geschlechterhierarchie erlebt Alia in ihrer Familie. Der Vater ist als Facharbeiter ganztägig beschäftigt, die Mutter ist für die Kindererziehung zuständig und erledigt die Hausarbeit, vor kurzem ging sie einer Halbtagsbeschäftigung als Aushilfskraft nach. Ihre qualifizierte Berufstätigkeit hatte sie in der Kindererziehungsphase unterbrochen und nicht wieder aufgenommen. Alia erlebt den Vater als Patriarchen, der sie – den Traditionen seiner südeuropäischen Heimat verhaftet – aufgrund der Geschlechtszugehörigkeit gegenüber dem jüngeren Bruder benachteiligt.

„Mein größtes Problem ..., daß ich nicht so irgendwie bei meinem Vater so gleichwertig bin als mein Bruder. Da hab' ich mich schon oft mit ihm gestritten. Hab' ich ihm mal gesagt, wieviel Kinder hast du eigentlich, du hast auch noch 'ne Tochter. Ja, aber Sohn ist besser. Ich sage, willst du mich jetzt damit beleidigen. Dann sagt er so: ‚Nee, aber trotzdem ist ein Sohn besser'." (3, 611)

Er hat ihr bereits in seinem Herkunftsland einen Bräutigam ausgesucht und auch den Zeitpunkt der Heirat und von Geburten bestimmt. In der Mutter findet Alia in ihrem Widerstand gegen derartige Benachteiligungen und Bevormundungen wenig Unterstützung, weil sie sich gegen den Vater nicht durchsetzen kann – aus der Sicht Alias u.a., weil er „das Geld verdient". Für Alia ist demnach die Vormachtstellung des Vaters im familialen Geschlechterverhältnis mit der gering bewerteten Tätigkeit der Mutter verbunden (vgl. hierzu Becker-Schmidt 1995). Die einseitige Verteilung der Familienarbeit wird von der Mutter nicht in Frage gestellt. Vor dem Hintergrund eigener Erfahrungen desillusioniert sie Alias Vorstellung von einem „Traummann", der auch bei der Hausarbeit mithilft:

„Also und er muß auch so 'ne Tätigkeiten haben, daß er auch mal abwäscht oder so was, nicht daß ich da dann hänge, oder er muß auch kochen können. So ist mein Traummann. Aber den mußt erfinden, ejh. Sagt meine Mutter: ‚Was hast du denn für 'ne Vorstellung, den mußt du ja erfinden'." (3, 673)

Als Vorteil von Jungen gegenüber Mädchen thematisiert Alia, daß sie „nicht so viele Probleme haben, die können nicht schwanger werden" (3, 958) und „nicht so viele Probleme mit dem Körper und so was" (3, 960), womit sie sich auf die Menstruation bezieht. Darüber hinaus schreibt sie ihnen – wenngleich sie sich nicht ganz sicher ist – bessere berufliche Chancen zu, denn: „Die Mädchen werden nicht so als Kfz-Mechaniker oder so was genommen." (3, 962)

Angesichts derartiger Empfindungen und Wahrnehmungen erstaunt es nicht, daß sich Alia gegen eine Identifizierung mit herkömmlichen Weiblichkeitsbildern wehrt. Dies zeigt sich im Widerstand gegen die Benachteiligung durch den Vater, in ihren Konflikten mit dem Bruder, dem Nutznießer der väterlichen Bevorzugung, und allgemein in ihrer Auflehnung gegen Erziehungsmaßnahmen – Verbote werden nicht befolgt, Stubenarrest wird nicht eingehalten, Schläge werden als „nicht so schlimm" – wenn sie nicht so stark sind – herabgesetzt. Auch in ihrer empörten Auflehnung gegen die Vorstellung, daß sie Partnern eine Vorrangstellung in der Beziehung einräumen sollte, und in dem Hinweis, daß sie sich nie von einem Mann schlagen lassen würde, wird die Ablehnung einer Unterordnung im Geschlechterverhältnis sichtbar.

Eine mit Weiblichkeit verbundene untergeordnete Stellung in der Geschlechterhierarchie abzuwehren und sich gleichzeitig aber auch als weiblich wahrzunehmen und eindeutig zu präsentieren, führt zu Ambivalenzen, deren Ausbalancierung Alia noch nicht gelungen ist. Ihre gewaltbetonende Selbstdarstellung, ihre Gewaltbereitschaft und ihr gewalttätiges Handeln als Ausdruck ihres Protestes gegen die Zumutung der Unterordnung im Geschlechterverhältnis orientieren sich stark an einem männlichen Habitus, da ihre Wahrnehmungen und Erfahrungen ihr im System der Zweigeschlechtlichkeit keine attraktiven Alternativen bieten. Sie konstruiert ein Bild eigener Weiblichkeit, das sich gegen stereotype Zuschreibungen, die ihr Selbstwertgefühl und ihr Bedürfnis nach Anerkennung verletzen, verwehrt – einerseits in einer bewußten Abgrenzung gegen eine auch von ihr abgewertete Weiblichkeit, andererseits in einer Identifizierung mit herkömmlichen Weiblichkeitsidealen.

6.1.2 Von einem männlich konnotierten Habitus zur Konstruktion einer selbstbewußten Weiblichkeit

Ein Jahr später haben sich die äußere Erscheinung Alias und auch ihr Auftreten erheblich verändert. Von einem „breiten Gang", einem körperversteckenden Kleidungsstil und einer jungenhaften Erscheinung kann nicht mehr die Rede sein. Alia präsentiert einen Typus „betonter Weiblichkeit" (Hagemann-White 1995, S. 843 unter Bezugnahme auf Connell 1983), zu dem sie sich entschieden hat, weil „alle gesagt (haben) ‚Junge' und so" (65, 279).

„Ich konnt' mich schon gar nicht mehr in 'n Spiegel gucken, wie ich aussah, so rüber. Ich hab' mich häßlich gefühlt. Hab' ich auf einmal alles geändert, Klamotten, Outfit, Haare, Schminken. Gefällt mir auch besser." (65, 281)

Alia ist in dem Jahr zwischen den Erhebungen in eine neue Phase der Geschlechtskonzeptbildung eingetreten, die sich u.a. darin zeigt, daß die Beziehung zum anderen Geschlecht für sie an Bedeutung gewonnen hat: Inzwischen findet sie „Zungenküsse“ nicht mehr „eklig“, wie noch in der ersten Erhebungsphase, und hat bereits Erfahrungen auf sexuellem Gebiet gemacht, zu denen sie sich im Vorjahr noch „zu jung“ fühlte. Sie hat festgestellt, daß eine betont weibliche Erscheinung sie für Jungen interessant macht:

„Früher haben mich Jungs eigentlich buchstäblich gar nicht angeguckt. In der letzten Zeit, wo ich mich so gekleidet habe, gucken mich mehr an. Hab‘ ich auch mehr Freunde. Macht vielleicht viel aus.“ (65, 291)

Von einem männlichen Habitus hat sie sich also mittlerweile distanziert und sich in ihrer äußeren Erscheinung an geschlechterstereotype Vorstellungen von Weiblichkeit angenähert. Dieser Prozeß verlief nicht konfliktfrei, denn sie entwickelte eine Magersucht, die inzwischen überwunden ist. Diese Eßstörung kann als Ausdruck eines Konfliktes interpretiert werden, der sich als Abwehr gegen die „Sexualisierung“ ihres Körpers durch die soziale Umwelt äußert, mit der die Zugehörigkeit zum weiblichen Geschlecht unleugbar wird, und der seine Quelle in dem Bewußtsein hat, daß damit die Unterordnung im Geschlechterverhältnis einhergeht (vgl. Helfferich 1994). Gleichzeitig drückt sich in ihrer Magersucht ein Konflikt zwischen einerseits dem Bedürfnis, einem idealisierten Typus von Weiblichkeit zu entsprechen und andererseits dem – bereits in der ersten Erhebungsphase sichtbaren – Gefühl der eigenen körperlichen Unzulänglichkeit aus (vgl. Flaake 1990). Noch immer empfindet sie sich als zu dick und versucht, über den Verzicht auf Süßigkeiten und den zeitweiligen Besuch eines Fitneßstudios ihr Gewicht zu reduzieren.

Auch auf der Verhaltensebene ist sie mit sich selbst nicht zufrieden, insbesondere dort, wo sie geschlechterstereotypen Vorstellungen von Weiblichkeit nicht entspricht. So meint sie, daß sie ruhiger sein sollte, nicht „so aufbrausend (...) wie manche Kerle“ (65, 341), auch Gewalttätigkeit betrachtet sie inzwischen als „Nachteil“. Hierzu trägt unter Umständen der Einfluß ihres derzeitigen Freundes bei, der es nicht gut findet, wenn Mädchen sich schlagen, auch wenn sie dagegenhält: „Es ist meine Sache, wie ich mich wehre“ (65, 529). An ihrer gewaltbetonenden Selbstdarstellung hat sich zwischen den beiden Erhebungszeitpunkten nichts verändert, und auch in körperliche Auseinandersetzungen war sie in dieser Zeit mehrfach verwickelt. Häufiger leitet sie die Berechtigung eines gewaltbereiten Auftretens und gewalttätigen Verhaltens von Mädchen explizit aus der Auflehnung gegen eine geschlechtstypische Unterdrückung und Abwertung von Mädchen und Frauen her:

„Ich finde es in Ordnung. Mädels sollen sich auch durchsetzen können, auch wenn es gegen Jungs ist. Mädchen sind irgendwie noch – ich weiß nicht – Jungs sind sozusagen in unserer Welt die größten, die dürfen sich mehr erlauben und so. Ich finde das gut, daß Mädchen auch mal durchgreifen können." (65, 592)

Wenn Mädchen ebenso wie Jungen handgreiflich werden, dann ist das für sie:

„Ganz gut, dann merkt man so, daß die Mädchen sich auch wehren und daß das nicht nur die Jungs können. Das fände ich nämlich blöd, wenn Mädchen sich unterdrücken lassen. Jeder, wie es so heißt, Gleichberechtigung. Weil, viele lassen sich unterdrücken, von Stärkeren und Jungs und so, laß ich nicht." (65, 641)

Deutlicher nimmt sie auch die nachgeordnete Position ihrer Mutter in der Familie wahr und ihre eigene Benachteiligung, und sie hat erkannt, daß dies durchaus kein individuelles Schicksal ist:

„Jungs werden höher geschätzt, meine ich, ist meine Ansicht. Und Mädchen werden so ein bißchen – ffft – unterdrückt, von jedem. Meine ich, auch bei den Deutschen ist das so." (65, 1129)

Über die Gründe der Bevorzugung von Söhnen sagt sie jetzt:

„Weil die eben das besondere Etwas haben, das die Mädchen nicht haben, und den Namen weiter tragen und das machen und das machen." (65, 1133)

Ihre familialen Zukunftsvorstellungen – sie will unbedingt eine Familie haben – zeichnet sie in Abgrenzung zur elterlichen Situation:

„Und daß beide gleichberechtigt und beide die Kinder erziehen. Nicht daß der eine sich einen schönen Fröhlichen da macht. Jedes Wochenende, und der andere nur zu Hause gammelt. Daß man das schon irgendwie hinkriegen kann, die Kinder unterbringen, mal was zusammen unternehmen. Und nicht, daß die Frau nur mit den Kindern zu Hause sitzt. Das mach' ich nicht." (65, 797)

In einer Partnerschaft hat sie selbst Unterdrückungserfahrungen gemacht: Sie wurde von einem Freund kontrolliert, in ihrer Bewegungsfreiheit eingeschränkt, u.a. hat er ihr den Umgang mit ihrer Clique verboten, und geschlagen – gewehrt hat sie sich wegen seiner körperlichen Überlegenheit nicht, denn dann „hätt' ich noch mehr gekriegt" (65, 373).

„Ich durfte gar nichts. Ich mußte zu Hause bleiben. Wenn der mit mir weggegangen ist, eben (...) Disco, durfte ich die ganze Zeit auf eine Stelle gucken. Das konnte ich nicht, habe ich Schluß gemacht.“ (65, 653)

In ihrer jetzigen, erst seit zwei Wochen bestehenden Partnerschaft fühlt sie sich hingegen anerkannt und nicht bevormundet – sie versäumt nicht, darauf hinzuweisen, daß sie sich das auch nicht gefallen lassen würde. Insgesamt vermittelt sie den Eindruck, daß sie sich selbstbewußt mit ihren Interessen durchsetzen kann.

War im Jahr zuvor ihre Gewaltbereitschaft und Gewalttätigkeit noch stark durch die Identifizierung mit einer als dominant erfahrenen Männlichkeit geprägt, so wird in der zweiten Erhebungsphase deutlich, daß Alia mit diesem Verhalten ein selbstbewußtes Bild von Weiblichkeit konstruiert, das nicht mehr in Anlehnung an einen männlichen Habitus legitimiert werden muß. Es kommt ihren Vorstellungen von Weiblichkeit näher als ein den Geschlechterstereotypen angepaßtes Bild eines Mädchens, das sich in den Kreislauf von Unterdrückung und Abwertung begibt. Durch die Anerkennung und den Respekt, die ihr einerseits aufgrund ihrer „Durchsetzungsfähigkeit“, andererseits aufgrund ihrer weiblichen Attraktivität entgegengebracht werden, fühlt sie sich darin bestätigt. Es gibt jedoch auch Anzeichen dafür, daß sie im Einklang mit geschlechtsrollenstereotypen Erwartungen und aufgrund ihres Bedürfnisses nach Anerkennung im Geschlechterverhältnis Zweifel an der „Passung“ von Gewalt und Weiblichkeit entwickelt.

6.2 Branka

6.2.1 Gewalt als Bestandteil einer durchsetzungsfähigen Weiblichkeit

Die fünfzehnjährige Branka, die zu einer gemischtgeschlechtlichen Gruppe gehört, präsentiert sich in ihrer äußeren Erscheinung als betont weiblich und in ihrem Auftreten als sehr selbstbewußt. Ihre verbale Aggressivität entspricht dem allgemeinen Umgang der Gruppenmitglieder miteinander. In der Gruppendiskussion stellt sie sich als außerordentlich gewaltbereit dar mit Bemerkungen wie: Sie würde erst zuschlagen, dann reden; sie würde einzelne immer alleine zusammenschlagen; sie würde auch bei Mädchen, die am Boden liegen, erst aufhören, wenn sie sagen, daß sie aufgeben oder zu sehr bluten; man könne Probleme nicht anders als mit Gewalt lösen. Sie drängt sich in der Diskussion danach zu schildern, wie sie ein Mädchen zusammengeschlagen hat, weil sie „über alle gelabert" hat.

„Branka: Ja, sie ... ihre ganze Hand war aufgeschlitzt, ihr Gesicht hat geblutet und so, hat immer gesagt: ‚Hör auf, hör auf'. (...) Und dann hab' ich sie an den Haaren genommen, und mit der Faust ... (...) Und dann hatte sie eine Flasche in der Hand, wollte sie mir die Flasche ins Gesicht schlagen. (...) Hat sie ..., habe ich ihr die Flasche weggenommen, ist sie auf den Boden gefallen, ist sie kaputtgegangen, dann ist sie auf die Flasche draufgefallen.

Int.: Ach so, deswegen hat sie so geblutet.

Branka: Ja, nur an der Hand, aber im Gesicht vom Schlagen." (28, 747-759)

Im Selbstbild Brankas haben Selbstbewußtsein und Durchsetzungsfähigkeit ein großes Gewicht. Dies zieht sich durch alle Themenbereiche des Interviews: Gewalt, Familie, Schule und Partnerschaft.

„Also wenn ich was wirklich will oder so, dann kann ich mich durchsetzen oder – ja, aber das können die meisten hier." (10, 473)

„Ich wurde so erzogen, daß – ich weiß nicht – daß ich mich immer wehren soll und nich' ..." (10, 433)

„Aber ich mache sowieso immer, was ich für richtig halte und nicht, was andere sagen." (10, 545)

„Aber ich habe noch nie auf meine Mutter gehört. Ich mache immer das, was ich für richtig halte. (...) Ja, was soll sie denn machen? Sie weiß ganz genau, sie kann es mir nicht verbieten. Ich habe mir noch nie irgendwas verbieten lassen, noch nie." (10, 547, 549)

„An einem Freund ist ihr u.a. wichtig, „daß er mich akzeptiert, so wie ich bin und respektiert, daß er mir keine Vorschriften stellt." (10, 635)

Auch ihre Wahl als Klassensprecherin in der Realschule führt sie darauf zurück, daß sie ihre „Meinung durchsetzen kann und einfach ins Gesicht (sagen kann) ohne groß rumzureden (...)" (10, 737). Hier, wie auch in den anderen Zitaten und im Interview wird deutlich, daß für Branka ihre Durchsetzungsfähigkeit und ihr furchtloser und selbstbewußter Umgang mit anderen eine Quelle der Anerkennung und Selbstbestätigung ist. Gegen Einengungen ihrer Handlungsspielräume oder gegen Herabwürdigungen ihrer Ehrlichkeit oder ihrer Vertrauenswürdigkeit, auf denen aus ihrer Sicht die Wertschätzung durch andere basiert, sowie ihres Mutes reagiert sie empfindlich, entweder mit Gewalt oder – im familialen und schulischen Zusammenhang – mit der Überschreitung von Verboten und der Nichteinhaltung von Regeln. Sie selbst verknüpft die Bedeutung von Selbstbestimmtheit mit ihrer Erziehung und mit der Verantwortlichkeit ihren eigenen Standards und ihrer Person gegenüber.

„Ich finde es (wenn Mädchen sich nicht wehren, d. Verf.) feige und verantwortungslos, finde ich, weil ich finde, man muß sich immer wehren, obwohl auch, wenn derjenige, der schlägt oder so, stärker ist. Hauptsache, man hat zurückgeschlagen." (10, 447)

„(...) es (Gewalttätigkeit, d. Verf.) ist so wie Pflicht, finde ich. Wie so eine Pflicht, ja, weiß nicht. (...) Für mich selber. Also ich tu nichts, um anzugeben oder so, ich mache es für mich, damit ich mich besser fühle, damit nicht andere auch von mir denken: ‚Ja, die labert nur rum, und wenn es drauf ankommt, macht sie gar nichts', oder so. Aber ich mache es auch für mich, den größten Teil mache ich für mich, (...). Ich meine, das ist so wie ein Spiegel, was die Leute in mir sehen." (10, 441-443)

Daß für Branka Durchsetzungsfähigkeit sehr wichtig ist, ist wahrscheinlich durch eigene Gewalterfahrungen beeinflußt. Sie wurde zwischen dem zehnten und dreizehnten Lebensjahr häufig von ihrem Stiefvater geschlagen. Dies hörte erst auf, als sie einmal zurückgeschlagen hat – eine Erfahrung, die sie in ihrer Überzeugung gestärkt haben dürfte, daß Gewalt ein wirksames Mittel ist, um Erniedrigungen durch andere zu stoppen. Angesichts des permissiven Erziehungsstils ihrer Mutter und ihres leiblichen Vater, den sie in den Ferien sieht, muß sie der Versuch ihres Stiefvaters, ihren Gehorsam durch Gewalt zu erzwingen, besonders verletzt und aufgebracht haben.

Durchsetzungsstärke im Gewaltkontext ist für Branka nicht „unweiblich", sie weist in der Gruppendiskussion darauf hin, daß Gewaltausübung keine geschlechtstypische Verhaltensweise sei und daß Mädchen in Konflikten durchsetzungsfähiger als Jungen seien, weil sie nicht – wie diese – erst reden und dann erst zuschlagen, und sie betont allgemein kämpferische Fähigkeiten von Mädchen.

Ein weiterer, wenn auch weniger herausragender Aspekt ihres Selbstbildes ist ihre Eingebundenheit in soziale Beziehungen, die sie dadurch fördert, daß sie bereit ist, andere in Konflikten „schlagkräftig" zu unterstützen, daß sie ehrlich und verschwiegen ist und sich im schulischen Kontext als Klassensprecherin für andere einsetzt. An Freundinnen und Freunden schätzt Branka deren verläßliche Zuwendung, Hilfsbereitschaft, Verschwiegenheit und Verständnis. Dabei macht sie einerseits Unterschiede zwischen den Geschlechtern, wenn sie im Zusammenhang mit der Bedeutung von Gruppenaktivitäten heraushebt, daß Jungen außer Drogenkonsum alles egal sei, während Mädchen immer überlegen, was sie machen –, daß es unter den Mädchen der Clique im Umgang mit der Polizei häufiger Mißtrauen und Konflikte gebe, da sie auf Verleumdungen und Unterstellungen empfindlicher reagieren, und daß der Zusammenhalt unter den weiblichen Jugendlichen enger als unter den männlichen sei. Andererseits betont sie, daß es in der Bindungsstärke weder innerhalb der Gruppe noch in ihren anderen Freundschaftsbindungen geschlechtsspezifische Unterschiede gebe: Es müsse nicht immer eine „beste Freundin" sein, es war auch schon einmal ein „bester Freund", Unterstützung bei Schlägereien kämen sowohl von Mädchen als auch von Jungen, und in der Gruppe seien Freundschaften zwischen Mädchen und Jungen ebenso stark wie zwischen Mädchen.

„Bei uns ist es so, Jungs sind für uns wie Mädchen, also genauso Freunde wie Mädchen auch, es gibt keinen Unterschied eigentlich." (10, 297)

Dieses Zitat, wie auch andere Aussagen in der Gruppendiskussion und im Interview, belegen ein positives Weiblichkeitsbild und verdeutlichen, daß Beziehungen zu Mädchen für Branka eine besonders wichtige Bedeutung haben. Gleichzeitig weist sie aber auch – nicht immer konsistent mit anderen Aussagen – auf die Egalität von Mädchen und Jungen hin, wie in den obigen Beispielen und in ihren Äußerungen zu Qualitäten von Freundinnen und Freunden.

Die Einordnung im Geschlechterverhältnis basiert bei Branka weitgehend auf Gleichheitsvorstellungen und auf einer positiven Bewertung von Weiblichkeit, auch wenn sie Unterschiede teilweise wieder relativiert. Angesichts dieser Tendenzen kann die gewaltbetonende Selbstdarstellung als Konstruktion eines Weiblichkeitsbildes interpretiert werden, in dem Unterschiede sowohl auf der Verhaltens- wie auch der emotionalen Ebene eher zugunsten von Frauen sprechen. Traditionell geschlechtstypische Verhaltensanforderungen, denen sie mit ihrem Durchsetzungswillen und ihrer gewaltbereiten Selbstbehauptung widerspricht, scheint es in Brankas Welt nicht zu geben. Dies entspricht ihren Erfahrungen in Konflikten mit anderen Jugendlichen, in der Clique und in der Schule. Demgegenüber nimmt sie die eigene familiale Realität durchaus geschlechtstypisch wahr, was sich u.a. in einer sich hiervon abgrenzenden Zukunftsvorstellung äußert:

„(...) aber ich möchte niemals so ein Leben führen wie sie (die Mutter, d. Verf.) es macht: Arbeiten, Haushalt, Kinder, immer Streit die ganze Zeit, Scheidungen, (...)" (10, 830)

Dennoch orientiert auch sie sich in ihren Zukunftsplänen am „doppelten Lebensentwurf":

„Also man kriegt ja drei Jahre Urlaub, den würde ich machen, und dann das Kind in den Kindergarten, und dann würde ich Halbtagsjob machen. Ich meine, andere Frauen schaffen das ja auch, Job und Kinder zusammen, wieso sollte ich das nicht schaffen." (10, 786)

Daß sie dadurch ebenso belastet sein könnte wie ihre Mutter, auch wenn sie keine Vollzeitbeschäftigung wie diese, sondern einen Halbtagsjob anstrebt, scheint ihr – „wieso sollte ich das nicht schaffen" – zumindest in Ansätzen bewußt zu sein.

Die Wirkung von geschlechtstypischen Zuschreibungen zeigt sich auch, wenn Branka als Motive für Prügeleien und Bedrohungen neben Angriffen auf ihre Vertraulichkeit Beleidigungen als „Schlampe" oder „Hure" angibt. Mit derartigen, sexuelle Freizügigkeit unterstellenden Äußerungen sieht sie ihren „guten Ruf" gefährdet. Dahinter verbergen sich geschlechtstypische Erwartungen an Mädchen und junge Frauen. Ein sexuelles Experimentierverhalten von Mädchen und jungen Frauen gilt trotz mittlerweile gelokkerter sexueller Normen immer noch als „sexuelle Gefährdung" (vgl. Faulstich-Wieland 1999; Reismann/Wallner 1996.; Ziehlke 1992). An der Verletzung Brankas durch entsprechende diskriminierende Äußerungen wird deutlich, daß ihr derartige Normen durchaus bewußt und nicht ohne Relevanz für sie sind. Mit ihrem letzten Freund hat Branka bereits sexuelle Erfahrungen gemacht; in der Beziehung zu ihm hat sie sich in eine Abhängigkeit begeben, die im Widerspruch zu ihrem auf Selbstbestimmung und Unabhängigkeit basierenden Selbstkonzept steht und die sie im Nachhinein als Belastung für die Beziehung bewertet.

„(...) – ich war so an ihn gewöhnt, daß ich immer mit ihm sein mußte. Also ich konnte nicht mehr ohne ihn. Auch wenn ich irgendwo hinfahren will, zum Beispiel nach X, dann habe ich ihn erstmal gefragt, ob er nichts dagegen hat und so. Ich war viel zu sehr gebunden an ihn, und er genauso. Wir haben uns jeden Tag gesehen, haben jeden Tag telefoniert, waren jeden Tag zusammen, wir waren viel zu doll gebunden." (10, 577)

Indem sich Branka in dieser Beziehung ihrem Partner untergeordnet hat, hat sie geschlechtsrollenstereotypen Erwartungen entsprochen, die sie im Prinzip ablehnt. Dies gilt – neben dem Lebensentwurf – auch für ihre Orientierung an einem weiblichen Schönheitsideal, das sich in der Selbstkritik als „zu dick" äußert und Ursache für eine – inzwischen überwundene – Eßstörung war. Innerhalb der Clique steht Branka mit dieser Selbstkritik und dem Versuch, diesem „Mangel" über ein als „Diät" bezeichnetes Erbrechen abzuhelfen, nicht allein.

Die Konstruktion eines Geschlechtskonzeptes beinhaltet demnach bei Branka neben einer autonomen und selbstbewußten, Gleichberechtigung beanspruchenden und positiv bewerteten Weiblichkeit auch traditionelle Aspekte von Anpassung und Unterordnung im Geschlechterverhältnis, die teilweise damit im Widerspruch stehen. Sie werden als Ambivalenzen sichtbar, ihr innerer Konfliktgehalt tritt jedoch – mit Ausnahme der Eßstörung – nicht deutlich zutage.

6.2.2 Weiblichkeit als facettenreiches Geschlechtskonzept

In der zweiten Erhebungsphase stellt sich Branka in der Gruppendiskussion nicht mehr ganz so gewaltbereit dar wie in der ersten, allerdings drängt sie sich auch hier wieder danach, ihre – in diesem Fall psychische – Gewaltfähigkeit an einem Beispiel zu schildern. Selbst wenn sie sich nicht mehr so häufig körperlich gegen andere einsetzt, weil sie nicht mehr in Konflikt mit der Polizei kommen will, ist sie auch im vergangenen Jahr gewalttätig geworden, betont einige Male auch ihre Gewaltbereitschaft und legitimiert Gewalt. Im Einzelinterview präsentiert sie sich widersprüchlich: Einerseits betont sie, daß Gewalt nicht der richtige Weg sei, Konflikte zu lösen, daß gewalttätiges Handeln nur zu strafrechtlichen Problemen führen und daß sie nicht mehr provokant gewaltbereit auftreten würde. Andererseits schildert sie Beispiele für „berechtigte" gewalttätige Übergriffe auf andere Mädchen und gibt zu, daß sie wegen Beleidigungen und Verleumdungen nach wie vor gleich zuschlagen und nicht erst reden würde, allerdings macht sie dies jetzt abhängig davon, wie wichtig ihr die diffamierende Person ist. Ebenso wie in der ersten Erhebungsphase, aber deutlicher formuliert, legitimiert sie ein solches Vorgehen mit dem guten Ruf, den sie zu verlieren habe.

> „Wenn ich weiß, das kommt von Assis (Kurzform für Asoziale, d. Verf.), die mir nichts bedeuten, die Leute, auf die ich keinen Wert lege, dann scheiße ich drauf, dann gehe ich vorbei. Das hätte ich früher niemals gemacht, aber heute mache ich es. Aber bei wem ich weiß, daß es meinem Ruf schaden könnte oder so, bei dem ich es ernst nehme, wo es mir auch weh tut – obwohl man es nicht zugibt, aber es tut ja einem weh, wenn man sowas hört – dann ..." (74, 367)

Berücksichtigt man, daß es nahezu ausschließlich Mädchen waren, die Branka angegriffen hat, so bestätigt der Hinweis auf die Verletzung durch „ernst zu nehmende" verleumderische Behauptungen, daß ihr kommunikative Beziehungen zum gleichen Geschlecht sehr wichtig sind. Dies wird auch noch an anderen Stellen sichtbar, wo sie – wie bei der ersten Erhebung – den solidarischen Zusammenhalt zwischen weiblichen Jugendlichen und seine Bedeutung als emotionale und soziale Ressource – auch gegenüber einer Partnerschaft – hervorhebt: „Eine Freundin hast du ein Leben lang, einen Jungen kannst du dir immer wieder holen" (74, 738)

Wie auch im Vorjahr präsentiert sich Branka als autonom und unabhängig, durchsetzungsfähig und willensstark, und zwar sowohl innerhalb als auch außerhalb des Gewaltkontextes:

„Bei meinen Eltern kann ich mich sowieso durchsetzen, bei meinen Freunden kann ich mich auch durchsetzen. Weil, ich habe eine starke Willenskraft. Wenn ich was haben will, dann kriege ich es auch. Egal, was es ist. Und ich hake so lange nach, bis ich es habe." (74, 904)

In sozialen Interaktionen nimmt sich Branka ihre Handlungsspielräume:

„Ich habe mich noch nie benachteiligt gefühlt, weil, ich stehe immer im Mittelpunkt. Es ist so." (74, 906)

„Ich bin zu temperamentvoll, sagen viele von mir. Ich habe zu viel Temperament. Also ich bin lauter als die, ich bin auffälliger als zum Beispiel X, die ist ja gar nicht so auffällig, ich bin viel auffälliger als sie, auch vom Verhalten her." (74, 155)

Eher zugestanden als selbst geschaffen erscheinen hingegen die Freiheiten, die sie in ihrer Partnerschaft hat.

„Aber ich kann gut mit ihm (ihrem derzeitigen Partner, d. Verf.). Also er ist auch nicht so einer, der was verbietet oder so. Ich kann machen, was ich will, ich habe meine Freiheiten. Das ist gut so." (74, 679)

Mit dem Eingehen von Partnerschaften verbindet Branka demnach implizit die Erwartung, daß ihre Handlungsspielräume eingeengt werden, auch wenn dies in ihrer derzeitigen Situation nicht der Fall ist. Die Freiheiten in ihrer aktuellen Partnerschaft, die darin bestehen, daß Branka machen kann, was sie will, und daß ihr Freund ihr „die Sterne vom Himmel holen" (74, 699) würde, sie alles von ihm haben kann, was sie will, sind neben seiner „Anhänglichkeit" und seiner Attraktivität für andere Mädchen der Grund, daß sie sich nicht von ihm trennt, obwohl sie nicht in ihn verliebt ist.

Anders als noch im Jahr zuvor, beschreibt Branka sich in der zweiten Erhebungsphase als sensibel und verletzlich, was von ihrem sozialen Umfeld jedoch nicht entsprechend gedeutet werden kann, weil sie ihre Empfindlichkeit verdeckt.

„Ich tu immer – viele sagen zu mir, ich sehe immer eingebildet aus, ich gehe immer mit Nase hoch. Ich tu immer so, als ob ich unverletzlich wäre, aber bin ich eigentlich gar nicht. Aber ich tu so. (...) ich zeige anderen Leuten meine Gefühle nicht. Vielleicht ist es auch falsch, aber ich mache es nicht. Ich würde zum Beispiel niemals vor jemandem Fremden oder so weinen oder – sowas würde ich niemals machen. Egal, wie meine Emotionen sind, würde ich nicht machen.“ (74, 317, 323)

Ihre Grundlage hat diese Haltung in der Wahrnehmung, daß das Leben ein Kampf ist, in dem man sich nur durch Härte selbst behaupten kann und in dem Gefühlsregungen, weil sie verletzlich machen, die eigenen Chancen beeinträchtigen.

„Aber ich finde, in der heutigen Welt muß man unverletzlich tun, man muß hart sein, sonst kommt man nicht durch, finde ich.“ (74, 321)

Dabei ist auch die ökonomische Situation der Familie zu berücksichtigen. Branka erlebt in ihrem Alltag eine Mutter, die sich verausgabt, um den Familienunterhalt zu sichern, einen Stiefvater, der immer wieder arbeitslos ist, und häufige Konflikte um Geld; Branka bekommt kein regelmäßiges Taschengeld, sondern muß immer wieder um finanzielle Zuwendungen kämpfen, die ihr nie ausreichend erscheinen. Im Kontrast hierzu lebt sie in ihren Ferien bei einem Vater, dessen Einfluß und Wohlhabenheit nach Brankas Aussagen aus illegalen Aktivitäten stammen. Im einen wie im anderen Fall sind Durchsetzungsfähigkeit und Kampf angesagt, um entweder „über die Runden zu kommen“ oder einen angesehenen Status zu behalten bzw. zu erreichen. Geld und Status spielen in Brankas Wahrnehmung, insbesondere in ihren Zukunftsorientierungen, eine wichtige Rolle:

„Ich möchte erst Kinder haben, wenn ich denen was bieten kann, eine eigene Wohnung, ein Auto, einen festen Arbeitsplatz; also wenn ich denen eine Zukunft bieten kann, sonst nicht.“ (74, 824)

Auch ein vernachlässigender Erziehungsstil und die daraus resultierende Selbst-Bildung „auf der Straße“ haben zur Entwicklung eines Orientierungsrahmens beigetragen, in dem Erfolg und Status nur durch einerseits Kampf und andererseits Solidarisierungen zu erreichen sind.

„Wir sind einfach Kinder – ich finde, unsere Eltern haben uns nicht richtig erzogen, die hatten nicht genug Zeit für uns. Davon kommt das, schätze ich so. Weil wir sind auf der Straße aufgewachsen. Wir haben uns nie von unseren Eltern was sagen lassen, weil die meiste Zeit waren sie arbeiten. Die waren gar nicht zuhause und wir auf der Straße. Und eigentlich hat uns die Straße erzogen.“ (74, 563)

In einer geschlechtshierarchischen Wirklichkeit verhilft ihr eine solche Sozialisation zur Durchsetzung und Selbstbehauptung.

„Jungs – ich weiß nicht – es ist so, daß die meisten Jungs denken, sie haben mehr zu sagen als Mädchen, weil sie das stärkere Geschlecht sind. Aber es gibt auch Mädchen, die sich gut durchsetzen können. Zum Beispiel ich kann mich gut zwischen Jungs durchsetzen, gegenüber Jungs. Ich lasse mir nichts von Jungs sagen." (74, 908)

Eine Bestätigung dafür, wie wichtig Durchsetzungskraft und Härte sind, findet Branka auch in ihrem familialen Umfeld, in dem sie die schwache Stellung ihrer Mutter auch darin begründet sieht, daß sie zu nachgiebig und gutmütig bei Auseinandersetzungen sei.

Während Branka auch in der zweiten Erhebungsphase geschlechtstypische Zuschreibungen vornimmt, finden sich Einschränkungen von geschlechtsspezifischen Unterschieden nicht mehr. Sie nimmt demnach stärker als in der ersten Erhebungsphase die Realität als zweigeschlechtliches System mit geschlechtstypischen Eigenschaften, Verhaltensweisen und Chancen wahr.

Nach wie vor sind die zentralen Elemente in Brankas Geschlechtskonzept eine gegen Abwertung und Nachrangigkeit von Weiblichkeit gerichtete Willenskraft und Selbstbehauptung, deren Wert sie sowohl im Umgang mit weiblichen und männlichen Jugendlichen als auch in Schule und Familie erfahren hat. Gewalttätigkeit und Gewaltbereitschaft sind eine Ausprägung dieser Orientierung, die in ihre Konstruktion von Geschlecht integriert werden. Gegenüber dem Bedürfnis, über eine kämpferische Selbstbehauptung Anerkennung und Gleichberechtigung zu erfahren, bleiben emotionale, also „typisch weiblich" konnotierte Verhaltensanteile jedoch verdeckt. Hierin zeigt sich ein innerer Konflikt, den Branka allerdings zugunsten ihrer Durchsetzungsinteressen unterdrückt. Konflikte deuten sich auch zwischen Gleichberechtigungs- und geschlechterstereotypen Orientierungen an. Unverändert zeigen sich Anpassungen an Geschlechterstereotype im Versuch, Schönheitsidealen zu entsprechen – „ich würde (durch eine Operation, d. Verf.) meine Nase machen lassen, Mandelaugen, Fett absaugen" (74, 293) – wie auch im Lebensentwurf – eine Berufsunterbrechung nach der Geburt von Kindern plant sie ein: „Ich finde das besser, wenn das die Mutter macht" (74, 836). Das Geschlechtskonzept von Branka ist demnach nicht frei von Widersprüchen und Ambivalenzen, die sie ebenso wie in der ersten Erhebungsphase als unterschiedliche Facetten ihres Weiblichkeitsbildes präsentiert.

6.3 Konstruktion von Weiblichkeit als Gruppenpraxis

6.3.1 Weiblichkeitsbilder als Ergebnis von Statuseinflüssen und Konformitätsdruck?

In der Gruppe Alias wird „Geschlechtszugehörigkeit" in der ersten Erhebungsphase auch von den anderen Gruppenmitgliedern mehrfach explizit thematisiert. Einerseits zeigt sich in den Aussagen eine Höherbewertung, andererseits eine Abwertung von Mädchen gegenüber Jungen. Der große Stellenwert der gleichgeschlechtlichen Zusammensetzung wird damit begründet, daß Mädchen im Verhältnis zu Jungen die kompetenteren Gesprächspartnerinnen seien und daß das Vertrauensverhältnis intensiver sei; nur ein Mädchen differenziert in diesem Kontext nicht geschlechtsspezifisch. Ein anderes reflektiert eine mögliche Mitgliedschaft von Jungen aus deren Sicht – mit dem Resultat, daß dies einer „Entmännlichung" gleichkäme.

„Also wir nehmen keine Jungs in 'ner Mädchenclique auf, nee. Außerdem würde es den Jungs auch nicht passen. Also der würde dann irgendwie für Spackentunte oder was weiß ich nicht gehalten werden." (1, 69)

Diese implizite Abwertung von Mädchen zeigt sich auch in der Begründung, weswegen vor allem Mädchen Opfer von Aggressionen der Mädchen werden, sie seien intriganter und „zickiger" und würden häufiger schlecht über andere reden als Jungen.

Doch nicht nur auf der Eigenschaftsebene, auch hinsichtlich geschlechtstypischer Attribute wie Kleidung und Schminken werden Abwertungen und Abgrenzungen sichtbar. Bei der Thematisierung vorrangiger Gesprächsthemen von Mädchen wird zunächst zurückgewiesen, daß man sich über „Kosmetik" unterhalten würde. Immer wieder – auch in den Einzelinterviews – kommen die Mädchen jedoch auf dieses Thema zu sprechen. Vor allem Alia äußert ihre Abneigung gegenüber zu stark geschminkten Mädchen und einer weiblichkeitsbetonenden Kleidung. Hierfür erhält sie in der Gruppendiskussion Zustimmung. Ein weiteres zentrales Gesprächsthema sind „Jungs". In der Gruppendiskussion wird durch Hinweise einzelner Mädchen auf ihre Attraktivität für Jungen und auf die Anerkennung durch diese immer wieder sichtbar, wie präsent dieses Thema in der Gruppe ist. Ein zu starkes Interesse an ihnen führt jedoch zu Abwertungen, wie abfällige Äußerungen über Mädchen zeigen, die sich ihrer Meinung nach zu stark auf Jungen beziehen.

Im Gewaltkontext finden sich ebenfalls Geschlechtstypisierungen. Übereinstimmend meinen die Gruppenmitglieder, daß Mädchen eher Frieden schließen könnten als Jungen. Ein Mädchen begründet dies unwidersprochen damit, daß ein Junge bei Konflikten „sich da immer mehr dran auf(baut)“ (27, 586), so daß Auseinandersetzungen dann eskalieren würden. Die Mädchen vertreten auch die Meinung, daß sich Jungen häufiger und heftiger als Mädchen prügeln, daß Jungen meistens stärker seien als Mädchen und daß es ausschließlich Jungen seien, die sich bewaffnen – ein Verhalten, dem entgegengesetzt wird, daß sie selbst ihre Fäuste hätten und keine Waffen bräuchten. Mädchen werden mit dem Hinweis auf den Respekt, den die Gruppe bei ihnen genießt, als ängstlicher beschrieben. Das provokative Statement, daß Mädchen nicht kämpfen könnten, weisen sie jedoch einhellig zurück. Mädchen können „genauso gut. Nicht besser, nicht schlechter“ (27, 578), „zum Teil auch besser“ (27, 579, 580) kämpfen. Bewundernd wird von einem Mädchen gesprochen, das „wirklich Power“ habe und die Gruppenmitglieder betonen, daß Mädchen, die sich prügeln und die „stark“ auftreten, sowohl von Mädchen als auch von Jungen Anerkennung erhalten. Im Gewaltdiskurs polarisieren die Mädchen demnach einerseits geschlechtstypisch, andererseits hinterfragen sie die Gültigkeit geschlechterstereotyper Zuschreibungen.

Soweit es Mädchen betrifft, die nicht zur Gruppe gehören, entspricht das Weiblichkeitsbild, das von der Gruppe hergestellt wird, weitgehend gängigen Geschlechtsrollenstereotypen: Mädchen sind zickig und ängstlich, würden über andere „labern“, seien schwächer als Jungen und friedlicher sowie selbstkontrollierter in Konflikten. Im Kontrast hierzu steht das Weiblichkeitsbild, das sie für sich selbst beanspruchen: Sie sind verschwiegen und vertrauenswürdig, lassen sich nichts gefallen und treten entschlossen auf. Die beiden gewaltbereitesten Mädchen betonen ihre körperliche Kraft und Gewaltbereitschaft, und eine weist auf ihre Unbeherrschtheit hin. Daß Mädchen wissen, wie man kämpfen muß, beantworten sie zwar allgemein und mit dem bewundernden Hinweis auf ein Einzelbeispiel, nehmen es aber vor allem für sich selbst in Anspruch, wie der gesamte Diskussionsverlauf zeigt.

Dieses Weiblichkeitsbild steht hinsichtlich der Gewaltbereitschaft und der In-Fragestellung von Geschlechtsunterschieden nicht in Übereinstimmung mit den individuellen Weiblichkeitsbildern aller Mädchen, entfaltet aber in der Gruppendiskussion eine eigene Dynamik, die sich in Anerkennungs-, Anpassungs- und Abwertungsprozessen zeigt. Alia nimmt hierauf einen wesentlichen Einfluß, denn sie ist verbal sehr präsent, ergreift am häufigsten das Wort und beherrscht vor allem den Geschlechter- und Gewaltdiskurs, wenngleich auch ihre Freundin Berenike oft Gewalttaten schildert, teilweise aber erst auf Aufforderung von Alia. Beide erhalten von den anderen sehr viel Raum für die Schilderung physischen Gewalthandelns. Ihre Kampffähigkeit und Aggressionsbereitschaft werden nicht in Frage gestellt bzw. werden bestätigt. Von den anderen beiden Mädchen hat eine, Dagmar, ebenfalls einen guten Stand innerhalb der Gruppe, allerdings nicht wegen ihrer Gewaltbereitschaft, sondern wegen ihrer verbalen und organisatorischen Kompetenzen. Die andere, Claudia, hat hingegen innerhalb der Gruppe eine schwache Stellung, ihr gelingt es selten, sich in der Diskussion durchzusetzen. Sie ist selbst nicht gewaltbereit und ist auch noch nie tätlich geworden, paßt sich aber – im Laufe des Gesprächs immer deutlicher – dem gewaltbereiten Klima an, bis sie sogar in der Wir-Form ebenfalls gewaltbereite Statements von sich gibt. Claudia fällt bereits in ihrem Auftreten und ihrer äußeren Erscheinung „aus dem Rahmen“, denn Alia ist nicht die einzige der Gruppe, die einen männlichen Habitus präsentiert. Auch ihre Freundin Berenike stellt sich entsprechend dar, während Dagmar sich eher salopp kleidet, nicht geschminkt ist, zurückhaltend, aber selbstbewußt wirkt. Claudia hingegen betont in ihrem Äußeren ihre Weiblichkeit und wirkt in ihrer Haltung eher unsicher. In den Einzelinterviews wird sie von einem Mädchen als die, „die anerkannt werden möchte, bei diesen Jungs“ (2, 279) charakterisiert. Sowohl in den Einzelinterviews als auch in der Gruppendiskussion wird sie kritisiert, weil sie sich übertrieben schminke. Insbesondere Alia spricht dieses Thema mehrfach an. Claudia selbst reagiert auf diese Kritik mit Einsicht:

„Claudia: Wenn ich zu doll geschminkt bin, dann sagen die mir das auch.
Alia: Sie hatte damals ihre Lippen ganz schwarz. Da habe ich zu ihr gesagt, bist du eine Schlampe oder wie? Nimm den schwarzen Lippenstift ab. Das hat sie auch gemacht.“ (27, 972, 973)

Auch im Einzelinterview beteuert Claudia mehrfach, daß sie sich von den anderen Gruppenmitgliedern im Äußeren korrigieren lasse und daß sie dies als hilfreich empfinde. Sie zeigt so ihr Bemühen um die Integration in die Gruppe, bezeugt ihren „guten Willen“ und wirbt um Anerkennung, die sie aber nur bedingt erhält.

Alia transportiert demnach erfolgreich ihr Weiblichkeitskonzept in die Gruppe und bewirkt damit im Interaktionsprozeß die Ausgrenzung eines Mädchens, gleichzeitig erfährt sie in der Gruppe Bestätigung. Alle Mädchen bis auf Claudia, die sich jedoch bemüht, sich den Vorstellungen der anderen anzunähern, tragen die Verachtung gegenüber einer weiblichkeitsbetonenden Darstellung mit. Auch Alias Gewaltbereitschaft wird in der Gruppendiskussion anerkannt und verbal unterstützt. Auf das Verhalten und die prinzipiell gewaltablehnende Haltung des nicht gewaltbereiten Mädchens wirkt sich dies jedoch nicht aus.

Im darauffolgenden Jahr werden Weiblichkeitsattribute wie kurze Röcke oder Schminken nicht mehr thematisiert. Nur Alia bringt dieses Thema in die Gruppendiskussion ein, wenn sie sich gegen ihre frühere „männliche“ Aufmachung abgrenzt. Die anderen ergänzen die Beschreibung ihres früheren männlichen „Outfits“, distanzieren sich damit ebenfalls davon und bestätigen sie in ihrer neuen Selbstdarstellung. Auch Berenike orientiert sich inzwischen stärker an den herkömmlichen Weiblichkeitsnormen, Dagmar wirkt nach wie vor in ihrem Äußeren eher zurückhaltend. Claudia unterscheidet sich kaum mehr in ihrem Kleidungsstil von den anderen. Auch hinsichtlich des Schminkens hat sie sich verändert – sie schminkt sich nur noch dezent –, was Alia im Einzelinterview auch anerkennend anmerkt. Abwertende Äußerungen über Mädchen und Geschlechterpolarisierungen werden nur im Gewaltdiskurs geäußert. Immer noch ist es in der Gruppe jedoch Konsens, daß Mädchen häufiger als Jungen „hinter den Rücken reden“.

„Ja, die Mädchen sagen es dann meistens. Weil, einige von uns hatten ja nun schon mal mehrere Freunde als nur einen. Dann heißt es auch gleich „Schlampe“, oder: „Die nimmt ja jeden Typen“, oder so (...)“ (83, 1138)

Wenn sie sich öfter mit Mädchen schlagen, so deswegen, „weil die Mädchen ihre Fresse am größten aufreißen“ (83, 917) und – wie inzwischen offen geäußert wird – weil Jungen stärker sind. Auch von „typisch weiblichen“ Kampftechniken wie Kratzen und Beißen grenzen sie sich ab und machen sich darüber lächerlich. Kritik gegenüber männlichen Jugendlichen wird kaum geäußert; mehrfach wird auf gemeinsame Aktivitäten mit ihnen hingewiesen: mit der überwiegend männlichen Clique des Stadtteils, mit den Jungen auf dem Schulhof und mit den derzeitigen Partnern. Partnerschaften scheinen ein Statussymbol zu sein, auf sie wird im Diskussionsverlauf mehrfach hingewiesen, auch ohne daß diese Thematik angesprochen wird. Eingebracht wird, daß die Mädchen weniger Zeit hätten, weil sie auch mit ihren Partnern zusammen sein wollen. Gleichzeitig legen die Jugendlichen aber auch Wert darauf, ihre Abgrenzung zu demonstrieren, indem sie als Vorteil der Mädchenclique herausheben, daß die Partner hier keinen Zugang erhalten – dies ist auch in den Einzelinterviews sichtbar.

Unverändert wird der Anspruch geäußert, daß auch Mädchen gewalttätig sein können: „Nee, warum sollen Mädchen nicht auch so sein dürfen wie auch Jungs? Das seh' ich überhaupt nicht ein!" (83, 1101). Wie bereits im Vorjahr wird darauf hingewiesen, daß Jungen ihnen aufgrund ihrer Gewaltbereitschaft Anerkennung entgegenbringen; neu ist, daß sie deswegen auch Angst vor ihnen haben. Angst und Respekt wurde in der ersten Gruppendiskussion nur den gruppenexternen Mädchen zugeschrieben, die sie jetzt in einem anderen Licht sehen.

„Weil sie wissen, daß wir Mädels uns durchsetzen können. Und deswegen haben die Jungs Schiß. Und wiederum bewundern uns die anderen Mädels, weil sie wissen, wir können uns gegen die Jungs durchsetzen. Deswegen werden wir von den anderen Mädels bewundert." (83, 645)

Mädchen werden im Geschlechterverhältnis hier nicht mehr allein als Konkurrentinnen, sondern auch als Gleichgesinnte gesehen. Insgesamt entsteht der Eindruck, daß Mädchen zum zweiten Erhebungszeitpunkt weniger aufgrund herkömmlicher Weiblichkeitsattribute abgewertet werden. Die Gruppe selbst definiert sich im Geschlechterverhältnis ebenfalls neu: Trotz der den männlichen Jugendlichen bescheinigten körperlichen Überlegenheit treten ihnen die Gruppenmitglieder selbstbewußter – auch gewaltbereiter – entgegen.

Das Weiblichkeitsbild, das in der zweiten Erhebungsphase dargestellt wird, ist weniger in ein gruppenexternes und gruppeninternes Weiblichkeitsbild getrennt. Lediglich im Gewaltkontext sind sich die Mädchen ihrer Andersheit bewußt und vertreten sie auch sehr selbstbewußt. In der Gruppeninteraktion werden in der Diskussion ebenfalls erhebliche Veränderungen erkennbar. Das Gruppenklima ist stärker durch eine gegenseitige Akzeptanz gekennzeichnet. Ausdrücklicher wird darauf hingewiesen, daß es keine Unterschiede in den Sympathien gebe und alle in der Gruppe gleichermaßen anerkannt seien. Claudia hat ihren Stand in der Gruppe festigen können. Sie äußert sich selbstbewußt und sehr häufig, selbst wenn andere direkt angesprochen werden, und sie kommentiert laufend Themen und Vorkommnisse, auch solche, an denen sie nicht beteiligt war, ohne daß dies von den anderen eingeschränkt oder beanstandet würde. In den Einzelinterviews zeigt sich ebenfalls, daß sie an Profil gewonnen hat. Trotz des gruppeninternen Ideals der Gleichheit und trotz der mittlerweile relativ ausgewogenen Statuspositionen übt die Gruppe jedoch auch in der zweiten Erhebungsphase noch einen erheblichen Konformitätsdruck aus. Dies zeigt sich in der zweiten Erhebungsphase im Gewaltdiskurs der Gruppe: Claudia, die sowohl in der Selbst- als auch in der Fremdwahrnehmung nicht gewaltbereit ist, die in der Diskussion diesen Standpunkt auf allgemeiner Ebene auch äußert und sich an körperlichen Auseinandersetzungen nicht beteiligt, zeichnet sich im Gesprächsverlauf dadurch aus, daß sie an Beispielen dargestelltes gewalttätiges Vorgehen deutlich öfter als die anderen explizit legitimiert. Sie lenkt auch mehrfach in anerkennender Weise die Aufmerksamkeit auf die Gewaltbereitschaft und Stärke der Mädchen, die am häufigsten in körperliche Auseinandersetzungen verwickelt sind. Darüber hinaus reiht sie sich bei Fragen nach Bedingungen für ein gewalttätiges Vorgehen in den Gruppentenor ein, indem sie z.B. äußert: „Na, das ist einfach so, wir hauen Leuten auf die Fresse, die über uns labern" (83, 1161). Auch in der zweiten Erhebungsphase zeigt sich also, daß das in der Gruppe konstruierte Weiblichkeitsbild – mittlerweile eine Verbindung zwischen Gewaltbereitschaft und weniger abwertenden Geschlechtertypisierungen – im Gruppenkontext auch von jenen übernommen wird, die ihm in ihrer Selbstdarstellung im Einzelinterview nicht entsprechen. Unterschiede in der Skizzierung von Weiblichkeit zwischen den Gruppenmitgliedern gibt es kaum, so daß von einem in der Gruppenwirklichkeit generalisierten Weiblichkeitsbild gesprochen werden kann. Ambivalenzen, wie in der Analyse des Personenprofils von Alia, deuten sich in der Gruppendiskussion lediglich in bezug auf die Partner an. Die Bezugnahme auf die zeitliche Einengung durch die Partnerschaft einerseits und den Freiraum, der durch die Gruppe gewonnen wird andererseits, deutet – sieht man auf den möglichen Statuseffekt durch die Erwähnung der Partnerschaft ab – auf Abhängigkeiten hin, die dem Autonomieanspruch, der sich im Gewaltverhalten und der Gewaltbereitschaft ausdrückt, nicht entsprechen.

6.3.2 Die Bewerkstelligung von Weiblichkeit im Geschlechterverhältnis

In Brankas gemischtgeschlechtlicher Gruppe wird Geschlecht in der ersten Erhebung sowohl anhand der vorgegebenen Statements und Fragen thematisiert, als auch in der Interaktion zwischen den Geschlechtern. Die weiblichen Jugendlichen polarisieren deutlich häufiger als die männlichen nach Geschlecht. Immer wieder betonen sie in ihren Aussagen Unterschiede zwischen Mädchen und Jungen innerhalb der Gruppe: Mädchen halten zusammen, Jungen nicht; Mädchen sind mutig, Jungen feige; Jungen schlagen schneller und heftiger zu als Mädchen; Jungen schlagen sich auch bei gruppeninternen Konflikten, Mädchen setzen sich verbal auseinander; Mädchen schlagen Jungen, Jungen schlagen keine Mädchen; bei gruppeninternen Konflikten halten Jungen gegen Mädchen zusammen; Jungen sind krimineller als Mädchen und nehmen häufiger Drogen. Von männlichen Jugendlichen werden Differenzierungen nur als Veralberung eingebracht: Die Mädchen der Gruppe sind gewaltbereit, die Jungen nicht; Mädchen können nicht kämpfen. Bestätigt wird der Zusammenhalt der Mädchen sowie die Regel „Jungen schlagen keine Mädchen". Aus Sicht der eigenen Geschlechterperspektive wird das andere Geschlecht demnach überwiegend abgewertet. In der Selbstdarstellung vor allem von zwei Jungen werden teilweise Dominanzansprüche sichtbar: Sie stören den Diskussionsablauf immer wieder durch unsachgemäße und alberne Bemerkungen und geben sexistische Sprüche von sich, die allerdings meist nicht direkt an die Mädchen der Gruppe adressiert sind. Die Mädchen reagieren auf die Störungen mit Ermahnungen – „Jetzt seid doch mal still!" (28., 310); „Du halt's Maul!" (28, 312) – und Drohungen – „Halt die Schnauze, oder du kriegst gleich eine." (28, 97) Daraufhin nehmen sich die männlichen Jugendlichen meist etwas zurück; nur vereinzelt greifen sie Mädchen persönlich an.

Charakterisierungen gruppenexterner Mädchen durch die weiblichen Jugendlichen werden nicht generalisiert, sondern erfolgen ausschließlich fallbezogen im Gewaltkontext. Im Vordergrund steht hier das „Labern" über andere, sowie die Abwertung einzelner Mädchen als „Schlampe", u.a. im Zusammenhang mit einem sexuell freizügigen Verhalten gegenüber den männlichen Gruppenmitgliedern. In der verbalen Selbstdarstellung und über ihr Gesprächsverhalten konstruieren die weiblichen Jugendlichen ein Weiblichkeitsbild, das aggressiv, kämpferisch und gewaltbereit ist. In der Abgrenzung gegen andere, abgewertete Mädchen nehmen sie für sich in Anspruch, vertrauenswürdig und ehrlich sowie nicht sexuell freizügig zu sein. In ihrem äußeren Erscheinungsbild orientieren sie sich überwiegend an ihrem jugendkulturellen Stil, der sich auf den ersten Blick keiner „typisch weiblichen" Accessoires bedient, bei genauerer Kenntnis der Szene jedoch als weiblich erkannt werden kann. In der Kontrastierung gegenüber den männlichen Gruppenmitgliedern heben die weiblichen Jugendlichen sowohl männlich konnotierte Verhaltensweisen – wie Mut und Gewaltbereitschaft – als auch weiblich konnotierte, wie verbale Kompetenzen, hervor. Die Betonung des Zusammenhalts unter den Mädchen bezieht sich in der Gruppendiskussion vor allem auf Gewaltsituationen, in den Einzelinterviews werden zusätzlich emotionale und soziale Unterstützungsfunktionen hervorgehoben.

Die männlichen Jugendlichen widersprechen der Selbstpräsentation der Mädchen in der Mehrzahl nicht. Durch ihre in sexistischen Anspielungen und Störmanövern ausgedrückten Dominanzansprüche stellen sie die von den weiblichen Jugendlichen beanspruchte Vorherrschaft jedoch in Frage, ohne sich damit aber durchsetzen zu können. Nur ein männlicher Jugendlicher kritisiert die gewaltbetonende Selbstdarstellung der Mädchen mit dem Vorwurf des „Angebens“ und spöttischen Bemerkungen. Die männlichen Jugendlichen konstruieren ihr Männlichkeitsbild in der Gruppendiskussion nicht über die Schilderung von Gewalttaten, sondern über sexistische Abwertungen von nicht zur Gruppe gehörenden Mädchen als „Schlampen“ und von gruppenexternen Jungen als „schwul“ sowie über ihr Dominanzgebaren. Darüber hinaus bringen sie ihren Drogenkonsum, kriminelle Aktivitäten und Erfahrungen mit Polizei und Gericht ein, allerdings nicht in Abgrenzung gegen die weiblichen Jugendlichen.

Das Weiblichkeitsbild wird nicht von allen Mädchen aktiv gestaltet, vor allem drei engagieren sich in der Gruppendiskussion, eine weibliche Jugendliche hält sich zurück, eine andere opponiert überwiegend gegen die geäußerten Meinungen. Beide widersprechen dem in der Gruppendiskussion skizzierten Weiblichkeitsbild jedoch nicht. Branka nimmt nur bedingt Einfluß auf diesen Prozeß. Sie beansprucht zwar durch ihre dominante Selbstpräsentation eine zentrale Stellung in der Gruppendiskussion – sie ergreift häufig das Wort, korrigiert, ermahnt und weist andere zurecht, formuliert und bestätigt im Gewaltdiskurs Normen –, die Reaktionen der anderen bestärken sie in ihrem Geltungsanspruch jedoch nicht durchgängig. Während die Gruppe sie bei der oben zitierten Gewaltdarstellung anfangs noch unterstützt, äußern die Mädchen im weiteren Gesprächsverlauf nonverbal ihre Mißbilligung, die sie – bestätigt durch die Ermahnung eines Jungen, daß Branka nicht so angeben solle – später auch verbal äußern. Trotz ihres in den Vordergrund drängenden Verhaltens in der Gruppendiskussion wird ihr – außer im Gewaltkontext – von den anderen keine herausgehobene Stellung in der Gruppe zugestanden; in den Einzelinterviews wird sie außer bei der Frage nach individuellen Unterschieden in der Gewaltbereitschaft zwischen den Gruppenmitgliedern nicht erwähnt. Dennoch ist sie gut in die Gruppe, insbesondere in die „Mädchensektion“, integriert, wie die Einbindung in Interaktionen auch außerhalb der Gruppendiskussion belegt.

Auch wenn das Geschlechtskonzept der einzelnen Mädchen nicht in jedem Fall dem ambivalenzfreien Bild einer aktiven, durchsetzungsfähigen und gewaltbereiten Weiblichkeit entspricht, entfaltet es in der Gruppe dennoch seine Wirksamkeit. Es kann als aus der sozialen Gruppenpraxis hervorgegangen und sie wiederum formend betrachtet werden.

Im Folgejahr hatte sich die Gruppe aufgelöst. Dies zeigt sich im Verlauf der Gruppendiskussion u.a. darin, daß sich Mädchen nicht mehr gegenüber den Jungen solidarisieren und abgrenzen. Dementsprechend kommt es auch nicht zu Typisierungen von Geschlechterverhalten und -eigenschaften im Gruppenkontext. Gewaltbereitschaft wird nach wie vor hauptsächlich von den weiblichen Jugendlichen demonstriert, gleichzeitig wird aber auch darauf hingewiesen, daß sie sich nicht mehr so häufig prügeln würden, weil sie älter geworden seien und sich mehr für Schule, Arbeit und Nebenjobs engagieren würden. Ein Mädchen weist auf die zeitliche Inanspruchnahme durch eine Partnerschaft hin. In der zweiten Erhebungsphase ist demnach Weiblichkeit für die gewaltbetonenden jungen Frauen immer noch mit Gewalt verbunden.

Zusammenfassend ist festzuhalten, daß in gewaltbereiten Jugendgruppen kollektive Bilder von Weiblichkeit konstruiert werden, in denen Gewaltbereitschaft eine Facette einer durchsetzungsfähigen Weiblichkeit ist. Soweit – wie in der Mädchengruppe zum ersten Erhebungszeitpunkt – die Weiblichkeitsbilder an einem männlichen Habitus orientiert sind, kommt es zu Abwertungen von Mädchen und jungen Frauen und damit zur Reproduktion hierarchischer Geschlechterverhältnisse. Ist dies nicht oder kaum mehr der Fall, wie in dieser Gruppe zum zweiten Erhebungszeitpunkt und in der gemischtgeschlechtlichen Gruppe in der Erstuntersuchung, so wird ein Bild von Weiblichkeit bewerkstelligt, in dem Gewaltbereitschaft und Gewaltausübung auch die Funktion einer Demonstration von Unabhängigkeit und Selbstbestimmung in Abgrenzung zu männlichen Dominanzansprüchen beinhaltet.

7 Ein Jahr danach: Veränderte soziale Netzwerke – veränderte Gewaltorientierungen?

In allen untersuchten gewaltauffälligen Jugendgruppen gab es im Jahr nach der ersten Erhebung mehr oder weniger deutliche Veränderungen:

- Die Gruppe der „Straßenkids" hat sich aufgelöst, ein Teil der interviewten Gruppenmitglieder hat sich in zwei kleineren Gruppen zusammengefunden. Fünf der in die erste Gruppendiskussion einbezogenen Jugendlichen gehören keiner Clique an, haben aber ebenfalls – wie auch die beiden Kleingruppen – immer noch z.T. engen Kontakt zu den früheren Gruppenmitgliedern.
- Die in die erste Erhebung einbezogene Kerngruppe der „Zukunftsorientierten" besteht in einer veränderten Konstellation – mit drei weiblichen der früheren Clique und zwei neuen männlichen Mitgliedern – fort. Ein Befragter der ersten Erhebungsphase nimmt hier eine Randposition ein, eine weibliche und ein männlicher Jugendliche/r sind ausgeschieden. Kontakte zu den anderen früheren Mitgliedern der ehemaligen Clique bestehen nur vereinzelt.
- Die Gruppe der „Schlägermädchen" hat sich aufgelöst. Drei der befragten Jugendlichen haben sich in eine ca. 25-köpfige gemischtgeschlechtliche Jugendgruppe mit doppelt so vielen männlichen wie weiblichen Jugendlichen integriert, zwei andere interviewte Mädchen gehören keiner Gruppe mehr an.
- Die „Powergirls" bestehen nahezu – ein Mädchen ist ausgeschieden – in unveränderter Zusammensetzung fort, allerdings hat sich die Interaktionshäufigkeit innerhalb der Gesamtgruppe reduziert.

Angesichts der hohen Bedeutung, die die befragten weiblichen Jugendlichen ihren Cliquen in der ersten Erhebungsphase zuschrieben, und der von ihnen dargestellten starken Gruppenbindung werfen diese Veränderungen einerseits Fragen nach den Gründen für das Verlassen von Gruppen, für die Integration in andere Cliquen, für Neuformierungen von Gruppen bzw. nach den Bedingungen der Gruppenstabilität auf. Andererseits erlauben die Gruppenprozesse, den Zusammenhang zwischen Gruppenzugehörigkeiten und Gewaltorientierungen sowie Gewaltausübung im Hinblick auf die weiblichen Jugendlichen zu erörtern. Dem wird zunächst in der Darstellung der einzelnen „Gruppen- und Gewaltgeschichten" nachgegangen. Daran anschließend wird vor dem Hintergrund von Gruppenaustritten und -auflösungen auf die Bedeutung von Gruppen als soziale und emotionale Ressourcen eingegangen. Im letzten Punkt wird schließlich nach dem Zusammenhang zwischen der Gewaltbereitschaft der Mädchen und jugendphasen- bzw. gruppenspezifischen Einflüssen gefragt.

7.1 „Gruppen- und Gewaltgeschichten"

7.1.1 Die „Straßenkids"

Bei den „Straßenkids" haben Veränderungen in der Jugendeinrichtung, ihrem zentralen Treffpunkt, wesentlich zur Auflösung beigetragen. Mit der Einstellung einer neuen und dem Ausscheiden einer langjährigen pädagogischen Fachkraft hatten sich die „Macht"-Verhältnisse in der Jugendeinrichtung zugunsten einer Gruppe männlicher ausländischer Jugendlicher verschoben.

„G: Nein, es fing eigentlich an, daß wir angefangen haben uns zu trennen, weil in unserem Treff die ganzen X-Jugendlichen waren und wir auf die keinen Bock hatten und dann...

G: Die haben die Macht übernommen.

Ia: Z (eine pädagogische Honorarkraft) hat das X-Land in den Treff gebracht.

G: Z hat die Macht übernommen.

G: Und da mußten wir uns jeden Tag X-Musik anhören, und das gefiel uns einfach nicht.

Ea: Die haben jeden Tag Karten gespielt.

Eb: Wir wollten Musik hören. Nee, nee, jetzt gibt es X-Musik.

Ia: Ja, wir durften kein HipHop hören, weil die das nicht mochten.

G: Die durften den großen Raum nehmen, weil sie Karten spielen, da durften wir natürlich nicht stören.

Int.: Ja, aber hat X (andere pädagogische Fachkraft) nichts dazu gesagt?

Ea: Er war ja nie da.

G: Genau, X war im Urlaub und Y (zwischen den Erhebungsphasen ausgeschiedene Fachkraft) war nicht immer da, Y hat ja nur alle zwei Tage oder so. Und dann war nur dieser komische Z da, und darauf hatten wir keinen Bock." (84, 51-73)

Die Gruppe hatte keine „Heimat" mehr, wobei es zunächst nur die männlichen Jugendlichen waren, die aufgrund ihrer Abneigung gegen die anderen Jugendlichen den Treffpunkt mieden. Die weiblichen Jugendlichen sind ihnen nach einer kurzen Übergangsphase, in der sie noch einige mädchenspezifische Angebote wahrnahmen, gefolgt, da ihnen Gruppentreffen ohne die männlichen Mitglieder nicht attraktiv genug erschienen.

„Nein, es fing so an. Also die X-Jugendlichen hatten hier den ganzen Raum so, mit Kartenspielen und so, X-Musik lief die ganze Zeit, und dann waren erstmal hier alle Plätze besetzt, weil die sich ja hier alles aufgebaut hatten wegen Kartenspielen. Nun standen wir hier immer rum. Dann hatten die Jungs so – die meisten Jungs sind gar nicht mehr gekommen. Wir haben immer gesagt am Abend dann: ‚Ja, morgen dann und dann im Treff'. Und die Jungs dann immer: ‚Nee, wir kommen nicht und blablabla, was sollen wir da, ich hab keinen Bock', oder irgendwie so was. Auf alle Fälle wollten die nicht kommen. Wir Mädchen hatten es immer noch so versucht, auch wegen Y (einer Sozialarbeiterin) und so, weil sie immer gesagt hat ‚kommt', und bla, ‚ich regel das' ..." (71, 13)

Diese Entwicklung berührte drei für das Selbstverständnis der Jugendgruppe zentrale Aspekte: das Bewußtsein als Gruppe mit einer bestimmten ethnischen Zusammensetzung, stilistische und kulturelle Orientierungen sowie territoriale Ansprüche auf die Jugendeinrichtung. Darüber hinaus wird deutlich, daß sich die Gruppenbindung der weiblichen Mitglieder der „Straßenkids" wesentlich auch über die Interaktion mit dem anderen Geschlecht herstellte. Anfangs ließen sie sich noch von den BetreuerInnen motivieren, die Jugendeinrichtung zu besuchen, obwohl auch sie sich durch die andere Gruppe gestört fühlten, u.a. weil sie von deren männlichen Mitgliedern mehrfach „angemacht" wurden. Dies, das Ausscheiden einer Fachkraft und die Aussicht, auf die Begegnung mit den männlichen Gruppenmitgliedern verzichten zu müssen, hat aber schließlich auch bei ihnen dazu geführt, daß sie den Treffpunkt aufgaben.

Die Einstellung zu und der Umgang mit Gewalt hat sich bei den gewaltbereiten Mädchen der „Straßenkids" zwischen den Erhebungsphasen nur geringfügig verändert. Nach wie vor wird Gewalt als Lösungsmöglichkeit eines Konfliktes nicht nur akzeptiert, sondern erscheint geradezu unerläßlich, da man anderen „auf's Maul hauen muß, damit man Respekt bekommt", weil man über Reden nicht ernst genommen werde. Zudem könne bzw. müsse man Personen, die nerven oder naiv sind und über andere „labern" oder „Schlampen sind", schlagen, weil sie es „verdient" hätten. Generell wird Gewalt in der Auseinandersetzung mit Nicht-Gruppenmitgliedern akzeptiert: „Fremde Menschen, die einem nichts wert sind, die schlägt man" (84, 1112). Eine gewaltbereite Haltung zeigt sich auch in dem Hinweis der Mädchen, daß sie weniger provokativ seien als Jungen, „aber wenn uns eine so dumm kommt oder uns irgendwie doof anmacht, oder wir hören, sie labert über uns Scheiße, obwohl sie uns gar nicht kennt oder so, dann hauen wir der auf's Maul" (103, 590-591). Auf die Frage nach der besten Konfliktlösungsmöglichkeit wird in der Gruppendiskussion spontan geantwortet: „Auf's Maul hauen" (103, 1077). Erst in den Einzelinterviews werden derartige radikale Positionen etwas relativiert, indem verbale Konfliktlösungsstrategien sowie Versuche, aufkeimende Konflikte zu negieren, prinzipiell für „besser" befunden werden. In einem Atemzug wird jedoch darauf hingewiesen, daß es oft keinen anderen Ausweg gebe oder Versuche, sich zusammenzureißen häufig nicht gelängen. Generell wird – auch in der Gruppendiskussion – erkennbar, daß Gewaltanwendung zwar „eigentlich" als nicht so gut befunden wird, letztlich komme es aber auf die Situation an, und manchmal sei Gewalt sogar gut, wenn es darum gehe, Gerüchte einzudämmen. Für ein berechtigtes gewalttätiges Vorgehen in Konflikten werden die bereits bekannten Gründe angegeben, wie Ehrverletzungen durch Beleidigungen der Familie oder des Landes, insbesondere durch „Nazis" und „Asoziale", sowie Gerüchte über die eigene Person. In den Schilderungen zu Verwicklungen in gewalttätige Situationen im letzten Jahr wird die nach wie vor bestehende Gewaltbereitschaft bestätigt: Alle vier Mädchen waren sowohl allein als auch häufig zu mehreren – wenngleich nicht mehr als geschlossene Gruppe, so doch meist gemeinsam mit ehemaligen Gruppenangehörigen – in mehrere aggressive Aktionen verwickelt. Sie schildern, daß sie ein Mädchen mit einer glühenden Zigarette bedroht hätten und vier Fälle, in denen sie andere körperlich angegriffen hätten, davon einmal im alkoholisierten Zustand und außerordentlich brutal – „geringfügige" Übergriffe wie Ohrfeigen, Schubsen etc. bleiben ungezählt. Überwiegend handelte es sich um Auseinandersetzungen mit Mädchen, veranlaßt waren sie durch Beleidigungen, die Verbreitung von Gerüchten sowie Konkurrenzen um Jungen. Trotz dieser Vorfälle betonen die Mädchen der Gruppe, vor allem die aggressivsten, einschneidende Veränderungen ihrer Gewaltorientierung: Früher hätten sie „richtig provoziert", man hätte sich nie vorher überlegt, „ob jemand es verdient" habe (84, 598, 617), und ein Mädchen berichtet, daß es eine Gegnerin „neuerdings sogar zweimal verwarnt" habe (74, 393), bevor es letztendlich doch zu einer Schlägerei gekommen wäre. Die weiblichen Jugendlichen würden auf Provokationen auch nicht mehr sofort mit körperlichen Attacken reagieren, sondern teilweise einfach vorbeigehen. Sie hätten „aus Fehlern gelernt", wobei insbesondere auf die vielen Kontakte mit der Polizei, die zahlreichen polizeilichen Vorladungen und Anzeigen angespielt wird, die sich niemand in der Gruppe mehr „leisten" könne. Dies wird im Hinblick auf die starke polizeiliche Präsenz vor Ort sowie die zahlreichen anhängigen Gerichtsverfahren und Verurteilungen der männlichen Gruppenmitglieder verständlich. Derartige Maßnahmen entwickeln zunächst eine abschreckende und somit auch gewalthemmende Wirkung. Ihre Nachhaltigkeit kann jedoch bezweifelt werden: Sie führen zwar zu veränderten Herangehensweisen und zu einem anderen Vorgehen in Konfliktsituationen, die Einstellung zur Gewalt sowie Gewaltbereitschaft und Gewaltformen werden hierdurch jedoch kaum beeinflußt.

Die Auflösung der ursprünglichen Gruppe hat demnach nicht dazu geführt, daß sich Gewaltorientierungen und Gewalthandeln gravierend verändert haben. Daraus könnte gefolgert werden, daß der Umgang mit Gewalt unabhängig vom Gruppeneinfluß und auch vom Vorhandensein eines solidarischen Unterstützungsnetzwerkes ist, das für das Selbstverständnis dieser Gruppe ein großes Gewicht hatte. Es zeigt sich jedoch, daß die meisten ehemaligen Mitglieder der „Straßenkids" nach wie vor miteinander im Kontakt stehen und daß für viele gewalttätiges Verhalten nach wie vor eine naheliegende Handlungsoption ist. Trotz der Auflösung und Aufspaltung der Gruppe können die jungen Leute immer noch in Auseinandersetzungen auf Unterstützung mehrerer Personen rechnen.

„(...) das ist aber so, wenn es Streß gibt, dann halten so alle zusammen. Das ist normal – wenn richtig groß Streß ist, (...)" (71, 208)

„Guck mal, wenn einer von den Jungs Probleme hat und Schlägerei ist, dann sind die anderen Jungs auch da." (84, 501)

„Aber bei Mädchen ist es immer noch so. Wenn jemand irgendwie Probleme (gemeint sind Zusammenstöße mit anderen Mädchen, d. Verf.) hat, dann sind wir alle da und dann ..." (84, 505)

Hier wirkt demnach die frühere Gruppenbindung auch nach dem Zerfall der Clique fort, allerdings werden nicht alle früheren Gruppenmitglieder mobilisiert, sondern einzelne Untergruppen, wobei die ethnische Zugehörigkeit und die damit in der Regel verknüpften gemeinsamen biographischen Erfahrungen eine wesentliche Rolle spielen. Von den in der Gruppendiskussion anwesenden Jugendlichen wird von zwei kleineren Gruppierungen – einer weiblichen und einer männlichen – erzählt, die sich aus der früheren Gruppe heraus gebildet haben. Während im Dreier-Netzwerk der männlichen Jugendlichen ein materiell-instrumenteller Charakter der Clique im Vordergrund steht – sie begehen gemeinschaftlich kleinkriminelle Delikte –, ist für die weiblichen Jugendlichen die Gruppierung, die sie aufgrund der geringen Größe nicht als „Clique" bezeichnen, vor allem ein kommunikatives Netzwerk, in dem auch sehr persönliche Probleme ausgetauscht werden können, die Freizeit gemeinsam gestaltet wird und in dem die Mädchen soziale und emotionale Unterstützung erfahren.

Zu den in der ersten Gruppendiskussion anwesenden Jugendlichen, die die früheren Gruppenmitglieder allenfalls gelegentlich sehen, den Kontakt aber telefonisch aufrechterhalten, gehören drei weibliche Jugendliche. Bei ihnen hat vor allem die stärkere Orientierung an ihrer schulischen und beruflichen Zukunft bzw. die Konzentration auf sportliche Aktivitäten zu einer Ablösung von der Gruppe geführt. Emotionale und soziale Unterstützung erhalten sie jedoch weiterhin in freundschaftlichen Beziehungen zu anderen Mädchen und/oder durch den Zugang zu alternativen Freizeitnetzwerken. In gewaltlatente oder als körperlich bzw. selbstwertgefährdend empfundene „bedrohliche" Situationen geraten sie nach eigenen Angaben seltener als früher, weil sie durch Schule und Ausbildung zeitlich eingeschränkter sind und sich somit weniger Gelegenheiten für gewalttätige Auseinandersetzungen ergeben. Auch sie sind sicher, daß sie bei größeren Konflikten immer auf die Hilfe früherer Gruppenmitglieder zurückgreifen können. Konflikte mit einzelnen lösen sie allein, wobei ihnen die frühere Mitgliedschaft in einer stadtbekannt „berüchtigten" Clique den Vorteil verschafft, daß sich andere ihnen gegenüber meist vorsichtig verhalten. Zwei junge Männer haben nur noch selten Kontakt mit den ehemaligen Gruppenmitgliedern, einerseits bedingt durch eine stärkere Zukunftsorientierung, andererseits durch ein Abgleiten in ein kriminelles Milieu.

7.1.2 Die „Zukunftsorientierten"

Die Veränderungen bei den Jugendlichen der zweiten gemischtgeschlechtlichen Gruppe – den „Zukunftsorientierten" – zeigen, daß drei weiblichen Jugendlichen ihre Gruppenzugehörigkeit nach wie vor wichtig ist. Sie gehören zum fünfköpfigen Kern einer von ihnen neu konstituierten Clique, in der frühere zentrale Selbstkategorisierungen teilweise aufrechterhalten werden: Sie definieren sich als gewaltablehnend und „rechtsorientiert". Das Selbstverständnis der Gruppe als Freizeitgemeinschaft, die kommunikativen Austausch und abwechslungsreiche Unternehmungen gewährleistet, ist zwar noch als Anspruch erhalten, wird in der Realität jedoch nur noch unzureichend erfüllt.

> „Jetzt, weil ich die Leute jeden Tag sehe oder – weiß ich – oder regelmäßig, sagen wir mal so, und wir haben uns quasi schon nichts mehr zu erzählen, wir sitzen wirklich manchmal am Tisch und stundenlang, und wir reden kein Wort miteinander, weil wir uns ja jeden Tag sehen, ja. (...) das kotzt mich auf eine Art ja auch schon an." (89, 188)

> „Es ist halt, dieses Eintönige, dieses Eintönige momentan halt. Man trifft sich in der Wohnung, dann geht's dort erstmal hin und her, und keiner weiß so richtig, was er machen soll. Viele können finanziell nicht, weil sie sagen, sie können nicht groß weggehen." (91, 172)

Wenn sich die jungen Leute dennoch treffen, so deswegen, „weil wir nicht Bock haben, manchmal alleine zuhause rumzuhängen, also können wir uns auch alle, ich sage mal, zu fünft oder zu zehnt zusammen langweilen" (103, 132), bzw. zumindest gemeinsam „saufen" und „rumhängen". Außerdem ist die Bindung zwischen den drei jungen Frauen, die das Zentrum der Clique darstellen, nach wie vor sehr eng. Darüber hinaus eröffnen sich den Befragten keine alternativen Freizeitbeschäftigungen: Sie sind nicht in andere soziale Netzwerke eingebunden, teilweise haben diese sich wegen Arbeitslosigkeit und aufgelöster Partnerschaften sogar noch verringert. Die ökonomische Situation insbesondere von zwei arbeitslosen Mitgliedern engt die Spielräume für anspruchsvollere Freizeitgestaltungen ein, und auch die familiären Beziehungen haben sich gelockert, weil die meisten Jugendlichen eine eigene Wohnung bezogen haben. Somit erscheint die Clique angesichts mangelnder Freundschafts- und Freizeitalternativen nahezu als „Zwangsgemeinschaft", was auch das Interesse an „Neuzugängen" erklärt, die „frisches Blut" in die Gruppe bringen könnten.

Hinsichtlich der Gewaltakzeptanz zeigen sich bei den Jugendlichen der „Zukunftsorientierten" kaum Veränderungen, sie halten es nach wie vor nicht für „gut“, Gewalt anzuwenden und befürworten statt dessen verbale Konfliktregelungen. Die noch in der ersten Gruppendiskussion zu beobachtenden Ambivalenzen bei der Schilderung von Gewalttaten sind jedoch nach wie vor vorhanden, beziehen sich aber ausschließlich auf bestimmte rechtsradikale Gewalttaten, die als „manchmal nicht so gut“ (103, 532) bewertet werden. Die junge Frau, die früher am häufigsten in Gewalttätigkeiten verwickelt war und selbst zu körperlichen Angriffen neigte, befürwortet hingegen – gegen den Protest der anderen – einen in der Gruppe diskutierten Fall von Gewalt gegen AsylantInnen. Vorherrschend ist der Standpunkt, daß unbegründete oder willkürliche Gewalt gegen Personen ausländischer Herkunft zu verurteilen ist. Die drei jungen Frauen, die sich in der ersten Erhebungsphase als nicht gewaltbereit darstellten, haben diese Einstellung zwischen den Interviews nicht verändert, die vierte, damals relativ gewaltbereite junge Frau bezeichnet sich mittlerweile ebenfalls als nicht gewaltbereit. Nur in Situationen, in denen sie keine andere Möglichkeit sieht oder wenn ein Freund oder eine Freundin in eine Prügelei verwikkelt und auf Unterstützung angewiesen sei, könnte sie sich vorstellen, auch zuzuschlagen. Als besten Weg im Umgang mit verbalen und körperlichen Angriffen beschreibt sie verbale Auseinandersetzungen und das Verlassen der Konfliktsituation. Sie ist sich ihrer Einstellungsänderung bewußt und führt sie auf eine stärkere Angst vor Verletzungen zurück sowie darauf, daß sie sich nicht in einem gewaltbereiten sozialen Umfeld bewegt und daß sie in der Gruppe nicht mehr „auf der Straße abhängen“ (89, 481). Die Treffpunkte haben sich auf halböffentliche (Kneipen) und private (Wohnungen) Räume verlagert, so daß sich die Gelegenheiten, mit ausgegrenzten, „feindlichen“ Jugendlichen zusammenzustoßen, verringert haben. Alle vier jungen Frauen waren zwischen den Erhebungsphasen nicht mehr in gewalttätige Auseinandersetzungen verwickelt. Darüber hinaus ist in der zweiten Erhebungsphase eine veränderte Einstellung ehemals gewalttätiger weiblicher Jugendlicher zu beobachten. In der Gruppendiskussion wird körperliche Gewaltanwendung durch Mädchen von den 18- bis 20jährigen jungen Frauen als „unerotisch“ und „nicht fraulich“ (103, 831, 832) beschrieben – eine Tendenz, die sich zu beiden Erhebungszeitpunkten auch bei Mädchen in nicht gewaltauffälligen Jugendgruppen zeigte.

„Dg: Ich finde es bei beiden (Geschlechtern, d. Verf.) doof, bloß bei Frauen sieht es einfach noch bekloppter aus. Das sieht einfach nur bekloppter aus bei Frauen.

Int.: Warum eigentlich?
Dg: Stellen Sie sich doch einfach mal nebeneinander vor, die mit langen Haaren und Miniröckchen, und die prügeln sich und kreischen dann wie so alte Jungfern. Das ist so, da könnte ich mich auf den Boden setzen und lachen." (103, 841-843)

Dies steht im Gegensatz zur ersten Gruppendiskussion, in der von einer häufiger in gewalttätige Auseinandersetzungen verwickelten jungen Frau die Meinung vertreten wurde, daß auch weibliche Jugendliche zuschlagen sollten, um sich durchzusetzen. Allerdings haben bereits damals derartige Weiblichkeitskonstruktionen von den anderen – überwiegend nicht gewaltbereiten und -erfahrenen – jungen Frauen der Gruppe nur wenig Unterstützung gefunden. Sie sind größtenteils auch Mitglieder in der neu zusammengesetzten Gruppe und dürften dazu beigetragen haben, daß sich hier ein Weiblichkeitsbild gefestigt hat, dem die Assoziation mit Gewalt fremd ist.

Ein bereits früher oft kritisierter junger Mann hat in der neu gebildeten Clique eine periphere Position inne. Neben der Ablehnung seiner Freundin durch die anderen Gruppenmitglieder – die „verdirbt immer einem die Laune so ein bißchen" (89, 62) – haben Spannungen und Konkurrenzen zwischen ihm und den neuen männlichen Mitgliedern sowie die Vorrangstellung, die er der Bewältigung seiner finanziell problematischen Lebenslage einräumt, zu einer Distanzierung von der Clique geführt.

„Früher war die Clique für mich Hauptgrund gewesen, aber heute ist für mich die Clique, sagen wir mal, Nebensache. Echt die anderen Sachen auf die Reihe kriegen, dann bin ich schon glücklich, wenn ich alles geschafft habe." (87, 513)

Die mittlerweile stärkere Hinwendung zu anderen Freunden und deren Freundschaftskreisen beschleunigen diesen Prozeß.

Für das Ausscheiden einer weiblichen und eines männlichen Jugendlichen sind vor allem interaktions- und lebenslagenspezifische und damit einhergehende Interessenentwicklungen sowie Konflikte verantwortlich. Ihre Distanzierung und schließlich Trennung von der Clique ergibt sich aus anderen Freizeitorientierungen – u.a. der Ablehnung des hohen Alkoholkonsums bei Gruppenzusammenkünften –, der Gründung eines eigenen Haushalts, beruflichen Beanspruchungen, von Rivalitäten um ein Mädchen sowie aufgrund von veränderten Partnerschaftsbeziehungen – bei der jungen Frau durch die Stabilisierung, bei dem jungen Mann durch die Auflösung einer Partnerschaft mit einem Gruppenmitglied. Für die ausgeschiedenen jungen Leute hat die Clique demnach – sowohl aufgrund gruppeninterner Entwicklungen und Konflikte als auch ihrer veränderten Lebenssituation – ihre Funktion verloren. Sie haben nicht mehr das Gefühl, hier eine emotionale und soziale Unterstützung zu finden.

7.1.3 Die „Schlägermädchen"

Die Auflösung der „Schlägermädchen" und die Integration dreier Jugendlicher in eine größere gewaltauffällige gemischtgeschlechtliche Gruppe kann vor allem auf die Neuverortung der Mädchen im Geschlechterverhältnis, mit der eine größere Bedeutung der Beziehung zu Jungen einhergeht, zurückgeführt werden. Dies zeigt sich in Äußerungen der in die gemischtgeschlechtliche Gruppe integrierten Mädchen, daß die Themen in dieser Gruppe vielfältiger seien, die Stimmung aufgrund des Beisammenseins mit Jungen fröhlicher und „viel mehr los" sei. Sie gehören dem Kern dieser Gruppe an, der sich im Gegensatz zur Gesamtgruppe täglich trifft. Hier nehmen sie aufgrund des Geschlechterverhältnisses von vier weiblichen zu dreizehn männlichen Jugendlichen einen besonderen Status ein, den sie auch versuchen aufrechtzuerhalten, indem sie den Zugang anderer weiblicher Mitglieder verhindern, die sie als Konkurentinnen wahrnehmen. Geschlechterbeziehungen spielen neben veränderten altersbedingten Interessen aus der Sicht dieser Mädchen auch eine Rolle dafür, daß sich der Rest der Mädchen von der Gruppe der „Schlägermädchen" abgewandt hat: Diese würden sich als reifer betrachten und sich stärker für Jungen interessieren, und zwar auch für welche außerhalb des eigenen Viertels. Damit ist ein Vorwurf verbunden, der aus der eigenen Bindung an das Wohnquartier resultiert.

> „Also, lieber hänge ich mit den Leuten hier rum als einfach, es bringt mir einfach mehr Fun, es ist nicht so, wie wenn ich jetzt hier irgendwohin fahre nach X oder sonstwohin, und dann lerne ich da jetzt zum Beispiel einen Jungen kennen und hänge dann da rum. (...) Hier ist es halt, man kennt sich, man ist hier aufgewachsen, man kann über alles lachen und machen und deswegen ... Wir haben hier auch, was heißt, Jungs kennenlernen, natürlich wollen wir auch andere Jungs kennenlernen, wir gucken auch mal nach anderen Jungs, das ist kein Thema, aber wir haben halt unsere Jungs und damit hat sich das auch." (106,183)

Die Einstellung und der Umgang dieser Mädchen mit Gewalt hat sich ihren Aussagen zufolge deutlich verändert. Sie beschreiben sich als älter, erwachsener und dementsprechend auch „ruhiger", weswegen sie „keine Lust mehr darauf" hätten. Darunter ist zu verstehen, daß eine Prügelei heute nicht mehr so „interessant" wie früher ist (106, 155, 518), als „das immer so der besondere Kick" war (101, 273), und Auseinandersetzungen geradezu gesucht und geplant wurden, um irgend etwas zu erleben, damit das Leben spannender würde. Infolgedessen provozieren sie fremde Jugendliche nicht mehr, auf keinen Fall schlagen sie vorschnell zu, vielen geht es vielmehr um Konfliktvermeidung. Gewalttätiges Handeln akzeptieren sie nur in Ausnahmefällen, z.B. wenn sie selbst angegriffen werden, also aus Notwehr handeln müssen, dann allerdings würden sie sich auf alle Fälle wehren und zurückschlagen, denn „Hauptsache der andere kriegt dann auch was ab" (106, 859). In den Einzelinterviews wird die Tendenz, Konflikte „immer zuerst mit Reden" oder Weggehen zu lösen, bestätigt. Allerdings zeigt sich ein Mädchen in ihren Äußerungen nach wie vor stark gewaltbereit, da es bei ihr auf die Situation und die Laune ankomme. Eine körperliche Auseinandersetzung könne schon mal vorkommen: Es wäre eine „Lüge zu sagen, wir schlagen nie jemanden" (102a, 345). Von den anderen wird sie einerseits als am gewaltbereitesten geschildert, andererseits wird ihr aber auch der Vorwurf gemacht, daß sie ihrer Einstellung keine Taten folgen lasse. Tatsächlich war nach den Aussagen der Mädchen keines in den letzten zwölf Monaten in eine körperliche Auseinandersetzung verwickelt, alle Körperverletzungsdelikte liegen zeitlich weiter zurück. Als Grund für den Einstellungswandel wird vor allem die Angst vor polizeilicher und strafrechtlicher Verfolgung genannt: Man komme schließlich in das Alter, wo man „aufpassen" und sich zurückhalten müsse, um nicht mehr bei der Polizei aufzufallen. Allgegenwärtig ist den Mädchen die drohende Aufdeckung gewalttätiger Handlungen vor allem aufgrund der zahlreichen ungünstigen Ausgänge und Verläufe von kriminellen Delikten ihrer Freunde, Partner und männlichen Gruppenmitglieder.

Während sich die Mädchen im Vorjahr in der Gruppendiskussion noch ungebrochen und auch geschlechterpolarisierend zu ihrem gewalttätigen Handeln bekannten – „Also die Jungs machen mehr Diebstähle (...) und klauen vielleicht, und wir schlagen uns dafür mehr" (64, 631) –, Gewalttätigkeit also in ihre geschlechtliche Selbstdarstellung integriert war, empfinden die drei der fünf Mädchen, die in der Wiederholungsphase an der Gruppendiskussion teilnahmen, Gewaltanwendung als unweiblich:

„Ds: Das paßt nicht zu einem Mädchen, das ist für mich auch kein normales Mädchen, das ist für mich kein Mädchen mehr. Also, wenn ich jetzt ein Mädchen, X, also X ist ein Mädchen, wo ich sagen würde, sie ist ein Mannweib.

Dr: Ja, ist sie auch.
Ds: Sie zieht sich an wie ein Junge, sieht aus wie ein Junge, verhält sich wie ein Junge, ihr Verhalten, ihr Laufen, ihre Art, wie sie sitzt und wie sie spricht und schlagen und alles, X ist für mich kein Mädchen mehr. Ganz einfach, ist sie nicht mehr.
Int.: Aber sie ist eins.
Dr: Aber sie gibt sich nur so. Ich glaube auch nicht, daß sie es will.
(...)
Ds: Okay, wenn jetzt ein Mädchen mal als Ausnahme eine Schlägerei, natürlich ist sie dann noch ein Mädchen.
Dr: Y (ein früheres Gruppenmitglied) ist zum Beispiel für mich auch ein Mädchen, sie zieht sich immer noch so an, benimmt sich auch so, nur sie ist halt immer in der Hinsicht mit Schlägerei und so Scheiße drauf, und ich finde, das paßt eigentlich alles zu ihr, weil sie ist eigentlich ein hübsches Mädchen, sie pflegt sich und ich finde, sie sollte sowas nicht machen." (106, 695-705)

Mit dieser Einstellung fügen sie sich auch in ihre neue gemischtgeschlechtliche Jugendgruppe gut ein, in der zwar die männlichen, nicht jedoch die weiblichen Jugendlichen gewalttätig agieren. Die Orientierung an den männlichen Jugendlichen der neuen Gruppe scheint mit einer Verstärkung traditioneller Verhaltensmuster einherzugehen. Diese zeigen sich darin, daß die Mädchen die Geschlechterbeziehungen innerhalb der Gruppe vor allem vor dem Hintergrund der Interessen und Aktivitäten der Jungen, die sie als ihre eigenen entdeckt haben, und des Begehrtseins durch die Jungen thematisieren, was sich u.a. in Konkurrenzen gegenüber anderen Mädchen äußert, die in der ursprünglichen Mädchengruppe im Vorjahr nicht beobachtbar waren.

Welche Bedingungen dazu führen, daß den ausgeschiedenen Mitgliedern, die sich auch keinen neuen Cliquen angeschlossen haben, eine Gruppenzugehörigkeit mittlerweile nicht mehr wichtig ist, kann nur für eine Jugendliche nachgezeichnet werden; die zweite konnte nicht zu einem Interview gewonnen werden. Die befragte Jugendliche führt den eigenen Entwicklungs- und Reifeprozeß als Grund für die Ablösung von der Clique an. Ihre Zukunftsorientierung und ihr Verantwortungsbewußtsein sei mit Schuleschwänzen, „sinnlosem" Freizeitverhalten und einem Verharren in kindlichen Verhaltensweisen – so etikettiert sie die Aktivitäten der anderen Mädchen – nicht vereinbar.

„Ja, ich meine wenn man die Mädchen ansieht, die lernen nichts, die bleiben immer zurückgeblieben. Die denken nicht weiter. Die kümmern sich nicht um den Laden, um die Frauen, um die Kinder. Kümmern sich nicht um die Schule, denken nur an ihren Spaß. Die denken nicht weit nach. Die bleiben immer so, wie sie immer waren. Bei denen wird sich nichts ändern." (100, 137)

Wesentlich zu diesem Gesinnungswandel beigetragen hat die Einbindung in ein schwesterliches Netzwerk, das für sie – mehr noch als im Jahr zuvor – die meist abwesenden Eltern ersetzt. Von ihren Schwestern fühlt sie sich unterstützt und lernt, was im Leben „wichtig" ist:

„Wie man sich auf der Straße verhält, wie man mit Leuten umgeht, die dich anmachen, oder wie man sich in Cafés verhält. So wie man das Reden drauf hat, so" (100, 231)

Eine erneute Cliquenmitgliedschaft wird von dieser Jugendlichen entschieden abgelehnt. Auf ein solidarisches Unterstützungsnetzwerk bei körperlichen Auseinandersetzungen sei sie nicht mehr angewiesen, da sie mittlerweile „ruhig" geworden wäre. Dennoch hat sie ein halbes Jahr vor dem Interview noch ein anderes Mädchen attackiert und scheint nach Aussagen der anderen früheren Gruppenmitglieder Hauptinitiatorin auch diverser verbaler Beleidigungskampagnen gewesen zu sein. Von diesen wird sie als aggressiv „wie eh und je" beschrieben, keine würde ihr mehr in heiklen Situationen, in denen sie andere provoziert, helfen und auch ihre Hilfe nicht mehr in Anspruch nehmen wollen.

7.1.4 Die „Powergirls"

Als einzige gewaltauffällige Gruppe bestehen nur die „Powergirls" in nahezu unveränderter Konstellation fort. Ein Mädchen ist aufgrund gruppeninterner Konflikte ausgeschieden, die anderen bezeichnen sich nach wie vor noch als Gruppe, wenn auch eine nicht in die Gruppendiskussion einbezogene Jugendliche hier eher eine marginale Stellung einnimmt. Allerdings zeigt sich auch bei den „Powergirls" – individuell differierend – eine veränderte Bedeutung der Gruppe für die weiblichen Jugendlichen, die auf das Eingehen von Partnerschaften und den Übergang von der Schule in eine Ausbildung zurückgeführt werden kann.

Da alle befragten weiblichen Jugendlichen mittlerweile einen Partner haben, haben sie die Zeit reduziert, die sie mit der Clique verbringen, so daß gemeinsame Unternehmungen seltener als in der ersten Erhebungsphase stattfinden. Die Zeitkapazitäten haben sich zusätzlich bei zwei Mädchen durch den Eintritt ins Berufsleben bzw. einen Umzug und damit längeren Anfahrtswegen verengt.

Darüber hinaus hat sich das soziale Netzwerk der Jugendlichen durch die (stärkere) Einbindung in die Freundschaftsgruppen der Partner und durch eine im Vergleich zum Vorjahr höhere Attraktivität einer gemischtgeschlechtlichen Clique im Wohnquartier erweitert. Die Gruppe ist demnach für die meisten nicht mehr der zentrale oder einzige soziale Bezugspunkt, auch wenn die Bedeutung der Gruppe betont wird und ein Abbruch des Kontaktes oder die Zugehörigkeit zu einer anderen Gruppe nicht zur Debatte stehen: Alle würden sich gerne häufiger miteinander treffen – allerdings nicht um den Preis, weniger Zeit mit dem Partner zu verbringen.

„Es hat auch jeder so seinen eigenen Freund, da hat man so und so nicht so viel Zeit. Was würde der dann sagen, wenn man dauernd mit vier anderen antanzt.“ (83, 92)

Trotz der offensichtlichen Relevanz der Partnerschaftsbeziehungen und dem Interesse am anderen Geschlecht ist den weiblichen Jugendlichen jedoch die Besonderheit der geschlechtshomogenen Zusammensetzung ihrer Clique nach wie vor wichtig. Sie gilt als Garant dafür, auch intime Probleme und Erfahrungen austauschen zu können. Die inzwischen von allen Interviewten eingegangenen Partnerschaften haben sogar eher zur Bedeutungszunahme eines gleichgeschlechtlichen Gruppenverbandes geführt: Indem die Partner und andere Jungen aus der Clique ausgeschlossen bleiben, können sie auch für andere Jungen Interesse zeigen, wenn sie zusammen unterwegs sind, und außerdem ungestört über männliche Jugendliche reden.

„Ich will einfach, also wenn ich mit ihnen (den Mädchen der Gruppe, d. Verf.) unterwegs bin, kann ich einfach sagen, auf was ich Lust habe. (...) Und das kann ich nicht, wenn die Jungs dabei sind.“ (66, 242)

Demnach kann die geschlechtshomogene Zusammensetzung der Gruppe – neben den nach wie vor unveränderten Funktionen der gegenseitigen sozialen und emotionalen Unterstützung und Stärkung auch im Gewaltkontext sowie der Freizeitgestaltung – als stabilisierender Faktor der Gruppe betrachtet werden.

Die Mitglieder der „Powergirls“ sind nach wie vor überwiegend gewaltbereit, eine Jugendliche bejaht die Anwendung körperlicher Gewalt bei Auseinandersetzungen sogar stärker als im Vorjahr. Alle Mädchen betonen den Vorteil, daß sie – insbesondere von Mädchen, aber auch von Jungen – als gewaltbereit wahrgenommen werden. Ein entsprechendes Auftreten und Vorgehen fördert das Ansehen der Gruppe. Ob man Konflikte anders als mit Gewalt lösen könne, wurde in der Gruppendiskussion nicht vorbehaltlos bejaht, sondern hinsichtlich der Schwere des „Vergehens" bzw. von Regelverletzungen anderer relativiert, von einem der Mädchen wird Gewaltanwendung jedoch radikal zurückgewiesen. In den Gründen, die nach Meinung der Gruppenmitglieder ein gewalttätiges Verhalten berechtigen, haben sich zwischen den Erhebungsphasen keine Unterschiede ergeben. Nach wie vor gehören hierzu das Reden hinter dem Rücken, Beleidigungen der Familie und schwerwiegende Beleidigungen der eigenen Person, wie z.B. „Nutte" oder „Schlampe". Hinzu gekommen ist das Motiv „Eifersucht", das allerdings ausschließlich in der Gruppendiskussion, nicht jedoch in den Einzelinterviews angeführt wurde. Daß sich die Gewaltbereitschaft der Gruppe insgesamt nicht abgeschwächt hat, wird auch durch Schilderungen von gewalttätig ausgetragenen Konflikten im Vorjahr bestätigt: Eine der Jugendlichen, die bereits in gewalttätige Auseinandersetzungen verwickelt war und auch andere Gruppenmitglieder veranlaßt hatte, ein Mädchen zu verprügeln, war an zwei Schlägereien beteiligt, zwei der Mädchen schildern jeweils sieben Schlägereien, an denen sie meist gemeinsam beteiligt waren. Lediglich eine der Jugendlichen hatte sich – wie auch zum ersten Erhebungszeitpunkt – noch nie geschlagen, war allerdings einmal – ohne sich selbst zu beteiligen – bei einer körperlichen Auseinandersetzung der Gruppe zugegen. Zwei von den Mädchen, die am häufigsten in Schlägereien verwickelt sind, werden vorzugsweise auch von den anderen mobilisiert, um „Vergehen" zu ahnden. Wurde in der ersten Erhebungsphase nur in einem Fall geschildert, wie ein Junge geschlagen wurde, so wurden zum zweiten Interview mehrere Konflikte mit männlichen Gegnern erzählt, deren Beleidigungen sich die Mädchen nicht gefallen lassen wollten.

Das zwischen den Erhebungsphasen ausgeschiedene Mädchen wurde nicht interviewt, somit können nur die Angaben der anderen Anhaltspunkte für ihre Trennung von der Clique geben. Nach deren Darstellungen hat ein Konflikt mit ihr dazu geführt, daß der Kontakt abgebrochen wurde. Anlaß war, daß die Gruppennormen „Verschwiegenheit" und „Loyalität" nicht eingehalten wurden, die im Selbstverständnis der Gruppe als vertrauenswürdiges und solidarisches Netzwerk ein großes Gewicht erhalten.

Zusammenfassend können die Ursachen, die von den Jugendlichen für die Veränderungen in den Gruppen genannt werden, auf der individuellen und interaktiven Ebene angesiedelt werden: in neuen Interessen und Perspektiven sowie Konflikten innerhalb der Gruppen, vereinzelt auch in veränderten Bedingungen in den Einrichtungen. Dahinter lassen sich sowohl entwicklungsspezifische, geschlechtstypische als auch institutionelle und strukturelle Bedingungen identifizieren, die die Bedeutung der Clique für die einzelnen beeinflussen und Wirkungen auf die Gruppenkohäsion und die Bindung an die Gruppe entfalten. Damit zeigen sich in der vorliegenden Untersuchung Muster der Auflösung und Veränderung von Gruppen, die auch in anderen Jugendgruppenstudien festgestellt wurden (z.B. Eckert u.a. 2000) und die zu der These geführt haben, daß der Zusammenschluß Jugendlicher in gewaltbereiten Jugendgruppen ein „Übergangsphänomen" ist und daß Cliquenbildung im Jugendalter eine entwicklungsbedingte Episode darstellt (vgl. Eckert u.a. 2000; Ohder 1992). Als Bedingungen für die Auflösung von Gruppen werden neue Lebensaufgaben, die Stabilisierung von Zweierbeziehungen, ein knapperes Zeitbudget aufgrund von Berufstätigkeit, der Funktionsverlust der Gruppe zur Vermittlung einer positiven sozialen Identität, Konflikte mit dem Gesetz und die Kommerzialisierung szenespezifischer Kenntnisse außerhalb der Clique (Eckert u.a. 2000, S. 426f.) genannt. Von einer Parallelität Gruppenauflösung – Gewaltabwendung kann bei den untersuchten Gruppen jedoch nur eingeschränkt gesprochen werden. Bei den „Straßenkids" kann nicht bzw. nur für einen Teil der Jugendlichen davon ausgegangen werden, daß Gruppenverbände, in denen auch delinquente bzw. gewaltorientierte Verhaltensweisen begangen werden, bereits der Vergangenheit angehören, und in der Gruppe der „Zukunftsorientierten" hat sich Gewaltablehnung erst im Gruppenprozeß stabilisiert.

7.2 Gruppenauflösung und -veränderung: Verlust sozialer und emotionaler Ressourcen?

Angesichts des von den weiblichen Jugendlichen geäußerten hohen Stellenwerts ihrer Cliquen als Orte der Freizeitgestaltung sowie als soziale und emotionale Ressourcen stellt sich die Frage, ob diese Aspekte mit der Auflösung, Umformierung oder dem Zugang in andere Gruppen an Bedeutung verloren haben oder ob sie durch andere Freundschafts- und Cliquenkonstellationen ersetzt werden. Die ihnen wichtige emotionale Unterstützung finden die weiblichen

Jugendlichen meist in weiter bestehenden Freundschaften oder neuen Freundschaftskonstellationen mit anderen weiblichen Gruppenangehörigen. Damit wird einerseits der Stellenwert engerer Bindungen zu einzelnen Mädchen der früheren Cliquen deutlich, andererseits erweisen sich die früheren Gruppen als ein „Beziehungspool“, aus dem sich auch nach Gruppenauflösungen intensive Freundschaften entwickeln können. Nur in Einzelfällen werden diese ergänzt oder ersetzt durch die Aufnahme neuer Beziehungen oder die Wiederbelebung alter Freundschaften zu gruppenexternen Mädchen und jungen Frauen.

Die in der ersten Erhebungsphase von den Angehörigen der „Schlägermädchen“ hervorgehobene Bedeutung von biographischen Gemeinsamkeiten und der geschlechterhomogenen Zusammensetzung der Clique hat in den sozialen Netzwerken der Mädchen nicht an Gewicht verloren. Auf den intimen und persönlichen Austausch von Problemen, auf emotionale weibliche Unterstützung, die als besondere Qualität der Mädchengruppe hervorgehoben wurde, müssen diese Mädchen nicht verzichten. Bei jenen, die sich einer gemischtgeschlechtlichen Jugendgruppe angeschlossen haben, haben sich die schon früher vorhandenen gruppeninternen Bindungen zu engeren Freundinnen, die ebenfalls der neuen Gruppe angehören, aufgrund noch intensivierterer Kontakte im Alltag eher noch verstärkt. Auch das Zusammensein im vertrauten Kreis lange bekannter Jugendlicher geht mit dem Cliquenwechsel nicht verloren: Einen Großteil ihrer männlichen Gruppenmitglieder kennen die Mädchen bereits seit Kindertagen. Bei der Jugendlichen, die ihre Freizeit vor allem mit ihren Schwestern verbringt, befriedigt das familiale Netzwerk anscheinend alle ihre wichtigen Bedürfnisse, die sie früher an die Clique adressiert hat. Es kompensiert auch die mangelnde Zuwendung und Aufmerksamkeit der Eltern und ersetzt jegliches andere soziale Netzwerk – die beste Freundin, Freundschaftskreise und eine Clique. Auch die mit der gemeinsamen Biographie verbundene Vertrautheit, die sie früher als Bindungsgrund an die „Schlägermädchen“ hervorgehoben hat, findet sie bei ihren Schwestern, die sie noch besser kennt als jedes Mädchen aus der Nachbarschaft.

Die Funktion ihrer früheren Clique für die Freizeitgestaltung wird aus Sicht eines ehemaligen Mitglieds der „Schlägermädchen“ nicht nur gleichwertig ersetzt, sondern in gemischtgeschlechtlichen Zusammenhängen bzw. im schwesterlichen Netzwerk sogar besser erfüllt. Bei ihnen zeigt sich die „innere Lösung“ von der früheren

Clique am eindruckvollsten. Die ehemaligen weiblichen Mitglieder der „Straßenkids“ und der „Zukunftsorientierten“ haben sich – wenn auch teilweise bedauernd – mehr oder weniger mit der neuen Situation arrangiert. Sie haben ihre Ansprüche verändert und/oder in neuen Freundschaftsbeziehungen andere befriedigende Freizeitbeschäftigungen gefunden, die in der Regel durch weniger „riskante“ Verhaltensweisen geprägt sind.

Die in der ersten Erhebungsphase hervorgehobene Bedeutung der gegenseitigen Unterstützung in Konflikten und der Erhöhung des Selbstwert- und Machtgefühls über die Demonstration von Gewaltbereitschaft wird trotz der Auflösungen bzw. Umformierungen der Gruppen sowie trotz der Distanzierungen und des Ausscheidens einzelner Mitglieder bei den meisten Gruppen nicht als Verlust thematisiert. Hierzu trägt bei, daß ein Teil der befragten Jugendlichen sich als weniger gewaltbereit darstellt und daß teilweise auch die frühere Gruppenmitgliedschaft zu einer „berüchtigten“ Clique nach wie vor den „Respekt“ des jugendlichen Umfeldes sichert. Teilweise ist aber auch eine solidarische Haltung der früheren Gruppenmitglieder in konfliktträchtigen Situationen leicht zu mobilisieren oder neue Gruppenkonstellationen bieten ähnliche Unterstützungsleistungen.

7.3 Gewaltbereitschaft und Gruppenzugehörigkeit von Mädchen – jugendphasenspezifische Einflüsse

In der sozialwissenschaftlichen Fachliteratur werden Gewaltbereitschaft und Gewaltausübung ebenso wie Gruppenzugehörigkeit vielfach als ein episodales, jugendphasenspezifisches Phänomen beschrieben (vgl. z.B. Zirk 1999; Kerner 1996; Elliot/Menard 1996; Walter 1995). Die Abschwächung von Gewaltdelinquenz, die sich auch in den Polizeilichen Kriminalstatistiken spiegelt, und die abnehmende Bedeutung der Zugehörigkeit zu Gruppen mit zunehmendem Alter wird zurückgeführt auf Reifungsprozesse, Veränderungen von Lebenssituationen und auf die Hinwendung zu neuen „Lebensaufgaben“. Als zentrale biographische Ereignisse werden in diesem Zusammenhang der Abschluß der Schullaufbahn, der Übergang in Ausbildung und Erwerbstätigkeit, die Stabilisierung von Partnerschaftsbeziehungen, der Auszug aus dem Elternhaus und die Gründung einer eigenen Familie betrachtet (vgl. Eckert u.a. 2000; Korth 1996).

Anhaltspunkte dafür, daß sich Gewaltbereitschaft von weiblichen Jugendlichen mit derartigen neuen Lebenssituationen bzw.

Lebensaufgaben verringert, finden sich bei der „älteren" Jugendgruppe – den „Zukunftsorientierten". Die Gruppenmitglieder betonten bereits zum ersten Erhebungszeitpunkt ihren Willen, auf Gewalt als Konfliktlösungsmuster zu verzichten, um ihre berufliche Zukunft nicht zu gefährden. In der Wiederholungserhebung hat sich ihre gewaltablehnende Haltung stabilisiert. Die weiblichen – wie auch die männlichen – Jugendlichen befinden sich in einer Phase, in der sie ihre Lebenslagen angesichts finanzieller Probleme und geringer beruflicher Zukunftschancen stabilisieren, die mit Haushaltsgründungen verbundenen Aufgaben bewältigen und sich in einem neuen sozialen Umfeld – der Erwachsenenwelt – etablieren müssen. Damit verbunden sind Frakturen einer „Jugendlichenidentität" sowie Unsicherheiten und Ambivalenzen in der Alltagsgestaltung. Bei den jungen Frauen der noch bestehenden Clique entstehen spezifische Belastungen, weil sie alle in Berufsausbildungen eingemündet sind, die nicht ihren Wunschberufen entsprechen – ungelernte Beschäftigungen und Arbeitslosigkeit nach Beendigung der Ausbildung mit den entsprechenden negativen finanziellen Auswirkungen sind die Folge. Vor diesem Hintergrund haben andere Lebensbereiche und Interessen einen höheren Stellenwert im Leben der jungen Frauen erhalten. Diese Prozesse haben allerdings nicht dazu geführt, daß sich alle Gruppenmitglieder aus Cliquenzusammenhängen zurückgezogen haben. Die Mehrzahl der interviewten jungen Frauen gehört einer neu formierten Clique an, die sich uneingeschränkt zu nicht gewaltbezogenen Verhaltensweisen bekennt und die als Unterstützung bei der Bewältigung der neuen Lebensaufgaben empfunden wird. Daß sich zwischen den Erhebungsphasen bei den weiblichen Gruppenmitgliedern eine gewaltablehnende Haltung stabilisiert hat, dürfte auch auf den Einfluß der Gruppe zurückzuführen sein, dies zeigt sich u.a. in der übereinstimmenden Zurückweisung von gewaltintegrierenden Weiblichkeitskonzepten.

In den „jüngeren" Gruppen der „Powergirls" und der „Straßenkids" zeichnen sich demgegenüber keine derartig prägnanten Veränderungen in den Lebenssituationen der Jugendlichen ab. Die Gruppenmitglieder besuchen nach wie vor noch überwiegend die Schule, die Mädchen – wie auch die Jungen – haben allerdings stärker als in der ersten Erhebungsphase den Übergang von der Schule in die Berufsausbildung im Blick. Sie versuchen teilweise, ihre Chancen auf dem Ausbildungsmarkt zu verbessern, indem sie höhere Schulabschlüsse anstreben oder sich intensiver auf die Bewältigung der schulischen Aufgaben konzentrieren. Nur wenige weibliche Jugendliche weisen aber auf dadurch eingeschränkte Zeitkapazitäten hin, d.h. sie verfügen immer noch über relativ viel Freizeit. In beiden Gruppen leben die meisten Mädchen darüber hinaus nach wie vor bei den Eltern, die sie auch existenziell absichern. Auch von einer Stabilisierung heterosexueller Partnerschaften kann bei der überwiegenden Mehrzahl der weiblichen Mitglieder der „Powergirls“ und „Straßenkids“ nicht die Rede sein. Vor diesem Hintergrund verwundert es nicht, daß sich auch in den sozialen Netzwerken der Mädchen wenig verändert hat: Die „Powergirls“ verbringen einen Großteil ihrer Freizeit immer noch im Gruppenverband, bei den „Straßenkids“ sind die Beziehungen zu den anderen Gruppenmitgliedern nach wie vor relativ eng. Diese zwischen den Erhebungsphasen kaum modifizierten Lebenssituationen der Mädchen gehen einher mit einer nach wie vor relativ hohen Gewaltbereitschaft – auch wenn sich die meisten als weniger gewaltbereit bezeichnen, sprechen die von ihnen geschilderten gewalttätigen Vorfälle doch eine andere Sprache.

Bei den „Schlägermädchen“ zeichnet sich – neben der Veränderung der Lebenssituation durch den Auszug aus dem Elternhaus bei einigen Mädchen – bei allen interviewten Jugendlichen eine neue Orientierung im Geschlechterverhältnis ab. In dem deutlich zugenommenen Interesse an Beziehungen zu männlichen Jugendlichen zwischen den Erhebungsphasen zeigt sich, daß sie in eine neue Phase der Adoleszenz eingetreten sind, in der sich die Mädchen im System der Zweigeschlechtlichkeit über die Positionierung in heterosexuellen Partnerschaften neu verorten. Die abnehmende Gewaltbereitschaft der weiblichen Jugendlichen kann in einem engen Zusammenhang mit einer Orientierung an herkömmlichen geschlechtsrollenstereotypen Erwartungen gesehen werden: Gewaltausübung paßt nicht mehr – anders als in der ersten Erhebungsphase – in ihr Weiblichkeitsbild. Gefordert und gestützt wird diese veränderte Sichtweise durch ihre neuen relevanten sozialen Netzwerke: Bei drei Mädchen durch eine gemischtgeschlechtliche Jugendgruppe, in der es nicht üblich ist, daß sich Mädchen aktiv an körperlichen Auseinandersetzungen beteiligen, und bei einer Jugendlichen durch ihre Schwestern. In beiden Fällen erfüllen die neuen sozialen Einbindungen das Bedürfnis der Mädchen nach einer Kontaktaufnahme zum anderen Geschlecht besser als die frühere geschlechterhomogene Gruppe.

Zusammenfassend kann festgehalten werden, daß sich im zeitlichen Verlauf insbesondere der Übergang von der Schule in die Berufsausbildung und von der Ausbildung in das Erwerbsleben sowie die Identifikation mit traditionellen Rollenbildern, die Gewalttätigkeit für Mädchen nicht vorsehen, als gewaltmindernd in den untersuchten Gruppen erweisen. Der damit verbundene Wandel in den Prioritäten und Orientierungen bedingt, daß die erfolgreiche Bewältigung der neuen Lebensaufgaben in das Zentrum des Interesses rückt. Gewaltanwendung ist hierfür keine angemessene Strategie und erhält auch innerhalb der neuen sozialen Netzwerke keine Anerkennung. Haben sich die Lebenssituationen und Orientierungen der weiblichen Jugendlichen hingegen nicht bzw. nur geringfügig verändert, und hat die Gruppe oder haben die Kontakte zu den Gruppenmitgliedern nicht an Bedeutung verloren, so behalten die alten Anerkennungsmuster ihre Gültigkeit. Gewaltbereitschaft erweist sich nach wie vor als eine aussichtsreiche Handlungsstrategie, um in den relevanten sozialen Netzwerken Achtung und Wertschätzung zu erfahren. Eine abnehmende Gewaltbereitschaft in den untersuchten Gruppen ist demnach weitgehend durch jugendphasenspezifische Wandlungsprozesse beeinflußt. Inwieweit dies mit einer Auflösung oder Veränderung von Gruppen einhergeht, ist davon abhängig, ob die Gruppe aus Sicht der Jugendlichen einen Beitrag zur Bewältigung der anstehenden Lebensaufgaben bzw. zur Befriedigung ihrer aktuellen Bedürfnisse und Interessen leistet. Ist dies der Fall, so kann davon ausgegangen werden, daß die Gruppe Einfluß auf die Stabilisierung individueller Gewaltorientierungen erhält.

8 Mädchen in nicht gewaltauffälligen Jugendgruppen und ihre Cliquen – ganz anders?

Bei den in die Untersuchung einbezogenen nicht gewaltauffälligen Gruppen handelt es sich um zwei gemischtgeschlechtliche Gruppen – die „Rebellen" und die „Spaßtruppe" – sowie zwei reine Mädchengruppen – die „Freundinnen" und die „Clubmädchen". In ihren Gruppenstrukturen ähneln sie den gewaltauffälligen Gruppen: Es gibt keine expliziten Hierarchien, die Mädchengruppen sind kleiner als die gemischtgeschlechtlichen Gruppen, in letzteren sind ca. ein Drittel bzw. die Hälfte weiblichen Geschlechts. Mit Blick auf die Konstituierung der Jugendgruppen fällt auf, daß die Jugendlichen der gewaltauffälligen Gruppen über eine längere „Gruppenbiographie" verfügen, d.h. sie gehörten bereits in einem früheren Alter Cliquen an, und daß die Gruppen im Durchschnitt länger als die nicht gewaltauffälligen bestehen.

Wie die gewaltauffälligen, so haben auch die nicht gewaltauffälligen Jugendgruppen alle ihre eigene Individualität. Es gibt zwischen ihnen Abstufungen in der Haltung zu sowie im Umgang mit Gewalt, Unterschiede in Gruppenstrukturen, -zusammensetzungen und im Gruppenselbstverständnis. Auch die Mitglieder innerhalb der einzelnen Gruppen können nicht in gleichem Maße als gewaltablehnend betrachtet werden. Dennoch lassen sich in der Gegenüberstellung der Gruppentypen gewaltauffällige und nicht gewaltauffällige Gruppen globale Unterschiede und Übereinstimmungen herausarbeiten, die nicht nur die jeweiligen Gruppenwirklichkeiten konturieren, sondern auch geeignet sind, Besonderheiten der Gewaltorientierungen von Mädchen in gewaltbereiten Gruppen sowie deren Bedingungen zu erhellen. Diese Perspektive bildet den Ausgangspunkt für die folgende Darstellung.

Gruppen-merkmale	Gruppenname „Freundinnen"	„Clubmädchen"	„Rebellen"	„Spaßtruppe"
Gruppen-stärke	10-12	5	ca. 15	ca. 15
Mädchen-anteil	100 %	100 %	30 %	50 %
Altersspanne	13-18	14-16	14-25	13-16
Tätigkeit-status der Mitglieder	Haupt-/Real-schülerinnen	Gymnasiastin-nen	meist Haupt-/RealschülerIn-nen, z.T. Gym-nasium und Be-rufsvorberei-tungsjahr	größtenteils GymnasiastIn-nen
Gruppen-gründung	vor 1,5 Jahren	vor 1 Jahr	seit vielen Jah-ren mit wech-selnder Mit-gliedschaft	vor ca. 1 Jahr
Bezugspunkte	Abspaltung aus einer größeren gemischt-geschlechtlichen Jugendgruppe ausländischer Nationalität	Nachbarschaft, Kindergarten, Schule	Nachbarschaft, Geschwister, Schule	Abspaltung aus einer größeren rechtsextremi-stisch orientier-ten Clique; Neu-zugänge über Nachbarschaft, Schule
Treffpunkte	Innenstadtbe-reich, Jugend-einrichtung, Kneipen, Disco-theken	Sportplatz, Jugendeinrich-tung	öffentlicher Durchgang	Park
Kontakt-häufigkeit	am Wochenen-de, wochentags in unterschied-licher Zusam-mensetzung	während der Woche täglich nachmittags	täglich abends, zwei Stunden pro Woche in Jugendtreff	täglich nachmit-tags
Gruppen-themen	Kosmetik, Klei-dung, Aussehen, Sex, Jungen, Partnerschaften	Probleme in Fa-milie und Schu-le, Jungen	Autos, Musik, Partnerschaften, Beruf	Alltagserlebnis-se, Fußball, Lie-be, Sex, Ge-schlechterbezie-hungen
Herkunfts-milieu/Eltern	in Westdtld. ge-boren; deutsche und multikultu-relle Ein-/ Zwei-Elternfamilien, im Angestellten-status	in Ostdtld. gebo-ren; Ein-/ Zwei-Elternfamilien, im Angestellten-status	in Westdtld. ge-boren; meist Zwei-Elternfami-lien deutscher, z.T. auch multi-kultureller Her-kunft, im Arbei-ter- und Ange-stelltenstatus	in Ostdtld. gebo-ren; Zwei-Eltern-Familien deut-scher Herkunft, im Handwerker-und Angestell-tenstatus, z.T. prekäre finan-zielle Verhältnis-se

Gruppen-entwicklung	Zerfall der Gruppe, Mitglieder in andere Gruppen integriert	Zerfall der Gruppe	Zersplitterung in kleinere Untergruppen, weiterbestehende enge Kontakte zwischen Kleingruppen und einzelnen	Anwachsen der Gruppe auf 30 Mitglieder im Alter von 13 bis 20 Jahren

8.1 Reden statt zuschlagen

Hinsichtlich der Gewaltbereitschaft und einer gewaltorientierten Praxis ergeben sich bei den Mädchen der beiden Gruppentypen deutliche Unterschiede. Bei den *Definitionen von „Gewalt"* heben die Mädchen in den nicht gewaltauffälligen Gruppen – wie auch die der gewaltauffälligen Gruppen – in erster Linie die Bedeutung körperlicher Aggressionen hervor und beziehen sich in ihren weiteren Aussagen auch hierauf. Sehr viel häufiger nennen sie aber gleichzeitig auch psychische und verbale Gewaltformen. Ihre *Haltung zur Gewalt* ist – anders als bei der Mehrzahl der Mädchen in den gewaltauffälligen Jugendgruppen – geprägt durch eine prinzipielle Ablehnung eines körperlich gewalttätigen Verhaltens. Sie bewerten Gewalt als unsinniges Konfliktlösungsmuster, als verabscheuungswürdig und „dumm". Auseinandersetzungen könne man sinnvoll und langfristig nur durch verbale Strategien lösen, denn

„(...) wenn man darüber redet, ich mein', da hat man erstens mehr von, dann weiß man, woran man ist, und wenn man dann zugeschlagen hat, und der liegt dann da, dann weiß man überhaupt nicht, warum hat er das eigentlich überhaupt gesagt." (15, 329).

„Bevor man überhaupt schlägt, man kann auch reden, weil, was bringt Schlagen? Schlagen bringt genauso – da hat man auch nichts mit gekonnt. Dann liegt derjenige vielleicht im Krankenhaus oder so, oder hat nur ein blaues Auge oder so, und was hat das gebracht? Der Streit oder was da war, ist ja noch nicht zu Ende. Ist ja jetzt um so mehr. Hat sich ja nichts geändert. Mit Reden kommt man manchmal viel weiter als mit Schlagen, deshalb schlage ich auch nicht. Hätte ich nicht immer geredet, dann, dann, weiß ich nicht, dann würde ich gar nicht mehr hier sein, oder so. Nee, dann wäre schon so viel passiert, das ..." (13, 262)

Doch auch in den nicht gewaltauffälligen Gruppen gibt es für Mädchen „gute Gründe" zuzuschlagen. Ähnlich wie bei den gewaltauffälligen Gruppen ist die Toleranz gegenüber sexistischen Abwertungen der eigenen Person oder der Mutter sowie bei Beleidigungen der Familie gering. Im Unterschied zu den gewaltauffälligen Gruppen geht einer Durchsetzung des „guten Rufes“ aber immer erst die Frage nach dem Grund für derartige Verleumdungen voraus. Dies macht vor allem bei Beschuldigungen und Gerüchten im bekannten sozialen Umfeld einen Sinn, während es im Zusammenstoß mit unbekannten Personen letztlich nichts „vernünftig“ zu klären gibt, weswegen die Gewalthemmung hier auch geringer ist:

„Ich meine, gut, wenn jemand zu mir Schlampe oder so, ein Mädchen, was ich dann vielleicht auch noch nicht kenne oder so, dann würde ich vielleicht auch nicht mehr sagen, was das soll. Und wenn sie dann noch sagt: ‚Du Dumme‘, oder was weiß ich, dann würde ich auch da zulangen, ich meine, was sonst? Nee, wüßte ich nicht.“ (13, 279)

Ein solches Verhalten wird auch von den anderen Gruppenmitgliedern akzeptiert, wenn ihm ein verbaler Klärungsversuch vorausgeht:

„Ja, das finde ich schon okay, weil sie hat ja gesagt, nicht so jetzt, sie würde ja auch zuerst hingehen und fragen. Also, sie hat ja gesagt, wenn jetzt so jemand Fremdes oder so, den man nur so vom Sehen kennt, und sagt irgendwelche Sachen über dich, die überhaupt nicht stimmen, dann würde ich auch hingehen und zuschlagen...“ (29, 1104)

Unumgänglich bzw. angebracht ist Gewaltanwendung nach übereinstimmender Meinung der Mädchen in allen nicht gewaltauffälligen Gruppen, wenn sie selbst oder ihnen nahestehende Personen körperlich angegriffen werden.

„Ja, verteidigen ist immer was anderes. Also wenn ich jetzt geschlagen werde, oder in den Bauch getreten, natürlich muß ich mich dann verteidigen. Dann mache ich dann auch mit. Aber ...“ (13, 266)

„Also wenn ich nur angemacht werde, dann schlag‘ ich auch nicht zu. Also wenn ich zuschlagen würde, wär‘s für mich Gewalt. Aber wenn, ... ich hab’, ich wurde schon ..., ich wurde schon öfter, ... mir hat schon jemand eine geknallt, aber das war bei mir auch so, ich hab nicht zurückgeschlagen, ich hab einfach nur den Arm festgehalten oder so, also so – (...).“ (12, 392-394)

In der Schilderung von bedrohlichen, gewaltaffinen Situationen belegen sowohl die weiblichen als auch männlichen Jugendlichen der nicht gewaltauffälligen Gruppen ihre grundsätzlich gewaltablehnende Haltung. Sie reagieren zunächst verbal und setzen bereits im Vorfeld eines möglichen Zusammenstoßes deeskalierende Strategien ein, indem sie versuchen, im Auftreten andere Jugendliche nicht zu provozieren bzw. offensichtlich „Streitsuchende“ und deren Beleidigungen zu ignorieren. Doch es gibt auch einzelne Beispiele von Provokationen, die im nachhinein gesehen jedoch meist bedauert werden. So war es einer Jugendlichen „unangenehm“ und „peinlich“, daß sie ein anderes Mädchen so provoziert hat, daß diese zugeschlagen hat:

„(...) im Prinzip konnte sie eigentlich kaum was dafür. Also wenn ich da so heute dran denke, denk' ich auch so, oh Gott, oh Gott, wie doof kann man nur sein. (...) Vor allen Dingen, was soll das eigentlich und es war eigentlich nur dumm.“ (82, 506, 189)

Es gibt in den nicht gewaltauffälligen Gruppen auch Mädchen, die andere angegriffen haben, meist handelte es sich um Ohrfeigen. Dies erfolgte überwiegend situativ-reaktiv aus einem spontanen Affekt heraus, z.B. wenn sie von männlichen Jugendlichen oder Männern „betatscht“ wurden, sich nicht mehr anders gegen Beleidigungen zu wehren wußten oder aus Eifersucht.

„Eigentlich mag ich das gar nicht, also ich probier's halt erst mit Reden und wenn's dann nicht hinhaut ..., ich weiß nicht, dann weiß ich einfach nicht mehr, was ich machen soll, dann rutscht mir mal 'ne Hand aus oder so. Aber erst probier ich das mit Reden.“ (14, 191)

Die in den nicht gewaltauffälligen Gruppen genannten Anlässe für Gewaltbereitschaft und die Anwendung von Gewalt finden sich auch bei Mädchen aus den gewaltbereiten Gruppen – den beiden Mädchengruppen und den „Straßenkids“ –, sie reagieren allerdings in der Regel rigoroser – nicht nur mit einer Ohrfeige. Zu diesen unterschiedlichen Reaktionsweisen dürfte auch beitragen, daß „Zuschlagen“ bei Mädchen aus gewaltbereiten Gruppen eher habituell verfestigt ist, u.a. weil dies den Gruppennormen entspricht, es ihnen in der Gruppe Anerkennung verspricht und weil sie ihr jugendliches soziales Umfeld tendenziell als feindlich erleben, so daß sie auch bewußt härtere Strategien anwenden, um deutlich zu machen, daß z.B. Herabsetzungen ernsthafte Konsequenzen zeitigen und um dadurch weiteren „Vergehen“ vorzubeugen. Darüber hinaus ist anzumerken, daß die aggressiv agierenden Mädchen der gewaltauffälligen Gruppen nicht nur situativ reagieren, sondern auch geplant, und daß die Palette der Anlässe bei ihnen breiter ist. Sehr viel häufiger spielen Gerüchte eine Rolle, und teilweise wird Gewalt auch expressiv eingesetzt – weil sie „den Kick bringt“ bzw. weil Provokationen als lustvoll erlebt werden.

Im Kontext der Äußerungen zu Gewaltbereitschaft und -ausübung ergeben sich Hinweise auf *Hintergründe des unterschiedlichen Umgangs mit Gewalt* aus dem Vergleich zwischen den (überwiegend) gewaltablehnenden Mädchen in den nicht gewaltauffälligen und den (überwiegend) gewaltbereiten in den gewaltauffälligen Gruppen. So zeigen sich mehrere Mädchen aus nicht gewaltauffälligen Cliquen – häufiger aus den Mädchengruppen – ängstlicher und um ihre körperliche Unversehrtheit besorgt:

„Es bringt ja nichts, außer daß du vielleicht ein gebrochenes Nasenbein hast und der andere ein blaues Auge." (92, 523)

„Ich bin auch ein bißchen feige oder so, wenn man es so sagt, ich halte mich eigentlich viel mehr aus allem raus, das hatte ja X auch erzählt, weil ich habe dann irgendwie Angst." (13, 247)

„Ah, ich weiß nicht. Ich hab da irgend jemanden doof angemacht oder so. (...) naja und dann hatte ich mit denen Streß, dann hab ich mich einen Tag nicht zur Schule getraut." (12, 816)

„Weil heutzutage, da muß man echt schon aufpassen, (...) nicht nur noch die Fäuste, da werden auch andere Sachen eingesetzt, und also da kriegt man richtig Angst, auf jeden Fall." (18, 199)

Entsprechende Äußerungen finden sich bei den Mädchen der gewaltauffälligen Gruppen nicht, sie zeigen sich allenfalls vorsichtiger, wenn es um Auseinandersetzung mit Jungen, teilweise auch mit körperlich überlegenen Mädchen geht.

In einer nicht gewaltauffälligen gemischtgeschlechtlichen und in einer Mädchengruppe, die in das breitere Netz einer gemischtgeschlechtlichen Clique ihres Jugendclubs eingebunden ist, weisen die weiblichen Jugendlichen darüber hinaus darauf hin, daß sie sich auch deswegen nicht schlagen würden, weil dies ihre männlichen Freunde oder ihre Partner übernehmen würden.

„Ja, die würden alles, die würden abgehen, wenn irgendeiner uns Mädchen was antun würde, egal wessen, wem, welches Mädchen. Die würden auch voll abgehen, wenn wir geschlagen werden würden von irgendeinem oder so." (79, 978)

„Dk: Bei mir ist das so, ich muß mich nicht wehren.
Dh: Man läßt.
Di: Man läßt, genau.
Dk: Ich sage mal, wenn mich auf der Straße jemand dumm anpöbelt, dann kann der sich sicher sein, daß er vielleicht einen Zahn weniger bald drin hat.
Dj: Ey, also hör mal-
Dk: Nein, das ist aber so!
Di: Das ist so.
Int.: Machen die Jungs das für euch?
Dk: Ja, aber nur aus ihrem eigenen Interesse, das ist ja nicht so, daß wir sie auf sie hetzen. Das ist eben nur, ich sage mal, wenn ich mit meinem

Freund unterwegs bin und da macht mich irgend jemand dumm an, egal, wer das ist, dann wird er zurechtgewiesen. Wenn er nicht aufhört, gibt es noch eine zweite Ermahnung. Und wenn er dann immer noch der Meinung ist, mich dumm anmachen zu müssen, auch handgreiflich oder so, dann hat er ein Problem, würde ich sagen. Also dann kann es doch schon mal dazu kommen, daß er dann doch mal zuschlägt." (104, 460-468)

Für die Mädchen aus den gewaltauffälligen Gruppen ist es hingegen keine Selbstverständlichkeit bzw. naheliegende Option, daß männliche Jugendliche die „Regelung" ihrer Konflikte und Probleme übernehmen. Sie setzen sich selbst ein, vertrauen mehr in die eigene körperliche Kraft, und für ihr Selbstbewußtsein ist es wichtig, sich ohne Hilfe durchzusetzen, sich „nichts gefallen zu lassen". Greifen sie ausnahmsweise – wenn es Ärger mit älteren Jungen gibt – auf die Unterstützung der männlichen Gruppenmitglieder zurück, so ist dies nicht als Instrumentalisierung zu interpretieren. Es handelt sich um einen Freundschaftsdienst, den sie ihnen – ebenso wie den Mädchen der Clique – genauso erweisen würden.

8.2 Gewalt – männlich oder weiblich?

Daß das Selbstbild als gewaltablehnendes Mädchen in den beiden nicht gewaltauffälligen Gruppen offensichtlich auch mit geschlechtstypischen Erwartungen verbunden ist, lenkt die Aufmerksamkeit auf den Zusammenhang von Gewaltorientierung mit Männlichkeits- und Weiblichkeitsbildern. Während die weiblichen Jugendlichen in den gewaltauffälligen Gruppen vor allem hinsichtlich der Erregbarkeit und Heftigkeit bei der Ausübung von Gewalt nach Geschlecht polarisieren, wird in den nicht gewaltauffälligen Gruppen meist bereits im Hinblick auf die Problemlösungsmuster nach Geschlechtern unterschieden. Weibliche Jugendliche werden eher als gewillt und fähig betrachtet, Auseinandersetzungen friedlich bzw. verbal zu lösen, männlichen Jugendlichen wird eine höhere direkte und offene Aggressivität zugesprochen, was – intendiert oder zwangsweise – häufiger zu körperlichen Auseinandersetzungen führe.

„Ja, es (wenn sich Jungen prügeln, d. Verf.) ist gewohnter, aber es ist trotzdem, man kann es trotzdem verhindern." (86, 1262)

„Bei Jungs ist das teilweise einfach mal so drin. Rein schon von der Erziehung her, vom Denken, glaube ich auch. Und bei Mädchen, die, also ich finde, Mädchen sollten einfach ein bißchen ruhiger sein." (95, 726)

„Ab: Die Jungs, weiß ich nicht, ich glaube weniger, daß die Jungs reden, sondern daß sie halt ...
Ac: ... mehr zuschlagen
Ad: ... mehr zuschlagen halt als die Mädchen.
(...)
Ae: Aber das ist so in der Welt drinne, die Jungs sind mehr so bch ‚bch, bch, die Mädchen sind anders ...“ (29, 1270-1291)

Gewalt wird demnach von vielen der weiblichen Jugendlichen in den nicht gewaltauffälligen Gruppen als männlich und als nicht weiblich empfunden. Dieses Bild beherrscht auch weitgehend die Weiblichkeitskonstruktionen. Teilweise wird es in den Gruppendiskussionen jedoch eingeschränkt: In den gemischtgeschlechtlichen Gruppen verwehren sich die weiblichen Jugendlichen dagegen, wenn Mädchen, die sich auch handgreiflich zur Wehr setzen, durch die männlichen Jugendlichen abgewertet werden, „weil das nicht zu den Mädchen gehört“ (86, 1209) oder weil sie sich nicht „ordentlich“ schlagen können, sondern nur „kratzen und beißen und (...) an den Haaren (ziehen)“ (105, 980). Sie machen geltend, daß es „okay“ ist, „wenn‘s aus Notwehr ist“ (86, 1205) oder „wenn auch Mädels mal irgendwelche Typen oder andere Leute in ihre Schranken weisen“ (105, 984). Auch in den gewaltauffälligen Mädchengruppen sind sich nicht alle einig, ob es „mädchengemäß“ ist, wenn diese sich körperlich gegen andere einsetzen. Meistens einigen sie sich darauf, daß man ein solches Vorgehen auch bei Mädchen akzeptieren kann, wenn es „einen Grund“ gibt. Lebhafte Diskurse gibt es auch hier um die Kampftechniken, und es schält sich heraus, daß „richtig zuschlagen“ in Ordnung ist, nicht aber die häufig Mädchen zugeschriebenen Verhaltensweisen Kratzen, Beißen und Haareziehen. In den Weiblichkeitskonstruktionen der Gruppen zeigen sich demnach eklatante Unterschiede zwischen nicht gewaltauffälligen und gewaltbereiten Cliquen, denn in letzteren ist Weiblichkeit nicht nur vereinbar mit Gewalttätigkeit, sondern Bestandteil einer durchsetzungsfähigen Weiblichkeit.

8.3 Anerkennung jenseits von Gewaltbereitschaft – Status und Stellung der Mädchen in den Gruppen

Während Mädchen in gewaltbereiten Gruppen über Gewaltbereitschaft und Gewaltausübung Bestätigung innerhalb ihrer Clique erfahren, ist dies in den nicht gewaltauffälligen Gruppen nicht der Fall.

„Ab: Man ist ja nicht selbstbewußt, wenn man Streit auslöst, ich weiß nicht, ich fühle mich nicht toll, wenn ich jemand geschlagen habe, weiß nicht.

Ac: Aber die anderen finden es ganz toll, und das findest du dann toll, also kriegst du Selbstbewußtsein.

Ab: Ich weiß nicht.

Ad: Ich weiß nicht, ich würde mich nie toll finden, wenn ich jetzt jemanden geschlagen hätte, oder schlagen würde.

Ae: Manche denken auch nur, daß sie dadurch Selbstbewußtsein kriegen oder auch mehr Aufmerksamkeit." (29, 1157-1161)

In den nicht gewaltauffälligen Gruppen stellt sich ein *anerkannter Status* vor allem über kommunikative Kompetenzen, Vertrauenswürdigkeit und Witz her. Gewaltablehnung per se erhöht die Anerkennung in den Gruppen nicht, sie wird vielmehr als selbstverständlich, als Teil der Kommunikationsfähigkeit, vorausgesetzt. Lediglich in einer gemischtgeschlechtlichen Gruppe, in der auch von körperlichen Auseinandersetzungen berichtet wird, wird bei der Bewertung des statushöchsten jungen Mannes u.a. auf seine Fähigkeit zur Vermittlung und Besonnenheit in Konfliktsituationen hingewiesen.

In den gemischtgeschlechtlichen nicht gewaltauffälligen Jugendgruppen ist die *Position von weiblichen Jugendlichen* weniger prägnant als in den gewaltauffälligen. Einzelne Mädchen orientieren sich stärker als dies in den gewaltauffälligen Gruppen der Fall ist an männlichen Gruppenmitgliedern. Es gibt zwar ebenfalls statushohe weibliche Mitglieder, die innerhalb der Gruppe anerkannt sind, die statushöchsten Positionen haben jedoch eindeutig männliche Jugendliche inne. Sie ergeben sich über ihre Vertrauenswürdigkeit sowie ihre Bereitschaft und Fähigkeit, sich auf Probleme anderer einzulassen, in der „Spaßtruppe" wesentlich auch über organisatorische Kompetenzen und das Engagement für jugendpolitische Interessen der Gruppe. Darüber hinaus werden die statushohen männlichen Jugendlichen von den weiblichen Gruppenangehörigen als beschützend und fürsorglich wahrgenommen – eine Rollenzuweisung, die sich in den gewaltauffälligen Jugendgruppen so nicht findet.

„Ja, ich mein', die Jungs sagen immer, sie sind wie große Brüder für uns eigentlich und dann sagen sie auch immer, wenn euch jemand was tut oder was weiß ich nicht, dann sind sie gleich da." (16, 115)

„(...) und eben dieses Fürsorgliche, X z.B.,. der kümmert sich, der ist wie unser Papa dann, sozusagen, also, na ja." (44, 157)

8.4 „Rebellen" und „Straßenkids": fließende Übergänge?

Ebenso wie in den gewaltauffälligen Gruppen zeigt sich, daß Statuszuweisungen eng gekoppelt sind mit den Selbstkategorisierungen der Gruppen und dem Gruppenklima. In den nicht gewaltauffälligen Gruppen dominiert die Selbstdefinition als kurzweilige und abwechslungsreiche Freizeitclique. Dabei nimmt die gemischtgeschlechtliche Clique der „Rebellen" einen Sonderstatus ein, der auch ihre Haltung zu Gewalt berührt. Bei den Rebellen finden sich nicht nur „harmlose" Freizeitvergnügungen, sondern auch „riskante" Verhaltensweisen, die ein Selbstverständnis als provokative Freizeitclique begründen. Zu den Freizeitbeschäftigungen gehören die – von AnwohnerInnen und PassantInnen als Belästigung empfundene – laute Musik und die Verschmutzung mit Abfällen an dem im Stadtteil zentral gelegenen Treffpunkt. Dies führt immer wieder zu Zusammenstößen mit der Polizei, die auch handgreifliche Formen annehmen. Hierdurch und durch die Etikettierung der Clique durch die Polizei und das soziales Umfeld als „vandalistisch" wird ein Gruppenselbstverständnis gefestigt, das sich gegen eine biedere Bürgerlichkeit, mit der Assoziationen von Langeweile und Vereinzelung verbunden sind, und gegen ordnungsrechtliche, als einengend empfundene Normen auflehnt. Als eine weitere Besonderheit der Gruppe wird die Bindung an das Wohnquartier hervorgehoben, was mit Abgrenzungen gegen Cliquen aus anderen Stadtteilen verbunden ist und mit Spannungen einhergeht, die sich auch schon in Prügeleien entladen haben.

Diese Erfahrungen in körperlichen Auseinandersetzungen werfen die Frage auf, ob diese nicht gewaltauffällige Gruppe denn so viel anders ist als z.B. die gewaltbereite Gruppe der „Straßenkids", zumal sich die Legitimationsmuster für die Anwendung von Gewalt ähneln: Ein körperlicher Einsatz gegen andere wird in beiden Gruppen als Möglichkeit gesehen, die „Ehre" zu verteidigen, dem Gegner „Respekt" einzuflößen und ihm Handlungsgrenzen aufzuzeigen.

> „Wenn sie merken, daß man einen sehr gut ärgern kann oder auch sehr gut verprügeln kann, dann werden sie es auch weiterhin machen. Und wenn man sich dann mal wehrt, dann machen die das nicht." (30, 597)

Gravierende Unterschiede erweisen sich jedoch im Vergleich mit den „Straßenkids" in der prinzipiell gewaltablehnenden Haltung der „Rebellen", in ihrer deutlich selteneren Verwicklung in gewalttätige

Auseinandersetzungen und – insbesondere bei männlichen Jugendlichen – in kriminelle Aktivitäten sowie darin, daß die Beteiligung an Prügeleien vorrangig unter Alkoholeinfluß stattfindet:

„Das (eine gewalttätige Reaktion) hat auch was mit Alkohol zu tun. Wenn man nüchtern ist, dann denkt man da ganz anders, als wenn man besoffen ist. Wenn man unter Rauschzustand steht, dann ..., weiß ich nicht." (30, 454)

Auch in den Aspekten der Selbstkategorisierungen, die auf Motive der gewaltorientierten Verhaltensweisen verweisen, finden sich zwischen den Gruppen Unterschiede: Bei den „Rebellen" drückt sich eher ein jugendspezifisches Protestverhalten gegen allgemeine gesellschaftliche Normen und Werte aus, bei den „Straßenkids" der Widerstand gegen eine als „feindlich" gesinnte und ausgrenzend erlebte soziale Umwelt. Hier ergeben sich Verbindungen zu den milieuspezifischen Hintergründen der Gruppen. Während sich die „Rebellen" überwiegend aus einem traditionellen Arbeiterviertel mit Einfamilienhäusern rekrutieren und die interviewten Jugendlichen meist aus relativ gesicherten ökonomischen und positiven familialen Verhältnissen stammen, kommen die „Straßenkids" zu einem großen Teil aus einem sozialen Brennpunkt, leben häufig in einfachen ökonomischen Verhältnissen und fühlen sich aufgrund ihrer ausländischen Herkunft ausgegrenzt und marginalisiert. Darüber hinaus leben die befragten Mitglieder der „Straßenkids" öfter in problembelasteten familialen Verhältnissen.

Das, was auf der phänomenologischen Ebene im Gruppenvergleich zunächst gleich bzw. ähnlich wirkt – die Verwicklung in Prügeleien –, entpuppt sich demnach bei genauerer Betrachtung als durchaus verschieden und auf analytischer Ebene als etwas ganz anderes: als jugendspezifisches Protestverhalten gegen gesellschaftliche und soziale Werte bei den einen und als Aufbegehren gegen Ausgrenzungen, Benachteiligungen und Problembelastungen bei den anderen.

8.5 Keine Gewaltbereitschaft – keine problematischen Lebenssituationen?

Im Vergleich der nicht gewaltauffälligen Gruppen mit ihren gewaltauffälligen „Pendants" wird zunächst der Eindruck verstärkt, daß die *Lebenslagen* der Jugendlichen in den nicht gewaltauffälligen Jugendgruppen günstiger sind. Das familiäre Klima ist seltener durch problematische Erziehungsstile, durch Gewalterfahrungen, durch ein hohes Konfliktniveau und häufiger durch gemeinsame familiäre Aktivitäten geprägt. Der Anteil derjenigen, die in wohlhabenden Verhältnissen aufwachsen, ist deutlich höher als in den gewaltauffälligen Vergleichsgruppen. Auch im Bildungsniveau gibt es eklatante Diskrepanzen: In den nicht gewaltauffälligen Gruppen besuchen fast zwei Drittel ein Gymnasium, in den gewaltauffälligen gibt es ausschließlich Haupt- und RealschülerInnen. Auch Probleme in den Schullaufbahnen und Schuleschwänzen können vergleichend als Charakteristika der gewaltauffälligen Gruppen bezeichnet werden.

Dennoch gibt es auch unter den Jugendlichen in den nicht gewaltauffälligen Gruppen solche, die in schwierigen Lebenssituationen aufwachsen, ebenso wie nicht alle Jugendlichen in den gewaltauffälligen Gruppen als psychosozial belastet bezeichnet werden können. Vergewaltigung, früher Tod der Mutter, Ermordung der besten Freundin, Schläge in der Partnerschaft, Konflikte mit den Eltern, Verfolgung durch den von der Mutter getrennten Vater, Arbeitslosigkeit der Mutter und daraus resultierende Probleme mit ihr sind Beispiele für Belastungen von Mädchen in den nicht gewaltauffälligen Jugendgruppen, wobei ein Großteil der genannten Erfahrungen sich auf nur wenige Mädchen beschränkt. Reaktionen hierauf sind Alkohol- und Drogenkonsum, Ausreißen sowie autoaggressive Strategien wie Eßstörungen und in einem Fall ein Selbstmordversuch. Problemlösungen werden aber auch in der Mobilisierung unterstützender sozialer Ressourcen gesucht. Zum „Durchhalten" haben meist Freundinnen, Partner, PsychologInnen, die Polizei (Anzeigen) oder Konfliktbereinigungen und Arrangements mit den Eltern beigetragen. Auch die Cliquen dieser Mädchen hatten eine stabilisierende Wirkung und dürften mit dazu beigetragen haben, daß sie nicht in „problematische" Milieus abgeglitten sind.

Die Anzahl der Mädchen in den gewaltauffälligen Gruppen, die ähnlich belastende Erfahrungen gemacht haben, ist größer. Sie erlebten bzw. erleben sexuellen Mißbrauch und körperliche Mißhandlung in der Familie, Trennung der Eltern, Alkoholismus des Vaters oder der Mutter, Arbeitslosigkeit der Eltern, heftige Konflikte mit ihnen – häufig bei Stiefelternkonstellationen –, Gewalterfahrungen in der Partnerschaft, eigene Arbeitslosigkeit sowie Schwierigkeiten bei der Ausbildungsplatzsuche. Bei ihnen sind ebenfalls autoaggressive Reaktionen beobachtbar, wie Selbstverletzungen („Ritzen"), Selbstmordversuch, die Entwicklung von Eßstörungen. Um professionelle Unterstützung fragen sie teilweise auch bei den Betreuerinnen der Jugendgruppen nach. Häufiger als die ähnlich belasteten Mädchen in den nicht gewaltauffälligen Gruppen antworten sie auf Einengungen, physische und psychische Verletzungen jedoch mit Widerständen gegen die Eltern, mit Verbotsüberschreitungen, körperlicher Gegenwehr, der Verweigerung der Mithilfe im Haushalt, der „Flucht" aus dem Elternhaus auf die Straße, in eine Jugendeinrichtung und in die Gruppe, die zu einem „zweiten Zuhause", zum überwiegenden Aufenthaltsort außerhalb der Schule wird. Die weiblichen Jugendlichen in den gewaltauffälligen Gruppen erscheinen widerständiger und durchsetzungsgewillter als die in den nicht gewaltauffälligen Gruppen, hierbei erfahren sie in ihren gewaltbereiten Gruppen Unterstützung, womit jedoch einhergeht, daß sich ihre selbsterhaltende und rebellierende Haltung gewaltorientiert kanalisiert.

8.6 Gewalt ist kein Thema – Einfluß der Gruppe auf Gewaltorientierungen

Der stabilisierende Einfluß der Gruppe – sei es in einer gewaltablehnenden, sei es in einer gewaltbefürwortenden Haltung – kann in beiden Gruppentypen beobachtet werden. Möglicherweise trägt dies in den nicht gewaltauffälligen Gruppen dazu bei, daß Mädchen, die selbst gewalttätig wurden, diese „Schiene" nicht weiter verfolgt haben. So schildert eine sechzehnjährige Jugendliche aus einer nicht gewaltauffälligen Mädchengruppe in der zweiten Erhebungsphase einen drei Jahre zurückliegenden Vorfall, der an Darstellungen von Mädchen aus gewaltauffälligen Cliquen erinnert:

„Ja, da war mal was ganz Böses. Da habe ich mit einer Freundin – haben wir einen Türken zusammengeschlagen. (...) Wir beide im kurzen Rock im Sommer durch die Straßen gelaufen. Und er meinte, uns anmachen zu müssen, so ‚Ja, laß uns mal sofort ins Bett gehen' und so. Ich: ‚Wer bist denn du?', so nach dem Motto so ‚Was bist du denn für ein Abschaum, der uns jetzt hier auf der Straße so Scheiße anmacht?'. Und dann kam echt ‚Ihr deutschen Mädels, ihr seid doch alle ...' genau so und ‚Knall dich mal zurück in dein Land, so', und wir den voll fertig gemacht, fand er irgendwie nicht witzig. Und dann war er drauf und dran, mir eine reinzuziehen. Ich habe ihn zuerst zuschlagen lassen, dann sind wir beide auf den Kerl los, und das fand er dann nicht mehr sehr witzig, weil er dann – ja, so an der Hauswand klebt so. (...) Sind wir beide Mädels auf den Kerl losgegangen, weil das war wirklich so ein Schrank. Gegen den hätte ich absolut keine Chance gehabt. (...) Wir haben ihm so ins Gesicht geschlagen, getreten, in den Magen geboxt und alles so. (...) Ich habe gehört, daß wir ihm irgendwie den Arm gebrochen haben, Rippenprellung und Nasenbeinbruch." (92, 640-664)

Dieser Vorfall hatte ein polizeiliches Nachspiel, allerdings wurden die Ermittlungen eingestellt, weil die Mädchen noch nicht strafmündig waren.

„Ja, war lustig so. Die meinten so, ob wir gestern – wo wir denn gestern um diese Uhrzeit waren. Wir dann so: ‚Wir waren unterwegs'. ‚Ja, ihr habt nicht zufällig irgend jemanden zusammengeschlagen?' Wir dann so: ‚Naja, wenn der uns doof anmacht und so. Außerdem hat er angefangen', und so. ‚Ist das denn ein Grund?' und so, wir dann: ‚Wenn Sie irgendein Türke blöd anmacht, ein deutsches Mädel' und so, und das war ziemlich verletzend. Vor allem, er ist mit der Meinung da angekommen, er kriegt hier in Deutschland jede Frau, so jeder kann ihn haben und so. Das fand ich eigentlich nicht so witzig." (92, 684)

Hier zeigt sich neben einer unverhältnismäßig brutalen Reaktion auch eine Ausländerfeindlichkeit, die in dieser Gruppe verbreitet ist. Daß das Mädchen diesen Vorfall in den Gruppendiskussionen der ersten und zweiten Erhebungsphase nicht schildert, kann darauf zurückgeführt werden, daß ihr Verhalten in dieser Situation ihr vermutlich kein Ansehen innerhalb der Gruppe einbringen würde, weil es schwerlich als „Zurechtweisung" oder „in die Schranken weisen" legitimierbar wäre, – auch wenn die anderen Mädchen einer handgreiflichen Gegenwehr gegen einen ausländischen Jugendlichen und einer schlagkräftigen Abwehr einer sexuellen Belästigung vermutlich zustimmen würden. Wie in dieser Gruppe ist der Gewaltdiskurs auch in den anderen nicht gewaltauffälligen Gruppen eher ein „Nicht-Gewaltdiskurs" – nicht nur, weil es weniger Erfahrungen mit körperlichen Auseinandersetzungen gibt, sondern auch, weil eine gewaltablehnende Haltung selbstverständlich bzw. normativ verankert ist. Werden Gewalthandlungen geschildert, so werden diese oft mit Erstaunen, teilweise auch mit Mißbilligung zur Kenntnis genommen und hinterfragt. Insofern kann von einer gewalthemmenden Wirkung der nicht gewaltauffälligen Gruppen ausgegangen werden.

Zusammenfassung

Aus dem analytischen Vergleich der Gruppentypen „gewaltauffällig" und „nicht gewaltauffällig" ergibt sich zusammenfassend, daß Mädchen in nicht gewaltauffälligen Gruppen und ihre Cliquen in vielerlei Hinsicht tatsächlich „anders“ als ihre gewaltauffälligen Pendants sind. Dies gilt durchgängig für ihre Gewaltorientierung und die hierfür verantwortliche Motivlage und vielfach auch für die Lebensverhältnisse der weiblichen Jugendlichen. Dennoch zeigen sich auch Parallelen – sowohl in einzelnen Verhaltensbeispielen als auch in den Belastungssituationen. Die Verhaltensmuster zur Bewältigung von Problemen erweisen sich – beeinflußt durch die sozialen und emotionalen Ressourcen – jedoch als different.

Aus dem Vergleich der Gruppentypen kristallisiert sich heraus, daß die Entstehung einer gewaltorientierten Haltung von Mädchen aus gewaltauffälligen Gruppen und ihre Tendenz, Probleme und Konflikte mit Gewalt zu lösen, bedingt sind durch

- belastende sozioökonomische, ethnisch marginalisierende und familiale Bedingungen,
- eine aktive achtungsfordernde Haltung der Mädchen, ihr offenes Aufbegehren gegen psychische und physische Belastungen und Benachteiligungen sowie ihr Bedürfnis, sich als selbstwirksam zu erfahren,
- die Stabilisierung und Stärkung dieser Einstellungs- und Handlungstendenzen durch eine gewaltbereite Gleichaltrigengruppe, die die weiblichen Jugendlichen anerkennt, zu ihrer Selbstwertstärkung beiträgt und die Konstruktion eines gewaltintegrierenden geschlechtlichen Selbstkonzepts zuläßt und fördert.

9 Jugendhilfe als Handlungsort für Gewaltprävention?

Die breite Thematisierung von „Jugendgewalt" in der Öffentlichkeit in den letzten zehn Jahren ist nicht ohne Wirkung auf die sozialwissenschaftliche Forschung geblieben. „Gewalt an Schulen" gehört dabei zu den mit quantitativen Methoden wohl am intensivsten erforschten Feldern (vgl. die Literaturangaben des Informationszentrums Sozialwissenschaften 1999 und 1995). In der Kinder- und Jugendhilfe findet dieser Diskurs seine Entsprechung in einer Vielzahl unterschiedlicher Projekte und Angebote, die sich zwar primär als kriminal- und gewaltpräventiv verstehen, jedoch oftmals in den Verruf einer leichtfertigen Neu-Etikettierung ihrer bisherigen sozialpädagogischen Praxis der Kinder- und Jugendhilfe gelangten (Lüders 2001). Unbestritten ist jedoch der zunehmende Handlungsdruck, dem die Jugendhilfe in der Arbeit mit gewaltbereiten Jugendlichen ausgesetzt ist. Gleichwohl rücken in der Diskussion um die Unvorhersehbarkeit krimineller Karrieren und die Dominanz ordnungs- und sicherheitspolitischer Interessen der fachliche Austausch und die Entwicklung wirksamer zielgruppenspezifischer Konzepte für eine kriminalpräventive und gewaltpädagogische Sozialarbeit in den Hintergrund. Kaum Beachtung in der Praxis der Jugendhilfe fanden bislang auch Ergebnisse wissenschaftlicher Untersuchungen zur Zunahme gewalttätig agierender Mädchen (vgl. u.a. Mansel/Hurrelmann 1998) und ihrer nicht unbedeutenden Rolle in gewaltauffälligen Jugendgruppen. Sowohl in kriminalpräventiven Konzepten als auch in pädagogischen Ansätzen der gewaltpräventiven Arbeit mit Jugendlichen bleiben Mädchen und junge Frauen noch größtenteils unberücksichtigt (vgl. u.a. Deutsches Jugendinstitut, Arbeitsstelle Kinder- und Jugendkriminalitätsprävention 1998).

Allgemein bedeutet Prävention, daß schädliche Entwicklungen abgewendet, Risiken minimiert und ihre Folgen begrenzt werden sollen (Kardoff 1995). Im Zentrum steht deshalb das vorausschauende Handeln, das bereits im Vorfeld negative Entwicklungen abwendet. Gewaltprävention entspräche dann dem Einwirken darauf, daß Gewaltphänomene erst gar nicht auftreten. Bei einem personenbezogenen Präventionsbegriff, wie er in der Sozialarbeit gilt, heißt das, daß bereits noch bevor Probleme sichtbar werden, ein Handlungsbedarf besteht. Gewaltprävention wird dann zu einem entgrenzten Ansatz, es handelt sich um eine allgemein sozialpolitische Gestaltung von Lebenssituationen, die der Entstehung von Problemlagen, die gewaltfördernd sein könnten, entgegenwirken, und sie wird zur Aufgabe der gesamten Gesellschaft. Dies wird im allgemeinen als „*primäre Prävention*" verstanden. Sie zielt nicht auf bestimmte Gruppen oder Personen, sondern auf alle Individuen und Gruppen in der Gesellschaft. Insbesondere Erklärungsansätze, die Aggressions- und Gewalttendenzen auf strukturelle, aber auch solche, die sie auf familiäre Einflüsse zurückführen, empfehlen diese Ansätze. Dabei steht meist die Zielsetzung im Mittelpunkt, kognitive, emotionale und soziale Kompetenzen zu stärken. Primäre Gewaltprävention in der Jugendhilfe ist dann die Arbeit mit Kindern und Jugendlichen, die noch nicht gewaltauffällig geworden sind. Ihr Ziel ist es, auf ein friedliches Miteinander hinzuwirken und zu verhindern, daß aggressive und gewalttätige Ausdrucks- und Konfliktlösungsformen entstehen.

Sekundäre Präventionsansätze richten sich an die Zielgruppe auffälliger oder sozial gefährdeter Kinder und Jugendlicher. Sozial gefährdet sind benachteiligte Kinder und Jugendliche sowie Gruppen und einzelne, deren Lebensverläufe Brüche aufweisen, die auf problematische Lebensumstände mit auffälligem Verhalten reagieren und bei denen Desintegrationsprozesse zu befürchten sind. Damit gewinnt Prävention eine klarere Kontur, es lassen sich bestimmte Zielgruppen ausmachen und konkrete Handlungskonzepte erarbeiten, die auf die Modifikation von Verhaltensweisen und spezifische Benachteiligungen zielen.

Im Bereich der *tertiären Prävention* ist die Zielgruppe klar benannt, es handelt sich um Jugendliche, die bereits Straftaten begangen haben und dafür verurteilt wurden. Die Zielsetzung ist ebenfalls eindeutig: die Verhinderung erneuter Straffälligkeit durch ambulante Maßnahmen, die eine Alternative zur Haft oder zum Arrest darstellen, durch stationäre Maßnahmen, also Angebote während des Jugendarrests, der Jugendstrafe oder der Untersuchungshaft und durch Resozialisierungsmaßnahmen im Anschluß an die Entlassung. In die tertiäre Prävention sind neben der Justiz, die diese

Maßnahmen anordnet, so daß deren Absolvierung nur bedingt freiwillig ist, auch die Jugendhilfe im Rahmen der Jugendgerichtshilfe sowie deren Träger, indem sie für die Durchführung eines Teils dieser Maßnahmen Sorge tragen, involviert.

Ein Blick in die Praxis der Jugendhilfe zeigt, daß präventive Arbeit in der Regel mit „gefährdeten" Kindern und Jugendlichen sowie insbesondere mit Jugendlichen erfolgt, die bereits auffällig wurden. Der Schwerpunkt der kriminalpräventiven Arbeit mit Kindern und Jugendlichen liegt also im sekundären und tertiären Bereich. Dies bestätigen auch die Ergebnisse einer Analyse der Arbeitsstelle für Kinder- und Jugendkriminalitätsprävention im DJI, die einen Überblick für zwischen 1985 und 1997 in der Fachpresse veröffentlichte kriminalpräventive Ansätze gibt (vgl. Deutsches Jugendinstitut, Arbeitsstelle Kinder- und Jugendkriminalitätsprävention 1998). Maßnahmen und Angebote der Jugendhilfe richten sich danach auf die Gefährdungslagen und die unter diesen Bedingungen aufwachsenden Kinder und Jugendlichen sowie deren Familien. Ausgangspunkt der Jugendhilfe ist dabei nicht die Delinquenz von Jugendlichen, sondern der erzieherische Bedarf. Im Bereich der sekundären Prävention arbeiten sowohl Projekte mit Angeboten für Kinder und Jugendliche im Bereich der „geringfügigen" Delikte wie Sachbeschädigung und Diebstahl sowie vor allem Projekte, die sich auf Gewalt und hier meist auf Gewalt im Zusammenhang mit Rechtsradikalismus richten – die inhaltlichen Handlungsansätze unterscheiden dabei jedoch nicht nach den Ursachen der Gewaltbereitschaft. In den wenigen Projekten, die mit gefährdeten Kindern und Jugendlichen arbeiten, richtet sich der Schwerpunkt auf die Integration in Sportvereine, die Bereitstellung einer niedrigschwelligen Beratung und Betreuung für Kinder, die in der „Szene" leben, sowie auf die Unterstützung bei der Suche nach einer sinnvollen Freizeitbeschäftigung. Als die am häufigsten vertretene Form der Gewaltprävention wird in der Dokumentation des DJI die akzeptierende, aufsuchende Jugendarbeit genannt, die Streetwork (ebd.). Auch die Schwerpunkte der polizeilichen Aktivitäten liegen im Bereich der sekundären und tertiären Kriminalprävention. Dazu gehören alle Maßnahmen und Strategien, die dazu geeignet sind, potentielle TäterInnen von strafbedrohten Delikten abzuhalten, wie Kontrollen und Sicherheitssysteme zum Abbau straftatenanregender Gelegenheitsstrukturen oder Kontrollen zur Verhinderung von Delikten (vgl. Lüders 2000a).

9.1 Gewaltpräventive Jugendarbeit mit Mädchen und Jungen in gewaltauffälligen Jugendgruppen – Ergebnisse der ExpertInnenbefragung und der Projektfachtagung

Der Ausgangspunkt des Projektes „Mädchen und Gewalt" war die Erforschung des Umgangs von Mädchen mit Gewalt in gewaltbereiten Jugendgruppen. Die Ergebnisse bisheriger Studien lieferten zwar Anhaltspunkte, aber keine differenzierten Erkenntnisse über aggressive und gewaltauffällige Mädchen und junge Frauen, die als Mitglieder nicht politisch motivierter gewaltorientierter Jugendgruppen gewalttätiges Handeln unterstützen und selbst Gewalt ausüben. Dementsprechend mangelt es auch in der Jugendarbeit an einem mädchenspezifischen Ansatz für gewaltpräventive Maßnahmen, der in den verschiedenen Bereichen der Jugendhilfe in mädchengerechte Konzepte weiterentwickelt und umgesetzt werden kann. Gleichwohl arbeiten – wenn auch erst vereinzelt – verschiedene Projekte und Einrichtungen der Jugendhilfe mit Mädchen aus gewaltbereiten Jugendcliquen. *Arbeits- und Präventionsansätze von betreuenden Jugendhilfeeinrichtungen der untersuchten gewaltauffälligen Gruppen* werden im folgenden zusammenfassend vorgestellt. Die Grundlage dieser Darstellung bilden Interviews mit den betreuenden SozialarbeiterInnen der in die Untersuchung einbezogenen gewaltbereiten Jugendgruppen. Anschließend werden die *Probleme und Grenzen* der sozialpädagogischen Praxisarbeit mit gewaltbereiten Jugendgruppen mit Blick auf Mädchen und junge Frauen unter Einbezug der Interviews mit den betreuenden SozialarbeiterInnen sowie von Beiträgen von ExpertInnen der Jugendhilfepraxis und der Polizei im Rahmen der Projektfachtagung „Mädchen und Gewalt" erörtert. Abschließend stehen *Aspekte und Konsequenzen für die Fachdiskussion in der Jugendhilfepraxis* im Mittelpunkt: Es werden die zentralen Projektergebnisse zur Rolle und zum Umgang von Mädchen mit Gewalt in gewaltbereiten Jugendgruppen vor dem Hintergrund mädchenspezifischer Angebote für die gewaltpräventive Arbeit mit Jugendgruppen diskutiert. Die Ergebnisse sollen der Anregung des fachlichen Austauschs sowie der Weiterführung des pädagogischen Diskurses über eine mädchengerechte gewaltpräventive Sozialarbeit dienen.

9.1.1 Arbeits- und Präventionsansätze

Von den in die Untersuchung einbezogenen vier gewaltauffälligen Jugendgruppen wird eine Gruppe von Streetwork, drei werden in Einrichtungen der Jugendhilfe betreut. Mit den pädagogischen Fachkräften wurden ExpertInneninterviews u.a. über die Arbeitsinhalte und -konzepte in der Arbeit mit Jugendgruppen, die strukturellen Rahmenbedingungen der jeweiligen Einrichtung sowie die gruppenspezifischen Besonderheiten der betreuten Jugendgruppe durchgeführt. Die pädagogische Arbeit der befragten ExpertInnen mit drei der in die Untersuchung einbezogenen gewaltauffälligen Jugendgruppen ist im Bereich der sekundären Prävention angesiedelt. Eine gewaltbereite Mädchengruppe nimmt an den Angeboten einer Jugendhilfeeinrichtung teil, jedoch liegen der Betreuung der Gruppe keine gewaltpräventiven Gesichtspunkte zugrunde. Die betreuenden SozialarbeiterInnen der anderen Gruppen arbeiten nach Ansätzen der Gewaltprävention, die vorgefundenen Konzepte besitzen jedoch keinen identischen Konkretisierungsgrad und sind zum Teil nur in Ansatzpunkten ausformuliert. Die praktizierten gewaltpräventiven Ansätze in den befragten Einrichtungen der Jugendhilfe unterscheiden sich in den Grundsätzen der pädagogischen Arbeit nur unwesentlich von der Streetworkarbeit mit den untersuchten gewaltbereiten Jugendgruppen. Die vorgefundenen Arbeitsansätze gründen sich insgesamt betrachtet auf ein eher weites Verständnis von Gewaltprävention, wenngleich der Anspruch sowie die konkret praktizierten Arbeitsweisen deutlich über ein von ihnen abwertend als bloße „Beschäftigungstherapie“ deklariertes Präventionskonzept hinausgehen, dessen einziges Ziel es sei, Jugendliche von der Straße wegzuholen.

Im Mittelpunkt der von den Expertinnen dargestellten Inhalte steht die *Beziehungsarbeit* – die Kontaktaufnahme, der persönliche Zugang und die Pflege der zu den Jugendlichen aufgebauten Beziehungen. Dabei ist allen Konzepten die an der Lebenswelt der Jugendlichen orientierte stadtteilbezogene und gemeinwesenorientierte Jugendarbeit gemeinsam. Die Angebote sind ohne Ausnahme im niedrigschwelligen Bereich angesiedelt, als vertrauensbildende Maßnahmen werden sogenannte „Einstiegs-Highlights“ wie Grillabende, Lagerfeuer und Fahrten mit den Jugendlichen durchgeführt. Ist der Zugang zu den Jugendlichen erschlossen, folgt eine intensive beiderseitige „Kennenlernphase“, in der den Jugendlichen grundsätzliche Gesprächsbereitschaft über begangene Delikte, aber auch über Probleme in Elternhaus, Schule, Ausbildung oder Beruf signalisiert wird. Darüber hinaus verbringen die BetreuerInnen der Jugendgruppen den Großteil ihrer Arbeitszeit mit den Jugendlichen, um mit ihnen über Alltagsprobleme und „über alles, was so passiert“ im Gespräch zu bleiben und mittels des so entstandenen vertrauensvollen gegenseitigen Umgangs Offenheit auch für „sensiblere“ Themen wie Drogenkonsum, strafbedrohte Delikte oder gewalttätige Auseinandersetzungen herzustellen. Die SozialarbeiterInnen betonen auch, wie wichtig es sei, den Jugendlichen immer wieder die Einhaltung der Schweigepflicht gegenüber den Eltern und der Polizei zu versichern und ihnen zu signalisieren, daß sie auf „ihrer Seite“ stehen.

Während die Beziehungsarbeit in erster Linie den Zugang zu den Jugendlichen sichert, steht die sogenannte *„Stärkungsarbeit“* im Zeichen der gewaltpräventiven pädagogischen Arbeit mit Jugendlichen. Angesetzt wird hierbei vor allem an deren Fähig- und Fertigkeiten, indem positive bzw. konstruktive Beteiligungen an Projekten und Maßnahmen von seiten der Jugendlichen besonders honoriert und anerkannt werden. Einen zentralen Stellenwert erhalten hierbei unterschiedliche aktionsorientierte Beteiligungsmodelle – wie beispielsweise die Instandsetzung neuer Räumlichkeiten –, deren Ziel die kooperative Zusammenarbeit der Jugendlichen untereinander ist. In diesem Prozeß werden die Jugendlichen von seiten der BetreuerInnen tatkräftig unterstützt und motiviert, „um länger an etwas dran zu bleiben“ (55, 222). Um Kontinuität und Regelmäßigkeit in der Durchführung und im Ablauf dieser Projekte zu gewährleisten, wird von den betreuenden SozialarbeiterInnen bisweilen auf ein finanzielles Anreizsystem zurückgegriffen, da für Jugendliche im Alter zwischen 14 und 16 Jahren der finanzielle Aspekt eine wesentliche Rolle für ein beständiges Engagement spielt. Einer Vielzahl der geplanten und mit den Jugendlichen entwickelten Vorhaben stehen jedoch bürokratische Strukturen entgegen:

> „Die Entscheidungsprozesse von seiten der Ämter sind so lang, daß kein Jugendlicher das schafft, das durchzustehen in der jeweiligen Lebenssituation, in der er sich bewegt. Weil das Leben in der Zeit so schnell geht, ein neuer Freund, und die Situation sich ständig ändert, die Gruppenzusammenhänge sich ändern, die Dynamik anders wird in der Gruppe, so daß die vierzehn Tage dranbleiben können und dann halten sie es nicht mehr aus, sie können‘s nicht einhalten.“ (55, 222)

Aber auch die leichter realisierbaren „kleineren" Projekte, die von den betreuten Jugendlichen selbst organisiert und verwaltet werden, wie die Einrichtung eines Bistrobetriebes oder die Planung und Durchführung einer Fahrt, sind dazu geeignet, den Jugendlichen langentbehrte Erfolgserlebnisse zu vermitteln, die gleichzeitig die Verantwortungsübernahme für andere wie für sich selbst sowie kooperative Formen der Auseinandersetzung im Umgang mit Gleichaltrigen einüben und dem Training des Sozialverhaltens förderlich sind. Im Rahmen erlebnispädagogischer Gruppenangebote dienen derartige Elemente sozialpädagogischer Praxis obendrein der Erfahrungsvermittlung, die eigene Freizeit auch sinnvoll gestalten zu können – ohne Langeweile und den besonderen „Kick" heraufbeschwörende aggressive und gewalttätige Gruppenaktionen.

Darüber hinaus wird im Rahmen der *Stärkungsarbeit* mit Jugendlichen begleitend über die sozialpädagogische Einzelfallarbeit versucht, den Jugendlichen gegenüber Verbindlichkeiten herzustellen und Kontinuitäten zu garantieren, die ihnen im Elternhaus meist nicht hinreichend geboten werden: „Aber dadurch, daß wir permanent mit denen zusammen sind, das kennen sie halt nicht. Wir sind ja fast die Väter oder Mütter (...)" (19, 230). Allein z.B. durch eine individuelle persönliche Begrüßung, wie das unter Jugendlichen weitverbreitete „Abklatschen", signalisieren sie den Jugendlichen die Wertschätzung ihrer Person. Darüber hinaus gehöre auch von seiten der Sozialarbeit die Bereitschaft zur Reflexion der eigenen Rolle und des Rollenverhaltens, „um Vorbild zu sein für andere Lebensformen und Lösungsstrategien" (55, 222). Die Bandbreite der an den individuellen Bedürfnissen der Jugendlichen orientierten Beratungs- und Unterstützungsleistungen reicht von der Hausaufgabenhilfe bis hin zur Begleitung in das Arbeits- und Jugendamt sowie zur Polizei und Jugendgerichtshilfe. Als Ziel dieser Hilfsmaßnahmen wird von den BetreuerInnen meist die Förderung von Fähigkeiten und Talenten, insbesondere aber die Stabilisierung der Jugendlichen betont, damit diese „es schaffen, etwas regelmäßig wahrzunehmen", wie beispielsweise einen begehrten Ausbildungslehrgang – meist gehe es sowieso um „ganz kleine Schritte, die so gar nicht spektakulär sind" (19, 230).

Auf die Frage nach den Zielen ihrer *gewaltpräventiven Arbeit* mit den Jugendlichen wird meist hervorgehoben, daß es letztendlich darum ginge, „daß sie klarkommen, daß sie aus dieser Schiene herauskommen, egal in welcher Form" (19, 229), als Endziel wird häufig formuliert, die Jugendlichen dazu zu befähigen, daß sie „ihren

Weg alleine machen" (55, 149). Der spezifisch gewaltpräventive Charakter der pädagogischen Arbeit mit den gewaltauffälligen Jugendlichen wird für Außenstehende meist erst dann sichtbar, wenn von intensiven Gesprächen über begangene Gewalttaten, der Identifizierung und Entwicklung anderer Konfliktlösungs- und -verhaltensmöglichkeiten sowie von Deeskalations- und Schlichtungsversuchen in (drohenden) körperlichen Auseinandersetzungen berichtet wird. Darüber hinaus werden mit einzelnen Jugendlichen und/oder der Gesamtgruppe Gespräche über gruppeninterne wie -externe aggressiv verlaufende Konflikte und gewalttätige Vorfälle möglichst noch in der Situation oder nach Bedarf geführt, um den Jugendlichen eine Reflexionsebene für ihre Handlungen zu ermöglichen. Selten ist allerdings die regelmäßige Durchführung derartiger Konfliktgespräche, nur eine Einrichtung institutionalisierte Mediationskurse einmal wöchentlich für die Gesamtgruppe. In den von den BetreuerInnen geleiteten Gesprächskreisen sind alle Gruppenmitglieder dazu aufgefordert, sich zu konflikthaft verlaufenden Vorfällen zwischen zwei oder mehreren Personen zu äußern, ihren Eigenanteil offenzulegen und zur Lösung des Konfliktes beizutragen. Ziele des Mediationsverfahrens sind, den Jugendlichen Grenzen aufzuzeigen und zu setzen und dahingehend auf sie einzuwirken, daß sie Verantwortung für ihr Handeln – auch wenn sie „nur dabei" waren – übernehmen und die Grenzen anderer respektieren lernen. Dem Gruppenaspekt wird in einer Einrichtung beispielsweise auch darüber Rechnung getragen, daß mit den jugendlichen Gruppenmitgliedern zu ihrer Rolle und dem Status einzelner Mitglieder sowie darüber „was sie sich alles gefallen lassen" gearbeitet wird, indem sie beispielsweise mit der Aussage „(...) ich würde mich persönlich nie so behandeln lassen, wie du dich behandeln läßt!" (55, 86) angesprochen und so mit einer Außenperspektive konfrontiert werden, die ihnen eine Reflexionsmöglichkeit ihrer individuellen Gruppenrolle bietet. Des weiteren werden auch der Status und die Rolle anderer Gruppenmitglieder, insbesondere der An- und Wortführer der Gruppen, kritisch betrachtet und deren Verhaltensweisen in Frage gestellt, um einzelnen die Chance zur Distanzierung von gewalttätigen Gruppenaktionen zu bieten. Ergänzt werden diese auszugsweise dargestellten Inhalte der Gruppen- und Einzelfallarbeit durch gewaltpräventive Elemente wie „Schnupperstunden" bei der Polizei und der Jugendgerichtshilfe, Workshops und Filmabende zum Thema Gewalt, die Vernetzung und der Austausch mit anderen Einrichtungen vor Ort, Elternabende sowie

Gremien- und Öffentlichkeitsarbeit. Die Vielzahl und Regelmäßigkeit dieser Angebote wird jedoch im wesentlichen von den *strukturellen Rahmenbedingungen* der Projektarbeit bestimmt.

Eine *geschlechterdifferenzierende Arbeit* mit gewaltbereiten Jugendgruppen erfolgt erst in Ansätzen. Die Gruppenarbeit wird aus Gründen des Vorbildcharakters – wenn möglich – in gemischtgeschlechtlichen Teams angeboten, um geschlechterstereotype Rollenmuster zu überprüfen und gegebenenfalls aufzubrechen. Voraussetzung hierfür, so berichten die Expertinnen, sei ein hohes Maß an Selbstreflexion bei den Mitarbeitern und Mitarbeiterinnen und der beständige Austausch über das eigene Rollenverhalten sowie über das geschlechtstypische Agieren der männlichen und weiblichen Gruppenmitglieder untereinander. Schwerpunkte der Arbeit zur Förderung der sozialen Kompetenz der Mädchen sind einerseits bereits erprobte Elemente der Mädchenarbeit, wie die problemorientierte mädchenthematische Gruppenarbeit, sowie Ansätze zur Steigerung des Selbstwertgefühls im Sinne einer Stärkungsarbeit, beispielsweise wenn sich die Mädchen „schlecht und mies" fühlen und sich infolgedessen selbst verletzen („ritzen") oder ihre Unsicherheitsgefühle nach außen ausagieren. Neben Gruppen- und Einzelgesprächen gehören dazu auch Einzelaktionen und Angebote, die den Mädchen „Freude machen", ihnen ein „Gefühl von Sinnhaftigkeit" vermitteln und ihnen durch sinnvolle Angebote im Freizeit-, Wohn- und Berufsbereich zeigen, daß es auch andere Dinge im Leben gibt, die „einen Wert haben". Insbesondere das als „stadtteilorientierte Beziehungs- und Bindungsarbeit" zu beschreibende Konzept einer Einrichtung, die mit einer der befragten gewaltbereiten Mädchengruppe arbeitet, erfolgt unter der Prämisse einer geschlechterbewußten Perspektive. Eine Besonderheit dieses Ansatzes ist der Einbezug der Partner der Mädchen sowie befreundeter Jungen des Stadtteils, die als gleichermaßen gewaltbereit gelten wie die Mädchen der Gruppe.

9.1.2 Probleme und Grenzen der sozialpädagogischen Praxisarbeit

„Auseinandersetzung statt Ausgrenzung"

Die in die Untersuchung einbezogenen Jugendhilfeinstitutionen zählen häufig zu den kleineren Einrichtungen und Projekten vor Ort, meist wird deshalb von den ExpertInnen Unverständnis und

Unmut über besonders gut ausgestattete Einrichtungen geäußert, die vor allem „unauffälligen" Jugendlichen Angebote unterbreiten und gewaltauffälligen Jugendlichen häufig ein generelles Hausverbot erteilen. Als häufigster Grund für die Ablehnung von Jugendlichen in anderen Einrichtungen der Jugendhilfe – nach dem Motto „weil es sind einfach spezielle Spielregeln, die sie einhalten müssen, sonst sind sie ja nicht haltbar" (22, 99) – wird benannt, daß die Jugendlichen Regelverstöße begehen, z.B. gegen das generelle Alkohol- und Drogenverbot in Einrichtungen der Jugendhilfe, und daß sie sich nicht mit dem Stammpublikum oder der Leitung verstehen würden oder schon von „vornherein" aufgrund ihres gewaltbereiten Image abgelehnt werden.

Auch in den befragten Einrichtungen gilt ausnahmslos ein generelles Verbot von Alkohol und Drogen, jedoch werden gelegentliche kleinere Normverletzungen der Jugendlichen, z.B. wenn sie bereits alkoholisiert in die Einrichtung kommen, aber weder für sich, noch für andere eine Gefahr darstellen, akzeptiert. Jede/r Jugendliche kann „erstmal kommen" und genießt die Aufmerksamkeit, die ihm oder ihr an anderer Stelle – im Elternhaus wie in anderen Einrichtungen der Jugendhilfe – verwehrt bleibt. Bei gröberen Regelverletzungen werden sie – allerdings nur kurzfristig – aus der Einrichtung verwiesen. Wichtig sei es, bei Konflikten mit den Jugendlichen zu reden, anstatt sie aus schulischen und außerschulischen Institutionen zu verweisen, denn „Die laufen da irgendwie ins Leere diese Jugendlichen." Selten werden ihnen Grenzen gesetzt, nach dem Motto „mit mir nicht" und echte Auseinandersetzungen geführt. Nach Ansicht der ExpertInnen ist es die zentrale Aufgabe gewaltpräventiv arbeitender Jugendhilfefachleute, das Nichtvorhandensein eines „Gegenübers" in den zentralen Lebensbereichen Familie und Schule zu kompensieren.

Des weiteren ist neben der praktischen Einübung von Toleranz und Demokratie, die sich an der Lebenswelt der betreuten Jugendlichen orientiert (vgl. auch Sturzenhecker 1996a), insbesondere die politische Bildungsarbeit mit Jugendlichen für gewaltpräventive Konzepte hervorzuheben. In Jugendgruppen, deren gewalttätiges Vorgehen u.a. – wie bei den untersuchten gewaltauffälligen Gruppen – in der Verletzung ihres Selbstwertgefühls gründet, kann eine Auseinandersetzung mit Begriffen wie „Ehre" und „Stolz" oder „Respekt" und „Selbstbewußtsein" zu mehr Toleranz und Demokratie beitragen (vgl. Engelhardt 1998; Wrage 2001). Die genannten Termini zählen nach Ansicht der ExpertInnen bei Jugendlichen zu den am häufigsten verwendeten Formulierungen im Kontext von Beschreibungen über Gewaltanlässe und -abläufe, besitzen darüber hinaus aber auch allgemein einen hohen Stellenwert, da sich Jugendliche, wie die Erfahrungsberichte aus der Praxis zeigen, häufig mit Werte- und Sinnfragen beschäftigen. Aber auch Diskussionen zu den Themen „Mut und Zivilcourage“, „Gruppenehre“, „Beschützerrollen“ und „Kampfregeln“ werden von Jugendlichen interessiert aufgenommen, denn sie suchen nach Angeboten für Orientierungen (Engelhardt 1998). In Verbindung damit ist die Perspektive allerdings auch auf die „Opferseite“ sowie auf strafrechtliche Konsequenzen zu lenken. In diesem Kontext ist nach Ansicht der befragten ExpertInnen das Vorgehen der Strafverfolgungsbehörden kontraproduktiv, die jugendliche Straftäter erst nach zu langer Zeit gerichtlich aburteilen, wodurch bei den Jugendlichen irrtümlich das Gefühl entsteht, wie bisher „weitermachen“ zu können, weil ihre Vergehen keine unmittelbaren Konsequenzen nach sich ziehen.

Als Pluspunkte ihrer Einrichtungen im Vergleich mit anderen zum Teil höherschwelligen Angeboten werden von den ExpertInnen insbesondere verlängerte Öffnungszeiten sowie ein – wenn auch eingeschränkter – Wochenendbetrieb gesehen. Nicht selten werden die in die Analyse einbezogenen Einrichtungen aufgrund ihres niedrigschwelligen Angebotes auch von Jugendlichen aus anderen Stadtteilen genutzt, denen der Zugang zu wohnungsnahen, aber „rigoroseren“ oder von anderen Jugendgruppen „besetzten“ Einrichtungen vorenthalten bleibt. Dennoch ist die räumliche Ausstattung der befragten Jugendeinrichtungen oftmals unzulänglich, was angesichts der Relevanz, die „Gelegenheitsstrukturen“ für gewalttätiges Handeln haben, problematisch ist. Derartige Gelegenheitsstrukturen bieten öffentliche Räume, die zum Anlaufpunkt von Jugendlichen werden. Die Analyse der ExpertInnenbefragung zeigt, daß gewaltbereite Jugendliche im Rahmen der aufsuchenden und mobilen Jugendarbeit nur schwer in andere Jugendhilfeeinrichtungen vor Ort zu integrieren sind und auch die Teilnahme an einzelnen Angeboten „fremder“ Einrichtungen meist nur schwer zu bewerkstelligen ist. Nach Ansicht der ExpertInnen sei jedoch für gewaltbereite Jugendgruppen gerade die zusätzliche Teilnahme an Angeboten „fremder“ Jugendeinrichtungen dazu geeignet, für sie neue Erfahrungen, Regeln und Grenzen kennen und beachten zu lernen. Kritisiert wird, daß das Regelwerk in den meisten Einrichtungen zu streng sei, viele Einrichtungen zu schnell mit Ausgrenzung reagieren und die gewaltauffälligen Jugendlichen „raussetzen“ würden. Letztendlich würden derartige Jugendhilfeeinrichtungen die Probleme verlagern, statt sich der Jugendlichen anzunehmen und mit ihnen in einen Verständigungsprozeß zu treten (vgl. auch Arbeitskreis gegen Gewalt und Rechtsextremismus in Südniedersachsen 1995).

„Entlasten statt einsparen"

Die Ergebnisse der ExpertInnenbefragung lenken den Blick auch auf die *Rahmenbedingungen* gewaltpräventiver Maßnahmen: Personelle, finanzielle und auch die räumliche Ausstattung der befragten Projekte und Einrichtungen werden von allen ExpertInnen als unbefriedigend und für eine sinnvolle und nachhaltige pädagogische Arbeit, insbesondere mit einem gewaltbereiten Klientel, als unzureichend kritisiert. Von den konstatierten Defiziten hinsichtlich der unzulänglichen strukturellen Rahmenbedingungen der Projekte und Einrichtungen sind immer auch die Umsetzung der anspruchsvollen Präventionsziele und -inhalte, die Entwicklung und Erprobung neuer Konzepte sowie die intensive Weiterführung des fachlichen Diskurses betroffen.

Da sowohl der Zugang zu gewaltbereiten Jugendgruppen als auch die anschließende Beziehungsarbeit und Einzelfallbetreuung der meist stark benachteiligten Jugendlichen – aufgrund massiver Probleme im Elternhaus sowie in Schule und Arbeit – sehr zeitintensiv sind, kommen explizite gewaltpräventive Arbeitsinhalte in der Betreuung von Jugendgruppen ebenso zu kurz wie die Entwicklung und Erprobung geschlechterdifferenzierender Ansätze für die gewaltpräventive Jungen- wie die Mädchenarbeit in geschlechtshomogenen und koedukativen Gruppen, da sie die Projektkapazitäten bei weitem überschreite. Aufgrund der häufig sehr eingeschränkten Personalkapazitäten stoßen die meisten Einrichtungen an sozialpädagogische Grenzen, da die Grundvoraussetzung für eine erfolgreiche gewaltpräventive Arbeit ein solides und stabiles *Vertrauensverhältnis* zu den Jugendlichen ist. Nur die regelmäßige Präsenz, die ständige Bereitschaft zur Auseinandersetzung und zum Austausch sowie Akzeptanz, Offenheit und Authentizität im Umgang mit den Jugendlichen können Vertrauen aufbauen und sichern. Erst der vertraute Umgang mit und eine vertrauensvolle Beziehung zu den Jugendlichen ermöglichen es den BetreuerInnen, den Jugendlichen im alltäglichen Umgang Grenzen aufzuzeigen und zu setzen und im ständigen Austausch dahingehend auf sie einzuwirken, daß sie die Grenzen anderer respektieren lernen und Verantwortung für ihr Handeln übernehmen.

In der gewaltpräventiven Arbeit mit gewaltbereiten Jugendgruppen bedarf es nicht nur langfristig angelegter Programme, in der die zeitintensive Beziehungs- und Vertrauensarbeit ihre gewaltpräventive Wirkung entfalten kann, sondern auch festangestellter MitarbeiterInnen, die die Kontinuität in der Beziehungs- und Beratungsarbeit mit den Jugendlichen, in der Öffentlichkeitsarbeit, der Kontaktpflege mit den Behörden sowie der Netzwerkarbeit sichern (vgl. auch Sturzenhecker 1996a; Heitmann 1995; Krafeld u.a. 1993). Darüber hinaus sind bereits bestehende sozialarbeiterische Teams mit Praxisfachleuten zu verstärken, die mit der Lebenswelt der betreuten Jugendlichen hinsichtlich Alter, Herkunft und Milieu vertraut sind, eine hohe Konfrontationsfähigkeit aufweisen, aber auch die bei Jugendlichen beliebten Gruppensportarten wie Street- und Basketball beherrschen und anbieten können – einerseits um einen leichteren Zugang zu den Jugendlichen und ihren Familien herzustellen, ohne Milieubarrieren überwinden zu müssen, und andererseits, um für die den BetreuerInnen geläufigen und vertrauten Probleme der Jugendlichen adäquate Handlungsstrategien entwickeln zu können. Einsparkonzepte, die darauf ausgerichtet sind, Planstellen zu streichen und das Ehrenamt zu fördern, sind dagegen kontraproduktiv: Es bedarf sowohl einer größeren Öffnung der Jugendhilfe für engagierte LaienhelferInnen im Rahmen der Nachbarschaftshilfe und Gemeinwesenarbeit als auch einer umfassenderen Professionalisierung der Fachkräfte.

Die Anforderungen der praktischen Arbeit mit gewaltbereiten Jugendlichen verlangen von den SozialarbeiterInnen u.a. ein hohes Maß an Professionalität, Geduld, Selbstbewußtsein, Selbstreflexion und Konfliktfähigkeit. Gleichwohl stehen diesen Ansprüchen meist nur unzureichende Projektmittel gegenüber, die zudem von weiteren Einsparungskonzepten bedroht sind. Konkrete Forderungen der Jugendhilfepraxis hinsichtlich der berufspraktischen Aus- und Weiterbildung richten sich insbesondere auf die Themen Gewalt und Geschlecht. Eine der wichtigsten Grundvoraussetzungen für die Jugendarbeit mit benachteiligten und gefährdeten Jugendlichen ist die Auseinandersetzung der BetreuerInnen sowohl mit fremder als auch mit eigener körperlicher Aggression und dem individuellen Umgang mit den verschiedenen Formen von Gewalt (vgl. auch Scherr 1994). Insbesondere bei in der Mädchenarbeit tätigen Sozialarbeiterinnen hinterlassen atypische Verhaltensmuster von Mädchen und jungen Frauen – wie offen nach außen getragene Aggressionen oder ein provokatives gewaltbereites Auftreten – ein Gefühl des Unbehagens:

„(...) ist für mich ein Problem, damit umzugehen, weil ich natürlich viel geschockter bin, weil ich natürlich auch mit meinem Rollenbild, was ich so habe, konfrontiert werde." (20, 307)

Auch im Rahmen von Vorträgen zum Thema „Mädchen und Gewalt" auf Fachtagungen der Jugendhilfepraxis wird die fehlende Auseinandersetzung mit Aggression und Gewalt häufig angesprochen. Wie das obige Zitat verdeutlicht, rekurrieren Sozialarbeiterinnen, die erst neuerdings – allerdings verstärkt – in ihrer Arbeit auf gewaltauffällige und aggressive Mädchen treffen, zumeist auf ihre eigenen geschlechtsspezifischen Rollenzuschreibungen. Demzufolge steht für Fachfrauen in der gewaltpräventiven Mädchenarbeit die Auseinandersetzung mit Fragestellungen zum eigenen Umgang mit Wut und Aggression und zum rollenadäquaten Verhalten von Mädchen und Frauen in konflikthaften Situationen an erster Stelle. Bedeutung gewinnen derartige Norm- und Wertmaßstäbe vor allem für die pädagogisch-fachliche Beratungs- und Unterstützungsarbeit mit gewalttätigen Mädchen, da diese nicht in der klassischen Opferrolle bleiben, sondern über ihre gewaltorientierten Problemlösungsmuster zu Täterinnen werden. Aber auch andere institutionelle Einrichtungen stehen in der Verantwortung, in ihren Bildungs- und Erziehungskonzepten den konsequenten Abbau von geschlechtsspezifischen Rollenstereotypen weiter voranzutreiben, um eine sozial-emotionale Entwicklung beider Geschlechter zu fördern (vgl. auch Buskotte 1995; Ostbomk-Fischer 1994).

Darüber hinaus werden im Rahmen der „aufsuchenden" und mobilen Jugendarbeit zahlreiche, aber häufig erfolglose Versuche gestartet, für gewaltbereite auffällige Jugendgruppen eigene Räumlichkeiten zu finden, die ihnen die Möglichkeit zur Entfaltung geben und die identitätsstiftende sowie gesundheitsfördernde Aspekte von Freundschaften im Jugendalter berücksichtigen (Kolip 1995; Institut für sozialwissenschaftliche Informationen und Studien – ISIS 1993, S. 135). Dementsprechend richten sich weitere Forderungen der befragten ExpertInnen auf eine größere Anzahl kleinerer Räume für einzelne Gruppen plus zusätzlichen „Begegnungs- bzw. Gemeinschaftsräumen". Gleichzeitig gibt es ernstzunehmende Hinweise aus der Praxis auf die Tendenz zur Lockerung und Auflösung von Gruppenzusammenhängen über längere Beobachtungszeiträume und dementsprechend häufigeren Wechseln von Treffpunkten und Stadtteilen einzelner Jugendlicher oder kleinerer Untergruppen. Neben der Arbeit mit Gruppen nimmt deshalb sowohl die Szenearbeit als auch die Einzelfallarbeit sowie die Relevanz von Einzelkontakten zu (vgl. auch Arbeitskreis gegen Gewalt und Rechtsextremismus in Südniedersachsen 1995). Parallel zur Forderung nach einer größeren Anzahl kleinerer Jugendhilfeeinrichtungen gewinnt auch die Aufstockung von Personalkapazitäten für die aufsuchende und mobile Jugend(gruppen)arbeit an Bedeutung.

„Geschlechtshomogene und koedukative Jungen- und Mädchenarbeit"

Unterschiede innerhalb der Gruppe der Mädchen hinsichtlich ihrer Rolle und ihres Status, aber auch in bezug auf ihre gewaltbezogenen Verhaltensmuster, erschweren die Arbeit mit weiblichen Gruppenmitgliedern. Von den Betreuerinnen ist deshalb in erster Linie eine genaue Analyse der Gruppenaktivitäten und des Gruppengeschehens gefordert, um vor diesem Hintergrund spezielle Angebote für die weiblichen Gruppenmitglieder zu gestalten, die deren unterschiedlichen Bedürfnissen auch gerecht werden. Angebote im geschlechtshomogenen Kreis werden von Mädchen und jungen Frauen jedoch häufig nur zögerlich angenommen, meist gehen derartigen Aktivitäten zahlreiche Gespräche über Sinn und Nutzen gemeinsamer Unternehmungen voraus. Beeinträchtigt wird die geschlechtshomogene Arbeit mit Mädchen zudem dadurch, daß Mädchen und junge Frauen nicht ohne weiteres und nur stark eingeschränkt dazu bereit sind, auf die Gesellschaft ihrer männlichen Gruppenmitglieder zu verzichten:

> „Am liebsten wäre ihnen ein Raum, ein kleiner, abgetrennt, wo die Jungs sie nicht sehen können, aber wo sie ständig die Jungs sehen können." (55, 391)

Vor dem Hintergrund einer geschlechterbewußten Arbeit mit gewaltbereiten Jugendgruppen bieten sich nach Ansicht der Expertinnen dementsprechend sowohl geschlechtshomogene als auch koedukative Arbeitseinheiten für die Arbeit mit Mädchen und jungen Frauen an. So wird den Mädchen und jungen Frauen einerseits die Möglichkeit zum offenen Austausch auch intimerer Probleme und Themen untereinander gegeben und andererseits ihrem Bedürfnis nach Gruppenaktivitäten und Kontakt mit den männlichen Gleichaltrigen stattgegeben. Erfahrungen aus der Praxis zufolge wollen beispielsweise Mädchen ohne Freund bevorzugt im reinen Mädchenkreis und Mädchen mit Freund eher zusammen mit den Jungen etwas unternehmen. Da es Aufgabe der Betreuerin ist, auf die unterschiedlichen Bedürfnisse aller Mädchen einzugehen, muß über mädchenspezifische Aktivitäten jeweils neu verhandelt werden. Auch der Einbezug von männlichen Jugendlichen in die Mädchenarbeit stellt eine Herausforderung für die Mädchenarbeit dar. Erfolgversprechend erscheint in diesem Zusammenhang der Arbeitsansatz eines Mädchentreffs, der in die Arbeit mit den Mädchen auch deren männliche Freunde einbezieht, allerdings nur, wenn, wann und so lange es von den Mädchen gewollt wird – in Umkehrung des in anderen Jugendeinrichtungen vorherrschenden Prinzips, daß Mädchen von Jungen nicht an Aktivitäten beteiligt werden und meist „wartend rumstehen“ (Heinemann 2001).

Die starke Bindung der Mädchen an die Jungen wird von den ExpertInnen häufig damit begründet, daß diese am Gruppenleben teilhaben und „nichts verpassen“ möchten. Konzeptionell und organisatorisch vielversprechend erscheint in diesem Zusammenhang die mädchenspezifische Maßnahme des Jugendamtes Wolfsburg, die den Zugang zu gewaltbereiten Mädchen unabhängig von deren Cliquen im Lebensbereich Schule sucht und nach einer zeitlich befristeten pädagogischen Arbeit in geschlechtshomogenen Gruppen die gewaltpädagogische Arbeit in der gemischtgeschlechtlichen Jugendgruppe vor Ort fortsetzt (vgl. Jugendamt Wolfsburg 1997, o.J.).

Auf welche Hindernisse die geschlechtshomogene Mädchenarbeit in diesem Kontext trifft, zeigen auch Erfahrungen aus der gewaltpräventiven Arbeit mit rechtsextremen Jugendgruppen (z.B. Koch/Behn 1997). Gelingt es den Sozialarbeiterinnen jedoch, das Vertrauen der weiblichen Gruppenmitglieder zu erlangen und sie für ein reines Mädchenangebot zu interessieren, so wird deutlich, daß es vor allem die männlichen Gruppenmitglieder sind, die dagegen Protest erheben – insbesondere dann, wenn sie sich selbst benachteiligt fühlen, oder wie in rechtsextremen Gruppen, um den Einfluß auf „ihre“ Mädchen fürchten.

„Verstehen statt verurteilen"

Häufig wird in Verbindung mit derartigen Beobachtungen von ExpertInnen der Jugendarbeit ausschließlich bezug auf das starke Bedürfnis von Mädchen und jungen Frauen nach Aufmerksamkeit von seiten der männlichen Gruppenmitglieder genommen: Sie würden gerne im Mittelpunkt der Gruppe stehen, um „aufzufallen" – und das um jeden Preis. Das Bedürfnis der Jungen und jungen Männer nach Aufmerksamkeit wird hingegen adressatenunspezifisch beschrieben und scheint auf weniger Mißfallen bei den PraktikerInnen zu stoßen:

„Also daß man wahrgenommen wird in irgendeiner Form. Das machen Jungs ja anders, durch ihre Klappe und so, und Mädchen eher so durch ewiges Leiden, so'n Jungen angucken und das wird nichts und, oder wie gesagt, so Scheinschwangerschaften oder krank sein, oder Eßstörungen (...)." (55, 391)

Aus der unterschiedlichen Bewertung der geschlechtsspezifischen Wahl der Mittel zur Zielerreichung kann zum einen geschlossen werden, daß das lautstarke und dadurch auffällige Verhalten der männlichen Gruppenmitglieder bei den betreuenden Sozialarbeiterinnen größtenteils auf Verständnis stößt, während das eher passive Verhalten der Mädchen auf seiten auch der weiblichen BetreuerInnen Unverständnis hervorruft und infolgedessen eine gewisse Abwertung erfährt. Dem stehen jedoch die Bedürfnisse der Mädchen nach Anerkennung durch die Jungen gegenüber, die für sie – insbesondere in der Pubertät – Maßstab ihres Selbstwerdens und ihrer Handlungsstrategien sind (vgl. auch Bischoff 1995).

Problematisch erscheint darüber hinaus der einseitige Blick auf den Rückzug der weiblichen Gruppenmitglieder in mädchentypische autoaggressive Krankheitsformen, da gegen sich selbst bzw. nach innen gerichtete Aggressionen einerseits und gewaltorientiertes Verhalten gegen Personen, also nach außen gerichtete Problemlösungsmuster andererseits, als die zwei Seiten einer Medaille zu interpretieren sind. In einer geschlechterreflektierenden gewaltpräventiven Jugendarbeit sind diesen spezifisch weiblichen autoaggressiven Verhaltensmustern besondere Aufmerksamkeit zu schenken. Dabei darf die untergeordnete Stellung von Mädchen und Frauen in der Geschlechterhierarchie nicht vergessen werden, die sowohl im öffentlichen Raum als auch in der Schule – unter dem Deckmantel eines „geschlechtsneutralen" Unterrichts – unberücksichtigt bleibt und dadurch reproduziert wird. Es ist deshalb notwendig, den pädagogischen Prozeß daraufhin zu durchleuchten, ob er die bestehende Geschlechterdualisierung eher stabilisiert oder sie unter einer kritischen Perspektive aufweicht und gegebenenfalls durchbricht (vgl. auch Faulstich-Wieland 2001). Erfahrungen aus der Arbeit mit Mädchen in rechtsextremen und gewaltbereiten Gruppen zeigen, daß weibliche Gruppenmitglieder, die aufgrund der körperlichen Angriffe ihrer Partner eigene Gewalterfahrungen erlebten, nicht selten selbst zu

Täterinnen werden, wenn sie, um ihr Selbstwertgefühl aufzubessern, unter Beifall der männlichen Gruppenmitglieder Mädchen aus geringen Anlässen körperlich angreifen (Bischoff 1995; Munz/Büchele 1999; vgl. Rau 2001). Vor diesem Hintergrund geht es in präventiven Ansätzen zu Konflikteskalationen und gewalttätigem Verhalten bei Mädchen und jungen Frauen insbesondere darum, gewaltfreie neue Wege für mehr Anerkennung und Bestätigung aufzuzeigen, ohne eine positive Selbsteinschätzung sowie ein Selbstbewußtsein zu stärken, das sich aus der Abwertung anderer speist, sondern vielmehr aus einem Bewußtsein für sich selbst und die eigenen Stärken, Fähigkeiten und Grenzen (vgl. Hildebrandt 2001).

Des weiteren wird von den ExpertInnen die in den Einrichtungen häufig praktizierte – von den befragten Jugendlichen jedoch kritisierte – Kombination aus Kinder- und Jugendarbeit insbesondere für die Mädchenarbeit bekräftigt, da Mädchen bereits vor der Pubertät angesprochen und in Angebote der Einrichtung eingebunden werden können, um die „Krise der Pubertät" abzumildern (vgl. Heinemann 2001). Denn Erfahrungsberichten der Jugendhilfepraxis zufolge, gewinnt auch unter gewaltpräventiven Gesichtspunkten die Arbeit mit Mädchen noch vor Einsetzen der Pubertät an Bedeutung: In der Phase der Pubertät zeigt sich bei Mädchen eine Zunahme in der Gewaltbereitschaft, die erst im Alter ab circa achtzehn Jahren abnimmt, wenn sich junge Frauen verstärkt an der „klassischen Frauenrolle" orientieren. Ein Teil der gewaltauffälligen jungen Frauen zeigt darüber hinaus neben ausgeprägten autoaggressiven Verhaltensauffälligkeiten auch einen Rückzug in die sogenannte „Opferrolle" im Rahmen ihrer Partnerschaften (vgl. ebd.). Von Bedeutung für die Mädchenarbeit ist nach Ansicht der Expertinnen deshalb insbesondere der Aufbau einer „offenen" Atmosphäre, um mit Mädchen und jungen Frauen vertrauliche Gespräche nicht nur über Probleme in Elternhaus und Schule sowie über daraus folgende autoaggressive Verhaltensauffälligkeiten führen zu können, sondern auch über eventuell vorhandene Gewalttätigkeiten und Übergriffe in der aktuellen „Liebes"-Beziehung (Rau 2001; Heinemann 2001).

„Geschlechterdifferenzierende statt geschlechtsneutrale Jugendarbeit"

Nicht nur die Analyse der ExpertInnenbefragung, auch die dargestellten Ergebnisse zum Umgang von Mädchen mit Gewalt in gemischtgeschlechtlichen Jugend- und reinen Mädchengruppen (siehe Punkt 4) verdeutlichen, daß eine *geschlechterbewußte Arbeit* mit gewaltbereiten Jugendlichen notwendig ist, es aber kaum Angebote gibt, die sich ausschließlich auf Mädchen unter Berücksichtigung ihrer besonderen Lebenslagen richten. Vielfach wurde von Praktikerinnen auch auf Fachtagungen zur Gewaltthematik ein erhöhter Fortbildungsbedarf für einen fachlich kompetenten Umgang mit gewaltbereiten Mädchen geäußert, da sich auch in der Fachliteratur nur sehr wenige Berichte über eine mädchenspezifische Gewaltprävention finden. Zugleich wurde aber auch auf die Vernachlässigung der geschlechterbewußten Arbeit mit Jungen sowie auf einen fehlenden Diskurs zwischen der Mädchen- und der Jungenarbeit hingewiesen. Hervorgehoben wird, daß erst geschlechterdifferenzierende Präventionskonzepte für Jugendarbeit und Schule dem allseits betonten Anspruch an die Lebensweltorientierung von Jugendlichen, sprich von Jungen und Mädchen, Rechnung tragen.

Meist werden jedoch vor allem Jungen bei Gewaltaktionen auffällig, ihnen wird in der gruppenspezifischen Arbeit im allgemeinen eine größere Aufmerksamkeit geschenkt, auch wenn es nicht wenige Mädchen gibt, die in gewaltbereiten Jugendgruppen eine wichtige Rolle bei aggressiven Übergriffen und Auseinandersetzungen spielen. Dementsprechend problematisch erweisen sich Beurteilungen von Praxisfachleuten in der Jugendgruppenarbeit, die Mädchen und junge Frauen vor allem aufgrund ihrer hohen Bindungswirkung in Gruppenzusammenhängen als „weniger anstrengendes" Klientel wertschätzen und die von ihrem – im Vergleich zu Jungen und jungen Männern – eher bescheidenerem aber kooperativem Verhalten auf unbedeutende und vernachlässigbare Bedürfnisse und Ansprüche an sozialpädagogische Unterstützung und Beratung schließen. Derartige „Funktionalisierungsversuche" schlagen jedoch dann fehl, wenn Mädchen ebenso wie auch Jungen aggressive Bewältigungsstrategien und Problemlösungsmuster entwickeln, die sich in gewalttätigen Handlungen gegen andere manifestieren und für die ihnen in gewaltorientierten Jugendgruppen meist auch Macht verliehen und Anerkennung zugesprochen wird.

Vor dem Hintergrund der zentralen Rolle von Mädchen im Gewaltdiskurs und ihrem maßgeblichen Einfluß auf den Gruppenzusammenhalt gewaltbereiter Jugendgruppen gewinnen neben der geschlechtshomogenen Mädchenarbeit auch geschlechterdifferenzierende koedukative Konzepte für die gewaltpräventive Arbeit mit Jugendgruppen zunehmend an Bedeutung, die die gewaltbefürwortenden Orientierungen und Normen von Mädchen und Jungen vor dem Hintergrund ihrer individuellen Geschlechtsrollenkonzepte auf gewaltfreie Einstellungen und Verhaltensweisen umlenken.

Insbesondere aktions- und erlebnisorientierte Angebote werden von Jugendlichen generell nicht nur gerne angenommen, sie tragen nach Ergebnissen von Wolters (1993, S. 44f.) auch zu einem Abbau von Gewaltbereitschaft bei, weil sie Jugendlichen Gelegenheit zu unmittelbaren Erfahrungen geben und so zur Befriedigung ihres Erlebnis- und Abenteuerbedürfnisses beitragen (Klawe 93). Von den befragten ExpertInnen aus der Jugendgruppenarbeit wird jedoch betont, daß es beispielsweise für eine geschlechterbewußte koedukative Erlebnispädagogik, die mädchen- und jungenspezifische Aspekte des Freizeitverhaltens im Gruppenzusammenhang berücksichtigt, kaum Konzepte gibt. Darüber hinaus zeigen Erfahrungen aus der Mädchenarbeit, daß „geschlechtsneutrale" erlebnispädagogische Angebote für Mädchen nur eine geringe Anziehungskraft besitzen, da sie in der Regel männlich konnotiert und aus männlichen Bildern abgeleitet sind, die mädchenspezifische Bedürfnisse nach Abenteuer und Spaß nicht berücksichtigen. Die hieraus abgeleitete Schlußfolgerung, daß Mädchen generell extrem ängstlich und im Vergleich zu Jungen weniger risikobereit seien, ist vor dem Hintergrund unserer Untersuchungsergebnisse jedoch anzuzweifeln. Aktions- und sportorientierte Ansätze könnten insbesondere für gewaltbereite Mädchen und junge Frauen, die u.a. auch aus Langeweile gewalttätige Auseinandersetzungen zur Demonstration von Kraft und Stärke provozieren und im Gewaltdiskurs der gemischtgeschlechtlichen Jugendgruppen führend sind, die Suche nach aufregenden neuen Erfahrungen und interessanten Gesprächsthemen in der Gruppe sowie den Wunsch nach Erfahrungen über Möglichkeiten und Grenzen der eigenen Person im Kontakt mit der Außenwelt durchaus erfüllen und damit einen Beitrag zu einer Hinwendung zu weniger „riskanten", sprich gewaltfreien, Verhaltensweisen leisten.

Darüber hinaus unterstützen sportpädagogische Angebote aus dem Bereich Spiel, Sport und Wettkampf insbesondere auf Straßen und Plätzen Mädchen und junge Frauen dabei, sich Territorien im Stadtteil zu erobern und zu besetzen, da Streetball- und Basketballplätze generell für Jugendliche zentrale gemeinsame Treffpunkte darstellen. Mädchen bekommen so einen größeren Einfluß im jugendlichen Umfeld und können in sportlichen Wettkämpfen ungeahnte Stärken entdecken, die eine selbstbewußtere Einstellung sowie eine selbstsichere Haltung fördern und ihr Durchsetzungsvermögen auch in anderen Lebensbereichen stärken (Heinemann 2001). Derartige Maßnahmen für Mädchen erfordern allerdings von den betreuenden Sozialarbeiterinnen neben der Beherrschung verschiedener – bei Jugendlichen beliebten – Sportarten, Konfliktfähigkeit und Mut zur Auseinandersetzung mit dem meist gewaltbereiten jugendlichen Umfeld (ebd.). Vor diesem Hintergrund und dem Umstand, daß es *das* gewaltbereite Mädchen nicht gibt, gilt es, sportpädagogische Angebote insbesondere für die gewaltpräventive Arbeit mit Mädchen umzugestalten und auszudifferenzieren, um ihnen das Gefühl der Kontrolle über den eigenen Körper und Erfahrungen von Stärke zu ermöglichen, die neuerdings auch Mädchen in der Bewältigung gewalttätiger Auseinandersetzungen suchen.

Aber auch die aus dem Gesundheitsbereich kommenden und vorwiegend in Schulen eingesetzten Peer-Education-Modelle wie StreitschlichterInnenkurse, Peer-helper-Programme und Mediationsseminare, die an den Konfliktlösungskompetenzen von Kindern und Jugendlichen ansetzen und diese in Kursen zu neutralen VermittlerInnen zwischen gegnerischen Parteien ausbilden, erhalten nach Aussagen von Lehrern und Lehrerinnen einen regen Zulauf. Die TeilnehmerInnenzahlen bestätigen darüber hinaus auch ein großes Interesse von Mädchen. Derartige partizipative Angebote könnten auch für gewaltbereite weibliche Jugendliche reizvoll sein, indem sie ihnen ein Gefühl von Sinnhaftigkeit vermitteln und zeigen, daß es auch andere Dinge im Leben gibt, die „einen Wert haben". Eine Ausweitung auf die Zielgruppe benachteiligter Jugendlicher sowie auf neue (außerschulische) Settings steht jedoch noch aus (Kleiber 1999).

Selten sind in der Jugendarbeit zudem die für das geschlechterdifferenzierende Arbeiten mit Jugendgruppen erforderlichen Grundvoraussetzungen erfüllt: Eine qualifizierte Besetzung der Teams mit weiblichen und männlichen SozialarbeiterInnen sei ebenso selten gegeben wie das Vorhandensein eigener Räume für Mädchen und für Jungen, die sie selbst gestalten können und die nicht aus Gründen der Flexibilität in der Nutzbarkeit nur tage- oder stundenweise zur Verfügung stehen. Die Ergebnisse der ExpertInnenbefragung zeigen ebenso wie Praxisberichte in der Fachliteratur, daß insbesondere die gewaltpräventive Arbeit mit aggressiven und gewaltauffälligen Jugendgruppen eine gemischtgeschlechtliche Zusammensetzung der PädagogInnenteams erfordert, um für beide Geschlechter Ansprech- und Bezugspersonen zu schaffen und bei

Gewaltsituationen den Mädchen und Jungen geschlechtstypische Verhaltensweisen und Gewaltmechanismen transparent machen zu können. Darüber hinaus setzt die geschlechterbezogene Jugendarbeit auch bei den Mitarbeitern und Mitarbeiterinnen ein hohes Maß an Selbstreflexion und gegenseitigen Austausch über das eigene Rollenverhalten sowie über das geschlechtstypische Agieren der männlichen und weiblichen Gruppenmitglieder voraus (vgl. auch Jugendamt Wolfsburg 1997; Cladder-Micus/Kohaus 2000).

9.2 Aspekte und Konsequenzen für die Fachdiskussion in der Jugendhilfepraxis

Die dargestellten Untersuchungsergebnisse zum Gruppenverhalten von Mädchen (Punkt 3) und zu ihrem Umgang mit Gewalt (Punkt 4) zeigen, daß Mädchen in gewaltbereiten Jugendgruppen eine wichtige Zielgruppe in der Gewaltprävention darstellen. Auch der 10. Kinder- und Jugendbericht verweist in den Bereichen Prävention und Intervention auf die Geschlechterspezifik: „Eine gewaltvermeidende Sozialerziehung muß die unterschiedlichen Problemlagen von Mädchen und Jungen“ sowie „geschlechtsspezifische Unterschiede bei Präventions- und Interventionsansätzen (...) in bezug auf Konfliktlösungsmuster und gewalttätiges Verhalten von Kindern – Jungen und Mädchen – (...) berücksichtigen.“ (Bundesministerium für Familie, Senioren, Frauen und Jugend 1998, S. 124, 132).

Mädchen treten zwar insgesamt weniger stark als Jungen als offensiv gewalttätig in Erscheinung, in Jugendgruppen sind sie jedoch durchaus präsent und wirken hier – wie die Untersuchungsergebnisse und auch Studien aus der Rechtsextremismusforschung belegen – gewaltverstärkend, unabhängig davon, ob sie wie in den untersuchten Gruppen selbst eine aktive Rolle und zentrale Position oder eher eine Randstellung einnehmen. In den untersuchten gemischtgeschlechtlichen Gruppen leisten sie vor dem Hintergrund ihrer gleichberechtigten Stellung in der Gruppe, über die Kritik an einem den Gruppenzusammenhalt gefährdenden Verhalten der Jungen, über ihre Entschlossenheit, den Ruf der Gruppe nach außen handgreiflich zu verteidigen, und über die Organisation und Planung gemeinsamer Unternehmungen einen wesentlichen Beitrag für die Gruppenkohäsion. Sie übernehmen für die Gruppe wichtige gruppenstabilisierende und gemeinsamkeitsstiftende Funktionen und beweisen darüber hinaus durch Zeugenaussagen bei polizeilichen Ermittlungen, die die kriminellen Straftaten der männlichen Gruppenmitglieder verschleiern sollen, ihre Solidarität mit der Gruppe. Darüber hinaus fördern Mädchen das gewaltbereite Klima innerhalb der Gruppe und insbesondere die statushohen weiblichen Jugendlichen üben Druck auf statusniedrigere Gruppenmitglieder aus, wodurch eine Abweichung von gruppeninternen gewaltorientierten Regeln und Normen verhindert wird. Gleichzeitig nehmen sie auch Einfluß auf die männlichen Gruppenmitglieder bzw. versuchen, Einfluß zu nehmen, und zwar weniger in einer gewaltverstärkenden Form, sondern dadurch, daß sie sich gegen kriminelle Aktivitäten der Jungen und gegen einen exzessiven Drogen- und Alkoholkonsum aussprechen. Es empfiehlt sich deswegen, gewaltpräventive Konzepte für gemischtgeschlechtliche Jugendgruppen geschlechterdifferenziert anzulegen und gezielt mit Mädchen zu arbeiten.

Überlegungen und Fragestellungen zu einer Ausgestaltung geschlechterdifferenzierter gewaltpräventiver Ansätze ergeben sich vor dem Hintergrund der zentralen Ergebnisse unserer Untersuchung aus der Funktion, die zum einen Gewalt, zum anderen die Gleichaltrigengruppe für die weiblichen Jugendlichen hat.

Mädchen in gewaltauffälligen Jugendgruppen versuchen, über ihre Gewaltbereitschaft und Gewalttätigkeit sowie durch die Übernahme gruppenstabilisierender Aufgaben *Anerkennung* innerhalb der Gruppe und in ihrem jugendspezifischen Umfeld zu gewinnen. Häufig wird der Rückhalt in der Gruppe von den weiblichen Jugendlichen als Möglichkeit genannt, in ihrem jugendlichen Umfeld „respektiert“ zu werden, ihr aggressives und provokatives Verhalten nach außen kann demnach als ein Mittel der Darstellung ihres Selbstverständnisses als zu respektierendes Individuum und als Angehörige einer Solidargemeinschaft interpretiert werden. Gewaltbereite Gruppen bieten Mädchen und jungen Frauen die Möglichkeit, Macht- und Kontrollansprüche zu realisieren und darüber ihr Selbstwertgefühl zu erhöhen. Wenn Anerkennung und Selbstwirksamkeit für Mädchen in gewaltbereiten Jugendgruppen für ihr Verhalten eine zentrale Funktion haben und wenn im gewaltaffinen Gruppenkontext diese Anerkennung wesentlich auch durch Gewaltbereitschaft und Gewalttätigkeit erlangt wird, so gilt es, andere Quellen der Wertschätzung zu erschließen, die diese Bedürfnisse erfüllen. Dabei ist an ihren Interessen anzusetzen, die sich im wesentlichen nicht von denen anderer Jugendlicher unterscheiden:

emotionale Nähe zu guten FreundInnen, Hilfestellung und Unterstützung in emotionalen und sozialen Problemsituationen und das Gefühl, auf andere „rechnen" zu können sowie eine anregende und kurzweilige Freizeitgestaltung. Dieser letzte Aspekt enthält für Mädchen in gewaltauffälligen Gruppen jedoch eine Besonderheit – für sie spielen „riskante" Verhaltensweisen eine größere Rolle als für Jugendliche aus nicht gewaltauffälligen Gruppen. Vor allem die weiblichen Gruppenmitglieder sprechen offen über gefährliche und riskante Konfliktsituationen als den besonderen „Kick" in ihrer ansonsten eher als ereignislos beschriebenen Freizeit. Rückblickend begründen sie ihr früheres aggressives Auftreten häufig mit dem Motiv der Langeweile. Um ihr zu entgehen, wurden verbale und körperliche Auseinandersetzungen nicht selten heraufbeschworen und Konflikte mit anderen selbst und bewußt angezettelt. In gewaltbereiten Jugendgruppen tragen demnach neben anderen Freizeitaktivitäten auch gewalttätige Auseinandersetzungen durch Bestätigung und Action zu einem vermeintlich „besseren" Lebensgefühl bei (Struck 1995). Auch der Trend Jugendlicher zur Mitgliedschaft in gewaltbereiten und rechtsextremen Gruppen weist auf die Attraktivität von Gruppenerlebnis und Abenteuer hin, aber auch darauf, daß Jugendarbeit diese Bedürfnisse nur zum Teil abdecken kann (vgl. Krafeld u.a. 1993).

Erlebnispädagogische Ansätze greifen derartige Bedürfnisse auf: Im Rahmen von Gewaltarbeit versuchen die JugendarbeiterInnen, Situationen zu schaffen, die Gelegenheit zu unmittelbaren Erfahrungen geben und so die Befriedigung des Erlebnis- und Abenteuerbedürfnisses von Jugendlichen ermöglichen (Klawe 1993), und zwar auf eine weniger gefährliche und andere gefährdende Weise als durch gewalttätige Auseinandersetzungen. Dabei stellen diese Ansätze neben dem Ausleben der Bewegungsbedürfnisse, den Grenzerfahrungen und dem unmittelbaren Erleben insbesondere die gruppendynamischen Prozesse in den Mittelpunkt, denn viele der Aktionen – z.B. Klettern oder Segeln – erfordern ein intensives Zusammenwirken der Gruppe. Sie bieten somit eine günstige Voraussetzung, soziales Verhalten zu lernen und eingefahrene Rollenzuschreibungen aufzuheben, z.B. wenn einzelne Mädchen und Jungen neue, noch nicht erkannte Fähigkeiten zeigen.

Innerhalb der Mädchenarbeit werden erlebnis- und aktionsorientierte Ansätze als männlich konnotiert und aus männlichen Bildern abgeleitet problematisiert. Dies mag für viele Mädchen gelten, die gewaltbereiten weiblichen Jugendlichen unserer Untersuchung präsentieren jedoch ein Weiblichkeitsbild, in das auch Mut, Stärke und Durchsetzungsfähigkeit integriert sind. Für gewaltbereite Mädchen und junge Frauen bieten erlebnis- und aktionsorientierte Ansätze deswegen attraktive Gelegenheiten zur Demonstration dieser Eigenschaften sowie für aufregende neue Erfahrungen und Möglichkeiten, die eigenen Grenzen gewaltfrei auszutesten. Hierin könnte ein wichtiger Beitrag zu einer Abkehr von „riskanten", sprich gewaltorientierten Verhaltensweisen liegen. Jedoch gilt es für risikofreudige wie für „risikoscheue" weibliche Jugendliche, die ihr Verlangen nach Abenteuer hinter dem Wunsch nach Unversehrtheit und Schutz des eigenen Körpers zurückstellen (Rose 1993), erlebnispädagogische Ziele, in deren Vordergrund häufig sportliche Leistungen stehen, mädchengerecht umzugestalten und gegenfalls auch neu zu definieren, wie z.B. „Mut kann leichtsinnig sein". In unseren Untersuchungsergebnissen wird deutlich, daß gerade Mädchen und junge Frauen ein den Jungen zugänglicher und wesentlicher Bereich der Selbsterfahrung fehlt – das Gefühl der Stärke, das durch die nicht gewalttätige Bewältigung riskanter Situationen erlangt werden kann. Hagemann-White (1984) beschreibt die mangelnden Risikoerfahrungen von Mädchen als Verlust, weil sie nicht die Chance erhielten, die „Selbstheilungskraft, die Elastizität und Zähigkeit des Körpers" zu erleben. Vor diesem Hintergrund ergibt sich angesichts des hohen Stellenwerts, den Interaktionen mit männlichen Jugendlichen für die Mädchen haben, darüber hinaus die Frage, wie koedukative erlebnispädagogische Angebote entwickelt werden können, die sowohl den Fähigkeiten und Interessen der weiblichen wie auch der männlichen Jugendlichen entsprechen.

Für Mädchen hat der Wille, sich selbst zu beweisen, vor dem Hintergrund gesellschaftlicher Geschlechterhierarchien und geschlechterpolarisierter Eigenschafts- und Verhaltenserwartungen im System der Zweigeschlechtlichkeit eine andere Bedeutung als für Jungen. Sie erleben eine „angepaßte Weiblichkeit" als untergeordnet und abgewertet, eine Rolle, die sie nicht übernehmen wollen. Dieses *Autonomiebedürfnis* wird teilweise als Selbstbewußtsein interpretiert – eine Einschätzung, die nicht berücksichtigt, daß dahinter oftmals auch ambivalente Gefühle und Verunsicherungen stehen. Dies zeigt sich u.a. darin, daß weibliche Jugendliche sehr empfindlich auf Verleumdungen, „schräge" Blicke und rufschädigende Äußerungen reagieren. Zu bedenken ist auch, daß die Mittel, mit denen sich dieses Selbstbewußtsein bestätigt, andere – insbesondere weibliche Jugendliche – abwertet und erniedrigt. Der Fokus einer gewaltpräventiven Arbeit ist also darauf zu richten, hinter dem gewaltorientierten Handeln liegende Verunsicherungen aufzudecken und zu bearbeiten und Mädchen und jungen Frauen gewaltfreie neue Wege für mehr Anerkennung und Bestätigung aufzuzeigen.

In der Mädchenarbeit wurde in Abgrenzung gegen defizitorientierte Ansätze, die sich an männlichen Verhaltensweisen orientieren, ein Konzept entwickelt, das sich die Stärkung bzw. die *Herausarbeitung der Stärken* von Mädchen zum Ziel setzt. Sie berücksichtigen jenseits von vereinfachenden Kategorisierungen komplexer weiblicher Geschlechtsrollenkonzepte als „traditionell" oder „emanzipativ" die Geschlechtsrollenerwartungen, Weiblichkeitsvorstellungen und unterschiedlichen Lebenslagen von Mädchen und jungen Frauen (vgl. auch Kolip 1994; Brown/Gilligan 1994) und begleiten diese prozeßhaft bei der altersspezifischen Anforderung, sich im System der Zweigeschlechtlichkeit zu verorten (Stauber 1999; Bitzan 2000). Hier ergeben sich für eine gewaltpräventive Zielsetzung Chancen, an den gewaltintegrierenden Geschlechtskonzepten gewaltbereiter Mädchen anzusetzen. Auch wenn gewalttätige Mädchen ihre Handlungen durchweg als ein „Wehren" gegen empfundene Herabsetzungen durch andere, z.B. durch Blicke oder Gerüchte legitimieren, dürfen gewalttätige Potentiale von Mädchen nicht als reines Defensivverhalten interpretiert werden, sondern sind auch als Teil von neuen Weiblichkeitskonzepten wahrzunehmen. Aggression und Gewalt können nicht nur als ohnmächtige Reaktion auf erfahrene Diskriminierungen und subjektive Verletzungen ausgelegt werden, sie sind vielmehr auch als selbst gewählte Handlungsstrategien von Mädchen zu interpretieren, die für sie insbesondere im Wunsch nach Aufmerksamkeit und Anerkennung durchaus einen „Sinn machen" (vgl. auch Anders/Hildebrandt o.J.). In der gewaltpräventiven Arbeit ist insbesondere nach Ziel und Mittel der Stärkung von Mädchen zu differenzieren. Wird vor allem darauf gesetzt, die Mädchen bei der Durchsetzung ihrer Interessen zu unterstützen, so ist zu berücksichtigen, daß gewaltbereite weibliche Jugendliche derartige Möglichkeiten bereits für sich gefunden haben: Gewalt, Bedrohung und Einschüchterung. Der Blick ist deswegen vor allem auf gewaltfreie Mittel der Interessendurchsetzung zu richten, um hier alternative Möglichkeiten aufzuzeigen.

Der Blick auf die Aussagen der befragten Jugendlichen zum Stellenwert der Gruppe und zu deren Zugehörigkeit im Vergleich zu anderen freundschaftlichen Beziehungen in Schule, Freizeit und

Familie bestätigt die *zentrale Bedeutung von Gleichaltrigen-Netzwerken,* die den Jugendlichen Sicherheit und Halt bieten – insbesondere den gewaltbereiten, die kaum in alternative soziale Netzwerke eingebunden sind und innerhalb der Familie nur wenig integriert sind. Für die weiblichen Jugendlichen ist die emotionale Nähe zu Personen, denen sie sich anvertrauen können, außerordentlich wichtig. Diese finden sie in den oft langjährigen Freundinnen und Freunden, die Mitglieder ihrer Gruppen sind. Betont wird außerdem die gegenseitige tatkräftige Unterstützung bei Konflikten mit Außenstehenden, die die Handlungsspielräume in derartigen bedrohlichen Situationen potenziert. Die Clique vermittelt so das Gefühl von Schutz und bietet einen sicheren Rahmen für eigene gewalttätige Übergriffe sowie einen Rückhalt bei der Verwicklung in gewalttätige Aktionen. Dies rückt die Bedeutung, die die Clique für die weiblichen Jugendlichen hat, in den Mittelpunkt von Überlegungen zur gewaltpräventiven Arbeit. Ansätze, die allein auf Einzelarbeit setzen, vernachlässigen diese Bedürfnisse der Mädchen, und es stellt sich die Frage, ob sie überhaupt Erfolg haben können. Es geht nicht allein um die Stärkung eines Individuums, sondern um ein Individuum innerhalb einer Gruppe. Versuche, Mädchen, die für die Stabilisierung der Gruppe eine wichtige Funktion innehaben, aus der Gruppe herauszulösen, müssen nicht nur mit der Verbundenheit der Mädchen mit ihrer Clique, sondern auch mit dem Einfluß der Gruppe auf diese rechnen. Andererseits bedingt gerade eine starke Gruppenbindung und der damit einhergehende Druck auf die Jugendlichen, daß Gewaltorientierungen verstärkt werden und gewalttätiges Handeln ermutigt wird. Dennoch erscheinen Versuche, eine Gruppe zu „sprengen“ oder einzelne aus der Gruppe herauszulösen, angesichts der hohen Bedeutung der Gruppen für die Jugendlichen und für ihren Stellenwert bei der Bewältigung von Lebens- und Alltagsproblemen als problematisch. Sinnvoll erscheint hingegen die Eröffnung des Zugangs zu alternativen sozialen Netzwerken. Dabei bleibt offen, wie derartige Übergänge geschaffen und wie sie so attraktiv gestaltet werden können, daß Jugendliche, die eine starke Bindung an ihre Gruppe aufweisen, motiviert sind, die Gruppe zu verlassen bzw. zu wechseln. In der Arbeit mit Gruppen Jugendlicher, die darauf zielt, ein gewaltbereites Klima der Gruppe in andere Orientierungen umzulenken und den Jugendlichen das Gefühl zu geben, etwas „wert zu sein“, stellt sich die Frage, wie dies durch eine Verknüpfung sowohl gruppenpädagogischer als auch einzelfallpädagogischer Ansätze erreicht werden kann.

Die Gruppenbindung in den untersuchten gewaltauffälligen Cliquen entsteht durch ein gemeinsam geteiltes Bewußtsein von der *„Besonderheit" der Gruppe*, das sich sowohl aus inklusiven Selbstdefinitionen der befragten Jugendgruppen wie auch aus Abgrenzungen und aus der Konstruktion von „Feindbildern" herstellt. Bei allen gewaltauffälligen Jugendgruppen kann aufgrund ihrer Selbstdefinition als gewalt- und kampfbereit davon ausgegangen werden, daß sie sich gegen ein als bedrohlich empfundenes jugendliches Umfeld aufgrund körperlicher Bedrohungen oder aufgrund der Gefährdung des Selbstwertgefühls abgrenzen (müssen). In den gewaltauffälligen Mädchengruppen stellt sich die Bindung an die Gruppe eher über gruppeninterne Gemeinsamkeiten, miteinander verbundene Biographien, einen vertrauensvollen Umgang und übereinstimmende Interessen her. Abgrenzungen gegenüber sozialen Gruppen, die zu Adressaten aggressiver Übergriffe werden, bleiben in den Mädchengruppen relativ diffus. Angesichts dieser Befunde ist zu fragen, inwieweit in solchen Gruppen der Abbau von „Feindbildern", der im Mittelpunkt politischer Bildungskonzepte steht, direkt eine gewaltpräventive Wirkung entfalten kann. Vielversprechender erscheinen demgegenüber Ansätze, die den Gruppen – angelehnt an ihre Interessen – neue Identifizierungsmöglichkeiten eröffnen, z.B. indem sie vorhandene – nicht mit Gewalt assoziierte – Szeneorientierungen aufgreifen und verstärken.

Jugendgruppenarbeit in gemischtgeschlechtlichen Jugendgruppen erfordert *geschlechterreflektierende Ansätze*. Vorliegende Konzeptionen zielen bei den männlichen Jugendgruppen vor allem auf den Abbau von Vorstellungen und Strukturen maskuliner Hegemonie (Schnack/Neutzling 1990; Böhnisch/Winter 1997), für die weiblichen Jugendlichen wird empfohlen, den konventionellen weiblichen Sozialisationsstrang kritisch in den Mittelpunkt zu rücken, um so die Entwicklung von alternativen Lebensformen und Verhaltensmustern zu fördern (Hagemann-White 1984; Hilgers 1994). Dieser Ansatz erscheint für Mädchen geeignet, die im gruppeninternen Geschlechterverhältnis keine anerkannte und zentrale Stellung innehaben (vgl. Koch/Behn 1997), für solche, die wie in unserer Untersuchung, Gewalt in ihr Geschlechtskonzept integrieren, ist er jedoch nicht ausreichend.

Über Erfahrungen mit geschlechterdifferenzierten koedukativen Präventivmaßnahmen verfügt vor allem die offene, mobile oder aufsuchende Jugendarbeit, die Mädchen zunehmend als eigenständige Zielgruppe für eine gewaltpädagogische und -präventive Jugendhilfearbeit erkennt (vgl. Krafeld 1996; Möller 1997, 2000). Die im Rahmen koedukativer Konzepte stattfindende geschlechtshomogene Gruppenarbeit mit Mädchen steht jedoch – wie Erfahrungen in der gewaltpräventiven Arbeit mit rechtsextremen Jugendgruppen zeigen – vor dem Problem, daß Mädchen insbesondere in gemischtgeschlechtlichen gewaltbereiten Jugendgruppen nicht von vornherein bereit sind, sich aus den Gruppen auch nur zeitweise herauszulösen, da den meisten Mädchen Interaktionen mit Jungen außerordentlich wichtig sind.

Daß insbesondere die Mädchen in den in die Untersuchung einbezogenen Gruppen über den Gewaltdiskurs auf die Gewaltakzeptanz und -bereitschaft verstärkend wirken, stellt Ansätze und Konzepte in Frage, die sich in ihren gewaltpräventiven Angeboten ausschließlich an den männlichen Jugendlichen orientieren und Mädchen wie junge Frauen lediglich als Opfer gewalttätiger Attakken in den Blickpunkt der Jugendhilfe rücken (vgl. Bischoff 1995). Auch in der herkömmlichen Jugendarbeit geraten weibliche Jugendliche leicht ins Hintertreffen, denn ihre introvertierten Verhaltensauffälligkeiten implizieren keinen Handlungsbedarf. Selbst wenn sich die vorhandenen gewaltpräventiven und -pädagogischen Ansätze, Maßnahmen und Konzepte in den Bereichen Schule, Jugendarbeit, Jugendgerichtshilfe und Polizei überwiegend an Jugendliche beiderlei Geschlechts richten, genügen sie den Anforderungen der Geschlechterreflexion nur in Ansätzen. Selten werden geschlechtsspezifische Erklärungsmuster herangezogen und eine geschlechterbezogene Pädagogik eingefordert (Stenke u.a. 1998; Popp 1997). Während die Jungenarbeit vor dem Hintergrund der hohen männlichen Repräsentanz im Bereich der Gewaltdelikte bereits seit einigen Jahren jungenspezifische Ansätze in der praktischen Arbeit erprobt, wendet sich die Mädchenarbeit erst in jüngster Zeit dieser Aufgabe zu. Dabei findet sie ein weitgehend unbearbeitetes Themenfeld vor, denn nur wenige quantitativ angelegte Forschungsprojekte differenzieren umfassender nach Geschlecht (vgl. z.B. Heitmeyer u.a. 1995; Stenke 1994; Tillmann u.a. 2000; Grundmann/ Pfaff 2000), und insbesondere an qualitativen, vertiefenden Untersuchungen mangelt es. Vor dem Hintergrund des Kenntnisstandes zum mädchenspezifischen Umgang mit Aggression, den gestiegenen Mädchenanteilen bei gewalttätigen Aktionen von Gleichaltrigencliquen und demzufolge neuer Anforderungen an ErzieherInnen und SozialarbeiterInnen besteht jedoch die Notwendigkeit, mädchenspezifische Hintergründe und Verhaltensweisen für gewalttätiges Handeln verstärkt in den Blick zu nehmen sowie vorliegende geschlechterbewußte Ansätze und Konzepte im Hinblick auf ihre Wirksamkeit einer gründlicheren Analyse zu unterziehen.

10 Zusammenfassung der Ergebnisse vor dem Hintergrund des Forschungsstandes

Die Untersuchung „Mädchen und Gewalt“ hat weibliche Jugendliche aus gewaltauffälligen Jugendgruppen in den Mittelpunkt gestellt. Entgegen Hinweisen aus der Jugendgruppenforschung, daß gewaltbereite Cliquen „kein Ort für Mädchen“ seien, fiel die Suche nach gewaltauffälligen gemischtgeschlechtlichen Gruppen nicht schwer – in jeder größeren deutschen Stadt scheint es solche Gruppen zu geben. Demgegenüber waren gewaltbereite Gleichaltrigengruppen, die sich ausschließlich aus Mädchen zusammensetzen, schwieriger zu finden. Aber auch sie gibt es, wie unsere letztlich erfolgreiche Recherche belegt. Unter den in die Untersuchung einbezogenen gewaltauffälligen Gruppen nahm eine Clique eine Sonderstellung ein. Sie befand sich zum ersten Erhebungszeitpunkt in einem Umbruchprozeß, der mit der Herauslösung aus gewaltaffinen Kontexten und der Orientierung an einer gewaltverneinenden Haltung einherging. Ihr Status kann als gewaltambivalent bzw. gewaltdistanziert beschrieben werden, während die anderen gewaltauffälligen Gruppen als gewaltbereit zu charakterisieren sind. Ebenso wie diese unterscheidet sich die gewaltambivalente Gruppe jedoch in wesentlichen Aspekten der Gewaltorientierung von den nicht gewaltauffälligen Jugendgruppen, die als Kontrastgruppen in die Untersuchung einbezogen wurden.

Die Ergebnisse unserer Studie können zu einer Ergänzung und Differenzierung der bisherigen Forschungsbefunde (vgl. Punkt 1.1) beitragen, auch wenn sie aufgrund der qualitativen Anlage des Forschungsprojektes nicht breit verallgemeinerbar sind. Sie erweitern und spezifizieren unter einer Geschlechterperspektive Forschungsresultate im Themenfeld Jugend und Gewalt: zur Gewalteinstellung und Gewaltausübung weiblicher Mitglieder in gewaltauffälligen gemischtgeschlechtlichen und reinen Mädchengruppen, zur Bedeutung dieser Cliquen für Mädchen, zu ihrer Stellung und Rolle innerhalb der Gruppen, zur Gruppenbindung und zur Selbstkategorisierung von Gruppen, zu den Gruppenwirklichkeiten von gewaltauffälligen Jugendgruppen sowie zu Wechselwirkungen zwischen Gruppenpraxis und dem Verhalten der weiblichen Gruppenmitglieder. Die vergleichende Analyse von gewaltauffälligen und nicht gewaltauffälligen Gruppen untermauert dies. Die Studie steuert mit ihren Ergebnissen außerdem zur Diskussion um Stabilitäten und Veränderungsprozesse im Geschlechterverhältnis und in geschlechtstypischen Verhaltensweisen in der Geschlechterforschung sowie zu einer fachlichen Fundierung geschlechterdifferenzierter gewaltpräventiver Konzepte in der Jugendhilfe bei.

10.1 Gewaltverständnis, Gewaltakzeptanz und Gewaltbereitschaft von Mädchen

Unter den befragten weiblichen Jugendlichen zeigen sich, wie auch Silkenbeumer (2000) herausgearbeitet hat, graduelle Abstufungen und Unterschiede in der Gewaltbereitschaft der weiblichen Jugendlichen und ihrer Beteiligung an gewalttätigen Auseinandersetzungen. Aufgrund der Anlage als Jugendgruppenstudie kann ergänzt werden, daß diese auch innerhalb ein- und derselben Jugendgruppe gefunden werden: Neben außerordentlich gewaltbereiten und häufig gewalttätig agierenden Mitgliedern gibt es auch solche, die gewaltbereit sind, aber sich bislang noch nicht sehr häufig geschlagen haben, sowie Mädchen, die selbst eher verbale Konfliktlösungsstrategien einsetzen würden und auch noch nicht handgreiflich geworden sind. In Übereinstimmung mit anderen Studien (vgl. z.B. Popp 1997) kann festgestellt werden, daß Gewalt von den weiblichen Jugendlichen der gewaltauffälligen Gruppen vor allem als physische Gewalt verstanden wird. Andere Formen, wie verbale oder psychische Gewalt, werden – anders als in nicht gewaltauffälligen Gruppen – überwiegend erst auf Nachfragen thematisiert. Wie in Untersuchungen zu rechtsextremistischen Jugendgruppen, zeigen sich Mädchen auch in unserer Studie, selbst wenn sie nicht offen gewalttätig agieren, gewaltakzeptierend. Auf den Einfluß der Gruppe (vgl. Punkt 10.3) verweisen Unterschiede in der Gewaltbereitschaft der weiblichen Gruppenmitglieder – in den gewaltbereiten Gruppen zeigen die meisten eine ausgeprägte Gewaltbereitschaft, bei den „Zukunftsorientierten“, die eine ambivalente Haltung gegenüber Gewalt haben, neigen sie überwiegend zu verbalen Aushandlungsprozessen.

10.2 Gewaltanwendung: Formen, Gegner und Anlässe

Anders als in der Mehrzahl der Jugendgruppenstudien und in Befragungen von weiblichen Jugendlichen ist die Anwendung körperlicher Gewalt bei den meisten Mädchen in den gewaltauffälligen Mädchen- und gemischtgeschlechtlichen Gruppen ein geläufiges Muster der Konflikt- und Problemlösung, wenngleich die Formen sowie das Ausmaß gewalttätiger Handlungen differieren. Ergebnisse von Studien, die belegen, daß Mädchen in Auseinandersetzungen meist keine Waffen benutzen, werden in unserer Untersuchung bestätigt. Hinweise darauf, daß weibliche Jugendliche eher „mädchenspezifische Formen“ (Niebergall 1995, S. 104; vgl. auch SINUS-Institut 1994) in gewalttätigen Auseinandersetzungen zeigen, ergeben sich bei den befragten Mädchen nicht. Als Kampfmittel setzen die Mädchen überwiegend Fäuste und Füße ein, Haare ziehen, Kratzen und Beißen werden eher verachtet. Wie auch von Silkenbeumer (2000) und Niebergall (1995) festgestellt, zeigt sich bei den befragten weiblichen Jugendlichen teilweise auch eine emotionale Anteilnahme mit den „Gewaltopfern“, meist jedoch erst im nachhinein. Aus diesen Ergebnissen auf „typisch weibliche“ Formen der Gewaltanwendung zu schließen, erscheint jedoch überzogen, da das häufig kompromißlos gewalttätige und rücksichtlose Vorgehen gegen Gegnerinnen, unabhängig davon, ob es später als Kontrollverlust bezeichnet oder ob in der Rückschau Mitleid empfunden wird, dagegen spricht. Dennoch wird – wie auch in anderen Studien – von den befragten Jugendlichen das gewalttätige Vorgehen von Mädchen im allgemeinen als weniger brutal beschrieben. Angesichts der Schilderungen von Gewalttaten und der Annahme, daß es auch bei Jungen Unterschiede in der Gewaltanwendung gibt, erscheint aber auch hier eine geschlechterpolarisierende Generalisierung nicht angebracht.

Bestätigt werden Forschungsergebnisse, nach denen sich gewalttätiges Handeln von weiblichen Jugendlichen vor allem gegen andere Mädchen richtet und daß männliche Jugendliche seltener und meist wegen sexistischer Abwertungen und sexueller Belästigungen angegriffen werden. Wie auch in anderen Studien liefert jedoch auch unsere Untersuchung Belege dafür, daß auch Jungen von Mädchen physisch attackiert werden (Silkenbeumer 2000; Böttger 1998; SINUS-Institut 1994). Der hohe Stellenwert, der Motiven wie Eifersucht, Neid und Konkurrenzen für gewalttätige Übergriffe zugeschrieben wird (Niebergall 1995; Tillmann u.a.

2000), findet in unserer Untersuchung keine Bestätigung. Hier ergeben sich Anlässe überwiegend aus rufschädigenden Äußerungen, aus Gerüchten und Beleidigungen der eigenen Person, der Familie von FreundInnen oder der Gruppe. Auch wenn Besitzansprüche anderer Mädchen auf den Partner, ebenso wie die als Herabsetzung empfundene Musterung durch andere weibliche Jugendliche, schlechte Laune oder Langeweile, zu körperlichen Attacken führen (zur Vielfalt der Anlässe vgl. auch Silkenbeumer 2000), spielen sie quantitativ gesehen doch eine geringere Rolle. Im wesentlichen liegen die Motive auf der Beziehungsebene: Die Mädchen fürchten, daß ihr Ansehen sowohl in ihrem engeren als auch weiteren Bekanntenkreis geschädigt werden könnte. Daß weibliche Jugendliche auf Vertrauensbrüche von Mädchen und auf deren verleumderische Behauptungen besonders empfindlich – auch in gruppeninternen Zusammenhängen – und meist aggressiv reagieren, kann u.a. auf die hohe Bedeutung, die gleichgeschlechtliche kommunikative Zusammenhänge für die Mädchen in den gewaltbereiten Gruppen haben, zurückgeführt werden. Hinter den Gewalttätigkeiten, die als Gegen- bzw. Abwehr legitimiert werden, zeigen sich Verletzlichkeit und ein unsicheres Selbstwertgefühl. Daneben gibt es auch dominanzorientierte Motive, z.B. wenn sozusagen „prophylaktisch" der eigene und der Ruf der Clique durch gewaltbereites Auftreten und offen aggressives Handeln gesichert bzw. erhöht wird. Ein derartiges Handeln zielt auf eine eindeutige Standortbestimmung der Clique im sozialen Umfeld sowie auf den Beweis der Gruppensolidarität und geht mit Machtansprüchen sowie dem Bewußtsein einher, daß es in einem gewaltaffinen jugendlichen Umfeld riskant ist, als schwach oder vereinzelt zu gelten. Anders als die weiblichen Jugendlichen in den von Böttger (1998) vorgestellten Untersuchungsergebnissen handeln die Mädchen in den untersuchten gewaltbereiten Gruppen demnach nicht vorwiegend aus einer affektiven Erregung, sondern durchaus auf der Grundlage eines – dominanzorientierten – Kalküls heraus. Selbst wenn sie auf Gerüchte und Beleidigungen reagieren, geschieht dies nicht lediglich situativ und spontan, sondern auch geplant und wohlüberlegt. Dies zeigt sich darin, daß sie VerleumderInnen nicht allein aufsuchen, ihnen bereits im Vorfeld Warnungen zukommen lassen oder die Austragung von Konflikten verabreden. Das Motiv, durch Gewaltanwendung den eigenen Status zu erhöhen, das Böttger (ebd.) und Silkenbeumer (2000) vor allem bei männlichen Jugendlichen konstatieren, ist in den untersuchten Jugendgruppen auch bei Mädchen und jungen

Frauen vorhanden und bestätigt Ergebnisse von Niebergall (1995). Durch die Anwendung von Gewalt und die Präsentation als gewaltbereit können die weiblichen Jugendlichen Selbstwirksamkeit erfahren und Anerkennung erhalten. Dies ist nicht nur vor dem Hintergrund von Ohnmachtserfahrungen aufgrund von sozialen Ausgrenzungen (vgl. Mansel/Hurrelmann 1991; Eckert u.a. 2000; Brandhorst 2000; Esser/Dominikowski 1997), sondern auch im Hinblick auf geschlechtstypische Abwertungserfahrungen und den Einfluß der Gruppen auf das Verhalten einzelner zu interpretieren (vgl. Punkt 10.5).

Verdeckte Formen der Gewalt finden sich bei den weiblichen Jugendlichen nur in Ansätzen. Wie dargestellt, agieren die meisten offen gewalttätig und delegieren ihre Aggressivität nicht an andere, sondern regeln „ihre Angelegenheiten" selbst. Ersuchen sie andere Gruppenmitglieder sich einzumischen, so häufig, um die eigenen Siegeschancen zu erhöhen oder um gruppeninternen Fairneßregeln, wie „Jüngere schlägt man nicht", zu genügen. Teilweise wird aber auch von nicht gewalterfahrenen und gewaltablehnenden weiblichen Jugendlichen bei aktuellen Anlässen auf die Unterstützung und den Schutz durch Gruppenmitglieder bzw. die Gruppe zurückgegriffen. Grundsätzlich kann nicht ausgeschlossen werden, daß Mädchen, die selbst nicht gewalttätig agieren (würden), eigene aggressive Gefühle aufgrund von Unterlegenheitsgefühlen, Abwertungserfahrungen und Machtwünschen (vgl. die „Dominanzkulturthese" von Rommelspacher 1993b) an andere delegieren. Anders als in rechtsextremistischen Cliquen werden in den von uns untersuchten Gruppen jedoch auch weibliche Jugendliche „stellvertretend" gewalttätig. Schutzfunktionen werden älteren, stärkeren oder gewaltbereiteren Mädchen zugesprochen und sind nicht an das männliche Geschlecht und damit auch nicht an die Annahme gebunden, daß dies eine „typisch männliche" Aufgabe sei. Dies gilt nicht nur für die Mädchen-, sondern auch für die gemischtgeschlechtlichen Gruppen. Dennoch gibt es auch Beispiele, in denen sich Mädchen an Jungen wenden, um Konflikte mit anderen männlichen Jugendlichen „zu klären". Bedingt ist dies jedoch nicht durch eine „geschlechtsspezifische Arbeitsteilung", sondern beruht auf rationalen Überlegungen: Ein Kampf mit körperlich überlegenen männlichen Jugendlichen erscheint wenig aussichtsreich. Umgekehrt spannen auch männliche Jugendliche aus den gemischtgeschlechtlichen Gruppen ihre weiblichen Gruppenmitglieder ein, um Auseinandersetzungen mit Mädchen zu „bereinigen", weil sie nicht gegen die Regel „Jungen schlagen keine Mädchen“ (dies gilt nicht für die eigene Partnerin) verstoßen wollen. Anzeichen für Geschlechterunterschiede im Gewaltverhalten ergeben sich aus unserer Untersuchung aufgrund der selteneren Beteiligung der weiblichen Jugendlichen an Gruppenprügeleien, in der Tabuisierung von Gewaltanwendung gegen das andere Geschlecht bei Jungen sowie in einer leichteren emotionalen Erregbarkeit, einem brutaleren Vorgehen in Konfliktsituationen und einer häufiger materiell motivierten Gewaltanwendung (Verteilung von Diebesgut, Geldschulden) bei männlichen Jugendlichen. Diese Ergebnisse werden in der Fachliteratur nur teilweise bestätigt. Zu einer weiteren Erhellung bedarf es zusätzlicher Forschungsanstrengungen, die auch den männlichen Jugendlichen eine den weiblichen vergleichbare Aufmerksamkeit widmen sollten. Gleichzeitig kann vor dem Hintergrund des Forschungsstandes und aufgrund unserer Ergebnisse jedoch geschlossen werden, daß geschlechterpolarisierenden Aussagen mit großer Vorsicht zu begegnen ist.

10.3 Stellung und Rolle von Mädchen in gewaltauffälligen Jugendgruppen

Keine der untersuchten Gruppen ist hierarchisch streng gegliedert oder zeichnet sich durch explizite Rollen- und Funktionsdifferenzierungen aus. Dennoch gibt es verdeckte Hierarchien und Aufgabenzuständigkeiten, die sich auch auf die Gewaltbereitschaft der Gruppenmitglieder und auf das gewaltbereite Klima der Cliquen auswirken. In Übereinstimmung mit Ergebnissen von Tillmann u.a. (2000) sowie Permien und Zink (1998) sind Gewaltbereitschaft und Erfahrungen in gewalttätigen Auseinandersetzungen bei weiblichen Jugendlichen auch in den von uns untersuchten gewaltbereiten Gruppen eng mit dem Gruppenstatus der Mädchen verbunden, sie sind die Voraussetzung für den Erwerb eines höheren Status. Nur in den Mädchengruppen bekleiden weibliche Jugendliche herausragende Statuspositionen allein aufgrund ihrer ausgeprägten Gewaltbereitschaft; die statushohen Mädchen in den untersuchten gemischtgeschlechtlichen Gruppen verfügen demgegenüber sowohl über Erfahrungen in gewalttätigen Auseinandersetzungen als auch über große kommunikative und organisatorische Kompetenzen. Dies legt die Hypothese nahe, daß Merkmale eines herausgehobenen Status mit der Geschlechterzusammensetzung der Gruppen variieren und daß in gegengeschlechtlichen Beziehungen für eine hohe Positionierung von weiblichen Jugendlichen eine den Gruppennormen entsprechende Gewaltbereitschaft bzw. Wehrhaftigkeit nicht ausreichend ist, sondern daß auch herkömmliche geschlechtstypische Erwartungen erfüllt werden müssen. Dies erinnert an Ergebnisse zu Mädchen in rechtsextremistischen Gruppen, die auf die emotional unterstützende und gewaltverstärkende Rolle von Mädchen hingewiesen haben. Anders als in diesen Gruppen richtet sich die „Fürsorglichkeit" der Mädchen in den untersuchten Gruppen jedoch nicht allein auf einzelne männliche, sondern auch auf weibliche Jugendliche und vor allem – aufgrund ihrer starken Verbundenheit mit und ihrer anerkannten Position innerhalb der Clique – auf die Gruppe als solche. Außerdem werden empathische und kommunikative Fähigkeiten der statushohen weiblichen Jugendlichen in den untersuchten gemischtgeschlechtlichen Gruppen ergänzt durch organisatorische Kompetenzen, die gruppenstabilisierend wirken und einerseits als Voraussetzung, andererseits als Ergebnis der anerkannten Stellung in der Clique betrachtet werden können. Zwar dürfen auch in den Mädchengruppen emotionale und soziale Qualitäten nicht fehlen, wenn ein hoher Gruppenstatus erreicht werden soll, hier scheinen die genannten geschlechtstypischen Erwartungen jedoch weniger zentral, wenn außerordentlich gewaltbereiten und in gewalttätigen Auseinandersetzungen erfolgreichen Mädchen Schutzfunktionen für die Gruppe und ihre Mitglieder zugesprochen werden.

Im Kontrast zu den Ergebnissen anderer Jugendgruppenstudien (vgl. Punkt 1.1.3) nehmen die Mädchen in den untersuchten gemischtgeschlechtlichen gewaltauffälligen Jugendgruppen keine marginale Stellung ein. Die Mädchen und jungen Frauen sind vielmehr allgemein anerkannt und demonstrieren Selbstbewußtsein. Hierzu dürfte in der gewaltbereiten Gruppe zum einen beitragen, daß die weiblichen Jugendlichen – anders als in vielen Gruppen, zu denen Forschungsberichte vorliegen (vgl. Eckert u.a.; Möller 2000; Esser/Dominikowski 1997) – nicht als „Freundin von..." Zugang zu den Gruppen gefunden haben. Sie gehören zu den „Gründerinnen" oder sind durch ihre Bekanntschaft bzw. Freundschaft mit weiblichen Gruppenmitgliedern in die Clique gekommen. Zum anderen nehmen sie in beiden gewaltauffälligen Cliquen wichtige gruppenstabilisierende und gemeinsamkeitsstiftende Funktionen wahr, zu denen in gewaltbereiten Gruppen wesentlich auch gewaltbefürwortende Äußerungen und gewalttätiges Handeln beitragen. Auch

Mädchen, deren Gruppenstatus aufgrund ihrer gewaltablehnenden Grundhaltung eher niedrig ist, nehmen im Geschlechterverhältnis innerhalb der Gruppe dennoch keine untergeordnete Position ein, wie aufgrund von Forschungsergebnissen zu gewaltbereiten rechtsextremistischen Gruppen zu erwarten gewesen wäre (Holzkamp 1994; SINUS-Institut 1994). Dies kann wesentlich darauf zurückgeführt werden, daß sie in das innerhalb der Gesamtgruppe anerkannte weibliche Netzwerk relativ gut integriert sind. Zwar sind die Beziehungen nicht frei von Konkurrenzen, nicht alle Mädchen sind gleichermaßen geschätzt, und es gibt auch immer wieder Konflikte zwischen den weiblichen Jugendlichen, dennoch wird der Zusammenhalt der Mädchen – auch in Kontrast zu dem der Jungen – immer wieder hervorgehoben. Hierzu dürfte auch beitragen, daß die weiblichen Jugendlichen auf diese Unterstützungsnetze bei gruppenexternen Konflikten mit anderen Mädchen angewiesen sind, denn nach den Regeln der gewaltbereiten Gruppen sind Auseinandersetzungen mit Mädchen „Mädchensache". Mit der Einbindung in die weiblichen Netzwerke sind auch Erwartungen an die weiblichen Jugendlichen verbunden, die neben Verschwiegenheit, einer emotionalen und sozialen Unterstützungsbereitschaft auch Durchsetzungsfähigkeit – sowohl gegenüber dem jugendlichen Umfeld als auch gegenüber den männlichen Gruppenmitgliedern – beinhalten. Die weiblichen Jugendlichen stärken sich somit gegenseitig, männliche Dominanzansprüche werden übereinstimmend zurückgewiesen, sie distanzieren sich teilweise selbstbewußt von dem Verhalten der männlichen Jugendlichen und entwerfen ihre eigenen (sub-)gruppeninternen Standards. Eine Unterordnung unter die männlichen Gruppenangehörigen wäre in beiden gewaltauffälligen gemischtgeschlechtlichen Gruppen mit einem Statusverlust innerhalb der weiblichen Netzwerke verbunden.

Auf der Grundlage dieser Ergebnisse verbietet sich eine breite Verallgemeinerung von Forschungsresultaten, die Mädchen in gemischtgeschlechtlichen Gruppen generell einen nachrangigen Status zuschreiben und ihre Stellung ausschließlich in Abhängigkeit von männlichen Gruppenmitgliedern definieren. Darüber hinaus erscheinen auch lineare Zusammenhangsbehauptungen, die traditionelle geschlechtstypische Orientierungen als Grundlage für eine marginale Stellung in den Gruppen beschreiben, als vereinfachend. Auch die interviewten weiblichen Mitglieder der gewaltauffälligen Jugendgruppen orientieren sich z.B. überwiegend an „klassischen" weiblichen Lebensentwürfen, haben sich z.T. in Partnerschaften in

Abhängigkeitsverhältnisse begeben und ihnen ist wichtig, daß sie für Jungen attraktiv sind. Gleichzeitig behaupten sie sich gegenüber den männlichen Gruppenmitgliedern, lassen sich von ihnen nichts vorschreiben und nicht bevormunden.

Die in allen gewaltbereiten Gruppen vorhandene Verknüpfung des persönlichen Ansehens mit Gewaltbereitschaft verstärkt die Neigung der weiblichen Jugendlichen, Gewalt anzuwenden. Aufgrund der mit entsprechenden Haltungen und Handlungen verbundenen Anerkennung innerhalb der Gruppe werden die weiblichen Jugendlichen ermutigt, sich entsprechend darzustellen. Dies erfordert wiederum ein entsprechendes Agieren, denn Mädchen, die lediglich „eine große Lippe" riskieren, sich aber in konkreten Konfliktsituationen zurückhalten, werden in der Gruppenöffentlichkeit kritisiert und in den Einzelinterviews meist abgewertet. Die häufige Verstrickung weiblicher Jugendlicher in körperliche Auseinandersetzungen und ihr „riskantes" provokatives Verhalten gegenüber anderen können demnach einerseits als Quelle, andererseits als Resultat ihrer gruppeninternen Wertschätzung interpretiert werden. Indem die Mädchen an gewalttätigen Auseinandersetzungen beteiligt sind und den gruppeninternen Gewaltdiskurs dominieren, übernehmen sie eine wichtige Rolle in der kollektiven Erfahrungsbildung von Gewalt und Gewaltanwendung und fördern so eine gewaltbereite Gruppenpraxis und ein entsprechendes Gruppenklima. Dadurch tragen sie dazu bei, gewaltbejahende und -unterstützende Gruppenstandards zu entwickeln und zu stabilisieren, die wiederum Gewaltbereitschaft verstärken, z.B. indem körperliche Durchsetzungsfähigkeit gefordert und in Auseinandersetzungen Schutz gewährleistet wird. Dies drückt sich auch darin aus, daß gewaltbereite und statushohe Mädchen einen Konformitätsdruck auf statusniedrigere Gruppenmitglieder ausüben. Obwohl sich diese von gewaltorientierten Verhaltensweisen in den Einzelinterviews distanzieren und sich nicht an gewalttätigen Auseinandersetzungen beteiligen, stimmen sie in den Gruppendiskussionen in den gewaltbetonenden Gruppentenor ein. Ein geringer Konformitätsdruck hat sich bei den gewaltbereiten Gruppen ausschließlich in einer Mädchengruppe gefunden, wozu die sozialpädagogische Arbeit mit den Mädchen beigetragen haben dürfte. In den gemischtgeschlechtlichen gewaltauffälligen Gruppen versuchen die weiblichen Gruppenmitglieder auch, einen „disziplinierenden" Einfluß auf die männlichen Jugendlichen auszuüben. Dies scheint teilweise auch erfolgreich zu sein, z.B. wenn sich Jungen in der Gruppendiskussion „vernünftig" am Gespräch beteiligen und wenn die weiblichen Mitglieder im Rückblick davon ausgehen, daß sie eine hemmende Wirkung auf illegale Aktivitäten der männlichen Gruppenangehörigen gehabt haben. In einer anderen – als gewaltambivalent charakterisierten – Gruppe kann davon ausgegangen werden, daß die gewaltablehnenden weiblichen stärker als die männlichen Jugendlichen dazu beigetragen haben, die Gruppe in einer gewaltablehnenden Orientierung zu stabilisieren.

Die Wechselwirkung zwischen der Gewaltbereitschaft der Gruppen und der weiblichen Gruppenmitglieder basiert auf der hohen Bedeutung der Cliquen für die Mädchen sowie auf engen Gruppenbindungen, die sich u.a. in übereinstimmenden Selbstkategorisierungen zeigen.

Die untersuchten Jugendgruppen haben im Alltag der Mädchen einen herausragenden Stellenwert: Sie sind primäre Orte der Freizeitgestaltung, bieten den Mädchen in emotionalen und sozialen Problemsituationen Hilfe, Halt und Sicherheit und das Gefühl, in einen sozialen Kontext eingebunden zu sein, in dem sie anerkannt sind. Nicht für alle Mädchen und junge Frauen bildet demnach die Familie oder eine Partnerschaft das primäre Beziehungsnetz (Eckert u.a. 2000, S. 397), sondern gewaltauffällige Jugendgruppen übernehmen auch für weibliche Gruppenmitglieder wichtige orientierungssichernde, emotional und sozial unterstützende Funktionen. Dabei erhalten die weiblichen Beziehungsnetze einen zentralen Stellenwert. Darüber hinaus wird die Qualität der Gruppe – anders als in den nicht gewaltauffälligen Gruppen – immer auch mit dem Zusammenhalt in Konfliktsituationen begründet. Neben der Möglichkeit, sich so in der gruppenexternen Umwelt einen anerkannten bzw. gefürchteten Status zu sichern, bedingt der Rückhalt durch die Gruppe auch, sich in einem als bedrohlich empfundenen jugendlichen Umfeld sicherer zu fühlen. Die Solidarität in konfliktträchtigen Situationen und die demonstrative und einschüchternde Gewaltbereitschaft sind in allen gewaltbereiten Gruppen ein – wenn auch nicht immer dominierendes – Element ihrer übereinstimmenden Selbstkategorisierung. Die These, daß es vor allem Aspekte der emotionalen Integration sind (Heitmeyer u.a. 1995), die bedingen, daß sich Mädchen an ihre Gruppen gebunden fühlen, kann für die gemischtgeschlechtlichen Gruppen so nicht bestätigt werden. Hier tragen die Mädchen die exklusive, sich in Abgrenzung gegen andere soziale Gruppierungen und gegen Jugendgrupppen definierende Selbstkategorisierung der Clique mit, die über die Verfestigung von

„Feindbildern" auch Konfliktarenen bestimmt. Die Gruppenbindung ergibt sich demnach nicht ausschließlich über emotionale Beziehungsqualitäten, auch wenn sie für den Zusammenhalt des weiblichen Netwerkes wichtig sind. In den Mädchengruppen erhalten Aspekte der emotionalen Integration hingegen eine hohe Bedeutung. In ihnen wird das Bewußtsein von der Besonderheit der eigenen Clique vor allem über biographische Gemeinsamkeiten und die geschlechtshomogene Zusammensetzung hergestellt. Die Bedeutung der geschlechtshomogenen Zusammensetzung in den Mädchengruppen wie auch in den weiblichen Netzwerken der gemischtgeschlechtlichen Gruppen spricht zum einen dafür, in der Forschung den Blick nicht ausschließlich auf „Männlichkeit" als Konstitutionsmerkmal männlicher Jugendgruppen zu richten, sondern auch die Bedeutung von „Weiblichkeit" mit ihren gruppeninternen Definitionsmerkmalen als „Kristallisationspunkt von Selbstkategorisierungen" (Eckert u.a. 1998, S. 75) zu überprüfen. Die Beschreibung des gruppenstabilisierenden „Stylings" und Auftretens von gewalttätig agierenden Mädchengangs als Demonstration eines neuen Typus von Weiblichkeit durch Archer (1998) weist in die gleiche Richtung (vgl. Punkt 1.1.3). Zum anderen liefern diese Ergebnisse Anhaltspunkte dafür, daß sich gewaltbereite Cliquen nicht immer über rigide Aus- und Abgrenzungen definieren, sondern auch eher inklusive Bindungsmodi mit gewaltbereiten Haltungen einhergehen können. Inwieweit dies möglicherweise eine Spezifik rein weiblicher gewaltbereiter Gruppen ist, wäre in weiteren Forschungsprojekten zu überprüfen.

Die gewaltauffälligen Gruppen erscheinen aufgrund ihres hohen Stellenwerts im außerschulischen bzw. -beruflichen Alltag der Mädchen, des fehlenden Zugangs zu anderen sozialen Netzwerken und der mangelnden Einbindung in die Familie zunächst als isolierte Beziehungsfelder. Nach Eckert u.a. (2000) wächst damit das Risiko, daß sich deviante Verhaltensweisen hier ungestört zu alltagskulturellen Praxen entwickeln, weil weder andere soziale Netzwerke noch die Familie korrektiv wirken oder zu einer Erweiterung der Handlungsoptionen beitragen. In diesem Rahmen würden Kompetenzen für andere als gewaltförmige Problemlösungen nicht eingefordert bzw. erworben, so daß „abweichende Selbstdefinitionen und gewaltaffine Abgrenzungen eine Eigendynamik gewinnen" könnten (Eckert u.a. 2000, S. 420). Hinsichtlich der sozialen Beziehungsnetze ergeben sich hierzu in den untersuchten gewaltauffälligen Jugendgruppen Parallelen, allerdings war ihre Isolation nicht so ausgeprägt, daß die gewaltauffälligen Gruppen nicht dennoch von der örtlichen Jugendarbeit erreicht worden wären. Eine Verfestigung gewaltbereiter Haltungen erscheint somit zunächst wenig wahrscheinlich, was sich in einem Fall durch die – u.a. durch eine erfolgreiche Streetwork bedingte – allmähliche Abwendung einer gewaltauffälligen Jugendgruppe aus gewaltbezogenen Kontexten bereits zum ersten Erhebungszeitpunkt bestätigt. Bei den anderen Gruppen zeigte sich in der Wiederholungserhebung nach einem Jahr jedoch nur bei den weiblichen Jugendlichen einer – mittlerweile aufgelösten – Mädchengruppe eine deutliche Distanzierung von gewaltbefürwortenden Haltungen. In den anderen beiden gewaltbereiten Jugendgruppen waren bei den meisten nur geringfügige Änderungen in der Gewaltorientierung feststellbar. In der gemischtgeschlechtlichen Gruppe kann dies auf nach wie vor bestehende Kontakte der ehemaligen Gruppenmitglieder und deren Mobilisierung bei gewalttätigen Auseinandersetzungen zurückgeführt werden.

10.4 Entwicklung von Gruppen und Gewaltbereitschaft bei Mädchen im zeitlichen Verlauf

Die Bedingungen, die zur Auflösung der untersuchten gewaltauffälligen Jugendgruppen und zum Ausscheiden von Jugendlichen aus der Clique oder zu Neufomierungen beigetragen haben, stimmen mit den in der Jugendgruppenforschung vielfach rezipierten Ergebnissen überein. Es sind vor allem Veränderungen entwicklungsspezifischer Lebensaufgaben, der Lebenssituationen und -orientierungen, die sich destabilisierend auf die Gruppen auswirken. Insbesondere der Eintritt in Ausbildung und Beruf – oft mit der Gründung eines eigenen Haushalts verbunden – stellt einen entscheidenden Einschnitt dar. Doch auch eine stärkere Konzentration auf die Schule, um die beruflichen Zukunftsperspektiven zu verbessern, kann bereits zur Lockerung von Gruppenbindungen beitragen. Weitere Faktoren für das Verlassen der Gruppen bzw. für eine Verringerung der Interaktionen mit der Clique sind der Auszug aus dem Elternhaus und Umzüge der Familie. Während diese Bedingungen unabhängig vom Geschlecht der Jugendlichen gelten, so ergeben sich im Zusammenhang mit dem Interesse am anderen Geschlecht bzw. der Aufnahme von Partnerschaften geschlechtsspezifische Einflüsse.

Für die jüngeren weiblichen Jugendlichen der gewaltbereiten Mädchengruppen geht der Eintritt in eine neue Phase der Geschlechtskonzeptbildung in der Adoleszenz mit einer verstärkten Orientierung und einem erhöhten Interesse an Interaktionen mit männlichen Jugendlichen einher. Sie haben bei einer Mädchengruppe zur Gruppenauflösung und zur Integration in eine gemischtgeschlechtliche Clique beigetragen. In der anderen Mädchengruppe haben heterosexuelle Partnerschaften zu einer verringerten Kontakthäufigkeit mit den Gruppenmitgliedern, allerdings nicht zu einem Bedeutungsverlust der Clique geführt. Gleichzeitig ist jedoch anzumerken, daß Partnerschaftsbeziehungen auch bei den männlichen Jugendlichen nicht ohne Einfluß auf ihre Gruppenzugehörigkeit sind, allerdings aus anderen Gründen als bei den Mädchen: Aufgrund der Auflösung der Liebesbeziehung zu einer statushohen weiblichen Jugendlichen in einem Fall und aufgrund der Aufnahme einer Partnerschaft zu einem von den weiblichen Jugendlichen der Gruppe nicht anerkannten Mädchen im anderen Fall haben sich zwei junge Männer – auf Druck der anderen Gruppenmitglieder – aus den Cliquen zurückgezogen. In der Mehrzahl der Fälle haben Partnerschaften nicht dazu geführt, daß Mädchen die Gruppe verlassen hätten. Selbst wenn sich Interaktionshäufigkeiten verringert haben, so hat dies meist nicht zu einer nachlassenden Bedeutung der Clique im Leben der Mädchen geführt. Beispiele, in denen weibliche Jugendliche zusätzlich in die Gruppen ihrer Freunde integriert waren, geben Anlaß zu der Frage, ob die vielzitierte „Marginalität“ von Mädchen als „Freundin von ...“ in männlich dominierten Jugendgruppen nicht eventuell ein Effekt des fehlenden Interesses der Mädchen ist, sich stärker auf deren Cliquen einzulassen, weil sie über eigene jugendliche Netzwerke verfügen, in denen sie anerkannt und gut eingebunden sind.

Ein enger Zusammenhang zwischen dem Wandel jugendphasenspezifischer Lebensaufgaben und einer abnehmenden Gewaltbereitschaft der weiblichen Jugendlichen konnte nur in jener Gruppe beobachtet werden, in der der Übergang von der Schule in die Ausbildung und die damit verbundenen veränderten Perspektiven bereits in der ersten Erhebungsphase zu einer Distanzierung von gewaltbezogenen Gruppenkontexten geführt haben. Diese Orientierung hat sich zwischen den Erhebungsphasen – auch unter dem Einfluß des Rückzugs aus dem öffentlichen Raum und damit veränderter Gelegenheitsstrukturen für gewalttätiges Handeln – als Gewaltablehnung stabilisiert. In den jüngeren Gruppen hat sich hingegen eine stärkere Konzentration auf den schulischen Bereich nicht bzw. kaum gewaltmindernd ausgewirkt, wohl aber – wie in einem Fall – die Integration eines Teils der ehemaligen weiblichen Mitglieder einer Mädchengruppe in eine gemischtgeschlechtliche Jugendgruppe, in der Mädchen nicht aktiv gewalttätig werden. Doch auch diese adoleszenzbedingte stärkere Orientierung am anderen Geschlecht kann nicht als allein maßgeblich für die abnehmende Gewaltbereitschaft von Mädchen angesehen werden. Auch in der anderen – in nahezu unveränderter Zusammensetzung bestehenden – Mädchengruppe haben Beziehungen zu männlichen Jugendlichen an Bedeutung gewonnen, ohne daß dies jedoch zu einer abnehmenden Gewaltbereitschaft geführt hätte. Es ist deswegen davon auszugehen, daß Veränderungen in Gewaltorientierungen nicht allein aus entwicklungs- und jugendphasenspezifischen Veränderungen resultieren, sondern daß Gruppenprozesse hierauf einen entscheidenden Einfluß nehmen.

Deutlich wird dies auch in den Entwicklungen gruppenspezifischer Weiblichkeitskonstruktionen. In jenen Gruppen, in denen nach wie vor Gewaltbereitschaft und Gewaltausübung in Weiblichkeitsbildern integriert werden, hat sich die Neigung, sich an gewalttätigen Auseinandersetzungen zu beteiligen, kaum abgeschwächt – immer noch werden sie von der nach wie vor bestehenden Gruppe oder den lebendigen Netzwerken ehemaliger Gruppenangehöriger bestätigt und verstärkt. In jenen Gruppen, die sich mittlerweile gewaltablehnend präsentieren, wird Gewaltausübung in den Gruppendiskussionen demgegenüber – anders als bei den ersten Erhebungen – übereinstimmend als „unweiblich" wahrgenommen. Die Konstruktion einer „friedlichen", gewaltzurückweisenden Weiblichkeit kann demnach ebenso wie die Konstruktion einer gewaltintegrierenden Weiblichkeit als Prozeß veränderter Gruppennormen und -orientierungen interpretiert werden, auf den veränderte individuelle entwicklungs- und jugendphasenspezifische Interessen und Prioritäten zwar einwirken, die aber nur dann wirksam werden, wenn sie im Gruppenverband bzw. im relevanten jugendlichen Netzwerk mitgetragen werden. Dies bestätigt aus unserer Sicht nochmals die „Macht" der Gruppe für die Entwicklung von Gewaltbereitschaft und Gewaltanwendung bei weiblichen Jugendlichen. Jugendphasen- und entwicklungsspezifische Bedingungen können sich bei Gruppenmitgliedern erst dann gewaltmindernd auswirken, wenn sie im Gruppenkontext Bedeutung erhalten.

10.5 Rahmenbedingungen und Erklärungen für die Entwicklung von Gewaltbereitschaft und Gewaltanwendung bei Mädchen

Sucht man auf subjektiver Ebene nach Gründen für Gewaltbereitschaft und Gewaltausübung bei Mädchen, so ergibt sich unter Berücksichtigung von sozioökonomischen und psychosozialen Bedingungen zunächst kein eindeutiges Bild. Wie in vielen anderen quantitativen und qualitativen Untersuchungen auch, ergeben sich vielmehr multidimensionale und komplexe Zusammenhänge. Erst im Vergleich mit den ebenfalls untersuchten nicht gewaltauffälligen Gruppen deutet sich an, daß die Lebenssituationen der weiblichen Jugendlichen aus den gewaltauffälligen Gruppen häufiger problembelastet sind aufgrund familiärer Konfliktsituationen, Gewalterfahrungen in der Familie, problematischer Erziehungsstile und unzureichender elterlicher Unterstützung, vor dem Hintergrund prekärer ökonomischer Verhältnisse und schulischer Probleme. Diese Lebenssituationen könnten mit zu dem ausgeprägten Bedürfnis der Mädchen nach Selbstwirksamkeit und Anerkennung beitragen, die sie über die Demonstration einer gewaltbereiten Haltung und durch Gewaltausübung erhalten. Die Lebenslagen der weiblichen Jugendlichen erklären die Entwicklung von Gewaltbereitschaft jedoch nicht hinlänglich, denn es gibt in den gewaltauffälligen Gruppen auch Mädchen und Jungen, die in gesicherten ökonomischen Verhältnissen aufwachsen, die eine gute Beziehung zu den Eltern und/oder keine Schwierigkeiten in der Schule haben. Ebenso finden sich in den nicht gewaltauffälligen Gruppen weibliche und männliche Jugendliche, deren Lebenssituationen als vielfach belastet beschrieben werden könnnen. Auch eine tiefergehende biographische Analyse scheint die Vielfalt und Komplexität von Bedingungsfaktoren nicht auflösen zu können (vgl. Silkenbeumer 2000; Böttger 1998). Vor diesem Hintergrund ist der Empfehlung von Silkenbeumer (2000) zuzustimmen, in gewaltpräventiven Maßnahmen jeden Einzelfall und die besondere Kombination von Bedingungsfaktoren genau in den Blick zu nehmen.

Einen größeren Einfluß auf die Entwicklung von Gewaltbereitschaft und Gewaltausübung bei weiblichen Jugendlichen scheinen hingegen geschlechtstypische Wahrnehmungen, Erfahrungen und Bewältigungsmuster zu erhalten. Aus den Fallanalysen zu zwei Mädchen, die sich als außerordentlich gewaltbereit und gewalttätig präsentiert haben, ergibt sich, daß sich gewaltbezogene Einstellungs- und Handlungsorientierungen in Ablehnung geschlechterstereotyper sowie -hierarchischer Erwartungen von Anpassung und Unterordnung und im Wunsch nach Wertschätzung, Anerkennung und einer bedürfnis- und interessenorientierten Lebensgestaltung gebildet haben. Silkenbeumer (2000) stellt ähnliche Bestrebungen bei jungen Frauen fest, sie kommt jedoch zu dem Schluß, daß „der Wunsch, aus sie einengenden Weiblichkeitszuweisungen auszubrechen, (...) in keinem direkten Zusammenhang mit ihrer Gewaltbereitschaft stand" (ebd., S. 237). Dies begründet sie u.a. damit, daß „der Widerstand gegen Weiblichkeitsvorstellungen, die sie als einengend erlebten und gegen die sie sich aufzulehnen versuchten, (...) nicht dazu (führte), daß sie bestimmte Vorstellungen von Weiblichkeit gänzlich ablehnten (...)" (ebd.). Diese Beobachtung können wir auf der Grundlage der Fallanalysen bestätigen. Sie zeigen sich beispielsweise, wenn sich die weiblichen Jugendlichen an „typisch weiblichen" Lebensentwürfen orientieren, die zu geschlechtstypischen Berufswahlentscheidungen führen und in denen die Aufgabe der Kindererziehung eindeutig Frauen zugeordnet wird, oder wenn sie ihre Interessen und Bedürfnisse zugunsten eines Partners zurückstellen. Dies spricht unseres Erachtens jedoch nicht dagegen, daß Gewaltbereitschaft auch durch eine Auflehnung gegen geschlechtsspezifische Abwertungen und eine untergeordnete Position im Geschlechterverhältnis bedingt ist. Die gleichzeitig traditionellen und herkömmlichen Geschlechterstereotypen widersprechende Verortung der weiblichen Jugendlichen im System der Zweigeschlechtlichkeit interpretieren wir zum einen als Ausdruck von Ambivalenzen – einerseits den „typisch weiblichen" Verhaltensanforderungen zu entsprechen, andererseits aber damit verbundenen Abwertungen zu entkommen und das Bedürfnis nach Anerkennung zu befriedigen. Zum anderen weisen die Orientierungen der Mädchen auf die Komplexität und Dynamik von Geschlechtskonzepten hin, in denen neben mehr oder weniger traditionellen auch mehr oder weniger „moderne" Entwürfe Platz finden können, und deren Relevanzen bzw. deren Verhältnis untereinander sich entwicklungs- und lebenslagenspezifisch verändern, wie Veränderungen in Weiblichkeitsorientierungen in der zweiten Erhebungsphase zeigen (vgl. Punkt 10.4). Damit knüpfen wir an Bilden (1997) an, die darauf hinweist, daß Frauen aufgrund ihres Lebens zwischen Familie und Beruf keine eindeutige Identität entwickeln können. Sie spricht sich dafür aus, angesichts der Pluralität von Lebensformen, Werten, Kulturen und sozialkontextuell differierenden Bedürfnissen „von einem dynamischen System vielfältiger Selbste als einem Spektrum möglicher Individualitätsform" (ebd., S. 227) auszugehen. Ebenso beschreibt Kolip (1997) das Selbstkonzept, in dem das Geschlechtskonzept ein bereichsspezifisches Schema darstellt, als dynamisches System, dessen Konsistenz zwar „angestrebt" wird, das jedoch über die Rückmeldung aus sozialen Interaktionen modifiziert wird (ebd., S. 122f.). Die im Gruppenkontext konstruierte Weiblichkeit, zu der Gewaltbereitschaft und gewalttätiges Vorgehen gehören, kann als Element dieses dynamischen Systems verstanden werden.

Eine gewaltbetonende Weiblichkeitskonstruktion verweist darauf, daß Mädchen „Gewalt" als generelle, nicht nur männlichen Jugendlichen zustehende und damit „typisch männliche" Handlungsoption wahrnehmen, und sie auch für sich in Anspruch nehmen. Damit befinden sie sich zwar im Widerspruch zu allgemeinen gesellschaftlichen Norm- und Wertvorstellungen, die derartige Handlungsoptionen für Mädchen und Frauen nicht vorsehen, jedoch in Übereinkunft mit normativen Orientierungen und einer entsprechenden Konstruktion von Weiblichkeit innerhalb der jeweiligen Gruppenkontexte. Hier wird Gewaltbereitschaft und die Beteiligung von Mädchen an gewalttätigen Auseinandersetzungen nicht als „unweiblich" definiert, sondern Gewaltbereitschaft wird als Facette einer durchsetzungsfähigen Weiblichkeit konstruiert. Allerdings stellen derartige Orientierungen und Verhaltensweisen auch keine Voraussetzung für „Weiblichkeit" dar; mit anderen Worten: Die Konstruktion von Weiblichkeit im Gruppenverband erfolgt nicht primär über Gewaltbereitschaft, gewaltbetonende Selbstdarstellungen von Mädchen werden aber gestützt, und ein gewalttätiges Verhalten wird als kompatibel mit „Weiblichkeit" akzeptiert. Vor diesem Hintergrund erscheint eine Klassifizierung gewalttätigen Handelns bei weiblichen Jugendlichen als „männlichkeitsorientiert" fragwürdig. Sie geht von geschlossenen und statischen Definitionen „weiblicher" und „männlicher" Verhaltensweisen und Eigenschaften aus. Historischen Analysen (vgl. Gildemeister/Wetterer 1992) und ethnologischen Untersuchungen zufolge (vgl. West/Zimmermann 1991) ist „Geschlecht" jedoch sozial konstruiert, d.h. daß die Merkmalszuschreibungen für „Weiblichkeit" und „Männlichkeit" im Rahmen gesellschaftlicher Strukturen, kollektiver Orientierungen und situativer Bedingungen veränderbar sind. Daß sich insbesondere die Positionierung innerhalb der geschlechtsspezifischen Arbeitsteilung als resistent gegenüber Neuorientierungen der weiblichen Jugendlichen erweist, kann in diesem Zusammenhang wesentlich darauf zurückgeführt werden, daß sie durch gesellschaftliche geschlechtshierarchische Institutionen und Strukturen gestützt und stabilisiert wird. Gewaltbezogene Haltungen werden hingegen im informellen subkulturellen Referenzrahmen der Clique entwickelt, in der Handlungsspielräume über kollektive Gruppennormen und -orientierungen definiert werden. Im Kontext gruppenspezifischer Sinnkonstruktionen und Erwartungen kann die gewaltbetonende Selbstdarstellung der weiblichen Jugendlichen als Erweiterung der „gegebene(n) Pluralität von alltagsweltlichen Geschlechtstypen“ (Hirschauer 1994, S. 677) gedeutet werden. Die Mädchen nehmen im Streben nach Anerkennung und in Distinktion gegenüber anderen „traditionell friedlichen“ weiblichen Jugendlichen für sich Handlungsoptionen in Anspruch, die nicht mit herkömmlichen Vorstellungen von weiblichen Geschlechtermerkmalen übereinstimmen, aber nichtsdestoweniger als ein bestimmter Typ von Weiblichkeit in der sozialen Praxis des „Doing gender“ innerhalb der Gruppe Geltung beanspruchen und erhalten. Daß die weiblichen Jugendlichen in ihrer – nach den eigenen Interessen und Bedürfnissen positiv definierten – Weiblichkeit anerkannt werden möchten, zeigt sich auch in geschlechtertypischen Polarisierungen, durch die sie einerseits geschlechterstereotype Weiblichkeitskonstruktionen bestätigen, sich selbst jedoch davon ausnehmen, wenn diese Abwertungen nach sich ziehen, und sich dort integrieren, wo sie mit allgemeiner sozialer Wertschätzung oder mit Anerkennung in der Gruppe verbunden sind.

Richtet man demnach die Perspektive von den individuellen Dispositionen von Mädchen in gewaltbereiten Gruppen auf die „Gruppenwirklichkeiten“, so wird deutlich, daß die Entwicklung von Gewaltbereitschaft und Gewaltausübung von weiblichen Jugendlichen in Wechselwirkung steht mit gruppeninternen Sinn- und Normkonstruktionen und gemeinsamen Erfahrungsbildungen im Gruppenkontext. Daß die Mädchen an diesen Prozessen maßgeblich beteiligt sind, ergibt sich aus ihrer angesehenen und gesicherten Stellung in der Gruppe (vgl. Punkt 10.3). Inwieweit Gruppeneinflüsse für die einzelnen Mädchen wirksam werden, ist wiederum abhängig von der Bedeutung, die die Clique und eine gewaltorientierte Gruppenpraxis für sie hat, und ist eng verbunden mit ihrer Bindung an die Gruppe. Sowohl die Gruppenbedeutung als auch die Gruppenbindung werden von der Dauer der Mitgliedschaft beeinflußt. Die Analyse zeigt, daß die Jugendgruppen insbesondere bei Mädchen mit langjährigen, im Alter zwischen zehn und zwölf beginnenden Cliquenbiographien einen gewaltfördernden Einfluß entwickeln. Dieser frühe Gruppenzugang steht in engem Zusammenhang mit milieuspezifischen Rahmenbedingungen. Sie ergeben sich aus ghettoähnlichen, sozial homogenen Wohnquartieren, die als soziale Brennpunkte charakterisiert werden können, einer unzureichenden kindgerechten sozialen Infrastruktur des Wohnumfeldes im Zusammenhang mit rigiden informellen Kontrollstrukturen, so daß Regelüberschreitungen zur Voraussetzung für spannende und abenteuerliche Aktivitäten werden, negativen jugendlichen Vorbildern im Stadtteil, sowie einer vernachlässigenden elterlichen Erziehung, die dazu führt, daß die Mädchen durch „die Straße" erzogen werden.

Zusammenfassend ist festzuhalten, daß – vor dem Hintergrund von sozialen Ausgrenzungs- und geschlechtsspezifischen Abwertungserfahrungen – vor allem der Wunsch von Mädchen nach Anerkennung und Wertschätzung zur Entwicklung ihrer gewaltbereiten Haltung beiträgt. Ihre Basis sind eine entsprechende Gruppenpraxis, ein gewaltbejahendes Gruppenklima und die Bestätigung gewaltintegrierender Weiblichkeitskonstruktionen durch die Jugendgruppe wie auch die Achtung durch das jugendliche soziale Umfeld. Weibliche Jugendliche werden in ihren gewaltbezogenen Orientierungen und ihrem Umgang mit Gewalt durch die Erlangung eines hohen Gruppenstatus (auch) aufgrund ihres gewaltbereiten Habitus und ihrer Gewaltausübung sowie ihrer wichtigen Rolle für die Gruppenpraxis und den Gruppenzusammenhalt, u.a. über ihren gewaltverstärkenden Beitrag, bestätigt und ermutigt. Gewaltfördernd wirkt sich darüber hinaus ein früher Gruppenzugang aus, der eine enge Bindung an die Gruppe bedingt und in einem ungünstigen milieuspezifischen Umfeld zu einer Habitualisierung von regelverletzendem Verhalten führen kann.

10.6 Handlungsbedarf für eine geschlechterdifferenzierte Gewaltprävention

Die Ergebnisse unserer Untersuchung verweisen auf die Notwendigkeit einer geschlechterdifferenzierten Gewaltprävention und geben Hinweise auf mögliche Ansatzpunkte. Deutlich wird insbesondere, daß Gewaltprävention in Jugendgruppen auch das Verhalten von Mädchen einbeziehen muß und daß ein geschlechtersensibler und von gängigen Geschlechterstereotypen unabhängiger Blick für eine erfolgreiche Gewaltprävention in Mädchen- und gemischtgeschlechtlichen Jugendgruppen unerläßlich ist.

Vor dem Hintergrund der zentralen Rolle von Mädchen im Gewaltdiskurs und ihrem maßgeblichen Einfluß auf den Gruppenzusammenhalt gewaltbereiter Jugendgruppen gewinnen vor allem Präventionskonzepte für Jugendgruppen zunehmend an Bedeutung, die die gewaltbefürwortenden Orientierungen und Normen von Mädchen und Jungen vor dem Hintergrund ihrer individuellen Geschlechtskonzepte auf gewaltfreie Einstellungen und Verhaltensweisen umlenken. Mädchen treten zwar insgesamt weniger stark als Jungen als gewalttätig in Erscheinung, in Jugendgruppen sind sie jedoch durchaus präsent und wirken hier – wie die Untersuchungsergebnisse und auch Studien aus der Rechtsextremismusforschung belegen – gewaltverstärkend, unabhängig davon, ob sie wie in den untersuchten Gruppen selbst eine aktive Rolle und zentrale Position oder eher eine Randstellung einnehmen. Darüber hinaus fördern Mädchen das gewaltbereite Klima innerhalb der Gruppe, und insbesondere die statushohen weiblichen Jugendlichen üben Druck auf statusniedrigere Gruppenmitglieder aus, wodurch eine Abweichung von gruppeninternen gewaltorientierten Regeln und Normen verhindert wird.

Wenn Anerkennung und Selbstwirksamkeit für Mädchen in gewaltbereiten Jugendgruppen für ihr Verhalten eine zentrale Funktion haben und wenn im gewaltaffinen Gruppenkontext diese Anerkennung wesentlich auch durch Gewaltbereitschaft und Gewalttätigkeit erlangt wird, so gilt es, andere Quellen der Wertschätzung zu erschließen, die diese Bedürfnisse erfüllen. Insbesondere erlebnis- und aktionsorientierte Ansätze könnten gewaltbereiten Mädchen und jungen Frauen attraktive Gelegenheiten zur Demonstration von Mut, Stärke und Durchsetzungsfähigkeit sowie für aufregende neue Grenzerfahrungen bieten. Hierin könnte ein wichtiger Beitrag zu einer Abkehr von „riskanten", sprich gewaltorientierten Verhaltensweisen liegen, so daß ihnen das Gefühl der Kontrolle über den eigenen Körper sowie Erfahrungen von Stärke ermöglicht werden, die sie andernfalls in gewalttätigen Auseinandersetzungen suchen.

Darüber hinaus erleben gewaltbereite Mädchen eine „angepaßte Weiblichkeit" als untergeordnet und abgewertet, eine Rolle die sie nicht übernehmen wollen. Dieses Autonomiebedürfnis wird teilweise als Selbstbewußtsein interpretiert – eine Einschätzung, die nicht berücksichtigt, daß dahinter oftmals auch ambivalente Gefühle und Verunsicherungen stehen. Dies zeigt sich u.a. darin, daß weibliche Jugendliche bereits gewalttätig auf Verleumdungen, „schräge“ Blicke und rufschädigende Äußerungen reagieren. Der Fokus einer gewaltpräventiven Arbeit ist also darauf zu richten, gewaltfreie neue Wege für mehr Anerkennung und Bestätigung sowie eine positive Selbsteinschätzung aufzuzeigen, die eine Aufwertung des Selbstbewußtseins ohne eine Abwertung anderer Personen bewirken. Deshalb ist insbesondere nach Ziel und Mittel der Stärkung von Mädchen zu differenzieren. Wird vor allem darauf gesetzt, die Mädchen bei der Durchsetzung ihrer Interessen zu unterstützen, so ist zu berücksichtigen, daß gewaltbereite weibliche Jugendliche derartige Möglichkeiten bereits für sich gefunden haben: Gewalt, Bedrohung und Einschüchterung. Der Blick ist deswegen vor allem auf die Mittel der Interessendurchsetzung zu richten und hier sind alternative Möglichkeiten aufzuzeigen. Vor dem Hintergrund des Kenntnisstandes zum mädchenspezifischen Umgang mit Aggression und demzufolge neuer Anforderungen an ErzieherInnen und SozialarbeiterInnen besteht die Notwendigkeit, mädchenspezifische Hintergründe und Verhaltensweisen für gewalttätiges Handeln verstärkt in den Blick zu nehmen und vorliegende geschlechterbewußte Ansätze und Konzepte im Hinblick darauf, wie neue Wege für mehr Anerkennung und Bestätigung aufgezeigt werden können, einer gründlichen Analyse zu unterziehen. Darüber hinaus deuten sich vor dem Hintergrund der Auswertung der Interviews mit den BetreuerInnen der Jugendgruppen Ansprüche an und Hindernisse für eine gewaltpräventive geschlechterdifferenzierte Jugendgruppenarbeit an. Diese Ergebnisse sind in weiteren Forschungsprojekten zu ergänzen und zu systematisieren, um eine Verbreitung und Verbesserung entsprechender Konzepte und Arbeitsansätze zu erreichen.

Jugendhilfe stößt aber vielfach an ihre Grenzen, wenn berufliche Perspektiven aufgrund der Arbeitsmarktlage, wenn Ausgrenzungserfahrungen wegen der ethnischen Herkunft, wegen schulischer Mißerfolgserlebnisse, aufgrund einer sozialen Randstellung bzw. prekärer ökonomischer Verhältnisse und/oder wenn Mehrfachbelastungen in Familien zu Orientierungslosigkeit und Verunsicherungen von Jugendlichen führen. Dabei sind Mädchen aufgrund der geschlechtsspezifischen Beschränkungen bei der Realisierung ihrer Lebenschancen einem besonderen Druck ausgesetzt. Derartige unter Umständen gewaltverstärkende Problemkonstellationen können nicht im Rahmen der Jugendhilfe allein aufgefangen werden. Ohne politische Maßnahmen zum Abbau geschlechtsspezifischer Benachteiligung sowie zur Verhinderung und Aufhebung einer sozialen Marginalisierung und Exklusion von Bevölkerungsgruppen kommt soziale Arbeit einer Sisyphusarbeit gleich.

Literatur

AgAG – Aktionsprogramm gegen Aggression und Gewalt (Hrsg.): MÄDCHEN und/oder/mit/gegen GEWALT. Informationsdienst 3, Berlin 1994

Alfermann, Dorothee: Geschlechterrollen und geschlechtstypisches Verhalten. Stuttgart 1996

Allerbeck, Klaus/Hoag, Wendy: Jugend ohne Zukunft. Einstellungen, Umwelt, Lebensperspektiven. München 1985

Althoff, Martina/Kappel, Sibylle (Hrsg.): Geschlechterverhältnis und Kriminologie. Kriminologisches Journal, 5. Beiheft 1995

Anders, Christa/Hildebrandt, Dorothee: Erste Ansätze der Prävention von Gewalt unter Mädchen. In: Mädchenhaus Düsseldorf (Hrsg.): Konfliktverhalten von Mädchen – zunehmend offensiv? Dokumentation einer Fachtagung. 8. Februar 2000. Düsseldorf o.J., S. 30-33

Arbeitskreis gegen Gewalt und Rechtsextremismus in Südniedersachsen: Aufsuchende Jugendarbeit mit gewaltbereiten, rechtsorientierten jungen Menschen, gekürzte Version des Abschlussberichtes 1995. In: Landesstelle Jugendschutz, Niedersachsen/Landesvereinigung für Gesundheit Niedersachsen e.V. (Hrsg.): Erst gegen Drogen und Aids jetzt gegen Gewalt. Von der Risiko-Orientierung zu einer übergreifenden Prävention? Hannover 1995

Archer, Debbie: Riot Grrrl and Rainsin Girl: Feminity within the Female Gang the Power of the Popular. In: Vagg, Jon/Newburn, Tim (Eds.): British Criminology Conferences, Vol. 1, 1998, S. 1-14; www.lboro.ac.uk/departments/ss/bccsp

Arnold, Thomas/Stüwe, Gerd: Jugend – Gewalt – Gangs der zweiten Migrantengeneration. In: Sozialmagazin, Jg. 18, H. 6, 1993, S. 40-47

Arnold, Thomas/Stüwe, Gerd: Jugendcliquen als sozialpolitisches Problem: eine Untersuchung zu Jugendlichen an öffentlichen Plätzen. In: Neue Praxis, Jg. 22, H. 4, 1992, S. 345-361

Balbach, Sonja: Wir sind auch die kämpfende Front – Rezension. In: Aktionsprogramm gegen Aggression und Gewalt (Hrsg.): MÄDCHEN und/oder/mit/gegen GEWALT. Informationsdienst 3, Berlin 1994, S. 37-38

Becker-Schmidt, Regina: Von Jungen, die keine Mädchen und Mädchen, die gerne Jungen sein wollen. Geschlechtsspezifische Umwege auf der Suche nach Identität. In: Becker-Schmidt, Regina/Knapp, Gudrun-Axeli (Hrsg.): Das Geschlechterverhältnis als Gegenstand der Sozialwissenschaften. Frankfurt/Main 1995, S. 220-243

Bilden, Helga: Das Individuum – ein dynamisches System vielfältiger Teil-Selbste. Zur Pluralität in Individuum und Gesellschaft. In: Keupp, Heiner/Höfer, Renate (Hrsg.): Identitätsarbeit heute. Klassische und aktuelle Perspektiven der Identitätsforschung. Frankfurt/Main 1997, S. 227-250

Bilden, Helga: Geschlechtsspezifische Sozialisation. In: Hurrelmann, Klaus/Ulich, Dieter (Hrsg.): Neues Handbuch der Sozialisationsforschung. Opladen 1991, S. 147-186

Bilden, Helga: Geschlechtsspezifische Sozialisation. In: Hurrelmann, Klaus/Ulrich, Dieter (Hrsg.): Handbuch der Sozialisationsforschung. Weinheim 1980, S. 777-812

Birsl, Ursula: Lebenssituation und Sozialisation junger Frauen und rechtsextremistische Orientierungen. Ergebnisse einer empirischen Untersuchung. In: Institut für Sozialpädagogische Forschung Mainz e.V. (Hrsg.): Differenz und Differenzen. Zur Auseinandersetzung mit dem Eigenen und dem Fremden im Kontext von Macht und Rassismus bei Frauen. Bielefeld 1994, S. 157-184

Birsl, Ursula: Rechtsextremismus und Fremdenfeindlichkeit: Reagieren Frauen anders? Zur Kategorie Geschlecht in der Rechtsextremismus-Forschung. In: Müller, Gudrun/Keinhorst, Annette: Mädchen, Frauen & Rechtsextremismus. Dokumentation einer Arbeitstagung vom 7.-9. November 1996. Saarbrücken o.J., S. 39-78

Bischoff, Anett: Straßensozialarbeit für Mädchen in der gewaltbereiten Jugendszene. Möglichkeiten und Grenzen. In: Engel, Monika/Menke, Birgit (Hrsg.): Weibliche Welten gewaltlos? Analysen und Praxisbeiträge für die Mädchen- und Frauenarbeit im Bereich Rechtsextremismus, Rassismus und Gewalt. Münster 1995, S. 123-127

Bitzan, Maria: Veränderte Mädchenwelten und Parteilichkeit. Neue Herausforderungen. In: Landesarbeitsgemeinschaft Mädchenarbeit in NRW e.V. (Hrsg.): 3. Rundbrief vom 7.12.2000. Berlin 2000, S. 9-18

Bitzan, Renate: Rechte Autorinnen. In: Müller, Gudrun/Keinhorst, Annette: Mädchen, Frauen & Rechtsextremismus. Dokumentation einer Arbeitstagung vom 7.-9. November 1996. Saarbrücken o.J., S. 128-159

Böhnisch, Lothar: Gespaltene Normalität. Lebensbewältigung an den Grenzen der Wohlfahrtsgesellschaft. Weinheim 1994

Böhnisch, Lothar/Münchmeier, Richard: Pädagogik des Jugendraumes. Zur Begründung und Praxis einer sozialräumlichen Jugendpädagogik. Weinheim 1990

Böhnisch, Lothar/Winter, Reinhard: Männliche Sozialisation. Bewältigungsprobleme männlicher Geschlechtsidentität im Lebenslauf. Weinheim 1997

Bohnsack, Ralf: Rekonstruktive Sozialforschung. Einführung in Methodologie und Praxis qualitativer Forschung. Opladen 1999

Bohnsack, Ralf: Adoleszenz, Aktionismus und die Emergenz von Milieus. Eine Ethnographie von Hooligan-Gruppen und Rockbands. In: Zeitschrift für Sozialisationsforschung und Erziehungssoziologie, Jg. 17, H. 1, 1997, S. 3-18

Bohnsack, Ralf: Generation, Milieu und Geschlecht. Opladen 1989

Bohnsack, Ralf/Loos, Peter/Schäffer, Burkhard/Städtler, Klaus/Wild, Bodo: Die Suche nach Gemeinsamkeit und die Gewalt der Gruppe. Hooligans, Musikgruppen und andere Jugendcliquen. Opladen 1995

Böttger, Andreas: Gewalt und Biographie. Eine qualitative Analyse rekonstruierter Lebensgeschichten von 100 Jugendlichen. Baden-Baden 1998

Brandhorst, Peter: Prävention ist keine Jugendarbeit. Thesen zu Risiken und Nebenwirkungen der Präventionsorientierung. In: Sozialmagazin, Jg. 25, H. 1, 2000, S. 14-21

Breidenstein, Georg/Kelle, Helga: Geschlechteralltag in der Schulklasse. Ethnographische Studien zur Gleichaltrigenkultur. Weinheim/München 1998

Breitenbach, Eva: Mädchenfreundschaften in der Adoleszenz. Eine fallrekonstruktive Untersuchung von Gleichaltrigengruppen. Opladen 2000

Brewer, Marilynn B.: The Psychology of Prejudice: Ingroup Love or Outgroup Hate? In: Journal of Social Issues, Jg. 55, H. 3, 1999, S. 429-444

Brown, Lyn/Gilligan, Carol: Die verlorene Stimme. Wendepunkte in der Entwicklung von Mädchen und Frauen. Frankfurt 1994

Bruhns, Kirsten/Wittmann, Svendy: Mädchendelinquenz. In: Recht der Jugend und des Bildungswesens. Zeitschrift für Schule, Berufsbildung und Jugenderziehung. Jg. 47, H. 3, 1999, S. 355-371

Bundeskriminalamt: Polizeiliche Kriminalstatistik Bundesrepublik Deutschland, Berichtsjahr 2000. Online-Dokument bka.de/pks/pks2000, Wiesbaden 2001

Bundeskriminalamt (Hrsg.): Polizeiliche Kriminalstatistik Bundesrepublik Deutschland, Berichtsjahr 1999. Wiesbaden 2000

Bundeskriminalamt (Hrsg.): Polizeiliche Kriminalstatistik Bundesrepublik Deutschland. Berichtsjahr 1998. Wiesbaden 1999

Bundeskriminalamt (Hrsg.): Polizeiliche Kriminalstatistik Bundesrepublik Deutschland, Berichtsjahr 1995. Wiesbaden 1996

Bundesministerium für Familie, Senioren, Frauen und Jugend (Hrsg.): Zehnter Kinder-und Jugendbericht. Bericht über die Lebenssituation von Kindern und die Leistungen der Kinderhilfen in Deutschland. Bonn 1998

Bundesministerium für Familie, Senioren, Frauen und Jugend (Hrsg.): Neunter Jugendbericht. Bericht über die Situation der Kinder und Jugendlichen und die Entwicklung der Jugendhilfe in den neuen Bundesländern. Bonn 1994

Busch, Ludger: Gruppenkultur als Indikator für eine deviante Orientierung von Cliquen im Jugendalter: Entwicklung einer Skala zur Erfassung der Gruppenkultur. In: Gruppendynamik, Jg. 29, H. 4, 1998, S. 421-432

Busch, Ludger/Todt, Eberhard: Aggressionen in Schulen. Möglichkeiten ihrer Bewältigung. In: Holtappels, Heinz G./Heitmeyer, Wilhelm/Melzer, Wolfgang/Tillmann, Klaus-Jürgen (Hrsg.): Forschung über Gewalt an Schulen. Erscheinungsformen und Ursachen, Konzepte und Prävention. Weinheim 1997, S. 331-350

Buskotte, Andrea: Der kleine oder der große Unterschied? Jungen, Mädchen und Gewalt. Thema Jugend 1997

Buskotte, Andrea: Gewalt ist männlich – oder nicht? Geschlechtsbezogene Überlegungen zur Diskussion über Gewalt bei Kindern und Jugendlichen. In: Landesstelle Jugendschutz Niedersachen, LJS-Info-Dienst, Nr. 1, 1995, S. 11-15

Bütow, Birgit: Geschlechterverhältnis und Gewalt: Zum Verhältnis von Frauen und Mädchen zu Gewalt. In: Behn, Sabine/Heitmann, Helmut/Voß, Stephan (Hrsg.): Jungen, Mädchen und Gewalt – ein Thema für die Jugendarbeit ?! Berlin 1995, S. 41-69

Campbell, Anne: Zornige Frauen, wütende Männer. Geschlecht und Aggression. Frankfurt/Main 1995

Campbell, Anne: The Girls in the Gang. A Report from New York City. Oxford 1984

Chesney-Lind, Meda/Shelden, Randall G.: Girls, Delinquency, and Juvenile Justice. Belmont 1998

Cladder-Micus, Annita/Kohaus, Hermann: Ambulantes Aggressivitätstraining. In: Projekt: Rechtsextremismus und Fremdenfeindlichkeit – Jugendpolitische und pädagogische Herausforderungen (Hrsg.): Rechtsextremismus und Fremdenfeindlichkeit – Aufgaben und Grenzen der Kinder- und Jugendhilfe. Dokumentation. Leipzig 2000, S. 77-86

Connell, Robert W.: Masculinities. Cambridge 1995

Connell, Robert: Which way is up? Essays on Sex, Class and Culture. Sydney/Boston 1983

Conrads, Jutta/Möller, Renate: Individualisierung und Gewalt – die geschlechtsspezifische Sichtweise. In: Heitmeyer, Wilhelm/Collmann, Birgit/Conrads, Jutta/Matuschek, Ingo/Kraul, Dietmar/Kühnel, Wolfgang/Möller, Renate/Ulbrich-Herrmann, Matthias (Hrsg.): Gewalt. Schattenseiten der Individualisierung bei Jugendlichen aus unterschiedlichen Milieus. Weinheim 1995, S. 265-297

Cornel, Heinz: Die Entwicklung der Jugendkriminalität. Ursachen und Reaktionen durch Jugendhilfe und Strafjustiz unter besonderer Berücksichtigung der Situation in Brandenburg. In: Jugendhilfe, Jg. 35, H. 6, 1997, S. 323-334

Deinet, Ulrich: Frei-Räume schaffen. Der Ansatz der „sozialräumlichen Jugendarbeit". In: Unsere Jugend, H. 3, 1993, S. 111-125

Deinet, Ulrich: Das Aneignungskonzept: Eine pädagogische Praxistheorie für die offene Kinder- und Jugendarbeit. In: Deutsche Jugend, H. 6, 1991, S. 253-260

Deutscher Bundesjugendring (Hrsg.): Wege durch den Infodschungel. Münster 1997

Deutsches Jugendinstitut (DJI), Arbeitsstelle Kinder- und Jugendkriminalitätsprävention: Literaturdokumentation von Arbeitsansätzen der Kinder- und Jugendkriminalitätsprävention. München 1998

Dewe, Bernd/Ferchhoff, Wilfried/Scherr, Albert/Stüwe, Gerd: Professionelles soziales Handeln. Soziale Arbeit im Spannungsfeld zwischen Theorie und Praxis. Weinheim 1993

Diezinger, Angelika/Rerrich, Maria S.: Die Modernisierung der Fürsorglichkeit in der alltäglichen Lebensführung junger Frauen: Neuerfindung des Altbekannten? In: Oechsle, Mechtild/Geissler, Birgit (Hrsg.): Die ungleiche Gleichheit. Junge Frauen und der Wandel im Geschlechterverhältnis. Opladen 1998, S. 165-184

Dreher, Eva/Dreher, Michael: Gruppendiskussionsverfahren. In: Flick, Uwe/Kardoff, Ernst von/Keupp, Heiner/Rosenstiel, Lutz von/Wolff, Stephan (Hrsg.): Handbuch Qualitative Sozialforschung. München 1991, S. 186-188

Dreilich, Gabriele: Seminare zum Thema „Gewaltfreier Umgang mit Konflikten/ Mediation" in der geschlechtsdifferenzierten politischen Jugendbildung. In: Außerschulische Bildung, H. 3-4, 1998, S. 284-287

Eckert, Roland: Die Kehrseite der Meritokratie – Jugenddelinquenz und Bildungspolitik. Vortrag auf der 6. Bielefelder Konferenz „Gewaltkriminalität zwischen Mythos und Realität". Unveröffentlichtes Manuskript, Bielefeld 1998

Eckert, Roland/Reis, Christa/Steinmetz, Linda/Wetzstein, Thomas A.: Hooligans – Gewalt als Erlebnistechnik. Ergebnisse einer qualitativen Untersuchung. In: Diskurs, H. 2, 1998, S. 72-79

Eckert, Roland/Reis, Christa/Wetzstein, Thomas A.: „Ich will halt anders sein wie die anderen". Abgrenzung, Gewalt und Kreativität bei Gruppen Jugendlicher. Opladen 2000

Einsele, Helga: Weibliche Kriminalität und Strafvollzug. In: Sieverts, Rudolf/Schneider, Hans J. (Hrsg.): Handwörterbuch der Kriminologie. Berlin 1975, S. 608-656

Eisner, Manuel: Das Ende der zivilisierten Stadt? Die Auswirkungen von Modernisierung und urbaner Krise auf Gewaltdelinquenz. Frankfurt/Main 1997

Elliot, Dellert S./Menard, Scott: Delinquent Friends and Delinquent Behavior: Temporal and Developmental Patterns. In: Hawkins, David J. (Ed.): Delinquency and Crime. Current Theories. Cambridge 1996, S. 28-67

Elliot, Dellert S./Huizinga, David/Ageton, Suzanne S. (Eds.): Explaining delinquency and drug use. Beverly Hills 1985

Elsner, Erich/Steffen, Wiebke/Stern, Gerhard: Kinder- und Jugendkriminalität in München. München 1998

Enders-Dragässer, Uta: Gewalt in der Schule als Ausdruck des Geschlechterverhältnisses. In: Kaiser, Astrid (Hrsg.): FrauenStärken – ändern Schule. 10. Bundeskongreß Frauen und Schule. Bielefeld 1996, S. 51-59

Engel, Monika/Menke, Barbara (Hrsg.): Weibliche Lebenswelten – gewaltlos? Analysen und Praxisbeiträge für die Mädchen- und Frauenarbeit im Bereich Rechtsextremismus, Rassismus, Gewalt. Münster 1995

Engel, Uwe/Hurrelmann, Klaus: Was Jugendliche wagen. Eine Längsschnittstudie über Drogenkonsum, Streßreaktionen und Delinquenz im Jugendalter. Weinheim 1993

Engelhardt, Moritz von: Gewaltfreiheit, Dialog und Toleranz durch politische Bildung – eine optimistische Forderung an die Bildung. In: Außerschulische Bildung, H. 3+4, 1998, S. 278-284

Esser, Johannes/Dominikowski, Thomas: Die Lust an der Gewalttätigkeit bei Jugendlichen. Krisenprofile – Ursachen – Handlungsorientierungen für die Jugendarbeit. Frankfurt/Main 1997

Faller, Kurt/Kerntke, Wilfried/Wackmann, Maria: Konflikte selber lösen. Ein Trainingshandbuch für Mediation und Konfliktmanagement in Schule und Jugendarbeit. Mühlheim an der Ruhr 1996

Faulstich-Wieland, Hannelore/Güting, Damaris/Ebsen, Silke: Einblicke in „Genderism" im schulischen Verhalten. In: Zeitschrift für Pädagogik, Jg. 47, H. 1, 2001, S. 67-79.

Faulstich-Wieland, Hannelore: Sozialisation von Mädchen und Jungen – Zum Stand der Theorie. In: Diskurs, H. 2, 2000, S. 8-14

Faulstich-Wieland, Hannelore: Weibliche Sozialisation zwischen geschlechterstereotyper Einengung und geschlechterbezogener Identität. In: Scarbath, Horst/Schlottau, Heike/Straub, Veronika/Waldmann, Klaus (Hrsg.): Geschlechter. Zur Kritik und Neubestimmung geschlechterbezogener Sozialisation und Bildung. Opladen 1999, S. 47-62

Felmlee, Diane H.: Social Norms in Same- and Cross-Gender Friendships. In: Social Psychology Quarterly, Jg. 62, H. 1, 1999, S. 53-67

Fend, Helmut: Eltern und Freunde. Soziale Entwicklung im Jugendalter. Bern 1998

Flaake, Karin: Weibliche Adoleszenz – neue Möglichkeiten, alte Fallen? Widersprüche und Ambivalenzen in der Lebenssituation und den Orientierungen junger Frauen. In: Oechsle, Mechtild/Geissler, Birgit (Hrsg.): Die ungleiche Gleichheit. Junge Frauen und der Wandel im Geschlechterverhältnis. Opladen 1998, S. 43-66

Flaake, Karin: Geschlechterverhältnisse, geschlechtsspezifische Identität und Adoleszenz. In: Zeitschrift für Sozialisationsforschung und Erziehungssoziologie, H. 10, 1990, S. 2-13

Flade, Antje: Sozialisation – das Hineinwachsen in die weibliche und männliche Lebenswelt. In: Flade, Antje/Kustor, Beatrice (Hrsg.): Raus aus dem Haus. Mädchen erobern die Stadt. Frankfurt/New York 1996, S. 12-27

Flowers, R. Barri: Female Crime, Criminals and Cellmates. Jefferson/London 1995

Franz, Heinz J.: Vor einer Dynamisierung der Jugendgewalt? Anmerkungen zu einem zentralen gesellschaftlichen und pädagogischen Phänomen. In: Kind Jugend Gesellschaft, Jg. 45, H. 3, 2000, S. 85-91

Fuchs, Jürgen/Kupferschmid, Peter: Über den Zusammenhang von Strukturwandel der Jugend und Entstehung von Jugendgewalt in unserer Gesellschaft – Anmerkungen für eine jugendpolitische Standortbestimmung. In: Unsere Jugend, H. 1, 1997, S. 10-17

Fuchs, Marek: Waffenbesitz bei Kindern und Jugendlichen. In: Alemann, Heine von (Hrsg.): Mensch Gesellschaft! Lebenschancen und Lebensrisiken in der neuen Bundesrepublik. Opladen 1995, S. 103-120

Fuchs, Marek/Lamnek, Siegfried/Luedtke, Jens: Schule und Gewalt. Realität und Wahrnehmung eines sozialen Problems. Opladen 1996

Funk, Walter/Passenberger, Jürgen: Determinanten der Gewalt an Schulen. In: Holtappels, Heinz G./Heitmeyer, Wilhelm/Melzer, Wolfgang/Tillmann, Klaus-Jürgen (Hrsg.): Forschung über Gewalt an Schulen. Erscheinungsformen und Ursachen, Konzepte und Prävention. Weinheim 1997, S. 243-260

Gernert, Wolfgang: Gewaltbereitschaft abbauen heißt: eine kinder- und jugendfreundliche Gesellschaft aufbauen. Stellungnahme bei der Anhörung im Landtagsausschuß Nordrhein-Westfalen am 3.3.1993

Gildemeister, Regine/Wetterer, Angelika: Wie Geschlechter gemacht werden. Die soziale Konstruktion der Zweigeschlechtlichkeit und ihre Reifizierung in der Frauenforschung. In: Knapp, Gudrun-Axeli/Wetterer, Angelika (Hrsg.): Traditionen – Brüche. Freiburg 1992, S. 201-254

Gille, Martina: Wertorientierungen und Geschlechterrollen im Wandel. In: Hoffmann-Lange, Ursula (Hrsg.), Jugend und Demokratie in Deutschland. DJI- Jugendsurvey I, Opladen 1995

Gipser, Dietlinde: Mädchenkriminalität. Soziale Bedingungen abweichenden Verhaltens. München 1975

Greszik, Bethina/Hering, Frank/Euler, Harald A.: Gewalt in den Schulen. Ergebnisse einer Befragung in Kassel. In: Zeitschrift für Pädagogik, 41. Jg., H. 2, 1995, S. 265-284

Grundmann, Gunhild/Pfaff, Nicolle: Gewaltorientierungen bei Schülerinnen und Schülern. Einflußfaktoren aus Schule, Familie, Peers und Freizeit. In: Die Deutsche Schule, 92. Jg., H. 3, 2000, S. 289-307

Hagemann-White, Carol: Sozialisation: weiblich – männlich? – Alltag und Biographie von Mädchen. Opladen 1984

Hagemann-White, Carol: Stimme und Schweigen – Spaltungen und Scheinheiligkeit in der weiblichen Adoleszenz. In: Clausen, Lars (Hrsg.): Gesellschaften im Umbruch: Verhandlungen des 27. Kongresses der Deutschen Gesellschaft für Soziologie in Halle an der Saale 1995. Frankfurt/Main 1995, S. 837-846

Hanssen, Kirsten/Micheel, Heinz-Günter/Wagenblass, Sabine: Jugendgewalt als komplexes Phänomen. Eine modelltheoretische Analyse zur empirischen Bestimmung von Gewaltakzeptanz. In: Neue Praxis, Jg. 28, H. 6, 1998, S. 556-577

Harris, Mary G.: Cholas. Latino girls and gangs. New York 1988

Hartwig, Monika: Skinheads in der offenen Jugendarbeit. In: Senatsverwaltung für Frauen, Jugend und Familie (Hrsg.): Jugendarbeit gegen Rechtsextremismus. Berlin 1990

Heiliger, Anita: Männergewalt gegen Frauen beenden. Strategien und Handlungsansätze am Beispiel der Münchner Kampagne gegen Männergewalt an Frauen und Mädchen/Jungen. Leverkusen 2000

Heiliger, Anita/Engelfried, Constance: Sexuelle Gewalt. Männliche Sozialisation und potentielle Täterschaft. Frankfurt/Main 1995

Heinemann, Gabi: Wem gehört der Kiez? Geschlechtsspezifische Gewaltprävention im sozialen Brennpunkt. In: Betrifft Mädchen. Stadt, Land, Fluss – Mädchen im Sozialraum, H. 1, 2000, S. 19-22

Heinemann, Gabi: „Hier geht's um's Überleben" – Aggressivität, Selbstbehauptung und Gewaltbereitschaft von Mädchen. Vortrag zur Fachtagung „Mädchen und Gewalt – Ansätze für eine geschlechterdifferenzierte gewaltpräventive Jugendgruppenarbeit" am 3. Mai 2001 in Lübeck. Unveröffentlichtes Manuskript

Heitmann, Helmut: Sucht und Gewalt – zwei Seiten einer Medaille? Ein Beitrag aus Sicht der Gewaltprävention. In: Landesstelle Jugendschutz, Niedersachsen/Landesvereinigung für Gesundheit Niedersachsen e.V. (Hrsg.): Erst gegen Drogen und Aids jetzt gegen Gewalt. Von der Risiko-Orientierung zu einer übergreifenden Prävention? Hannover 1995, S. 13-20

Heitmeyer, Wilhelm: Kinder- und Jugendkriminalität. Zum wachsenden Problem der sozialen Desintegration. In: Friedrich-Ebert-Stiftung (Hrsg.): Kinder- und Jugendkriminalität in Deutschland. Ursachen, Erscheinungsformen, Gegensteuerung. Bonn 1996, S. 25-37

Heitmeyer, Wilhelm/Buhse, Heike/Liebe-Freund, Joachim/Möller, Kurt/Müller, Joachim/Ritz, Helmut/Siller, Gertrud/Vossen, Johannes: Die Bielefelder Rechtsextremismus-Studie. Erste Langzeituntersuchung zur politischen Sozialisation männlicher Jugendlicher. Weinheim 1992

Heitmeyer, Wilhelm/Collmann, Birgit/Conrads, Jutta/Matuschek, Ingo/Kraul, Dietmar/Kühnel, Wolfgang/Möller, Renate/Ulbrich-Hermann, Matthias: Gewalt. Schattenseiten der Individualisierung bei Jugendlichen aus unterschiedlichen Milieus. Weinheim/München 1995

Heitmeyer, Wilhelm/Ulbrich-Herrmann, Matthias: Verschärfung sozialer Ungleichheit, soziale Milieus und Gewalt. Zur Kritik der Blickverengungen schulbezogener Gewaltforschung. In: Holtappels, Heinz Günter/Heitmeyer, Wilhelm/Melzer, Wolfgang/Tillmann, Klaus-Jürgen (Hrsg.): Forschung über Gewalt an Schulen. Erscheinungsformen und Ursachen, Konzepte und Prävention. Weinheim/München 1999, 2. Auflage, S. 45-62

Helfferich, Cornelia: Jugend, Körper und Geschlecht. Die Suche nach sexueller Identität. Opladen 1994

Helsper, Werner: Zur „Normalität" jugendlicher Gewalt: Sozialisationstheoretische Reflexionen zum Verhältnis von Anerkennung und Gewalt. In: Helsper, Werner/Wenzel, Hartmut (Hrsg.): Pädagogik und Gewalt. Opladen 1995, S. 113-154

Helsper, Werner/Wenzel, Hartmut (Hrsg.): Pädagogik und Gewalt. Möglichkeiten und Grenzen pädagogischen Handelns. Opladen 1995

Henschel, Angelika: Geschlechtsspezifische Sozialisation. Zur Bedeutung von Angst und Aggression in der Entwicklung der Geschlechtsidentität. Mainz 1993

Heyne, Claudia: Täterinnen. Offene und versteckte Aggression von Frauen. München 1996

Hildebrandt, Dorothee: „Wir schlagen zurück – Ansätze der Prävention von Gewalt unter Mädchen". Vortrag zur Fachtagung „Mädchen und Gewalt – Ansätze für eine geschlechterdifferenzierte gewaltpräventive Jugendgruppenarbeit" am 3. Mai 2001 in Lübeck. Unveröffentlichtes Manuskript

Hilgers, Andrea: Jugendgewalt = Jungengewalt? Gewaltformen bei Mädchen. In: Mädchenhaus Düsseldorf (Hrsg.): Konfliktverhalten von Mädchen – zunehmend offensiv? Dokumentation einer Fachtagung. 8. Februar 2000. Düsseldorf o.J., S. 6-14

Hilgers, Andrea: Geschlechtsstereotype und Unterricht. Zur Verbesserung der Chancengleichheit von Mädchen und Jungen in der Schule. Weinheim 1994

Hinsch, Rüdiger/Hoffmann, Inge/Ueberschär, Beate/Wittmann, Simone: Gewalt in der Schule. Materialien für die Aus-, Fort- und Weiterbildung von Lehrern. Landau 1998

Hirschauer, Stefan: Die soziale Fortpflanzung der Zweigeschlechtlichkeit. In: Kölner Zeitschrift für Soziologie und Sozialpsychologie, Jg. 46, H. 4, 1994, S. 668-692

Hirschauer, Stefan: Die soziale Konstruktion der Transsexualität. Über die Medizin und den Geschlechtswechsel. Frankfurt/Main 1993

Holthusen, Bernd: Kriminalprävention – Kooperation zwischen Jugendhilfe und Polizei. Kurzvorstellung einiger Projekte. In: Kind Jugend Gesellschaft, Jg. 45, H. 3, 2000, S. 77-80

Holzkamp, Christine: Jugendgewalt: männlich – weiblich. In: AgAG-Informationsdienst 3, 1994, S. 7-12

Holzkamp, Christine/Rommelspacher, Birgit: Frauen und Rechtsextremismus. In: päd extra & demokratische erziehung, H. 1, 1991, S. 126-139

Hoops, Sabrina/Permien, Hanna/Rieker, Peter: Zwischen null Toleranz und null Autorität. Strategien von Familien und Jugendhilfe im Umgang mit Kinderdelinquenz. München 2000

Hopf, Christel: Qualitative Interviews in der Sozialforschung. Ein Überblick. In: Flick, Uwe/Kardoff, Ernst von/Keupp, Heiner/Rosenstiel, Lutz von/Wolff, Stephan (Hrsg.): Handbuch Qualitative Sozialforschung. München 1991, S. 177-182

Hopfner, Johanna: Das Subjekt – biologisch determiniert oder sozial konstruiert? Eine fragwürdige Alternative in der Diskussion um die geschlechtsspezifische Sozialisation. In: Leu, Hans Rudolf/Krappmann, Lothar (Hrsg.): Zwischen Autonomie und Verbundenheit. Bedingungen und Formen der Behauptung von Subjektivität. Frankfurt/Main 1999, S. 133-157

Horstkemper, Marianne: Jungen und Mädchen in der Schule. Formale Gleichheit und unterschwellige Benachteiligung. In: Hamburg macht Schule, H. 5, 1989, S. 5-8

Howell, James C.: Youth Gangs: An Overview. In: Juvenile Justice Bulletin, Internet-Dokument des Office of Juvenile Justice and Delinquency Prevention, OJJDP: www.ncjrs.org/ojjdp/bulletins/9808. August 1998

Huisken, Freerk: Jugendgewalt. Der Kult des Selbstbewußtseins und seine unerwünschten Früchtchen. Hamburg 1996

Informationszentrum Sozialwissenschaften der Arbeitsgemeinschaft Sozialwissenschaftlicher Institute e.V. (Hrsg.): Themendokumentation Jugend und Gewalt. Erscheinungen aus Forschung und Literatur von 1989-1994 im deutschsprachigen Raum. Bonn 1995

Informationszentrum Sozialwissenschaften: Gewalt in der Schule, bearbeitet von Helmut M. Artus. Online-Dokument: www.bonn.iz-soz.de/publications/periodicals/fokus/school/gewalt.htm. Bonn 1999

Institut für sozialwissenschaftliche Informationen und Studien – ISIS: Jugend und Gewalt – Forschungsbericht im Auftrag des Jugendamtes Magdeburg. Magdeburg 1993

Jeffrerys, Karin u.a.: Streiten, Vermitteln, Lösen. Das Schüler-Streit-Schlichter-Programm. Lichtenau 1995

Jerg, Jo: „... die Jungs erzählen nie ihre Probleme, die lösen sie schon auf ihre eigene Art ...“. Konflikte und Gewalt im Lebensalltag von Kids-Jungen. Reutlingen 1999

Jugend- und Drogenberatung KRABAT e.V./Städt. Gemeinschaftshauptschule Kronenberg (Hrsg.): Präventionsstrategien in der Arbeit mit beziehungs- und autoagressiven Mädchen. Starke Mädchen ohne Gewalt und Drogen. Eine Kooperation von Schule und Jugendhilfe, Projektbericht o.J.

Jugendamt Wolfsburg: Modellprojekt „Streetwork, präventiver Jugendschutz mit Mädchen“. Jahresbericht 1998, erarbeitet von Anja Krier. Wolfsburg o.J.

Jugendamt Wolfsburg: Konzept des Modellprojektes „Streetwork, präventiver Jugendschutz mit Mädchen“, erarbeitet von Krause, Antje/Guta, Harry/ Ihle, Carsten. Wolfsburg 1997

Jugendwerk der Deutschen Shell: Jugend ’97. Zukunftsperspektiven. Gesellschaftliches Engagement. Politische Orientierungen. Opladen 1997

Kaiser, Günther.: Jugendkriminalität. Rechtsbrüche, Rechtsbrecher und Opfersituationen im Jugendalter. Weinheim 1978

Kampshoff, Marita: Jugend – Schule – Identität. 12- und 16jährige Schülerinnen und Schüler im Vergleich. Bielefeld 1996

Karazman-Morawetz, Inge/Steinert, Heiner: Jugend und Gewalt. Forschungsbericht. Institut für Rechts- und Kriminalsoziologie. Wien 1993

Kardoff, Ernst von: Prävention: wissenschaftliche und politische Desiderate. In: Diskurs, H. 1, 1995, S. 6-14

Kavemann, Barbara/Kramer, Dorothee/Schehle, Ursula: Zielgruppe Lehrerinnen und Lehrer. PETZE e.V. – Schulische Gewalt gegen Mädchen und Jungen. In: Kavemann, Barbara/Bundesverein zur Prävention von sexuellem Missbrauch an Mädchen und Jungen e.V. (Hrsg.): Prävention – Eine Investition in die Zukunft. Kiel 1995, S. 122-140

Kelle, Helga: Geschlechterunterschiede oder Geschlechterunterscheidung? Methodologische Reflexion eines ethnographischen Forschungsprozesses. In: Dausien, Bettina/Herrmann, Martina/Oechsle, Mechtild/Schmerl, Christiane/Stein-Hilbers, Marlene (Hrsg.): Erkenntnisprojekt Geschlecht. Feministische Perspektiven verwandeln Wissenschaft. Opladen 1999, S. 305-323

Kerner, Stefan: Jugendkriminalität. Lehr- und Studienbriefe Kriminologie, hrsg. von Burghard, Waldemar/Hamacher, Hans-Werner. Hilden 1996

Kersten, Joachim: Gut und (Ge)schlecht. Männlichkeit, Kultur und Kriminalität. Berlin 1997

Kersten, Joachim: Sozialwissenschaftliche und politische Anmerkungen zum Thema „Jungen und Gewalt“. In: Behn, Sabine/Heitmann, Helmut/Voss, Stephan (Hrsg.): Jungen, Mädchen und Gewalt – einThema für die geschlechtsspezifische Jugendarbeit?! IFFJ-Schriften, H. 8, 1994

Kersten, Joachim: Männlichkeitsdarstellungen in Jugendgangs. Kulturvergleichende Betrachtungen zum Thema „Jugend und Gewalt“. In: Otto, Hans-Uwe/Merten, Roland (Hrsg.): Rechtsradikale Gewalt im vereinigten Deutschland. Opladen 1993, S. 227-236

Keupp, Lutz: Zur Problematik der weiblichen Delinquenz. In: Monatszeitschrift für Kriminologie und Strafrechtsreform, 65. Jg., H. 4, 1982, S. 219-230

Klawe, Willy: Arbeit mit Jugendlichen. Einführung in Bedingungen, Ziele, Methoden und Sozialformen der Jugendarbeit. Weinheim/München 1993

Kleiber, Dieter/Appel, Elke: Peer Education. Ergebnisse eines Interventionsprojektes im Auftrag der BZgA zur Prävention ungewünschter Schwangerschaften und HIV. In: Bundeszentrale für gesundheitliche Aufklärung (Hrsg.): Forschung und Praxis der Sexualaufklärung und Familienplanung, Bd. 13. Köln 1999, S. 161-175

Klein, Malcolm W.: The American Street Gang. Its Nature, Prevalence, and Control. New York 1995

Koch, Reinhard/Behn, Sabine: Gewaltbereite Jugendkulturen. Theorie und Praxis sozialpädagogischer Gewaltarbeit. Weinheim 1997

Kolip, Petra: Geschlecht und Gesundheit im Jugendalter. Die Konstruktion von Geschlechtlichkeit über somatische Kulturen. Opladen 1997

Kolip, Petra: Schlechte Gesellschaft oder Soziale Netzwerke? Die Bedeutung von Cliquen für Jungen und Mädchen. In: Landesstelle Jugendschutz, Niedersachsen/Landesvereinigung für Gesundheit Niedersachsen e.V. (Hrsg.): Erst gegen Drogen und Aids jetzt gegen Gewalt. Von der Risiko-Orientierung zu einer übergreifenden Prävention? Hannover 1995, S. 32-34

Kolip, Petra: Geschlechtsspezifische Unterschiede in der Verarbeitung jugendtypischer Belastungen. In: Zeitschrift für Frauenforschung, H. 1+2, 1994, S. 77-84

Kolip, Petra: Freundschaften im Jugendalter. Der Beitrag sozialer Netzwerke zur Problembewältigung. Weinheim 1993

Korth, Manfred: Die peer-group als ein Indikator für die sozialpädagogische Arbeit in der Jugendgerichtshilfe. In: Sozialmaganzin, Jg. 21, H. 5, 1996, S. 40-45

Krafeld, Franz Josef: Pädagogische Beiträge zur Emanzipation der Geschlechter. In: Brenner, Gerd/Hafeneger, Benno (Hrsg.): Pädagogik mit Jugendlichen. Bildungsansprüche, Wertevermittlung und Individualisierung. Weinheim 1996, S. 181-186

Krafeld, Franz Josef/Möller, Kurt/Müller, Andrea: Jugendarbeit in rechten Szenen. Ansätze – Erfahrungen – Perspektiven. Bremen 1993

Krafeld, Franz Josef (Hrsg.): Akzeptierende Jugendarbeit mit rechten Jugendlichen. Bremen 1992

Krämer, Klaus: Delinquenz, Suchtmittelumgang und andere Formen abweichenden Verhaltens. Ein Geschlechtervergleich. Freiburg im Breisgau 1992

Kräupl, Günther: Gruppengewalt Jugendlicher – Eine Untersuchung in Thüringen 1992. Halle 1995

Kreuzer, Andreas/Görgen, Thomas/Krüger, Ralf/Münche, Volker/Schneider, Hans: Jugenddelinquenz in Ost und West. Vergleichende Untersuchungen bei ost- und westdeutschen Studienanfängern in der Tradition der Giessener Delinquenzbefragung. Bonn 1993

Krüger, Helga: Unterschiedliche Lebenswelten von Mädchen und Jungen. In: Recht der Jugend und des Bildungswesens, 49. Jg., H. 1, 2001, S. 3-11

Kühnel, Wolfgang/Matuschek, Ingo: Netzwerkanalysen zu Schule und Gewalt. In: Holtappels, Heinz G./Heitmeyer, Wilhelm/Melzer, Wolfgang/Tillmann, Klaus-Jürgen (Hrsg.): Forschung über Gewalt an Schulen. Erscheinungsformen und Ursachen, Konzepte und Prävention. Weinheim 1999, S. 261-279

Kühnel, Wolfgang/Matuschek, Ingo: Gruppenprozesse und Devianz – Risiken jugendlicher Lebensbewältigung in großstädtischen Monostrukturen. Weinheim 1995

Kunert-Zier, Margitta: Von harten Mädchen und zarten Jungs. Über Geschlechterverhältnisse und Erziehung am Beginn des 21. Jahrhunderts. In: Frankfurter Rundschau, 12.5.2000

Kustor, Beatrice: Das Verschwinden der Mädchen aus dem öffentlichen Raum. In: Flade, Antje/Kustor, Beatrice (Hrsg.): Raus aus dem Haus. Mädchen erobern die Stadt. Frankfurt/New York 1996, S. 28-44

Lamnek, Siegfried: Jugendgewalt in unserer Gesellschaft. In: Gegenwartskunde, H.1, 2000, S. 237-264

Lamnek, Siegfried: Qualitative Sozialforschung. Band 2: Methoden und Techniken. München 1989

Lamnek, Siegfried: Gruppendiskussion. Theorie und Praxis. Weinheim 1998

Landthaler, Uli: Verunsicherte kleine Jungs. Über gewalttätige Straßenbanden in der EX-DDR. In: Sozialmagazin, Jg. 16, H. 2, 1991, S. 21-24

Langner, Winfried/Sturzbecher, Dietmar: „Aufklatschen, plattmachen, Zecken jagen!" – Jugendgewalt in Brandenburg. In: Sturzbecher, Dietmar (Hrsg.): Jugend und Gewalt in Ostdeutschland. Göttingen 1997, S. 170-208

Leeb, Claudia: Die Zerstörung des Mythos von der friedfertigen Frau. Eine qualitative Forschungsstudie über den Einfluß von sozialen Gruppenkontexten auf das direkte Aggressionsverhalten von Frauen. Frankfurt/Main 1998

Lösel, Friedrich/Bliesener, Thomas/Averbeck, Mechthild: Erlebens- und Verhaltensprobleme von Tätern und Opfern. In: Holtappels, Heinz Günter/Heitmeyer, Wilhelm/Melzer, Wolfgang/Tillmann, Klaus-Jürgen (Hrsg.): Forschung über

Gewalt an Schulen. Erscheinungsformen und Ursachen, Konzepte und Prävention. Weinheim/München 1997, S. 137-153

Lüders, Christian: Kriminalprävention – ein heikles Programm. Oder: der Versuch einer Gratwanderung. In: Fachzeitschrift der Aktion Jugendschutz, Jg. 37, H. 1, 2001, S. 4-10

Lüders, Christian: Ist Prävention gegen Jugendkriminalität möglich? Ansätze und Perspektiven der Jugendhilfe. In: Zentralblatt für Jugendrecht, Jg. 87, H. 1, 2000b, S. 1-9

Lüders, Christian: „Wenn zwei das Gleiche tun, ist es noch lange nicht dasselbe". Kriminalprävention – eine gemeinsame Aufgabe von Polizei und Jugendhilfe? In: Zeitschrift für Jugendschutz (KjuG), Jg. 45, H. 3, 2000a, S. 73-76

Lütkemeier, Wilhelm/Peter, Jörg-Ingo: Jugendarbeit auf der Straße. Mobile Feizeitarbeit im Wohngebiet und Straßensozialarbeit mit Fußballfans. In: Neubauer, Georg/Olk, Thomas (Hrsg.): Clique-Mädchen-Arbeit. Jugend im Brennpunkt von Jugendarbeit und Jugendforschung. Weinheim/München 1987, S. 37-56

Mannheim, Hermann: Comparative Criminology. A Text Book, London 1965

Mansel, Jürgen: Quantitative Entwicklung von Gewalthandlungen Jugendlicher und ihrer offiziellen Registrierung. Ansätze schulischer Prävention zwischen Anspruch und Wirklichkeit. In: Zeitschrift für Sozialisationsforschung und Erziehungssoziologie, Jg. 15, H. 2, 1995, S. 101-121

Mansel, Jürgen/Hurrelmann, Klaus: Aggressives und delinquentes Verhalten Jugendlicher im Zeitvergleich – Befunde der ‚Dunkelforschung' aus den Jahren 1988, 1990 und 1996. In: Kölner Zeitschrift für Soziologie und Sozialpsychologie, Jg. 50, H. 1, 1998, S. 78-109

Mansel, Jürgen/Hurrelmann, Klaus: Alltagsstreß bei Jugendlichen. Eine Untersuchung über Lebenschancen, Lebensrisiken und psychosoziale Befindlichkeiten im Statusübergang. Weinheim/München 1991

Melzer, Wolfgang: Gewaltemergenz – Reflexionen und Untersuchungsergebnisse zur Gewalt in der Schule. In: psychosozial, 23. Jg., H.1, 2000, S. 7-16

Menzel, Annette/Milhoffer, Petra: „Die paar Raufereien ..." oder: Gewalt in der Schule hat ein Geschlecht. In: Valtin, Renate/Portmann, Rosemarie (Hrsg.): Gewalt und Aggression: Herausforderungen für die Grundschule. Frankfurt/Main 1995, S. 54-59

Meyer, Birgit: Mädchen und Rechtsextremismus. Männliche Dominanzkultur und weibliche Unterordnung. In: Otto, Hans-Uwe/Merten, Roland (Hrsg.): Rechtsradikale Gewalt im vereinigten Deutschland. Jugend im gesellschaftlichen Umbruch. Opladen 1993, S. 211-218

Mischau, Anina: Frauenforschung und feministische Ansätze in der Kriminologie. Dargestellt am Beispiel kriminologischer Theorien zur Kriminalität und Kriminalisierung von Frauen. Pfaffenweiler 1997

Mischau, Anina: Einige Gedanken über die Chancen einer feministischen Wissenschaft(skritik) in der kritischen Kriminologie. In: Althoff, Martina/Kappel, Sibylle (Hrsg.): Geschlechterverhältnis und Kriminologie, Kriminologisches Journal, 5. Beiheft, 1995, S. 28-40

Mitscherlich, Margarete: Das Ende der Vorbilder. München 1978

Möller, Heidi: Kriminalität: ein männliches Problemlösemuster? In: Heidi Möller (Hrsg.): Frauen legen Hand an. Untersuchungen zu Frauen und Kriminalität. Tübingen 1996, S. 11-24

Möller, Kurt: Zur Grundlegung geschlechtsreflektierender Ansätze sozialer und pädagogischer Arbeit zur Prävention von Rechtsextremismus und Fremdenfeindlichkeit bei Jugendlichen. In: Projekt: Rechtsextremismus und Fremdenfeindlichkeit –

Jugendpolitische und pädagogische Herausforderungen (Hrsg.): Rechtsextremismus und Fremdenfeindlichkeit – Aufgaben und Grenzen der Kinder- und Jugendhilfe. Dokumentation zum Hearing des DJI und des BMFSFJ am 13. Januar 2000 in Berlin. Leipzig 2000, S. 59-76

Möller, Kurt (Hrsg.): Nur Macher und Machos? Geschlechtsreflektierende Jungen- und Männerarbeit. Weinheim 1997

Möller, Kurt: „Fremdenfeindlichkeit" – Übereinstimmungen und Unterschiede bei Jungen und Mädchen. In: Engel, Monika/Menke, Barbara (Hrsg.): Weibliche Lebenswelten – gewaltlos? Analysen und Praxisbeiträge für die Mädchen- und Frauenarbeit im Bereich Rechtsextremismus, Rassismus, Gewalt. Münster 1995, S. 64-86

Mücke, Thomas: Bericht über das Projekt „Miteinander statt gegeneinander" – Dialogversuch mit rechtsextrem orientierten Jugendlichen. Sozialmagazin, H. 5, 1990, S. 38-46

Munz, Claudia/Büchele, Ute: Gewaltig lieben, Gewalt unter Jugendlichen. Ostfildern 1999

Nasa, Achmed/Weigl, Andrea: Die Relevanz der Gleichaltrigengruppe (Peergroop) für die Gewaltbilligung, Gewaltbereitschaft und Gewalttätigkeit Nürnberger Schüler. In: Funk, Walter (Hrsg.): Nürnberger Schüler-Studie 1994. Gewalt an Schulen. Regensburg 1995, S. 159-187

Neidhardt, Friedrich: Innere Prozesse und die Außenweltbedingungen sozialer Gruppen. In: Schäfers, Bernhard (Hrsg.): Einführung in die Gruppensoziologie. Heidelberg/Wiesbaden 1994, S. 135-156

Niebergall, Beate: Der mädchenspezifische Umgang mit Gewalt innerhalb rechter Jugendgruppen – „...wenn Jungs das könn', warum könn' Mädchen das nich'?". In: Engel, Monika/Menke, Barbara (Hrsg.): Weibliche Lebenswelten – gewaltlos? Analysen und Praxisbeiträge für die Mädchen- und Frauenarbeit im Bereich Rechtsextremismus, Rassismus, Gewalt. Münster 1995, S. 87-105

Nissen, Ursula: Kindheit, Geschlecht und Raum. Sozialisationstheoretische Zusammenhänge geschlechtsspezifischer Raumaneignung. München 1998

Oechsle, Mechtild: Gleichheit mit Hindernissen. Unter Mitarbeit von Bettina Fritzsche, hrsg von Stiftung SPI. Bundesmodell „Mädchen in der Jugendhilfe". Berlin 2000

Oechsle, Mechthild/Geissler, Birgit (Hrsg.): Die ungleiche Gleichheit. Junge Frauen und der Wandel im Geschlechterverhältnis. Opladen 1998

Ohder, Claudius: Gewalt durch Gruppen Jugendlicher. Eine empirische Untersuchung am Beispiel Berlins. Berlin 1992

Oltmans, Hilke: „Siegen, kämpfen, durchgreifen lassen". Rechtsextremismus bei Mädchen. In: Widersprüche, H. 35, 1990, S. 41-45

Olweus, Dan: Täter-Opfer-Probleme in der Schule. Erkenntnisstand und Interventionsprogramm. In: Holtappels, Heinz Günter/Heitmeyer, Wilhelm/Melzer, Wolfgang/Tillmann, Klaus-Jürgen (Hrsg.): Forschung über Gewalt an Schulen. Erscheinungsformen und Ursachen, Konzepte und Prävention. Weinheim/München 1997, S. 281-298

Olweus, Dan: Gewalt in der Schule. Was Lehrer und Eltern wissen sollten – und tun können. Bern 1996, 2. Auflage

Ostbomk-Fischer, Elke: Gewalt ist kein Naturereignis. Zur Wirkung von Ursachen, Auslösern und der tyrannischen Gelegenheit. In: Jugend und Gesellschaft, Zeitschrift für Erziehung, Jugendschutz und Suchtprävention, hrsg. von der katholisch sozialethischen Arbeitsstelle e.V. Hamm, H. 1, 1994, S. 5-10

Permien, Hanna/Frank, Kerstin: Schöne Mädchen – Starke Jungen? Gleichberechtigung: (k)ein Thema in Tageseinrichtungen für Schulkinder. Freiburg 1995

Permien, Hanna/Zink, Gabriela: Endstation Straße? Straßenkarrieren aus der Sicht von Jugendlichen. München 1998

Pfeiffer, Christian: Jugendkriminalität und Jugendgewalt in europäischen Ländern. KFN-Forschungsbericht, Hannover 1997

Pfeiffer, Christian: Steigt die Jugendkriminalität? Zugleich eine Erwiderung auf Michael Walters Beitrag in diesem Heft. DVJJ-Journal, H. 3 (Nr. 153), 1996, S. 215-227

Pfeiffer, Christian: Kriminalität junger Menschen im vereinigten Deutschland. Eine Analyse auf der Basis der Polizeilichen Kriminalstatistik 1984 – 1994. Hannover 1995

Pfeiffer, Christian/Delzer, Ingo/Enzmann, Dirk/Wetzels, Peter: Ausgrenzung, Gewalt und Kriminalität im Leben junger Menschen – Kinder und Jugendliche als Opfer und Täter. Sonderdruck zum 24. Dt. Jugendgerichtstag vom 18.-23. Sept. in Hamburg. Hannover 1998

Pfeiffer, Christian/Wetzels, Peter: Kinder als Täter und Opfer. Eine Analyse auf Basis der PKS und einer repräsentativen Opferbefragung. In: DVJJ-Journal, H. 8, 1997, S. 346-366

Pfeiffer, Christian/Wetzels, Peter/Enzmann, Dirk: Innerfamiliäre Gewalt gegen Kinder und Jugendliche und ihre Auswirkungen. KFN-Forschungsbericht, Hannover 1999

Popp, Ulrike: Geschlechtersozialisation und Gewalt an Schulen. In: Holtappels, Heinz Günter/Heitmeyer, Wilhelm/Melzer, Wolfgang/Tillmann, Klaus-Jürgen (Hrsg.): Forschung über Gewalt an Schulen. Erscheinungsformen und Ursachen, Konzepte und Prävention. Weinheim 1997, S. 207-223

Popp, Ulrike/Meier, Ulrich/Tillmann, Klaus-Jürgen: Es gibt auch Täterinnen: Zu einem bisher vernachlässigten Aspekt der schulischen Gewaltdiskussion. In: Zeitschrift für Sozialisationsforschung und Erziehungssoziologie, 21. Jg., H. 2, 2001, S. 170-191

Prahsuhn, Kersten/Preuschott, Ann-Katrin: Jugendgewalt und Präventionsarbeit im Rahmen der politischen Bildung. In: Außerschulische Bildung, H. 3-4, 1998, S. 272-278

Rau, Steffi: „Ich hau' dir eine rein – laß' uns drüber reden". Vortrag zur Fachtagung „Mädchen und Gewalt – Ansätze für eine geschlechterdifferenzierte gewaltpräventive Jugendgruppenarbeit" am 3. Mai 2001 in Lübeck. Unveröffentlichtes Manuskript

Reismann, Hendrik/Wallner, Claudia: Hinweise zur männlichen und weiblichen Sozialisation und deren Bedeutung im Kontext von „Kindern und Jugendlichen in besonderen Problemlagen". In: Institut für soziale Arbeit e.V. (Hrsg.): Lebensort Straße: Kinder und Jugendliche in besonderen Problemlagen. Münster 1996, S. 33-52

Riederle, Josef F.X. (Hrsg.): Dokumentation des Pilotprojektes Fortbildungsreihe Jungenarbeit (1997-1998) im Auftrag des Ministeriums für Frauen, Jugend, Wohnungs- und Städtebau des Landes Schleswig-Holstein. Kiel o.J.

Rojek, Markus: Der Beitrag der psychologischen Erziehungsstil- und Persönlichkeitsforschung zur Analyse der Gewalt an Schulen. In: Funk, Walter (Hrsg.): Nürnberger Schüler-Studie 1994. Gewalt an Schulen. Regensburg 1995, S. 101-129

Rommelspacher, Birgit: Rechtsextreme als Opfer der Risikogesellschaft. Zur Täterentlastung in den Sozialwissenschaften. In: Zeitschrift für Sozialgeschichte des 20. und 21. Jahrhunderts, H. 6, 1999, S. 75-87

Rommelspacher, Birgit: Identität und Macht. Zur Internalisierung von Diskriminierung und Dominanz. In: Keupp, Heiner/Höfer, Renate (Hrsg.): Identitätsarbeit heute. Klassische und aktuelle Perspektiven der Identitätsforschung. Frankfurt/Main 1997, S. 251-269.

Rommelspacher, Birgit: Frauen – Gewalt – Rassismus. Rechtsextreme Gewalt im Kontext gesellschaftlicher Konflikte – Plädoyer für eine politische Sozialarbeit. In: Bundesarbeitsgemeinschaft Jugendsozialarbeit (Hrsg.): Gewalt – Herausforderung für die Jugendsozialarbeit. Dokumentation der Fachtagung der Bundesarbeitsgemeinschaft Jugendsozialarbeit – BAG JAW – in Suhl vom 22.-24. Juni 1993. Bonn 1993a, S. 72-81

Rommelspacher, Birgit: Männliche Gewalt und gesellschaftliche Dominanz. In: Otto, Hans-Uwe/Merten, Roland (Hrsg.): Rechtsradikale Gewalt im vereinigten Deutschland. Jugend im gesellschaftlichen Umbruch. Opladen 1993b, S. 200-210

Rose, Lotte: Suchen Mädchen Abenteuer? Zur Bedeutung des Abenteuers in der weiblichen Sozialisation. In: sozialmagazin, Jg. 18, H. 1, 1993, S. 18-29

Rostampour, Parviz: Schüler als Täter, Opfer und Unbeteiligte. Veränderungen der Rollen im sozialen und biographischen Kontext. In: psychosozial, 23. Jg., H. 1, 2000, S. 17-27

Sader, Manfred: Psychologie der Gruppe. Juventa: Weinheim/München 2000, 7. Auflage

Salisch, Maria von: „Geschlecht und Kommunikation von Emotionen". In: Zeitschrift für Sozialpsychologie, 1992, S. 54-63

Scherr, Albert: Gewalt als Problem – Pädagogik als Lösung. In: Pädagogik, H. 3, 1994, S. 25-28

Schmitz, Michael: Gewaltbereite Jugendliche und Handlungskonzepte der Sozialarbeit. Godern 1999

Schnack, Dieter/Neutzling, Rainer: Kleine Helden in Not. Jungen auf der Suche nach Männlichkeit. Reinbek 1990

Schröder, Burkhard: Rechte Kerle. Skinheads, Faschos, Hooligans. Reinbek 1992

Schröer, Sigrid: Geschlechtsspezifische Ressourcenwahrnehmung bei jugendlicher Suizidalität. In: Zeitschrift für Soziologie der Erziehung und Sozialisation, H. 2, 1998, S. 183-200

Schwarte, Johannes: Identität und Gewalttätigkeit. In: Die neue Ordnung, H. 6, 2000, S. 416-434

Schwarz, Anne: Mädchen auf ihrem Weg zu einer selbstbestimmten Sexualität: theoretische und empirische Betrachtungen zur sexuellen Entwicklung pubertierender Mädchen vor dem Hintergrund einer Analyse des wissenschaftlichen Diskurses zum Phänomen der Sexualität. Frankfurt/Main 1998

Schweele, Sabine: Rechtsextremistische Orientierungen – auch ein Frauenproblem. In: Senatsverwaltung für Frauen, Jugend und Familie (Hrsg.): Jugendarbeit gegen Rechtsextremismus. Berlin 1990, S. 25-26

Schwind, Hans-Dieter/Roitsch, Karin/Ahlborn, Wilfried/Gielen, Birgit (Hrsg.): Gewalt in der Schule – am Beispiel von Bochum. Mainz 1995

Seidel-Pielen, Eberhard: Ein noch dickeres Ding. Gespräch mit der „AG Gruppengewalt" der Berliner Polizei. In: Sozialmagazin, Jg. 16, H. 2, 1991, S. 16-17

Senatsverwaltung für Schule, Jugend und Sport (Hrsg.): Mädchen sind besser – Jungen auch: Konfliktbewältigung für Mädchen und Jungen – ein Beitrag zur Förderung sozialer Kompetenzen in der Grundschule. Dokumentation eines Modellversuchs. Zwei Bände. Berlin 1998

Seus, Lydia: Böse Jungen – brave Mädchen? Abweichendes Verhalten und die soziale Konstruktion von Geschlecht. In: Müller, Siegfried/Peter, Hilmar (Hrsg.): Kinderkriminalität. Empirische Befunde – öffentliche Wahrnehmung – Lösungsvorschläge. Opladen 1998, S. 139-160

Silkenbeumer, Mirja: Im Spiegel ihrer Lebensgeschichten – Gewalttätiges Verhalten Jugendlicher und Geschlechtszugehörigkeit. Stuttgart 2000

Siller, Gertrud: Wie entwickeln Frauen rechtsextremistische Orientierungen? Ein theoretischer Ansatz und empirische Befunde. In: Engel, Monika/Menke, Barbara (Hrsg.): Weibliche Lebenswelten – gewaltlos? Analysen und Praxisbeiträge für die Mädchen- und Frauenarbeit im Bereich Rechtsextremismus, Rassismus, Gewalt. Münster 1995, S. 44-63

SINUS-Institut in Zusammenarbeit mit der Gesellschaft für angewandte Wirtschafts- und Sozialforschung CONCRET (Hrsg.): Motive und Legitimationsmuster junger Gewaltakteure in den neuen Bundesländern. Auszüge aus dem Bericht über die Ergebnisse einer qualitativ-psychologischen Untersuchung. In: AgAG-Informationsdienst 3, 1994, S. 30-33

Statistisches Bundesamt/Robert Koch Institut: Gesundheitsbericht für Deutschland 1998. www.gdb-bund.de

Stauber, Barbara: Starke Mädchen – kein Problem? In: Beiträge zur feministischen Theorie und Praxis, Jg. 22, H. 51, 1999, S. 53-64

Steinert, Heinz/Karazman-Morawetz, Inge: Der öffentliche Gewalt-Diskurs und die Gewalt-Erfahrungen Jugendlicher. In: Janig, Herbert/Rathmayr, Bernhard (Hrsg.): Wartezeit. Studien zu den Lebensverhältnissen Jugendlicher in Österreich. Innsbruck 1994, S. 269-296

Stenke, Dorit: Mädchen, Gewalt und Rechtsextremismus. Kritische Anmerkungen zur Thematisierung des Geschlechterverhältnisses in der Auseinandersetzung mit Jugendgewalt. In: AgAG-Informationsdienst 3, 1994, S. 19-29

Stenke, Dorit/Bergelt, Sandra/Börner, Franziska: Jungengewalt – Mädchengewalt – ein Exkurs. In: Forschungsgruppe Schulevaluation: Gewalt als soziales Problem in Schulen. Die Dresdner Studie: Untersuchungsergebnisse und Präventionsstrategien. Opladen 1998, S. 85-114

Struck, Peter: Zuschlagen, zerstören, selbstzerstören. Wege aus der Spirale der Gewalt. Darmstadt 1995

Sturzbecher, Dietmar: Jugend und Gewalt in Ostdeutschland. Lebenserfahrungen in Schule, Freizeit und Familie. Göttingen 1997

Sturzenhecker, Benedikt: Gegen die Gewalt – aber für die Jugendlichen. Offene Jugendarbeit mit gewaltorientierten Jungen und Mädchen. In: Stickelmann, Bernd (Hrsg.): Zuschlagen oder zuhören: Jugendarbeit mit gewaltorientierten Jugendlichen. Weinheim/München 1996a, S. 75-100

Sturzenhecker, Benedikt: Konflikt und Konzept. In: Deinet, Ulrich/Sturzenhecker, Benedikt (Hrsg.): Konzepte entwickeln. Praxishilfen für die Jugendarbeit. Weinheim 1996b

Tertilt, Hermann: Turkish Power Boys. Ethnographie einer Jugendbande. Frankfurt/Main 1996

Theurer, Andrea: Emanzipation – Der Schlüssel zur Erklärung der Frauenkriminalität? Regensburg 1996

Thiele, Gisela/Taylor, Carl S.: Jugendkulturen und Gangs. Eine Betrachtung zur Raumaneignung und Raumverdrängung nachgewiesen an Entwicklungen in den neuen Bundesländern und den USA. Band 1, Soziale Arbeit aktuell in Praxis, Forschung und Lehre. Berlin 1998

Tillmann, Klaus-Jürgen: Gewalt an Schulen. Öffentliche Diskussion und erziehungswissenschaftliche Forschung. In: Die Deutsche Schule, 89. Jg., H.1, 1997, S. 36-49

Tillmann, Klaus-Jürgen/Popp, Ulrike/Klewin, Gabriele/Meier, Ulrich: „Geschlechtersozialisation und Gewalt an Schulen". Arbeits- und Ergebnisbericht des gleichnamigen Forschungsprojektes für die Deutsche Forschungsgemeinschaft. Bielefeld 2000

Utzmann-Krombholz, Hilde: Rechtsextremismus und Gewalt: Affinitäten und Resistenzen von Mädchen und jungen Frauen. Studie im Auftrag des Ministeriums für die Gleichstellung von Frau und Mann des Landes Nordrhein-Westfalen. Düsseldorf 1994a

Utzmann-Krombholz, Hilde: Rechtsextremismus und Gewalt: Affinitäten und Resistenzen von Mädchen und jungen Frauen. Zusammenhänge zwischen geschlechtsspezifischen Erfahrungen und politischen Orientierungen. In: Zeitschrift für Frauenforschung, H. 1+2, 1994b, S. 6-31

Vogel, Ulrike: Zur Reanalyse von Daten aus empirischen Untersuchungen zu Jugend und Gewalt unter geschlechtsbezogenen Aspekten. In: Zeitschrift für Frauenforschung, 17. Jg., H.1+2, 1999, S. 43-58

Wahl, Klaus: Kritik der soziologischen Vernunft. Sondierungen zu einer Tiefenpsychologie. Weilerwist 2000

Wahl, Klaus/Tramitz, Christiane/Blumtritt, Jörg: Fremdenfeindlichkeit. Auf den Spuren extremer Emotionen. Opladen 2001

Walker, Jamie: Schulmediation mit Mädchen und Jungen. In: Senatsverwaltung für Schule, Jugend und Sport (Hrsg.): Mädchen sind besser – Jungen auch: Konfliktbewältigung für Mädchen und Jungen – ein Beitrag zur Förderung sozialer Kompetenzen in der Grundschule. Dokumentation eines Modellversuchs. Berlin 1998, S. 169-181

Walter, Michael: Jugendkriminalität. Eine systematische Darstellung. Stuttgart u.a. 1995

Weck, Peter/Ritter, Hans-Peter: Mobile Jugendarbeit. Eine Form stadtteilbezogener Jugendarbeit. Jugendpolitik, H. 1, 1998, S. 30-31

West, Candace/Zimmerman, Don H.: Doing gender. In: Lorber, Judith/Farrell, Susan A. (Eds.): The Social Construction of Gender. Newbury Park/London/ New Delhi 1991, S. 13-37

Wetzels, Peter/Enzmann, Dirk/Pfeiffer, Christian: Jugendgewalt in Hannover. KFN-Forschungsbericht. Hannover 1999

Willems, Helmut: Jugendunruhen und Protestbewegungen. Eine Studie zur Dynamik innergesellschaftlicher Konflikte in vier europäischen Ländern. Opladen 1997

Wolters, Jörg-Michael: Sporttherapie mit gewalttätigen Jugendlichen. In: Sozialmagazin, H. 3, 1993

Wrage, Marc-Udo: Praxisorientierte Gewaltprävention mit multikulturellen Jugendgruppen. Vortrag zur Fachtagung „Mädchen und Gewalt – Ansätze für eine geschlechterdifferenzierte gewaltpräventive Jugendgruppenarbeit" am 3. Mai 2001 in Lübeck. Unveröffentlichtes Manuskript

Würtz, Stefanie/Hamm, S./Willems, Helmut/Eckert, Roland (Hrsg.): Gewalt und Fremdenfeindlichkeit in der Erfahrung von Schülern und Lehrern. In: Schubarth, Wilfried/Kolbe, Fritz U./Willems, Helmut (Hrsg.): Gewalt an Schulen: Ausmaß, Bedingungen und Prävention. Opladen 1996, S. 85-130

Ziehlke, Brigitte: „Fehlgeleitete Machos" und „frühreife Lolitas" – Geschlechtstypische Unterschiede der Jugenddevianz. In: Tillmann, Klaus-Jürgen (Hrsg.): Jugend weiblich – Jugend männlich. Sozialisation, Geschlecht, Identität. Opladen 1992, S. 28-39

Zirk, Wolfgang: Jugend und Gewalt. Polizei-, Sozialarbeit und Jugendhilfe. Stuttgart u.a. 1999